ULLSTEIN

Das Buch

In einem aufsehenerregenden Prozeß gelingt es Jack Swyteck am Beginn einer vielversprechenden Karriere, für seinen Mandanten einen Freispruch zu erwirken. Doch dann beginnt der Mann, der des bestialischen Mordes an einem Mädchen angeklagt war, sich seiner Tat öffentlich zu rühmen. Schließlich kündigt er sogar an, weiterzumorden. Für Jack bricht eine Welt zusammen: Er kann den Sinn seines Berufes nicht mehr erkennen und kündigt fristlos. Darüber hinaus wird er von einem anonymen Anrufer terrorisiert, der sich an ihm und seinem Vater, dem beliebten Gouverneur Harry Swyteck, für ein früheres Urteil rächen will. Er bringt den freigelassenen Mörder um und arrangiert alles so, daß Jack mit erdrückender Beweislage angeklagt wird und der Gouverneur das Todesurteil gegen seinen eigenen Sohn unterzeichnen müßte. Doch der präzise geplante Showdown nimmt eine überraschende Wendung.

Der Autor

James Grippando arbeitete als Rechtsanwalt und war Teilhaber einer der führenden Kanzleien Floridas, bevor er zum internationalen Bestsellerautor avancierte. Er lebt in Coral Gables, Florida.

Von James Grippando sind in unserem Hause bereits erschienen:

Die Abfindung
Die Entführung
Im Schutz der Dunkelheit

James Grippando

Im Namen des Gesetzes

Roman

Aus dem Englischen
von Hans-Jürgen Heckler

Ullstein

Besuchen Sie uns im Internet:
www.ullstein-taschenbuch.de

Umwelthinweis:
Dieses Buch wurde auf chlor- und säurefreiem Papier gedruckt.

Ullstein Verlag
Ullstein ist ein Verlag des Verlagshauses Ullstein Heyne List GmbH & Co. KG.
1. Auflage Dezember 2002

Titel der amerikanischen Originalausgabe: The Pardon
(HarperCollins, New York, 1994)
Übersetzung: Hans-Jürgen Heckler
Umschlaggestaltung: Thomas Jarzina, Köln
Titelabbildung: Mauritius, Mittenwald (Handschellen); Zefa, Düsseldorf (Gasse)
Satz: franzis print & media, München
Druck und Bindearbeiten: Clausen & Bosse, Leck
Printed in Germany
ISBN 3-548-25513-2

Meinen Eltern

1
Oktober 1992

Prolog

Das Ritual hatte bei Einbruch der Dämmerung begonnen, und es würde die ganze Nacht dauern. Nach Mitternacht waren Wolken aufgezogen und hatten den Vollmond verdunkelt. Es war, als hätte der Himmel sein allwissendes Auge aus Kummer oder nur aus purer Gleichgültigkeit geschlossen. Noch sechs Stunden Dunkelheit und Warten, bis die rote Morgensonne über den Kiefern und Palmen im Nordosten Floridas aufgehen würde. Dann, genau um 7.00 Uhr morgens, würde Raul Fernandez hingerichtet werden.

Eine Menschenmenge versammelte sich vor dem Maschendrahtzaun, der das größte Hochsicherheitsgefängnis des Staates umgab. Stille und einige trübe Lichter drangen aus dem kastenförmigen dreistöckigen Gebäude jenseits des Gefängnishofes, einem menschlichen Arsenal nutzloser Teile und gebrochener Seelen. Bewaffnete Posten liefen in ihren Wachtürmen auf und ab, nur schemenhaft erkennbar im Spiel der Suchscheinwerfer. In dieser Nacht waren nicht so viele Zuschauer gekommen wie in jenen Tagen, als Hinrichtungen in Florida noch fette Schlagzeilen machten und kein kümmerliches Dasein neben dem Wetterbericht fristeten. Dennoch war das übliche Geschrei ausgebrochen, als der schwarze Leichenwagen erschien, der den Toten abtransportieren würde. Die lautesten Zuschauer johlten und grölten von den Ladeflächen ihrer Pickups, nuckelten an ihren langhalsigen Budweiser-Flaschen und schwenkten Spruchbänder mit der Aufschrift AUF GEHT'S SPARKY, dem Kosenamen, den Befürworter der Todesstrafe dem »Stuhl« gegeben hatten.

Die Eltern des Opfers starrten mit ruhiger Entschlossenheit durch den Maschendrahtzaun. Alles, was sie wollten, war Vergeltung, da es ohnehin weder gerecht war noch Sinn hatte, daß ihrer Tochter die Kehle aufgeschlitzt worden war. Auf der anderen Straßenseite wurden bei Kerzenlicht und Gitarrengeklimper von den einstigen Blumenkindern einer engagierten Generation die Namen von John Lennon und Joan Baez heraufbeschworen. Die Jahre und die Last aller Probleme dieser Welt hatten auf ihren besorgten Gesichtern Spuren hinterlassen. Neben einer Gruppe von Nonnen, die zum Gebet niedergekniet waren, riefen einige Bewohner von Little Havanna, Miamis kubanischem Viertel, in ihrer spanischen Muttersprache: *»Raul es inocente!«*

Hinter den Backsteinmauern und den vergitterten Fenstern des Gefängnisses hatte Raul Fernandez gerade seine letzte Mahlzeit beendet – eine Riesenportion honigglasierter Hähnchenflügel mit Kartoffelpüree – und stattete nun dem Gefängnisfrisör einen letzten Besuch ab. Eskortiert von bewaffneten Wärtern in gestärkten braun-beigen Uniformen, nahm er auf einem durchgesessenen, lederbezogenen Frisörstuhl Platz, der fast so unbequem war wie der kastenförmige Holzthron, auf dem er sterben sollte. Die Wärter schnallten ihn fest und bezogen ihre Posten – der eine an der Tür, der andere neben dem Gefangenen.

»Der Frisör kommt gleich«, sagte einer der Wärter. »Bleib schön ruhig sitzen.«

Fernandez saß bewegungslos da und wartete, als ob ihn jeden Augenblick der erste Stromstoß treffen könnte. Seine blutunterlaufenen Augen blinzelten unter dem grellen Schein des weißen Lichts, das die weißgetünchten Zementwände und der weiße Kachelboden reflektierten. Er gestattete sich einen Augenblick bitterer Ironie, als ihm bewußt wurde, daß sogar die Wärter weiß waren.

In der Tat war alles weiß, bis auf den Mann, der sterben sollte. Fernandez war einer von Tausenden kubanischer Flüchtlinge, die 1980 während der Mariel-Seebrücke in Miami gelandet waren. Ein Jahr später wurde er wegen Mordes verhaftet. Die Geschworenen benötigten für die Urteilsfindung weniger Zeit als das junge Opfer, um an seinem eigenen Blut zu ersticken. Der Richter verurteilte ihn zum Tode durch den elektrischen Stuhl, und nach einem zehn Jahre dauernden Gang durch alle Instanzen war nun seine Zeit gekommen.

»Morgen, Sportsfreund«, sagte der stämmige Wärter, der an der Tür Posten bezogen hatte.

Der Gefangene beobachtete ängstlich, wie ein dickwanstiger Frisör mit Blumenkohlohren und einem selbstfabrizierten Matrosenhaarschnitt in den Raum trat. Seine Bewegungen waren langsam und überlegt. Er schien es zu genießen, daß für Fernandez jeder Augenblick eine Ewigkeit bedeutete. Grinsend stand er vor seinem gefangenen Kunden, den unverwüstlichen elektrischen Rasierer in der einen Hand und eine große Plastiktasse mit dem schwärzesten Tee, den Fernandez je gesehen hatte, in der anderen.

»Auf die Minute«, sagte der Frisör durch seine tabakgelben Zähne. Er spuckte seinen braunen Schleim in die Tasse, stellte sie auf die Ablage und blickte Fernandez prüfend an. »Tatsächlich«, schnaufte er, »du siehst genauso aus wie im Fernsehen.«

Fernandez saß mit versteinertem Gesicht auf dem Stuhl und ignorierte die Bemerkung.

»Hab' 'n Louis-Armstrong-Schnitt im Angebot heute«, sagte der Frisör, während er seinen Rasierer einschaltete.

Krauses schwarzes Haar fiel auf den Boden, als der Rasierapparat den dichten Haarschopf des Gefangenen in Stoppeln verwandelte, die von nervösem Schweiß glänzten. Im gegebenen Augenblick zogen die Wärter Fernandez die Hosenbeine hoch, und der Friseur rasierte ihm die Fesseln. Danach war der Gefangene so präpariert, daß man ihn an beiden Enden anschließen, seinen kahlen Kopf und die enthaarten Fesseln gleichsam als menschliche Steckdosen für den Spannungsstoß von mehreren tausend Volt benutzen konnte, die seine Haut versengen, sein Blut zum Sieden bringen und sein Leben auslöschen würden.

Der Frisör trat einen Schritt zurück, um seine Arbeit zu bewundern. »Also, wenn das kein heißer Schnitt ist«, sagte er. »Darauf gibt's sogar 'ne lebenslange Garantie.«

Die Wärter kicherten, während Fernandez die Fäuste ballte.

Ein kurzes Klopfen an der Tür brach die Spannung. Die Schlüssel des stämmigen Wärters klirrten, als er die Tür öffnete. Raul hörte Gemurmel, konnte jedoch trotz aller Anstrengung nicht verstehen, was gesagt wurde. Schließlich drehte sich der Wärter mit verärgerter Miene zu ihm um.

»Fernandez, ein Anruf für dich. Dein Anwalt.«

Rauls Kopf schnellte nach oben.

»Na los«, befahl der Wärter, während er den Gefangenen am Arm packte.

Fernandez schoß aus dem Stuhl hoch.

»Immer schön langsam!« sagte der Wärter.

Fernandez kannte die Übung. Er streckte die Arme vor, und der Wärter legte ihm die Handschellen an. Dann ließ er sich auf die Knie fallen, damit der andere Wärter ihm von hinten die Beinschellen anlegen konnte. Er erhob sich langsam, aber ungeduldig, und ging so schnell wie seine Ketten und die bewaffneten Begleiter es erlaubten durch die Tür und in den Gang hinaus. Sofort war er in der kleinen, in einer Nische versteckten Telefonzelle, in der die Gefangenen die Anrufe ihrer Anwälte entgegennahmen. Sie hatte ein rautenförmiges Fenster in der Tür, das es den Wachen ermöglichte, die vertraulichen Gespräche, wenn schon nicht zu hören, so doch zumindest zu beobachten.

»Was haben Sie gesagt, Mann?«

Am anderen Ende der Leitung entstand eine Pause, die nichts Gutes verhieß.

»Es tut mir leid, Raul«, sagte sein Anwalt.

»Nein!« Er schlug mit der Faust auf die Ablage. »Das kann nicht wahr sein! Ich bin unschuldig! Ich bin *unschuldig*!« Er schnappte mehrmals wütend nach Luft, während seine Augen wie wild durch die kleine Kabine schossen, als könnte er dort die Lösung finden. Der Anwalt fuhr mit leiser, ruhiger Stimme fort. »Ich habe Ihnen versprochen, Raul, daß ich nicht um den heißen Brei reden werde. Wir haben wirklich alle rechtlichen Möglichkeiten ausgeschöpft. Das Ergebnis könnte schlimmer nicht sein. Der Oberste Gerichtshof hat nicht nur Ihren Antrag auf Vollstreckungsaufschub abgelehnt, sondern außerdem eine Verfügung erlassen, die es jedem anderen Gericht im Land verbietet, Ihnen einen Aufschub zu gewähren.«

»Warum? Ich will wissen, *warum*, verdammt noch mal!«

»Das Gericht hat nicht gesagt, warum – und das braucht es auch nicht«, erwiderte sein Anwalt.

»Dann sagen *Sie* es mir! Irgend jemand muß mir doch sagen können, warum man mir das antut!«

In der Leitung war es still.

Raul legte ungläubig die Hand an den Kopf, aber das fremde Gefühl der Kahlheit verstärkte nur noch das, was er gerade gehört hat. »Das ist... irgendwie... hören Sie, wir müssen etwas unternehmen«, sagte er mit bebender Stimme. »Wir waren doch schon mal an dem Punkt, ich und Sie. Machen Sie's wie letztes Mal. Legen Sie noch mal Berufung ein, stellen Sie 'n Antrag oder wie zum Teufel ihr Anwälte diese Sachen nennt. Alles, was ich brauche, is' 'n bißchen *Zeit*. Aber beeilen Sie sich, Mann. Die haben schon meinen verdammten Schädel kahlgeschoren!«

Sein Anwalt seufzte so laut, daß es in der Leitung knackte.

»Kommen Sie«, sagte Fernandez verzweifelt. »Es muß doch *irgend etwas* geben, was Sie tun können.«

»Da wäre vielleicht noch eine Möglichkeit«, sagte sein Anwalt ohne Begeisterung.

»Na siehste, Junge!« Fernandez kam wieder in Schwung und ballte die Fäuste für eine weitere Runde.

»Wir haben eine Chance von eins zu einer Million«, sagte der Anwalt, um seinen Mandanten auf den Boden zurückzuholen. »Es gibt vielleicht einen neuen Punkt, an dem man ansetzen könnte. Ich werde den Gouverneur bitten, die Strafe umzuwandeln. Aber ich will Ihnen nichts vormachen. Sie müssen auf das Schlimmste gefaßt sein. Sie wissen ja, daß der Gouverneur es war, der Ihr Todesurteil unterschrieben hat. Es ist unwahrscheinlich, daß er das Urteil in eine lebenslängliche Freiheitsstrafe abmildert. Verstehen Sie, was ich meine?«

Fernandez schloß fest die Augen und schluckte seine Angst hinunter, aber er gab die Hoffnung nicht auf. »Ich verstehe,

Mann, wirklich. Aber machen Sie's. Machen Sie's einfach. Und danke, Mann. Danke, und Gott segne Sie«, fügte er hinzu und hängte ein.

Er atmete tief durch und sah auf die Uhr an der Wand. Acht Minuten nach zwei. Nur noch vier Stunden zu leben.

1. *Kapitel*

Es war 5.00 Uhr morgens, und Gouverneur Harold Swyteck war endlich auf seiner Couch eingeschlafen. Schlaf ermöglichte ihm in den Nächten vor Hinrichtungen eine Art Flucht, was jeden erstaunt hätte, der wußte, wie der Gouverneur immer wieder die Notwendigkeit unterstrich, »diese Langzeitmieter« in Floridas überfüllten Todestrakten zur Räumung zu zwingen. Harold Swyteck, der als Polizist begonnen hatte und danach Mitglied der Gesetzgebenden Versammlung des Staates geworden war, hatte für den Gouverneursposten mit einem auf dem Ruf nach Recht und Ordnung basierenden Wahlprogramm kandidiert, das mehr Gefängnisse, längere Freiheitsstrafen und mehr Todesurteile als schnelle und sichere Mittel gegen die dramatisch ansteigende Kriminalität forderte. Nachdem er mit einer ausreichenden Mehrheit ins Amt gewählt worden war, hatte er sein Wahlversprechen sofort eingelöst und noch am Tage seiner Amtseinführung im Januar 1991 das erste Todesurteil unterzeichnet. In den folgenden einundzwanzig Monaten hatten mehr Todesurteile die Unterschrift des Gouverneurs erhalten als in den zwei vorangegangenen Amtsperioden zusammen.

Um zwanzig nach fünf unterbrach ein schrilles Läuten den Schlummer des Gouverneurs. Instinktiv streckte Harry die Hand aus, um den Wecker abzustellen, aber da war kein Wecker. Das Läuten hielt an.

»Das Telefon«, stöhnte seine im behaglichen Ehebett liegende Frau von der anderen Seite des Zimmers.

Der Gouverneur schüttelte sich wach, erkannte, daß er auf der Couch lag und ging dann auf das blinkende Licht am Sicherheitstelefon neben der leeren Hälfte des Himmelbetts zu.

Er stieß sich den Zeh am Bett, bevor er das Telefon erreichte. »Verdammt noch mal! Was ist los?«

»Herr Gouverneur«, kam die Antwort, »hier ist der Sicherheitsdienst.«

»Das *weiß* ich, Mel. Gibt's was Dringendes?«

Der Wachbeamte rutschte unruhig auf seinem Posten hin und her, so wie es jeder tun würde, der seinen Chef kurz vor Sonnenaufgang geweckt hatte. »Sir, da ist jemand, der Sie sprechen möchte. Es geht um die Hinrichtung.«

Der Gouverneur biß die Zähne zusammen, um nicht den Ärger über einen angestoßenen Zeh und eine schlaflose Nacht an dem Mann auszulassen, der für seine Sicherheit sorgte. »Mel, bitte! Sie können mich nicht jedesmal aufwecken, wenn in letzter Minute eine von diesen Petitionen vor meiner Haustür landet. Für diese Dinge gibt es einen Dienstweg. Wozu habe ich meine Rechtsberater? Rufen Sie *die* an. Und jetzt, gute...«

»Sir«, unterbrach Mel behutsam, »ich... ich verstehe Ihre Reaktion, Sir. Aber bei dem liegen die Dinge, glaube ich, etwas anders. Er sagt, er habe Informationen, die Sie davon überzeugen werden, daß Fernandez unschuldig ist.«

»Und wer ist es diesmal?« fragte Harry, während er die Augen verdrehte. »Seine Mutter? Irgendein Freund der Familie?«

»Nein, Sir, er... also, er sagt, er sei Ihr Sohn.«

Der Gouverneur war plötzlich hellwach. »Schicken Sie ihn rein«, sagte er und legte den Hörer auf. Er sah auf die Uhr. Beinahe fünf Uhr dreißig. Nur noch neunzig Minuten. *Verdammt günstiger Moment für deinen ersten Besuch in meinem Amtssitz, mein Sohn.*

Jack Swyteck stand steif auf der überdachten Veranda und wußte nicht, wie er den mürrischen Ausdruck auf dem Gesicht seines Vaters deuten sollte.

»Da sieh einer an«, sagte der Gouverneur, der in seinem

burgunderroten Bademantel mit Monogramm in der offenen Tür verharrte. Jack war der sechsundzwanzigjährige Sohn des Gouverneurs, sein einziger Sprößling. Jacks Mutter war wenige Stunden nach seiner Geburt gestorben. Obwohl er es versucht hatte, hatte Harold seinem Sohn ihren Tod nie ganz verzeihen können.

»Ich bin in einer offiziellen Angelegenheit hier«, sagte Jack hastig. »Es dauert nur zehn Minuten.«

Über die Schwelle hinweg warf der Gouverneur seinem Sohn einen kühlen Blick zu. Mit seinen dunklen, durchdringenden Augen schien Jack seinem Vater wie aus dem Gesicht geschnitten. In dieser Nacht trug er ausgewaschene Jeans, eine Fliegerjacke aus braunem Leder und passende Stiefel. Mit seiner rauhen, breitschultrigen Erscheinung hätte man ihn leicht für einen vielumschwärmten Countrysänger halten können, obwohl seine gewählte Sprache und sein Jurastudium in Yale in eine ganz andere Richtung wiesen. Sein Vater hatte in dem Alter ganz ähnlich ausgesehen, und er war mit dreiundfünfzig immer noch schlank und muskulös. Er hatte sein Studium 1965 an der University of Florida abgeschlossen – ein geschickter Säbelfechter, der zunächst Polizist, dann Politiker geworden war. Der Gouverneur war ein Mann, der jeden Angriff abwehren, sofort zurückschlagen und dann seinem Gegner dessen eigenen Kopf überreichen konnte, wenn man nicht auf der Hut war. Sein Sohn war stets auf der Hut.

»Komm herein«, sagte Harry.

Jack trat ins Foyer, schloß die Tür hinter sich und folgte seinem Vater in die Diele. Die Räume waren kleiner als Jack erwartet hatte – elegant, aber schlicht, mit hohen Kassettendecken und Parkettböden in Eiche und Mahagoni. Stilmöbel, persische Seidenteppiche und Kristallüster bildeten die wichtigsten Einrichtungsgegenstände. Die Gemälde waren Originale und spiegelten die Geschichte Floridas wider.

»Setz dich«, sagte der Gouverneur, als er in die Bibliothek trat.

Der dunkelbraun getäfelte Raum erinnerte Jack an das Haus, in dem er aufgewachsen war. Er setzte sich in einen Ledersessel vor dem offenen Kamin, streckte die Beine aus und stützte die Stiefel respektlos auf den Kopf eines großen Braunbären, den sein Vater vor Jahren in Alaska zur Strecke gebracht und in einen Teppich verwandelt hatte. Der Gouverneur wandte den Blick ab und unterdrückte den Wunsch, seinem Sohn zu sagen, er möge sich ordentlich hinsetzen. Er trat hinter die große Bar aus Eichenholz und füllte sein altmodisches Glas mit Eiswürfeln.

Jack traute seinen Augen nicht. Er dachte, sein Vater hätte mit dem Trinken von hochprozentigem Alkohol aufgehört – andererseits war dies auch das erstemal, daß er ihn als *Gouverneur* Swyteck sah. »Mußt du unbedingt trinken? Wie ich schon sagte, bin ich in einer offiziellen Angelegenheit hier.«

Der Gouverneur warf ihm einen strafenden Blick zu, griff nach einer Flasche Chivas Regal und füllte sein Glas bis zum Rand. »Und *das«* – er erhob sein Glas –, »ist ausschließlich meine Angelegenheit. Prost.« Er nahm einen kräftigen Schluck.

Jack sah schweigend zu und versuchte sich wieder auf sein eigentliches Anliegen zu konzentrieren.

»So«, sagte der Gouverneur, mit den Lippen schmatzend. »Ich kann mich wirklich nicht erinnern, wann wir beide das letztemal miteinander geredet, geschweige denn uns gesehen haben. Wie lang ist das her?«

Jack zuckte die Schultern. »Zwei, zweieinhalb Jahre.«

»Seit deinem Juraexamen, oder?«

»Nein.« Jacks Ausdruck verriet ein wenn auch noch so schwaches Lächeln. »Seit ich dir sagte, daß ich einen Job beim Freedom Institute annehmen würde.«

»Ach, ja, das Freedom Institute.« Harry Swyteck verdrehte die Augen. »Der Ort, wo die Anwälte ihren Erfolg daran messen, wie viele Mörder, Frauenschänder und Räuber sie wieder auf freien Fuß bekommen. Der Ort, wo Liberale blutenden Herzens Schuldige verteidigen und dabei noch unerträglich scheinheilig sein können, weil sie von dem Pack, das sie verteidigen, kein Geld nehmen.« Er blickte verbittert. »Der *einzige* Ort, von dem du wußtest, daß es mich um den Verstand bringen würde, wenn du dort arbeitest.«

Jack klammerte sich fest an die Sessellehne. »Ich bin nicht hierhergekommen, um alte Wunden wieder aufzureißen.«

»Das glaube ich dir gerne. Es ist sowieso fast immer dieselbe alte Geschichte. Zugegeben, das letztemal ist der Graben zwischen uns noch etwas tiefer geworden. Aber im Grunde war es das gleiche wie die anderen Male, als du mich aus deinem Leben verbannt hast. Du wirst nie begreifen, daß ich immer nur das Beste für dich wollte.«

Jack wollte schon etwas zu der angemaßten Unfehlbarkeit seines Vaters sagen, wurde aber durch etwas auf dem Bücherregal abgelenkt. Es war ein altes Foto von ihnen beiden, zusammen beim Hochseefischen in einem ihrer seltenen glücklichen Augenblicke. *Fall nur bei der erstbesten Gelegenheit über mich her, Vater, aber du hast da oben dieses Bild stehen, damit alle es sehen können, nicht wahr?*

»Hör zu«, sagte Jack, »ich weiß, daß es Dinge gibt, über die wir reden müssen. Aber dies ist nicht der richtige Augenblick. Deshalb bin ich nicht hergekommen.«

»Ich weiß. Du bist gekommen, weil Raul Fernandez in« – der Gouverneur sah auf seine Uhr – »etwa achtzig Minuten auf dem elektrischen Stuhl sterben soll.«

»Ich bin gekommen, weil er unschuldig ist.«

»Die zwölf Geschworenen waren nicht der Meinung, Jack.«

»Sie haben nicht die ganze Geschichte gehört.«

»Sie haben genug gehört, um ihn nach nicht einmal zwanzigminütiger Beratung zu verurteilen. Ich habe Geschworene gekannt, die länger brauchten, um sich zu entscheiden, wer ihr Sprecher sein sollte.«

»Würdest du mir bitte nur mal *zuhören*«, sagte Jack aufbrausend. »Bitte, Vater« – er bemühte sich um einen ruhigeren Ton –, »hör mir zu.«

Der Gouverneur schenkte sich ein zweites Glas ein. »Also gut«, sagte er. »Ich höre.«

Jack beugte sich vor. »Vor ungefähr fünf Stunden rief mich ein Mann an und sagte, er müsse mich unbedingt sprechen ... vertraulich, als Mandant. Er wollte seinen Namen nicht nennen, aber er sagte, es gehe um Leben und Tod, und so erklärte ich mich bereit, ihn zu treffen. Zehn Minuten später tauchte er in meinem Büro auf, mit einer Skimaske über dem Gesicht. Zuerst dachte ich, es sei ein Raubüberfall, doch dann stellte sich heraus, daß er nur über den Fall Fernandez reden wollte. Und das war dann auch alles, was wir taten... reden.« Er hielt inne und sah seinem Vater direkt in die Augen. »Und in weniger als fünf Minuten hatte er mich überzeugt, daß Raul Fernandez unschuldig ist.«

Der Gouverneur blickte skeptisch. »Und was hat dieser mysteriöse nächtliche Besucher dir erzählt?«

»Darüber kann ich nicht sprechen.«

»Warum nicht?«

»Das sagte ich dir ja: Er wollte vertraulich mit mir reden, als mein Mandant. Ich habe sein Gesicht nie gesehen, und ich bezweifle, daß ich ihn je wiedersehen werde, aber juristisch gesehen bin ich sein Anwalt – oder war es zumindest für die Dauer dieser Unterhaltung. Jedenfalls unterliegt alles, was er mir erzählt hat, der anwaltlichen Schweigepflicht. Ohne seine Einwilligung kann ich nichts davon preisgeben. Und er wird mir bestimmt nicht erlauben, auch nur ein Wort zu wiederholen.«

»Aber warum bist du dann hier?«

Jack warf ihm einen ernüchternden Blick zu. »Weil ein unschuldiger Mann auf dem elektrischen Stuhl sterben wird, wenn du Fernandez' Hinrichtung nicht sofort stoppst.«

Der Gouverneur lief langsam durch den Raum, das Glas in der einen und eine offene Flasche Scotch in der anderen Hand. Er setzte sich in den Sessel Jack gegenüber. »Und ich frage dich noch einmal: Woher willst du wissen, daß Fernandez unschuldig ist?«

»Woher ich das wissen will?« Jacks Gesicht wurde rot vor Wut. »Warum verlangst du *immer* mehr, als ich geben kann? Daß ich hier mitten in der Nacht hereingestürzt komme, reicht dir wohl nicht. Daß ich dir alles erzähle, was ich juristisch und moralisch verantworten kann, ist dir einfach nicht genug.«

»Alles, was ich sagen will, ist, daß ich *Beweise* brauche. Ich kann nicht einfach einen Vollstreckungsaufschub veranlassen, der sich auf... ja eigentlich auf *nichts* gründet.«

»Mein Wort bedeutet dir also nichts«, interpretierte Jack.

»In dieser Situation, nein – und so muß es auch sein. In diesem Kontext bist du der Anwalt, und ich bin der Gouverneur.«

»Nein – in diesem Kontext bin ich ein Zeuge, und du bist ein Mörder. Weil du Fernandez hinrichten läßt. Und ich *weiß*, daß er unschuldig ist.«

»*Woher* weißt du das?«

»Weil ich den *wirklichen* Mörder heute nacht getroffen habe. Er hat ein Geständnis abgelegt. Und nicht nur das: Er hat mir etwas gezeigt, was beweist, daß er der Mörder ist.«

»Und was war das?« fragte der Gouverneur mit ernsthaftem Interesse.

»Das kann ich dir nicht erzählen«, sagte Jack. Er spürte, wie seine Frustration wuchs. »Ich habe ohnehin schon mehr gesagt, als mir meine Schweigepflicht erlaubt.«

Mit einem dünnen, paternalistischen Lächeln lehnte sich der Gouverneur in seinem Sessel zurück. »Glaubst du nicht, daß du ein bißchen naiv bist? Du mußt diese Gesuche in letzter Minute im Zusammenhang sehen. Fernandez ist ein verurteilter Mörder. Er und jeder, der ihn kennt, ist verzweifelt. Man kann nicht alles, was sie sagen, für bare Münze nehmen. Dieser sogenannte Mandant, der bei dir aufgetaucht ist, ist mit Sicherheit ein Cousin oder ein Kumpel von Raul Fernandez, und er wird alles tun, um die Hinrichtung zu verhindern.«

»Das *weißt* du nicht!«

Der Gouverneur seufzte schwer und schlug die Augen nieder. »Du hast recht.« Er hob die Hände und begann sich die Schläfen zu reiben. »Wir sind nie ganz sicher. Vielleicht ist das der Grund, weshalb ich *damit* angefangen habe«, sagte er, während er nach der Flasche Scotch griff und sie hochhob. »Aber die rauhe Wirklichkeit ist, daß ich für den Gouverneursposten kandidiert habe als ein Mann, der für Recht und Ordnung eintritt. Ich habe die Todesstrafe zu meinem zentralen Wahlkampfthema gemacht. Ich versprach, sie mit aller Härte anzuwenden, und damals stand ich voll hinter dem, was ich sagte. Jetzt, wo ich hier bin, ist es nicht mehr ganz so leicht, meinen Namen unter ein Todesurteil zu setzen. Du kennst sie ja – diese unheilvollen Dokumente mit dem schwarzen Rand und dem geprägten Staatssiegel. Aber hast du auch schon mal durchgelesen, was darin steht? Ich habe es, glaub mir.« Seine

Stimme wurde brüchig. »Diese Art von Macht kann einem zu Kopf steigen, wenn man es zuläßt. Zum Teufel«, spottete er und nahm einen Schluck aus seinem Glas, »und Ärzte glauben, *sie* seien Gott.«

Jack schwieg, weil ihn dieser seltene Einblick in die Psyche seines Vaters überraschte und er nicht genau wußte, wie er reagieren sollte. »Das ist ein Grund mehr, mir zuzuhören«, sagte er schließlich. »Um sicherzugehen, daß du keinen Fehler machst.«

»Ich mache keinen Fehler, Jack. Begreifst du das denn nicht? Was du nicht sagst, ist genauso wichtig wie das, was du sagst. Du willst deine Schweigepflicht nicht verletzen, nicht einmal um mich dazu zu bewegen, meine Meinung in bezug auf die Hinrichtung zu ändern. Ich respektiere das, Jack. Aber du mußt auch meinen Standpunkt respektieren. Ich habe Regeln. Ich habe Verpflichtungen, genau wie du. Meine sind die, die ich gegenüber denen eingegangen bin, die mich gewählt haben – und die von mir erwarten, daß ich meine Wahlversprechen halte.«

»Das ist nicht dasselbe.«

»Das stimmt«, räumte der Gouverneur ein. »Es ist nicht dasselbe. Deshalb möchte ich auch nicht, daß du dir irgendwelche Vorwürfe machst, wenn du nachher von hier fortgehst. Du hast alles getan, was du konntest. Jetzt ist es an mir, eine Entscheidung zu treffen. Und ich treffe sie. Ich glaube nicht, daß Raul Fernandez unschuldig ist. Aber wenn *du* es glaubst, möchte ich nicht, daß du dich für seinen Tod verantwortlich fühlst.«

Jack sah seinem Vater in die Augen. Er wußte, daß dieser Mann die Hand nach ihm ausstreckte, daß er etwas von seinem Sohn erwartete, eine entsprechende Bestätigung etwa, daß Jack ihn auch nicht dafür verantwortlich machte, daß er *seine* Arbeit tat. Harold Swyteck bat um Absolution, um Vergebung – um Gnade.

Jack wandte den Blick ab. Er wollte – konnte – es nicht zulassen, daß seine Entschlossenheit durch einen Augenblick der Schwäche ins Wanken geriet. »Mach dir keine Sorgen, Vater. Ich werde mir keine Vorwürfe machen. Es ist so, wie du immer gesagt hast: Wir sind für unsere eigenen Taten selbst verantwortlich. Wenn ein unschuldiger Mann auf dem elektrischen

Stuhl stirbt, bist du, als Gouverneur, der Verantwortliche. Du bist derjenige, der sich dann etwas vorzuwerfen hat.«

Jacks Worte hatten einen Nerv getroffen. Das Gesicht des Gouverneurs wurde rot vor Wut, während jedes versöhnliche Gefühl dahinschwand. »*Niemand* hat sich etwas vorzuwerfen«, erklärte er. »Niemand, außer Fernandez selbst. Du läßt dich doch von denen nur verarschen. Fernandez und sein Kumpel benutzen dich. Was glaubst du, warum dir der Typ seinen Namen nicht genannt hat oder dir sein Gesicht nicht zeigen wollte?«

»Weil er nicht erwischt werden will«, antwortete Jack, »aber er will ebensowenig, daß ein Unschuldiger stirbt.«

»Ein *Mörder*, und zwar einer von der bestialischsten Sorte, will nicht, daß ein Unschuldiger stirbt?« Harry Swyteck schüttelte verächtlich den Kopf. »Es klingt vielleicht zynisch, Jack« – jetzt sprach der blanke Zorn aus ihm –, »aber manchmal bin ich beinahe froh, daß deine Mutter starb, bevor sie sehen konnte, was für einen Dickschädel sie zur Welt gebracht hat.«

Jack erhob sich schnell von seinem Sessel. »Diese Scheiße brauche ich mir von dir nicht anzuhören.«

»Ich bin dein *Vater*!« tobte Harry. »Und du wirst dir anhören, was ich –«

»Nein! Ich werde mir *gar nichts* von dir anhören. Ich habe dich nie um etwas gebeten. Und ich *will* auch nichts von dir. *Niemals*.« Er stürmte zur Tür.

»Warte!« schrie der Gouverneur. Jack blieb wie angewurzelt stehen, drehte sich langsam um und starrte seinen Vater wütend an. »Hör mir zu, junger Mann. Fernandez wird heute morgen hingerichtet werden, weil ich nichts von diesem Unsinn über seine Unschuld glaube. Nicht mehr, als ich die Fünf-vor-zwölf-Geschichte von dem letzten ›Unschuldigen‹, den wir hingerichtet haben, glaubte, der behauptete, es sei nur ein Unfall gewesen, daß er seine Freundin mit« – er hielt inne, atemlos vor Wut – »mit einundzwanzig Messerstichen umbrachte.«

»Du bist ein unglaublich verbohrter alter Mann geworden«, sagte Jack.

Der Gouverneur stand stoisch an der Bar. »Verschwinde, Jack. Verschwinde aus meinem Haus.«

Jack drehte sich um und marschierte mit seinen schweren Stiefeln durch die Diele, als ob er den harten Parkettboden strafen wollte. Er riß die Tür auf und blieb dann noch einmal stehen, als das Klirren von Eiswürfeln ihm signalisierte, daß sein Vater sich wieder ein Glas Scotch einschenkte. »Prost, Herr Gouverneur!« hallte seine Stimme durch das Foyer. »Tu uns allen einen Gefallen und sauf dich zu Tode.«

Er schlug die Tür zu und ging.

2. Kapitel

Nur noch wenige Minuten trennten Raul Fernandez vom Tod. Er hockte in sich zusammengesackt auf dem Rand der Schlafkoje in seiner Zelle, den kahlen Kopf gebeugt und die Hände zwischen den Knien gefaltet. Neben dem Gefangenen saß Pater José Ramirez, ein römisch-katholischer Priester. Er war ganz in Schwarz gekleidet, nur die weißen Haare und der weiße Stehkragen bildeten dazu einen Kontrast. Rosenkranzperlen ruhten auf dem einen, eine offene Bibel auf dem anderen Knie. Er sah Fernandez besorgt, ja fast verzweifelt an, als er erneut versuchte, die Seele des Mannes zu reinigen.

»Mord ist eine Todsünde, Raul«, sagte er. »Im Himmel gibt es keinen Platz für die, die sterben, ohne ihre Todsünden zu beichten. Im Johannesevangelium sagt Jesus zu seinen Jüngern: ›Welchen ihr die Sünden nachlasset, denen sind sie nachgelassen, und welchen ihr sie behaltet, denen sind sie behalten.‹ Laß mich deine Sünden hören, Raul, auf daß sie dir vergeben werden.«

Fernandez sah ihm direkt in die Augen. »Pater«, sagte er mit der ganzen Aufrichtigkeit, die ihm zu Gebote stand, »in diesem Augenblick habe ich nichts zu verlieren, wenn ich Ihnen die Wahrheit sage. Und ich sage Ihnen: Ich habe nichts zu beichten.«

Pater Ramirez zeigte keine Reaktion, obwohl ihm ein Schauder über den Rücken lief. Er zuckte erst zusammen, als er hörte, wie ein Schlüssel in der Stahltür klapperte.

»Es ist soweit«, verkündete der Wärter. Zwei Männer traten in die Zelle, um Fernandez abzuführen. Pater Ramirez erhob sich von seinem Stuhl, segnete den Gefangenen mit dem Zeichen des Kreuzes und trat dann zur Seite. Fernandez rührte sich nicht von seiner Schlafkoje.

»Gehn wir«, befahl der Wärter.

»Geben Sie ihm eine Minute«, sagte der Priester.

Der Wärter ging entschlossen auf den Gefangenen zu. »Wir haben keine Minute.«

Fernandez sprang plötzlich auf und stieß seine Schulter in den Bauch des ersten Wärters. Beide fielen zu Boden. »Ich bin unschuldig«, schrie er, wild gestikulierend. Der andere Wärter zückte seinen Schlagstock und drosch so lange auf den Rücken und die Schultern des Gefangenen ein, bis dieser halb gelähmt war.

»Du verrückter Hurensohn«, schrie der zu Boden gegangene Wärter, während er Fernandez auf den Bauch zwang. »Leg ihm die Schellen an«, rief er seinem Kollegen zu. Gemeinsam hielten sie ihm die Arme hinter dem Rücken fest und legten ihm dann Hand- und Beinschellen an.

»Ich bin unschuldig«, wimmerte Fernandez mit dem Gesicht auf dem Zementboden. »Ich bin *unschuldig*!«

»Ein Dreck bist du«, sagte der Wärter, der gerade mit dem Verurteilten gerauft hatte. Er zog einen Lederriemen aus der Tasche, knebelte den Gefangenen und band den Riemen in seinem Nacken fest zu.

Pater Ramirez sah entsetzt zu, als die Wärter Fernandez auf die Füße hoben. Da er immer noch ganz benommen von den Schlägen war, mußten sie ihn schütteln, damit er wieder zu sich kam. Das Gesetz verlangte, daß ein Verurteilter seinem bevorstehenden Tod bei vollem Bewußtsein entgegensah. Die Wärter packten ihn jeder an einem Arm und führten ihn aus der Zelle.

Der Priester war nachdenklich und verwirrt, als er dem Zug durch den hell erleuchteten Gang folgte. Er hatte schon viele Insassen von Todeszellen gesehen, aber noch keiner hatte so gekämpft wie dieser. Und mit Sicherheit hatte noch keiner so vehement seine Unschuld beteuert.

Am Ende des Ganges hielten sie an und warteten, bis sich die Stahltür der Hinrichtungskammer automatisch öffnete. Drinnen übergaben die Wärter den Gefangenen an zwei Aufseher, die auf Hinrichtungen spezialisiert waren. Sie bewegten sich schnell und routiniert, während auf der Wanduhr kostbare Sekunden verstrichen. Fernandez wurde in dem schweren Eichenstuhl festgeschnallt, und an seinem rasierten Kopf und seinen Fesseln wurden Elektroden befestigt. Der Knebel wurde aus seinem Mund entfernt und durch eine Stahlkandare ersetzt.

Alles war ruhig, bis auf das Summen der grellen Leuchtröhren an der Decke. Fernandez saß wie versteinert in seinem Stuhl. Die Wärter zogen ihm die schwarze Kapuze übers Gesicht und bezogen dann ihre Posten an den grau-grünen Wänden. Die Stahljalousien öffneten sich und gaben den Gefangenen den Blicken von drei Dutzend Zeugen auf der dunklen Seite der Glaswand preis. Einige Reporter regten sich. Ein stellvertretender Staatsanwalt blickte teilnahmslos. Der Onkel des Opfers – der einzige anwesende Verwandte des jungen Mädchens – atmete tief durch. Alle Augen außer denen des Gefangenen richteten sich auf die Uhr. Die seinen waren durch die Kapuze und ein strammes Lederband abgeschirmt, das verhindern sollte, daß die Stromstöße seine Augäpfel bersten ließen.

Pater Ramirez trat in den dunklen Bereich mit den Sitzplätzen und schloß sich den Augenzeugen an. Der Wärter an der Tür zog die Augenbrauen hoch. »Wollen Sie sich das wirklich ansehen, Pater?« fragte er leise.

»Sie wissen genau, daß ich noch nie zugesehen habe«, sagte der Priester.

»Es gibt für alles ein erstes Mal.«

»Ja«, sagte Ramirez. »In der Tat. Und ich kann nur hoffen, daß dies das *letztemal* ist, daß ihr jemanden hinrichtet, der, wenn mich mein Instinkt nicht täuscht, unschuldig ist.« Dann schloß er die Augen und versenkte sich ins Gebet.

Der Wärter wandte den Blick ab. Die Worte des Priesters waren treffend gewesen, aber er ließ sie an sich abprallen und tröstete sich wie jeder Normalbürger mit der Tatsache, daß nicht er es war, der jemanden tötete. Es war Gouverneur Swyteck, der das Todesurteil des Mannes unterzeichnet hatte. Es war jemand anderer, der den Schalter umlegen würde.

In diesem Augenblick erreichte der Sekundenzeiger den höchsten Punkt. Der Gefängnisdirektor gab das Zeichen, und die Lichter im ganzen Gefängnis wurden schwächer, als zweitausendfünfhundert Volt in den Körper des Gefangenen schossen. Fernandez wurde nach vorne geschleudert wie bei einem Frontalzusammenstoß, sein Rücken krümmte sich, seine Haut schmorte und zischte. Die Kiefer preßten die Stahlkandare so stark zusammen, daß die Zähne zerschmetterten. Seine Finger stemmten sich mit solcher Kraft gegen die Eichenholzlehnen, daß die Knochen zerbrachen.

Ein zweiter schneller Stromstoß traf ihn direkt ins Herz.

Ein dritter stellte sicher, daß die Sache erledigt war.

Es hatte etwas länger als eine Minute gedauert – die letzten und längsten siebenundsechzig Sekunden dieses fünfunddreißig Jahre alten Lebens. Ein Entlüfter wurde eingeschaltet, um den Gestank abzusaugen. Ein Arzt trat nach vorn, setzte ein Stethoskop an die Brust des Gefangenen und horchte.

»Er ist tot«, erklärte der Arzt.

Pater Ramirez seufzte vor Schmerz, als er die Augen öffnete, senkte dann den Kopf und bekreuzigte sich. »Möge Gott uns vergeben«, sagte er leise, »wenn Er den Unschuldigen aufnimmt.«

2
Juli 1994

3. Kapitel

Eddy Goss stand vor Gericht wegen eines Gewaltverbrechens, das so außergewöhnlich war, daß es sogar ihn selbst erstaunte. Er hatte das Mädchen zum erstenmal bemerkt, als es eines Abends in der Uniform ihres Exerzierkorps von der Schule nach Hause lief. Damals hatte er sie auf sechzehn geschätzt. Ihr Aussehen entsprach genau seinem Ideal – langes blondes Haar, das locker über die Schultern herabfiel, eine hübsche kurvenreiche Figur und, das Wichtigste von allem, kein Make-up. Er liebte dieses frische Aussehen. Es signalisierte ihm, daß er der erste sein würde.

Als er sie eingeholt hatte, mußte sie schon gewußt haben, daß irgend etwas nicht stimmte. Er war sich dessen sicher. Sie hatte begonnen, sich umzusehen und schneller zu laufen. Seiner Meinung nach mußte sie wirklich Angst gehabt haben – zuviel Angst, um zu reagieren –, denn er benötigte nur wenige Sekunden, um sie in seinen Ford Pinto zu zerren. Etwa fünf Meilen außerhalb der Stadt, in einem dichten Kiefernwäldchen weitab vom Highway, hielt er ihr ein Messer an die Kehle und drohte ihr, sie umzubringen, falls sie nicht alles täte, was er verlangte. Natürlich fügte sie sich. Was hätte sie auch sonst tun sollen? Sie zog ihren Rock hoch, streifte ihre Strumpfhose herunter – er wußte, daß alle Mitglieder des Exerzierkorps an der Senior High-School fleischfarbene Strumpfhosen tragen mußten – und saß vollkommen still da, während Eddy Goss mit den Fingern in ihre Vagina eindrang. Doch dann begann sie zu weinen – in heftigen, quälenden Schluchzern, die ihn wütend machten. Er haßte es, wenn sie weinten. Deshalb schlang er die Strumpfhose um ihren Hals – und zog. Immer wieder. Er zog so fest, bis er es schließlich schaffte: Er durchtrennte ihre Halswirbel und enthauptete sie. *Bestie!*

Eddy Goss stand vor Gericht wegen eines Verbrechens, das er für sein Meisterwerk hielt. Und sein Anwalt war Jack Swyteck.

»Bitte erheben Sie sich«, rief der Gerichtsdiener, als die Geschworenen von ihren Beratungen zurückkehrten. Ruhig kamen sie herein. Eine angehende Krankenschwester. Ein Busfahrer. Ein Hausmeister. Fünf Schwarze, zwei Juden. Vier Männer, acht Frauen. Sieben Arbeiter, zwei Angestellte und drei, die in keine Kategorie paßten. Es spielte keine Rolle mehr, wie Jack sie jeweils einstufte. Individuelle Meinungen waren nicht mehr wichtig; sie hatten eine kollektive Entscheidung getroffen. Sie verteilten sich auf zwei Reihen, blieben vor ihren Kunstlederstühlen stehen und richteten ihre Augen auf das »Kap der guten Hoffnung«, wie Jack jenen freien, bühnenartigen Bereich vor dem Richter und der Jury nannte, wo die Verteidiger der Angeklagten mit ihren Billigpokerargumenten auftrumpften und dann aufs Beste hofften.

Jack schluckte, während er sich bemühte, in ihren Gesichtern zu lesen. Die Erfahrung erlaubte es ihm, ruhig zu erscheinen, doch sein Adrenalin floß reichlich an diesem letzten Tag eines Prozesses, der über einen Monat lang die Schlagzeilen beherrscht hatte. Er hatte sich äußerlich in den letzten zwei Jahren kaum verändert, bis auf den gesunden Zynismus in seinem Blick und die leicht angegrauten Haare, die ihn aussehen ließen, als läge sein Juraexamen schon länger als vier Jahre zurück. Jack knöpfte das Jackett seines Nadelstreifenanzugs zu und warf dann seinem Mandanten, der steif neben ihm stand, einen kurzen Blick zu. *Was für ein Prachtexemplar.*

»Bitte, nehmen Sie Platz«, rief der silberhaarige Richter ins Publikum, das den Gerichtssaal bis auf den letzten Platz füllte.

Der Angeklagte Eddy Goss beobachtete aus dunklen, tiefliegenden Augen, wie die Geschworenen ihre Plätze einnahmen. Sein Blick glich dem eines Soldaten, der eine Landmine entschärft. Er hatte riesige Hände – die Hände eines Würgers, wie der Staatsanwalt nicht schnell genug bemerken konnte – und Fingernägel, die bis zur Hälfte des Nagelbetts abgekaut waren. Sein hervorstehendes Kinn und die große glänzende Stirn verliehen ihm ein bedrohliches Aussehen, das es einem leicht machte, sich vorzustellen, daß er das ihm zur Last gelegte Verbrechen begangen hatte. Heute wirkte er fast entspannt, dachte Jack, so als ob er das alles genießen würde.

Denselben Eindruck von Goss hatte Jack auch vor vier Monaten gehabt, als er sich ein Videoband ansah, auf dem sein Mandant während eines polizeilichen Verhörs mit dem gräßlichen Mord prahlte. Der Fall war eigentlich sonnenklar: Der Staatsanwalt hatte ein auf Video aufgezeichnetes Geständnis. Aber die Geschworenen bekamen es nie zu sehen. Jack hatte dafür gesorgt, daß es als Beweismittel nicht zugelassen wurde.

»Sind die Geschworenen zu einem Urteil gekommen?« fragte der Richter.

»Ja«, verkündete die Sprecherin.

Die Zuschauer rutschten nach vorn auf die Stuhlkanten. Deckenventilatoren surrten in der Stille. Das schriftliche Urteil wurde von der Jury an den Richter übergeben.

Es spielt keine Rolle, wie das Urteil lautet, versuchte sich Jack einzureden. Er hatte dem System gedient, der Justiz gedient. Als er so dastand und sah, wie der Richter das Papier an die Sprecherin zurückgab, dachte er an all die Predigten, die er während seines Studiums gehört hatte: daß jeder Bürger ein Recht auf die beste Verteidigung habe, daß die Rechte von Unschuldigen mit Füßen getreten würden, wenn es keine Anwälte gäbe, die diese Rechte bei der Verteidigung von Schuldigen einforderten. Damals hatte das alles so nobel geklungen, aber die Realität wirkte oft sehr ernüchternd. Und nun stand er hier und verteidigte jemanden, dem das, was er getan hatte, nicht einmal leid tat. Und die Geschworenen befanden ihn für …

»Nicht schuldig.«

»Nein!« schrie die Schwester des Opfers und löste damit eine Welle der Empörung im ganzen Gerichtssaal aus.

Jack schloß die Augen; es war ein schmerzlicher Sieg.

»Ruhe!« brüllte der Richter und schlug mit seinem Hammer auf den Tisch, um die in Hysterie ausgebrochene Menge zu beruhigen. Doch die Beschimpfungen, die wütenden Blicke und die Papierknäuel flogen weiter durch den Raum in Richtung von Jack Swyteck und dem Gesindel, das er verteidigte.

»Ruhe!«

»So kommst du uns nicht davon, Goss!« rief ein Freund der Familie des toten Mädchens. »Und du auch nicht, Swyteck.«

Jack sah zur Decke und versuchte alles an sich abprallen zu lassen.

»Ich hoffe, Sie können heute nacht ruhig schlafen«, fauchte ihn eine wütende Staatsanwältin beim Verlassen des Gerichtssaals an.

Jack suchte tief in seinem Inneren nach einer Antwort, aber er fand keine. Er wandte sich einfach ab und tat das, was ihm in dieser Situation als das gesellschaftlich einzig Vertretbare erschien. Er vermied es, Eddy Goss zu gratulieren und ihm die Hand zu schütteln. Statt dessen packte er seine Prozeßunterlagen zusammen und blickte nach rechts.

Goss sah ihn mit einem zufriedenen Grinsen an. »Könnte ich vielleicht Ihre Visitenkarte haben, Mr. Swyteck?« fragte Goss mit erhobenem Kopf, die Hände selbstgefällig in die Hüften gestemmt. »Nur damit ich weiß, wen ich anrufen muß – das nächstemal.«

Plötzlich hatte Jack das Gefühl, nicht nur Goss anzusehen, sondern auch all die anderen unbarmherzigen Verbrecher, die er im Lauf der Zeit verteidigt hatte. Er trat zu Goss und blickte ihm direkt ins Gesicht: »Hör zu, du Hurensohn«, flüsterte er, »es wäre besser für dich, wenn es kein nächstes Mal gäbe. Falls doch, werde ich dich nicht nur nicht verteidigen, sondern ich werde auch persönlich dafür sorgen, daß du das letzte Arschloch von Staatsanwalt bekommst. Und glaub nicht, daß der Sohn des Gouverneurs das nicht schafft. Verstanden?«

Goss hörte auf zu grinsen und kniff geringschätzig die Augen zusammen. »Niemand droht mir, Swyteck.«

»Das habe ich gerade getan.«

Goss schürzte verächtlich die Lippen. »Jetzt haben Sie es geschafft. Jetzt haben Sie meine Gefühle verletzt. Ich weiß nicht, ob ich Ihnen das verzeihen kann, Swyteck. Aber eins weiß ich«, sagte er, während er sich vorbeugte, »eines Tages – und dieser Tag ist nicht mehr fern – wird Jack Swyteck mich *bitten*, ihm zu verzeihen.« Goss richtete sich auf und blickte Jack mit seinen dunklen Augen bohrend an. »Mich *bitten.*«

Jack versuchte, dem Blick standzuhalten, aber diese Augen setzen ihm zu. »Sie wissen überhaupt nicht, was Verzeihen ist, Goss«, sagte er schließlich, bevor er sich abwandte und ging. Er lief durch den Mittelgang, die abgenutzte Aktenmappe in der Hand, und fühlte sich sehr allein, als er durch die aufgebrachte, angewiderte Menge auf den Ausgang, eine mit Schnitzereien verzierte Mahagonitür, zusteuerte.

»Da geht er, Ladies und Gentlemen«, rief Goss über die Köpfe der Menge hinweg und schwenkte seine Arme wie ein Zirkusdirektor. »Mein ehemaliger bester Freund, Jack Swyteck.«

Weder Jack noch die anderen schenkten ihm Beachtung. Alle Blicke waren auf den Anwalt gerichtet.

»Arschloch!« verhöhnte ihn ein Unbekannter.

»Ekel!« sagte ein anderer.

Jacks Augen fuhren herum und fingen eine Salve wütender Blicke ein. Plötzlich wußte er, was es bedeutete, jemanden zu *vertreten* bzw. zu repräsentieren. Er vertrat Eddy Goss, wie eine Flagge ein Land repräsentiert, wie das Böse den Satan repräsentiert. »Da ist er!« riefen Reporter, als Jack, Schulter an Schulter mit einer Traube von Zuschauern, aus dem lärmenden Gerichtssaal trat. In der Halle, vor den Aufzügen, wartete schon die nächste, eine mit Kameras und Mikrofonen bewaffnete Meute auf ihn.

»Mr. Swyteck!« brüllten die Reporter gegen den Lärm der Menge an. Im Nu war er von Mikrofonen umgeben, so daß er kaum noch vorankam. »Ihre Reaktion? ... macht Ihr Mandant jetzt? ... sagen Sie der Familie des Opfers?« Die Fragen überstürzten sich.

Jack war eingekeilt zwischen der Menge, die von hinten nachdrängte, und den Reportern, die ihn von vorne bestürmten. Mit einem knappen »Kein Kommentar« würde er hier nie herauskommen. Er blieb stehen, überlegte einen Augenblick und sagte dann: »Ich glaube, das einzige, was man über das heutige Urteil sagen kann, ist, daß es ein Sieg für unser Rechtssystem ist. Und dieses System erfordert vom Staatsanwalt den Beweis, daß der Angeklagte schuldig ist, schuldig ohne den geringsten...«

Plötzlich gingen Schreie durch die Halle, als mitten aus der Menge heraus ein Schwall roter Flüssigkeit emporschoß und sich auf Jack ergoß. Das Geschrei wurde noch schlimmer, als kurz darauf ein zweiter Schwall nicht nur Jack, sondern auch alle Umstehenden besudelte.

Einen Augenblick lang war er vollkommen perplex und stand wie gelähmt da. Dann wischte er sich wortlos die Flüssigkeit aus den Augen – war es Blut oder irgendeine Farbe? –, während die rote Substanz seine Hose hinunterrann und auf den Boden tropfte.

»Es klebt an dir, Swyteck«, brüllte der Urheber des symbolhaften Anschlags irgendwoher aus der Menge. »Ihr Blut klebt an dir!«

4. Kapitel

Auf der Fahrt nach Hause war Jack »oben ohne«, im weitesten Sinne des Wortes. Sein blutdurchtränktes Hemd und sein Jackett lagen im Kofferraum des Mustang-Cabrios, Baujahr 53, und das Verdeck war nach hinten gerollt, damit der Gestank verflog. Es war ein merkwürdiger Ausgang, doch die Presse hatte bereits einen Freispruch vorausgesagt, und die Aussicht auf ein Urteil, das »nicht schuldig« lautete, hatte irgend jemanden offenbar so erzürnt, daß er sich mit mehreren Beuteln einer dicken roten Flüssigkeit bewaffnet und es jenen fanatischen Tierschützern gleichgetan hatte, die auf den Straßen New Yorks Frauen in Pelzmänteln angriffen. Er fragte sich erneut, welche Art von Munition benutzt worden war. Tierblut? Menschenblut, infiziert mit AIDS? Ihn schreckte der Gedanke an das Foto und die Überschrift, die am nächsten Tag in der Boulevardpresse erscheinen würden: »Jack Swyteck – Der rote Anwalt.« *Scheiße, wie schlimm soll es eigentlich noch werden?*

Es war schon dunkel, als er zu Hause ankam. Er bemerkte sofort, daß der rote Pontiac nicht in der Auffahrt stand, was bedeutete, daß seine Freundin, Cindy Paige, nicht dasein würde, um sich die Ereignisse des Tages anzuhören. *Seine Freundin.* Er fragte sich, ob er sich da nicht selbst etwas vormachte. Zwischen ihnen war es in letzter Zeit nicht besonders gut gelaufen. Die Geschichte, die sie ihm aufgetischt hatte, nach der sie für ein paar Tage bei ihrer Freundin Gina bleiben wollte, »um ihr bei einigen Problemen zu helfen«, klang für ihn immer mehr wie ein Vorwand, um all dem Ballast zu entkommen, den er in den letzten Monaten mit sich herumgeschleppt hatte. Verdammt, wie konnte man ihr das auch verdenken. Wenn er nicht gerade bis über beide Ohren in Arbeit steckte, führte er diese Selbstgespräche, in denen er sich fragte, welche Richtung sein Leben nahm. Und meistens ließ er Cindy als Zuschauerin außen vor.

»Hallo, Junge«, sagte Jack, als ihn sein haariger bester Freund auf der Veranda bestürmte, seine bärenartigen Pfoten auf die Brust seines Herrchens pflanzte und ihn mit einem kalten Nasenkuß begrüßte. Sein Name war Donnerstag wegen des Tages, an dem Jack, Cindy und deren fünfjährige Nichte ihn aus dem Tierheim geholt und vor dem Einschläfern bewahrt hatten, und er war der dankbarste Gefangene, den er je vor dem Tod retten konnte. Er hatte eindeutig Labrador im Blut, war aber überwiegend ein Produkt des Schmelztiegels der Rassen. Seine ausdrucksvollen, schokoladenbraunen Augen machten ihn äußerst kommunikativ, und im Augenblick schrien sie: »Ich bin hungrig.«

»Sieht aus, als ob du dringend was zum Schmatzen bräuchtest«, sagte Jack und schob ihn sanft beiseite, als er ins Haus trat. Er ging in die Küche und füllte den Hundenapf mit Puppy Chow. Dann holte er die als pikante Vorspeise gedachten »Pizzaknochen« aus dem Kühlschrank. Cindy aß nie die Kruste und die Salami. Sie hob sie immer für Donnerstag auf.

Er stellte den Napf auf den Boden und beobachtete, wie der Hund sich darüber hermachte.

Zum Glück ließ sich das Blut – oder was immer es war – unter der Dusche leicht abwaschen. Als er sich abtrocknete, hörte Jack, wie Donnerstag seinen leeren Napf mit der Nase über den Küchenboden schob. Jack lächelte und zog seine Boxershorts an. Dann ging er ins Schlafzimmer und setzte sich auf den Rand des Doppelbetts. Seine Augen wanderten durch den Raum, bis sie schließlich auf einem gerahmten Foto von Cindy haften blieben, das auf dem Nachttisch stand. Es zeigte sie auf einem Felsen an einem Bergpfad in Utah, wo sie zusammen gewandert waren. Sie hatte ein breites glückliches Lächeln auf dem Gesicht, und der Sommerwind spielte in ihren honigblonden Haaren. Es war sein Lieblingsbild von ihr, weil es so viele der Merkmale einfing, die ihre Persönlichkeit ausmachten. Auf den ersten Blick wäre jeder von ihrem schönen Gesicht und ihrem herrlichen Körper beeindruckt gewesen. Aber für Jack waren es Cindys Augen und ihr Lächeln, die ihre ganze Geschichte erzählten.

Instinktiv griff er nach dem Telefon. Er runzelte die Stirn, als sich Gina Terisis Anrufbeantworter einschaltete: »Es tut mir leid, daß ich im Augenblick nicht ans Telefon gehen kann…«, kam die Nachricht vom Band.

»Cindy, ruf mich an«, sagte er. »Du fehlst mir«, fügte er hinzu und legte wieder auf. Er ließ sich aufs Bett fallen, schloß die Augen und begann sich zum erstenmal seit über vierundzwanzig Stunden zu entspannen. Doch er wurde wieder unruhig, als ihm bewußt wurde, daß Gina die Nachricht als erste bekommen und Cindy erzählen würde, wie sehr er sich nach ihr sehnte. Nun ja, tat er das etwa nicht?

Lustlos schaltete er den Fernseher ein und begann alle Programme durchzugehen, auf der Suche nach einem Sender, der nicht irgend etwas über den Freispruch von Eddy Goss brachte. Er mußte mit MTV vorliebnehmen. Zwei heruntergekommene Rockmusiker droschen auf ihre Gitarren ein, während ihnen ein Cindy-Crawford-Verschnitt die Gesichter leckte.

Er schaltete den Fernseher ab, ließ den Kopf aufs Kopfkissen sinken und lag still in der Dunkelheit. Aber er konnte nicht schlafen. Er blickte geradeaus über seine Zehenspitzen hinweg und starrte auf den Fernseher auf der Kommode. Es gab eigentlich nichts, was er sehen wollte. Doch als die häßlichen Ereignisse des Tages wieder an ihm vorüberzogen, gab es plötzlich etwas, was er sehen *mußte*.

Er rollte sich aus dem Bett, schnappte sich seine Aktentasche, öffnete sie und fand trotz der Dunkelheit sofort, was er suchte. Er schaltete den Fernseher und das Videogerät an, legte eine Kassette ein und setzte sich auf die Bettkante. Auf dem Bildschirm sah man Schneegestöber, ein paar Steuerzeichen und dann...

»Mein Name ist Eddy Goss«, sagte der Mann auf dem Bildschirm, der steif vor einer Videokamera der Polizei saß. Goss' für gewöhnlich glattes, faseriges Haar bildete ein wirres, fettiges Durcheinander. Er sah aus und roch zweifellos auch, als ob er die ganze Woche unter einer Brücke geschlafen hätte: dreckige Jeans, Tennisschuhe mit offenen Schnürsenkeln und ein gelbliches Unterhemd mit eingerissenem V-Ausschnitt und Achselschweißkränzen. Er saß selbstgefällig auf dem Metallklappstuhl, die Arme fest verschränkt, und verströmte das Selbstbewußtsein eines Kleinganoven. An seinem Hals sah man vier lange frische Kratzwunden. Das Datum und die Uhrzeit, 11.04 Uhr, 12. März – viereinhalb Monate her – leuchteten in einer Ecke des Bildschirms auf.

»Ich wohne in der East Adams Street 409«, fuhr Goss fort, »Apartment 217.«

Die Kamera entfernte sich, und man sah, daß der mutmaßliche Täter am Ende eines langen Konferenztisches saß, mit einem älteren Mann zu seiner Rechten. Der Mann, grauhaarig und mit einer Hakennase, auf der eine schwarze Hornbrille saß, schien Ende Sechzig zu sein.

»Mr. Goss«, sagte der Mann, »ich bin Detective Lonzo Stafford. Der Mann hinter der Kamera ist mein Kollege Detective

Jamahl Bradley. Sie wissen, mein Junge, daß Sie das Recht haben, die Aussage zu verweigern. Sie haben das Recht –«

Jack drückte auf der Fernbedienung den schnellen Vorlauf bis zu der Stelle, die er inzwischen schon mindestens hundertmal gesehen hatte. Jetzt sah man auf dem Bildschirm einen anderen Goss, lebhafter und prahlend wie ein stolzer Vater.

»...tötete ich die kleine Nutte«, sagte Goss mit unbekümmertem Achselzucken.

Jack drückte die STOP-Taste, ließ das Band zurücklaufen und hörte noch einmal zu, als ob er sich selbst geißeln wollte.

»... tötete ich die kleine Nutte.« Wie er hatten es Tausende von Menschen, wenn auch ohne den ordinären Ausdruck, gehört und würden es heute abend in den Fernsehnachrichten wahrscheinlich wieder hören. Das Band lief weiter, und Jack hörte mit geschlossenen Augen zu, wie Goss die Tat in gräßlichen Details beschrieb. Die Fahrt mit dem Auto in den Wald. Das Messer an der Kehle des jungen Mädchens. Die Tränen, die seine vulgären Versuche einer sanften Liebkosung beendet hatten. Und schließlich, wie er die Strumpfhose um den Hals des Mädchens schlang...

Jack seufzte und hielt die Augen geschlossen. Das Band lief weiter, aber es kam nur noch Schweigen. Selbst den Vernehmungsbeamten schien es die Sprache verschlagen zu haben. Wenn sie es hätten hören dürfen, wäre es den Geschworenen wahrscheinlich ähnlich ergangen. Aber er hatte das verhindert. Er hatte verhindert, daß das Videoband als Beweismittel zugelassen wurde, und zwar mit dem Argument, daß Goss' verfassungsmäßige Rechte verletzt worden waren, daß das Geständnis nicht freiwillig zustande gekommen war. Nein, die Polizei hatte es nicht mit einem Gummiknüppel aus ihm herausgeprügelt. Sie hatte ihm nicht einmal gedroht. »Sie haben ihn hereingelegt«, war Jacks Argument gewesen, wobei er sich auf eine einzige bedenkliche Äußerung eines erfahrenen Detective stützte, der so verzweifelt versuchte, Goss festzunageln, daß er etwas zu weit ging. Dabei hatte der Detective noch gute Chancen gehabt, damit durchzukommen, denn er wußte aus Erfahrung, daß nur ein wirklich ultraliberaler Richter seine Taktik verurteilen würde.

»Wir wollen nicht wissen, ob Sie es getan haben«, hatte Detective Stafford Goss versichert. »Wir wollen nur, daß Sie uns zeigen, wo Kerrys Leiche ist, damit sie ein ordentliches christliches Begräbnis bekommt.« Das war die ganze Munition, die Jack benötigte. »Sie haben meinem Mandanten ein Geständnis entlockt, indem sie mit seinem Gewissen spielten!« hatte er dem Richter erklärt. »Sie appellierten an seine religiösen Gefühle. Eine christliche Grabrede ist eindeutig illegal, Euer Ehren.«

Niemand war überraschter als Jack, als der Richter sich seiner Argumentation anschloß. Das Geständnis wurde für unzulässig erklärt. Die Geschworenen bekamen das Videoband nie zu sehen. Sie sprachen einen Schuldigen frei. Das Versagen der Justiz war mehr denn offenkundig. *Gute Arbeit, Swyteck.*

Angewidert von sich selbst und von der Art, wie er sein Geld verdiente, drückte er die EJECT-Taste und schleuderte das Geständnis auf den Boden. Er holte eine andere Kassette aus dem Kasten neben dem Fernseher, schob *Wer die Nachtigall stört* in das Videogerät und sah zum fünfzehnten Mal, seit er am Freedom Institute angefangen hatte, wie Gregory Peck Unschuldige verteidigte.

Pecks Atticus Finch hatte gerade mit seinem Schlußplädoyer begonnen, als ein schrilles Läuten Jack aus dem Halbschlaf riß.

Er nahm den Hörer ab, in der Hoffnung, Cindys Stimme zu hören. Doch zunächst war alles, was er hörte, Schweigen. Schließlich kam eine rauhe Stimme aus der Leitung. »Swyteck?« fragte sie.

Jack rührte sich nicht. Die Stimme schien ihm vage vertraut, aber sie schien auch krächzend und verstellt. Und schließlich kam die kurze, ernüchternde Botschaft.

»Ein Mörder läuft heute nacht frei herum, Swyteck. Ein Mörder läuft frei herum.«

Jack preßte den Hörer ans Ohr. »Wer ist da?«

Wieder Schweigen.

»Wer ist da? Wer sind Sie?« Jack wartete, aber er hörte nur sein eigenes unregelmäßiges Atmen. Dann, endlich...

»Schlaf gut«, war die kühle Antwort. Das Telefon klickte, und dann kam der Wählton.

5. Kapitel

Gouverneur Harold Swyteck lief einen mit Holzspänen bestreuten Joggingpfad hinunter. Er stieß einen leisen Fluch aus, als er über die politischen Konsequenzen von Jacks Sieg am Tag zuvor nachdachte. Der Gouverneur und seine Berater hatten wochenlang darüber spekuliert, wie sich der Prozeß auf seine Chancen für eine Wiederwahl auswirken könnte. Sie glaubten, ein paar Reden, in denen er sich für eine konsequente Verbrechensbekämpfung stark machte, würden genügen, um sich von Jacks Position zu distanzieren. Was sie jedoch nie geglaubt hatten, war, daß er tatsächlich einen Freispruch erreichen würde. Hätten sie es in Betracht gezogen, hätten sie wenigstens sofort reagieren können, als die Medien in ihren stündlichen Berichten meldeten, daß der Sohn des Gouverneurs einen geständigen Mörder aufgrund eines Verfahrensfehlers freibekommen hatte.

»Zum Teufel mit allem!« schimpfte Harry mit keuchender Stimme. Und während er die Arme heftiger bewegte und seine Beine nach vorne schnellten, spürte er, wie sein Ärger wuchs. Es war der Ärger eines Vaters, getragen mehr von Enttäuschung als von echtem Groll.

Der Gouverneur mußte kämpfen, um sein Tempo zu halten. Seit der Hinrichtung von Fernandez hatte er zu joggen begonnen und dem Alkohol abgeschworen. In den etwa zwölfhundert Tagen seiner Amtszeit war er fast genauso viele Meilen gelaufen und hatte mindestens ebenso oft über jene beunruhigende Nacht nachgedacht und sich gewünscht, er hätte auf seinen Sohn gehört und die Hinrichtung für einige Tage verschoben, damit genug Zeit gewesen wäre, um Jacks Geschichte nachzugehen. Joggen bot ihm Gelegenheit, über Ereignisse und Gefühle nachzudenken, ohne jemand anderen ins Vertrauen ziehen zu müssen. Obwohl seine Berater immer wieder Sicherheitsbedenken geäußert hatten, verzichtete er auf Leibwächter, wenn er nicht gerade spätabends oder in großen Städten unterwegs war. »Wenn irgend so ein Verrückter mich erschießen will«, sagte er immer, »dann sucht er bestimmt nicht auf einem abgelegenen Pfad nach einem Typ in einem altmodischen Jogginganzug und mit Baseballmütze.« Bis zu diesem Tag hatte er recht behalten.

Harry verlangsamte sein Tempo, als er sich einer Gruppe wuchernder Eichen und Flamboyants näherte, die ihm signalisierten, daß er bald die Hälfte der Strecke zurückgelegt hatte. Er erinnerte sich an die Regeln: Die erste Streckenhälfte diente dazu, Ärger abzulassen; die zweite Hälfte war für positive Gedanken reserviert.

»Liebe Landsleute aus Florida«, sprach er leise vor sich hin, als er an einem Flamboyant mit orangefarbener Krone vorbeijoggte, der den Scheidepunkt zwischen der ersten und zweiten Streckenhälfte markierte. Er merkte, wie sich seine Stimmung änderte. Seine Sorgen fielen von ihm ab; die Rede, die er an diesem Morgen vor loyalen Anhängern halten sollte, rückte näher. Schon in wenigen Stunden würde er offiziell seinen Wahlkampf für eine zweite Amtsperiode eröffnen.

»... in dieser Wahl müssen Sie sich entscheiden«, setzte er seine Rede im Geist fort. Doch plötzlich verlor er den Boden unter den Füßen, fiel der Länge nach hin und zog sich dabei Schürfwunden am rechten Ellbogen und am rechten Knie zu. Zunächst dachte er, er sei nur über etwas gestolpert, doch als er sich umsah, kam eine dunkle schemenhafte Erscheinung aus dem Schatten einer riesigen alten Eiche hervorgeschossen und stürzte sich auf ihn, so daß er wieder zu Boden ging. Ihre Körper verkeilten sich ineinander, als sie die steile Böschung neben dem verlassenen Joggingpfad hinunterrollten. Sie landeten unsanft inmitten von dichtem Unkraut und Schilf neben einem algenverseuchten Kanal. Der Gouverneur griff schnell nach dem Piepser in seiner Tasche, um den Sicherheitsdienst zu alarmieren, aber noch bevor seine Finger auf den roten Knopf drücken konnten, schlug ihm sein Angreifer so heftig in die Magengrube, daß ihm die Luft ausging. In weniger als einer Sekunde lag Harry flach auf dem Bauch, das Gesicht auf die Erde gepreßt.

»He!« keuchte der Gouverneur, nachdem er den Kopf gerade so weit zur Seite gedreht hatte, daß er sprechen konnte. Aber noch bevor er ein weiteres Wort herausbrachte, spürte er eine kalte Stahlklinge an seiner Kehle.

»Nicht bewegen!« befahl der Mann.

Harry rührte sich nicht, doch sein Körper zitterte, während er sich zwang, das Gesicht unten zu lassen und vollkommen still zu bleiben. Seine rechte Backe war gegen den Boden gepreßt, doch aus dem Winkel seines linken Auges sah er einen Schrank von einem Körper auf seinem Kreuz hocken. Sein schieres Gewicht hinderte ihn schon fast daran zu atmen, geschweige denn, sich zu bewegen. Es war ein Mann, vermutete er. Die Stimme war tief; die in schwarzen Handschuhen steckenden Hände waren sehr groß. Doch sonst war nichts zu erkennen. Er trug einen tarnfarbenen Marinekampfanzug, und sein Gesicht war mit einer Skimaske vermummt.

»Ja, wen haben wir denn da«, spottete der Mann mit rauher, heiserer Stimme. »Der Herr Spitzenpolitiker beim Frühsport.«

Der Gouverneur ballte die Fäuste, nicht um sich zur Wehr zu setzen, sondern um seine Angst unter Kontrolle zu bekommen. Es war vollkommen still, bis auf das saugende Geräusch, das der Mann beim Atmen machte. Er sabberte wahrscheinlich auf Grund der Wattebäusche oder was immer er im Mund hatte, um seine Stimme zu verstellen.

»He, Gouverneur«, sagte der Angreifer, diesmal in freundlicherem Ton spottend. »Ihr Politiker seid doch nie abgeneigt, wenn ihr ein gutes Geschäft machen könnt. Also, ich hätte da was für dich, mein Junge. Wie wär's, wenn ich dir den Beweis dafür liefern würde, daß Raul Fernandez unschuldig war?«

Raul Fernandez? Harry zuckte bei dem Namen zusammen. Seine Gedanken liefen in ein Dutzend verschiedener Richtungen, als er versuchte, sich zu erklären, warum der Name gerade jetzt auftauchte.

»Und im Gegenzug dafür, daß ich so ein fairer Kerl bin«, fuhr der Angreifer fort, »und daß ich dir deinen hochbezahlten Job rette, indem ich niemandem erzähle, daß du und der Junior einen Unschuldigen getötet habt, gibst du mir Geld. Und zwar 'n Haufen.«

Der Gouverneur schwieg.

Der Mann drückte Harrys Nacken zusammen, als ob das Messer nicht schon genügend Respekt gebot. »Oder vielleicht ist es dir lieber, wenn ich einfach ein bißchen mit den Leuten von der Presse plaudere.«

Der Gouverneur zwang sich, seine Angst lange genug zu unterdrücken, um eine Frage stellen zu können. »Was wollen Sie von mir?«

»An der Ecke Tenth Street und Monroe ist eine Apotheke – Albert's. Du wartest an der Telefonzelle vor dem Laden. Zwölf Uhr mittags, Donnerstag. Allein. Und daß du mir nicht auf den Gedanken kommst, die Bullen zu rufen. Wenn du es doch tust, bin ich gleich bei der Presse. Hörst du, was ich sage?«

Der Gouverneur schluckte. »Ja«, erwiderte er.

Der Mann drückte das Gesicht des Gouverneurs auf den Boden und sprang auf die Füße. »Bevor du auch nur einen Finger rührst, zählst du bis hundert, und zwar laut und deutlich und schön langsam. *Jetzt.*«

»Eins, zwei«, begann Harry zu zählen, während er angestrengt lauschte, wie sich die Schritte des Mannes entfernten. Er lag still da und zählte bis dreißig, bevor er es wagte, sich zu bewegen. Dann rollte er sich schnell auf die Seite und zog den Piepser aus seiner Tasche. Wenn er auf den roten Knopf drückte, wären die Leibwächter in weniger als einer Minute zur Stelle. Aber er zögerte. Was sollte er ihnen erzählen? Daß irgendein Gangster gedroht habe zu verraten, daß er einen Unschuldigen hingerichtet hatte?

Er steckte den Piepser wieder in die Tasche und grübelte weiter. Sein Angreifer hatte ihn gewarnt: Wenn du die Polizei einschaltest, geht die Fernandez-Geschichte direkt an die Presse. Wäre das denn wirklich so schrecklich? Keine Frage, es wäre schlimm, doch im Innersten spürte er eine noch viel größere Angst. Daß der Angreifer *nicht* zu den Zeitungen gehen würde. Daß, wenn er nicht bei Albert's auftauchte, er nie wieder etwas von dem Mann hören würde. Und nie die Wahrheit über Fernandez erfahren würde.

Er blickte hilflos über das Unkraut zu dem dichten Wald hinüber, in dem sein Angreifer verschwunden war. Die Ecke Tenth Street und Monroe war eine belebte Kreuzung – ein sehr exponierter und sicherer Ort. Es war etwas anderes als ein Treffen von Mann zu Mann in einer dunklen, abgelegenen Straße.

Zum Teufel, wenn der Kerl ihn hätte umbringen wollen, wäre er schon tot. Seine Entscheidung war klar.

»Zwölf Uhr mittags«, sagte er laut, um seinen Willen, an der telefonischen Besprechung teilzunehmen, zu bekräftigen. »Morgen.«

6. *Kapitel*

Dankbar für clevere Anwälte und Gesetzeslücken zog Eddy Goss wieder durch die Straßen von Miami und folgte dem vertrauten rissigen Bürgersteig, der zu seinem Lieblingsort führte. Er lag in einem heruntergekommenen Stadtviertel, wo Frauen an den Straßenecken standen, um für ihren täglichen Hundert-Dollar-Crack anzuschaffen, und verheiratete Männer in ihren Autos vorbeischlichen, um ihre Zwanzig-Dollar-Bedürfnisse zu befriedigen. Goss jedoch hatte die Frauen immer gemieden und ihre plumpen, die schnelle Nummer verheißenden Angebote ignoriert. Er kam direkt an ihnen vorbei auf seinem Weg zu dem hellgelben Gebäude ohne Fenster und mit drei großen schwarzen X auf der Tür. Drinnen stapelten sich an den fensterlosen Wänden zellophanverpackte Magazine in Regalen, die vom Boden bis zur Decke reichten. Goss liebte diese Magazine, weil die Mädchen darin immer viel hübscher waren als die Frauen auf der Straße.

Er bewegte sich in dem Sexshop, als ob er ihm gehörte, denn er kannte jedes Regal. Ihm gefiel es, wie die Hefte geordnet waren. Oralverkehr an der einen Wand. Gruppensex an der anderen. Wenn er richtig schmutzigen Sex wollte, ging er an die dritte. Seine bevorzugte Wand war die hintere, wo diejenigen, die ganz junge Mädchen liebten, auf ihre Kosten kamen.

»Kaufst du was?« fragte der dicke Mann, der an der Kasse hinter dem Ladentisch saß.

»Hä?« erwiderte Goss, als er merkte, daß der Mann mit ihm sprach.

Der Mann verdrehte die Augen, während er sich mit seinen schmutzigen Wurstfingern ein vollgestopftes Sandwich in den Mund schob. »Ich hab' gefragt«, wiederholte er mit vollem Mund, den schwarz-grauen Bart voller Salatschnipsel und Mayonnaise, »ob du was kaufst, du Arschloch!«

Goss legte ein Magazin mit dem Titel *Böse Elfen* ins Regal zurück. »Ich seh' mich nur 'n bißchen um.«

»Also, anderthalb Stunden sind 'ne verdammt lange Zeit zum Umsehen. Raus jetzt, Kumpel.«

Goss rührte sich nicht von der Stelle und fixierte den Mann mit wutentbrannten Augen. Zunächst hielt der Verkäufer dem Blick noch stand, doch schon nach wenigen Sekunden verließ ihn der Mut. Er war gerade einmal drei Wochen angestellt, hatte aber schon Hunderte von verrückten Typen gesehen. Keiner jedoch hatte ihn je mit so eiskalter Verachtung angeguckt.

»Weißt du eigentlich, mit wem du redest?« schäumte Goss.

Der Verkäufer schluckte. »Is' mir egal, wer du –«

»Ich bin Eddy Goss.«

Der Verkäufer erstarrte. Er hatte die Nachrichten im Fernsehen gesehen, und plötzlich war ihm das Gesicht wieder vertraut.

Goss ging ein paar Schritte vorwärts, zu dem Behälter in der Mitte des Raums, der mit Plastikdildos und anderen Utensilien gefüllt war. Dort blieb er stehen und sah den Verkäufer an. »Ich bin Eddy Goss«, sagte er, als ob der Name für sich spräche. Dann ließ er mit einer schnellen Handbewegung einen Teil der Ware durch den Laden fliegen.

Der Hagel von Utensilien schreckte den Verkäufer auf. Instinktiv griff er unter den Ladentisch, brachte eine Pistole zum Vorschein und richtete sie auf Goss. »Raus jetzt!« sagte er mit bebender Stimme. »Oder ich blas' dir dein verdammtes Hirn aus dem Schädel!«

Goss spottete und schüttelte den Kopf.

»Du hast zehn Sekunden!« drohte der Verkäufer.

Goss starrte ihn nur haßerfüllt an.

Der Verkäufer trat nervös von einem Bein aufs andere. Er hatte alle Mühe, die Pistole ausgestreckt vor sich hin zu halten. Auf seiner Stirn bildeten sich Schweißperlen, und die Pistole begann zu zittern. »Ich mach' keinen Spaß, du Wichser!«

Goss zeigte keine Regung, denn er war überzeugt, daß der Verkäufer nicht die Nerven besaß, ihn umzulegen. Aber für heute hatte er genug von dem Laden. »Bin schon weg«, sagte er, während er auf die Tür zuging und verschwand.

Als er an dem Sexshop angekommen war, hatte noch die Sonne geschienen, doch nun war der Himmel bedeckt, und die Dämmerung brach langsam herein. Er war hungrig und durstig, und so lief er quer über den Parkplatz zum 7-Eleven. Der Laden war leer, bis auf einen haitianischen Verkäufer an der Kasse. Auf dem Weg durch den Gang öffnete Goss eine Packung Twinkies und stopfte sich den Inhalt in den Mund. Als er die Tiefkühlschränke im hinteren Teil des Ladens erreichte, öffnete er eine Glastür, warf die Twinkies-Packung hinter die kalten Sixpacks und nahm sich eine große Büchse Malzbier heraus. Er zahlte das Bier an der Kasse und ging. Dabei blickte er noch einmal kurz über die Schulter, um zu sehen, ob der Mann ihn beobachtete. Dann schnappte er sich eine Zeitung aus dem Ständer. Er klemmte sie unter den Arm und lief den schwach beleuchteten Weg hinunter, der zur Rückseite des Ladens führte. Er kippte sein Malzbier hinunter und warf die leere Büchse aufs Pflaster. Hinter dem Laden, neben den Müllcontainern, fand er eine geschützte Stelle und setzte sich auf eine Plastikbrotkiste neben einem hohen Holzzaun, der reichlich Ungestörtheit bot. Es war an der Zeit.

Goss nahm sich die Zeitung vor und warf den Sport, die Anzeigen und andere uninteressante Teile auf den Boden, bis er entdeckte, was er suchte – die Beilage eines Versandhauses für erotische Wäsche. Er blätterte, bis er das richtige Mädchen fand, eines, das besonders brav aussah, und legte dann die Seite auf den Boden zu seinen Füßen. Hastig zog er den Reißverschluß an seiner Hose herunter, spuckte in seine Handfläche und langte sich zwischen die Beine. Seine Augen verengten sich zu Schlitzen, als er sich vorstellte, wie er auf dem Mädchen lag. Sein Atmen wurde tiefer und heftiger, während er seine Hand rhythmisch vor- und zurückbewegte.

»Verdammte Fotzen«, stöhnte er, während sich sein Körper in Zuckungen erging. Er schloß die Augen völlig, öffnete sie eine Sekunde später wieder und betrachtete seine Handarbeit. *Hurensohn.*

Langsam stand er auf und schloß den Reißverschluß, zu seinen Füßen die verschmierten Bilder. Er griff in seine Tasche und warf etwas Winziges zu Boden, das mit einem Klick auf dem nassen Papier landete. Es war ein Samenkern. Der Samenkern einer Chrysantheme.

»Meine Visitenkarte«, sagte Goss mit einem schnellen, bösen Lachen.

7. *Kapitel*

Gouverneur Swyteck wachte am Donnerstagmorgen um sechs Uhr auf. Während er sich duschte und rasierte, lag seine Frau Agnes erschöpft im Bett, nachdem sie sich die ganze Nacht ruhelos hin und her gewälzt hatte. Harold Swyteck war kein Mann, der vor seiner Frau Geheimnisse hatte. Gestern hatte er seinen Leibwächtern eine Geschichte über einen schweren Sturz aufgetischt, um ihnen sein lädiertes Aussehen zu erklären. Seiner Frau aber hatte er die Wahrheit gesagt, sowohl aus Sorge um ihre Sicherheit als auch aus dem Bedürfnis, ehrlich zu sein.

Matt schaltete Agnes mit der Fernbedienung den Fernseher ein, um sich die Frühnachrichten eines Lokalsenders anzusehen. Wieder wurde über Harry berichtet, der diesmal mit einer Gruppe von evangelischen und katholischen Priestern und Rabbis erschien, die seine Kandidatur unterstützten. Als sich ihr Mann für die Lobreden des Klerus bedankte, beschlich sie ein Gefühl des Stolzes, aber dann kehrten ihre Gedanken zu dem zurück, was er ihr am Vorabend erzählt hatte.

Agnes hatte schon immer gefürchtet, daß dieses Leben im Dienst der Öffentlichkeit ihren Harry in Gefahr bringen könnte, daß am Ende einer seiner Feinde doch einmal mehr tun könnte als nur zu drohen. Aber ihre Angst wich komplizierteren Gefühlen, als Harry ihr erzählte, daß der Mann, der ihn überfallen hatte, neue Informationen über den Fall Fernandez besitze. Agnes wußte allzu gut, wie sich ihr Mann bei der Entscheidung, keinen Vollstreckungsaufschub zu gewähren, gequält hatte – wie er seinen eigenen Entschluß in Frage gestellt hatte. Sie verstand den Schmerz ihres Mannes. Sie teilte ihn. Nicht nur, weil man wahrscheinlich nie erfahren würde, ob die Entscheidung richtig gewesen war, sondern vor allem wegen Jack.

Als Stiefmutter hatte sie ziemlich versagt. Sie wußte das. Obwohl sie sich immer wieder um ihren Stiefsohn bemühte, hatte sie seine bittere Kälte schließlich als unabänderliche Tatsache hinnehmen müssen. Sie hätte vielleicht eine reelle Chance gehabt, seine Liebe zu gewinnen, wäre da nicht vor dreiundzwanzig Jahren etwas geschehen, das all ihre Hoffnungen zunichte gemacht hatte. Es war an dem Tag, da der Arzt ihr eröffnete, daß sie und Harry nie Kinder haben könnten, und diese schreckliche Wahrheit hatte sie veranlaßt, zur Flasche zu greifen.

Sie war zu betrunken gewesen, um Jack vom Kindergarten abzuholen, und so hatte eine Nachbarin ihn nach Hause gebracht. Jack schlich durch den Hintereingang ins Haus, um nicht seiner neuen Mutter zu begegnen, der er immer noch nicht traute.

»Jack«, hatte Agnes gelallt, während sie die Augen aufriß. Ihre Zunge war so dick wie gefrorene Melasse. »Komm mal zu mir, mein Schatz.«

Jack versuchte, an ihr vorbeizuflitzen, doch Agnes streckte den Arm nach ihm aus und packte ihn am Hosenboden. Unbeholfen schlang sie die Arme um ihn und preßte ihre Lippen auf seine Wange. »Jetzt umarme deine Mom mal richtig«, sagte sie, und ihr Atem stank nach Gin. Er versuchte sich aus der Umklammerung zu lösen, aber Agnes drückte ihn noch fester an sich. »Willst du deine Mom nicht umarmen?« fragte sie.

»Nein«, erwiderte er, indem er das Gesicht verzog. »Und du bist nicht meine Mom!«

Groll stieg in ihr auf. Sie stieß den kleinen Jack von ihrem Schoß, hielt ihn aber am Handgelenk fest, so daß er nirgendwo hinlaufen konnte. »Wage es nicht, noch einmal so mit mir zu reden«, schimpfte sie. Dann schlug sie ihn ins Gesicht. Der Junge brach in Tränen aus und versuchte sich zu befreien, aber Agnes wollte ihn nicht loslassen.

»Laß mich los, du tust mir weh.«

»Schläge sind das einzige, was du verstehst, junger Mann. Etwas anderes schätzt du ja nicht. Ich war es, die deine schmutzigen Windeln gewechselt hat. Ich war es, die... die« – sie rang nach Worten – »nicht schlafen konnte, weil du die ganze Nacht geschrien hast. Nicht deine Mutter. Ich war es. Ich bin deine Mutter. Ich bin alles, was du hast!«

»Du bist *nicht* meine Mom. Meine Mom ist im Himmel!«

Agnes wußte nicht, wie ihr die häßlichen Worte entschlüpften, konnte sie aber nicht unterdrücken. »Deine Mutter ist nicht tot, du verdammter Balg. Sie wollte dich einfach nicht haben!«

Jacks Hände zitterten, während er seine Stiefmutter anstarrte. »Du lügst!« schrie er. »Du lügst, du lügst, du lügst! Das ist alles, was du kannst! Du –«

»... waren die Frühnachrichten.« Die Stimme des Nachrichtensprechers holte Agnes in die Gegenwart zurück. »Wir von Kanal 7 wünschen Ihnen einen schönen Tag.«

Agnes drückte auf AUS. Der Gouverneur trat fertig angezogen aus dem Badezimmer, bereit für den Anruf an der Tenth Street Ecke Monroe, bereit, die Wahrheit über Raul Fernandez herauszufinden. Doch hatte er seiner Frau am Vorabend versprochen, nicht ohne ihren Segen zu gehen. Und sie hatte versprochen, noch einmal darüber zu schlafen. Als er am Fuß des Bettes stand und seine Krawatte zurechtrückte, wußte sie, daß es an der Zeit war, ihm eine Antwort zu geben.

»Und?« fragte er.

Agnes seufzte. Es war kein leichter Entschluß. Selbst ein Telefongespräch konnte gefährlich sein. Schließlich hatte der Mann ein Messer. Aber wenn es eine Möglichkeit war, Harrys Kummer zu lindern, eine Möglichkeit, die Kluft zwischen ihrem Mann und ihrem Stiefsohn zu verringern, wollte sie ihm nicht im Weg stehen.

»Wehe, du versuchst den Helden zu spielen, Harry Swyteck.«

Der Gouverneur lächelte dankbar, ging auf sie zu und küßte sie auf den Mund. »Ich ruf dich an, wenn alles vorbei ist. Und mach dir keine Sorgen – ich bin doch der geborene Glückspilz, weißt du das nicht?«

Agnes nickte, wenn auch ohne Überzeugung. Am Beginn ihrer Ehe, als Harry noch bei der Polizei war, hatte sie solche Beteuerungen täglich gehört. Es war das Wissen um den angeborenen Mut ihres Mannes, das sie so sehr beunruhigte.

Er ging und blieb an der Tür noch einmal stehen. »Aber wenn ich dich bis eins nicht angerufen habe –«

»Sag es nicht, Harry«, sagte sie mit glasigen Augen. »Du darfst nicht einmal daran denken.«

Er nickte ruhig. »Ich ruf dich an«, versprach er. Dann ging er aus der Tür.

Mehr aus einem tiefverwurzelten Pflichtgefühl als aus Begeisterung zog Jack seine Jeans und ein Polohemd an – die typische Sommerkluft am Freedom Institute –, gab Donnerstag einen freundlichen Klaps aufs Hinterteil und trat aus dem Haus. Im Wagen zerbrach er sich den Kopf, ob er seine Stelle aufgeben sollte oder nicht. Als er um neun Uhr ankam, war er immer noch zu keinem Entschluß gekommen. Er war in den drei Wochen seit Beginn des Goss-Prozesses kein einziges Mal in der Kanzlei gewesen. Im Foyer blieb er stehen und warf einen kritischen Blick auf den Ort, an dem er die letzten vier Jahre gearbeitet hatte. Der Empfangsbereich war kaum mehr als ein Korridor. Die grelle Neonbeleuchtung zeigte jeden Fleck auf dem Plastikteppich. Ein paar Stühle, keiner wie der andere, säumten die kahlen, weißen Wände. Am Ende des Gangs stand ein sehr großer Stahltisch. Er gehörte der schwangeren Frau, die als Empfangsdame und einzige Sekretärin des Instituts fungierte. Hinter ihr waren vier fensterlose Büroräume, einer für jeden Anwalt. Dahinter befand sich die Küche, Jahrgang 60, wo die Anwälte nicht nur ihr von draußen geholtes Essen einnahmen, sondern auch die Gespräche mit Zeugen führten.

»Sieg!« riefen Jacks Kollegen im Chor, als er die Küche betrat. Die drei übrigen Anwälte des Institute hatten alle ein breites Lächeln auf dem Gesicht und standen in feierlicher Haltung um den resopalbeschichteten Tisch. Da war Brian, ein sonnengebräunter, sportlicher Typ mit rotblonden Haaren, der im Gerichtssaal eine ebenso gute Figur machte wie auf Wasserskiern. Und Eve, der geborene Spaßvogel, die für den gesunden Menschenverstand zuständig war und außerdem die einzige Frau, die Jack je Pfeife hatte rauchen sehen. Und schließlich Neil Goderich, der seinen Pferdeschwanz verloren hatte, seit er das Institute vor achtundzwanzig Jahren gründete, der aber sein Hemd unter der Krawatte immer noch offen trug – nicht nur, um lässig zu wirken, sondern weil sein Hals drei Zentimeter dicker geworden war, seit er sich das letztemal ein Hemd gekauft hatte.

Die Kleinfamilie jubelte, als sie die Sechs-Dollar-Flasche Kalte Ente öffneten und den Korken knallen ließen.

»Gratuliere!« sagte Neil, während er vier kaffeefleckige Becher füllte.

Sie erhoben gemeinsam ihre Tassen, und als Jack sah, wie sie ihn feierten, konnte er sich ein Lächeln nicht verkneifen; obwohl ihm selbst nicht nach Feiern zumute war, freute er sich über diese Geste. Er betrachtete sie alle als Freunde. Bei seinem Einstellungsgespräch vor vier Jahren hatte er gleich erkannt, daß es Leute waren, die mit beiden Beinen auf der Erde standen, die an sich selbst und an ihre Prinzipien glaubten. Sie waren ehrlich genug, um selbst dem Sohn eines prominenten Politikers zu sagen, daß der Begriff »politisch korrekt« ein Widerspruch in sich sei. Es war die Stärke ihrer gemeinsamen Überzeugungen, die es Jack schwer machte zu gehen. Doch plötzlich wußte er, daß seine Zeit gekommen war.

»Ausgezeichnete Arbeit«, sagte Neil, ein Kompliment, dem sich die anderen anschlossen.

»Danke«, sagte Jack in der Hoffnung, weiteren Jovialitäten Einhalt zu gebieten. »Ich weiß das wirklich sehr zu schätzen. Aber... wo ihr schon mal alle hier seid, sollte ich die Gelegenheit nutzen, um euch reinen Wein einzuschenken.« Er sah sie an und seufzte. »Kinder, Eddy Goss war mein letzter Fall. Ich verlasse das Institute.«

Mit einem Mal hatte die Kalte Ente ihren prickelnden Geschmack verloren.

Jack stellte seine Tasse auf den Tisch, drehte sich um und ging in sein Büro, während sich die anderen nur wortlos ansahen. Gewiß, seine Ankündigung war ziemlich ungeschickt gewesen, aber er wollte nicht noch irgendwelche langen Erklärungen liefern. Ohne einen neuen Job in Aussicht fiel es selbst ihm schwer, eine Erklärung für diesen Entschluß zu finden.

Er verbrachte einige Stunden damit, seine Sachen zusammenzupacken und alte Akten durchzugehen. Um elf Uhr erschien Neil Goderich an seiner Tür.

»Als du zum erstenmal hierher kamst«, begann Neil, »haben wir uns ehrlich gefragt, ob du hier jemals reinpassen würdest.«

Jack nahm einige Bücher und legte sie in einen Karton. »Das habe ich mich auch gefragt.«

Neil lächelte traurig, wie ein Vater, der sein Kind aufs College schickt. Er setzte sich auf den Rand von Jacks Tisch, neben die bereits gepackten Kartons. »Wir wollten einen Typ wie dich eigentlich nie einstellen«, sagte er, während er über seinen schwarz-grauen Bart strich. »Quer über deinem Bewerbungsschreiben stand die Bemerkung: ›Große, geldgierige Kanzlei‹. Du warst für uns jemand, der Festkapital und feste Zinsen eindeutig höher bewertete als feste Grundsätze.«

»Und warum habt ihr mich dann genommen?«

Neil lächelte sarkastisch. »Weil du der Sohn von Harold Swyteck warst. Und um den zukünftigen Gouverneur für Recht und Ordnung zu ärgern, konnte ich mir nichts Besseres vorstellen, als seinen Sohn dazu zu bringen, für ein langhaariges Fossil der verlorenen Generation zu arbeiten.«

Jetzt mußte Jack seinerseits lächeln. »Dann habt ihr euch aus demselben Grund mit mir abgefunden wie ich mich mit euch.«

»Ich ahnte, daß du deswegen hier warst«, sagte Neil und wurde dann ernst. »Du hattest es satt, daß dein alter Herr dir sagte, was du tun sollst. Das Institute war so weit weg von allen ausgetretenen Pfaden, wie man es sich nur vorstellen konnte.«

Jack schwieg. Er und Neil hatten nie über seinen Vater gesprochen, und Neils ungeschminkte Darstellung ihrer Beziehung war mehr als verwirrend.

Neil beugte sich vor und faltete die Hände, wie er es immer tat, wenn er offen redete. »Schau, Jack. Ich lese Zeitung. Ich sehe fern. Ich weiß, daß sie dich fertigmachen wegen Goss, und ich weiß, daß die schlechte Presse für den Wahlkampf des Gouverneurs nicht gerade hilfreich ist. Vielleicht fühlst du dich schuldig deswegen... Vielleicht übt dein alter Herr sogar Druck auf dich aus, damit du uns verläßt. Ich weiß es nicht, und es geht mich auch nichts an. Aber eins weiß ich: Du hast das Zeug zu dem Job, Jack. Du bist ein unglaublich talentierter Anwalt. Und im Innersten weiß ich, daß du nicht wie all diese Leute bist, die keine Schwierigkeiten haben, sich mit Armut und Drogen und Obdachlosigkeit und den ganzen anderen Problemen abzufinden, die Kinder zu Kriminellen machen, solange unser Rechtssystem es ihnen ermöglicht, Rache zu nehmen. Das Freedom Institute beraubt sie dieser Möglichkeit und zerstört *ihre* Vorstellung von Gerechtigkeit. Aber was wir hier tun, ist richtig. Was du getan hast, war richtig.«

Jack sah weg und seufzte. Er war nie so sicher gewesen wie Neil, was richtig und was falsch ist, obwohl es durchaus Zeiten gegeben hatte, als er den höheren Zweck sah und tatsächlich glaubte, daß jeder Freispruch die Rechte aller anderen bestätigte. Aber Visionen reichten nicht aus, um Tag für Tag Leute wie Eddy Goss zu verteidigen. Man brauchte Leidenschaft – die Art von Leidenschaft, die Revolutionen auslöste. Jack hatte diese Leidenschaft nur einmal in seinem Leben verspürt: in der Nacht, in der sein Vater Raul Fernandez hinrichten ließ. Aber das war etwas anderes. Fernandez war unschuldig.

»Es tut mir leid, Neil. Diese hochgesteckten Ziele motivieren mich einfach nicht mehr. Vielleicht würde ich nicht gehen, wenn ich nur einen einzigen Mörder verteidigt hätte, dem seine Tat leid tat. Schuldig oder nicht schuldig, nur ein bißchen Reue hätte ich mir gewünscht. Jemanden, der einen Freispruch als neue Chance in seinem Leben sieht und nicht als weitere Möglichkeit zum Töten. Statt dessen bekam ich Mandanten wie Eddy Goss. Ich hasse es, dich zu enttäuschen, aber ich kann hier einfach nicht länger bleiben. Wenn ich es täte, wäre ich nur ein Heuchler.«

Neil nickte, wenn nicht zustimmend, so doch verständnisvoll. »Ich *bin* enttäuscht«, sagte er, »aber nicht von dir. Die Tür ist immer offen, Jack. Falls du je deine Meinung ändern solltest.«

»Danke.«

»Bleibst du zum Mittagessen?«

Jack sah auf die Uhr. Fast halb zwölf. Er hatte zwar keine festen Pläne, aber im Augenblick brauchte er eine stärkere Dosis Aufmunterung, als Neil sie ihm bieten konnte. »Ich krieg 'ne Gutschrift darüber, okay?«

»Aber klar doch«, sagte Neil, legte die Hand an die nicht vorhandene Soldatenmütze und ging.

Zehn Minuten später, als Jack drei der zehn Kartons, die er gepackt hatte, zu seinem Wagen schleppte, waren seine Gedanken bei Cindy. Sie hatte ihn immer noch nicht zurückgerufen. Was entweder bedeutete, daß sie seine Nachricht nicht erhalten oder daß sie ihm selbst schon eine Nachricht hinterlassen hatte.

Er dachte zurück an den letzten Abend, an dem sie zusammen waren, wie sie ihm erzählt hatte, daß sie zu ihrer besten Freundin Gina gehen würde, um sie ein wenig zu trösten. Die Geschichte hätte ihn vielleicht überzeugt, wenn es nicht gerade Gina gewesen wäre – eine Frau, auf die das Adjektiv »trostbedürftig« nicht anwendbar war. Jedenfalls hatte Jack sie nie so gesehen, und er kannte sie ziemlich gut. Durch sie hatte er Cindy kennengelernt. Vor vierzehn Monaten hatte ein gemeinsamer Freund ein Rendezvous zwischen ihm und Gina arrangiert, ein Rendezvous mit einer Unbekannten. Es war ihr erstes und letztes gewesen. Sie hatte Jack fast eine Stunde in ihrem Wohnzimmer warten lassen, während sie sich zurechtmachte. Cindy wohnte damals bei Gina, und sie leistete ihm in der Zwischenzeit Gesellschaft. Zwischen den beiden funkte es sofort. Und wie es funkte. Er verbrachte den übrigen Abend mit Gina, aber nur, um mehr über Cindy zu erfahren, und seitdem hatte es für ihn außer Cindy keine andere Frau gegeben. Anfangs schien Gina über diese Entwicklung verärgert. Doch als es zwischen ihm und Cindy ernster wurde, fand sie sich damit ab.

Er stand am Straßenrand, wartete, bis die Ampel auf Grün schaltete, und lief dann auf die andere Straßenseite zu, wo der Parkplatz des Institute lag. Er war immer noch in Gedanken und hatte alle Mühe mit den schweren Kartons, als er plötzlich ein Auto bemerkte, das über die rote Ampel fuhr. Er begann zu rennen, doch der Wagen kam noch schneller heran und schwenkte dann scharf in seine Richtung. Jack rettete sich mit einem Satz auf den Bürgersteig und stürzte auf den Asphalt. Trotzdem gelang ihm noch ein flüchtiger Blick auf das davonrasende Auto. Der erste Buchstabe auf dem Nummernschild war ein Z. In Florida bedeutete dies, daß es sich um einen Leihwagen handelte.

Er war zu Tode erschrocken und zitterte am ganzen Leib. Er schaute sich nach eventuellen Zeugen um, aber er sah keinen. Das Freedom Institute lag nicht in einem Viertel, in dem viele Leute unterwegs waren. Einen Augenblick lang blieb er auf dem Boden liegen und versuchte sich Klarheit darüber zu verschaffen, ob es ein Unfall war, ein Initiationsritus irgendeiner Straßengang oder nur ein verrückter Fahrer – oder etwas anderes. Er wollte nicht paranoid sein, aber es fiel ihm schwer, das Geschehene einfach als Unfall abzuhaken. Er rappelte sich auf, hielt aber plötzlich wieder inne, als er glaubte, ein Telefon läuten zu hören. Er lauschte angestrengt. Es war sein Telefon, ein billiges, aber robustes Autotelefon, das er sich auf Drängen Neil Goderichs hatte einbauen lassen, für den Fall, daß ihn sein zwanzig Jahre alter Mustang einmal in einem jener fragwürdigen Viertel im Stich lassen sollte, die als Brutstätten seiner Klientel galten.

Er sah sich um. Er war immer noch allein. Das Telefon läutete weiter. Er ging zu seinem Auto, stellte die Alarmanlage mit dem Knopf an seinem Autoschlüssel ab und öffnete die Tür. Schließlich nahm er den Hörer ab.

»Hallo«, antwortete er.

»Swyteck?«

Jack atmete tief aus. Es war die Stimme – dieselbe rauhe, verstellte Stimme wie bei dem Anruf zu Hause vor zwei Tagen.

»Wer ist da?«

Keine Antwort.

»Wer *ist* da?«

»Du hast den Mörder auf freien Fuß gesetzt. *Du* hast ihn laufen lassen.«

»Was wollen Sie von mir?«

Es gab eine lange Pause, ein hörbares Seufzen, und dann kam die Antwort: »Stopp den Mörder, Swyteck. Wenn du Manns genug bist.«

»Was –«, begann Jack. Aber es war zu spät.

Er hörte ein Klicken in der Leitung, und das Gespräch war unterbrochen.

8. Kapitel

Um 11.40 Uhr morgens zog Harry Swyteck sein Seersuckerjackett an, verließ das Regierungsgebäude durch den Hinterausgang und ging zur Apotheke an der belebten Kreuzung Tenth Street Ecke Monroe. Die grelle Morgensonne versprach wieder einen unerträglichen Nachmittag, aber die Luft war noch nicht gesättigt von jener Sommerfeuchtigkeit, die gegen drei Uhr zu dem unvermeidlichen Gewitter führen würde. Es war die ideale Tageszeit, um durch die Straßen zu laufen, Hände zu schütteln und ein wenig Wahlkampf an der Basis zu betreiben.

Er erreichte die Apotheke wenige Minuten vor Mittag. Auf dem Weg dorthin hatte er immer wieder potentiellen Wählern zugelächelt und die Hände geschüttelt, um sich seine Angst nicht anmerken zu lassen. Albert's war eine Apotheke, die sich seit vierzig Jahren nicht verändert hatte und in der es von Salben gegen Hämorrhoiden bis zum schärfsten Chili alles zu kaufen gab. Außerdem – und das war für das Anliegen des Gouverneurs das Wichtigste – war sie einer der wenigen Orte der Stadt, wo man vor dem Laden noch von einer guten alten Telefonzelle aus ungestört telefonieren konnte. Harry fragte sich, ob der Mann, der ihn überfallen hatte, auch daran gedacht hatte, als er sie auswählte.

»Morgen, Herr Gouverneur«, kam ein freundlicher Gruß. Es war der neunundsiebzigjährige Mr. Albert, der gerade vor seinem Laden kehrte.

»Morgen«, sagte Harry lächelnd. »Schöner Tag heute, nicht?«

Mr. Albert wischte sich den Schweiß von der Stirn. »Sieht ganz so aus«, sagte er, während er in den Laden zurückkehrte. Harry hatte das Gefühl, daß auch er irgendwo hingehen sollte. Aber er konnte nirgendwo hingehen, bevor nicht dieser Anruf kam – und vor allem durfte er keinen Verdacht erregen, indem er ständig vor der Apotheke auf und ab lief. Deshalb betrat er die Telefonzelle und klemmte sich den Hörer unters Kinn, um den Anschein zu erwecken, daß er mitten in einem Gespräch sei. Er legte die Hand beiläufig auf die Gabel, damit keinem Passanten auffiel, daß er den Unterbrecherhebel drückte. Er sah auf die Uhr einer Bank ein paar Häuser weiter. Genau zwölf Uhr. Er war plötzlich sehr nervös – nicht, weil er den Anruf erwartete, sondern wegen der Möglichkeit, daß er gar nicht kommen könnte. Zu seiner Erleichterung läutete das Telefon, und er ließ den Unterbrecherhebel sofort los.

»Ich bin hier«, sagte er.

»Na wunderbar, mein Junge.« Da war noch immer dieses saugende Geräusch, wenn der Mann sprach. »Also, machen wir schnell.«

»Keine Angst, das Gespräch wird nicht aufgezeichnet.«

Der Mann schien spöttisch zu lachen. »Wie kommst du darauf, daß ich Angst habe? *Du* wirst die Bullen bestimmt nicht einschalten.«

Harry wurde wütend, weil es ihn ärgerte, daß der Anrufer ihn als leichte Beute betrachtete. »Wie können Sie da so sicher sein?«

»Weil ich dich lesen kann wie ein Buch. Ich habe gesehen, wie du deine Augen aufgerissen hast, als ich dir erzählte, daß ich Informationen über Fernandez habe. Das hat dir doch bestimmt zu denken gegeben, oder?«

Der Gouverneur hörte angespannt zu, während draußen die

Menschen und Autos vorbeiströmten. Es störte ihn, daß dieser Fremde ihn so gut zu kennen schien, dieser Fremde, der wie ein Ganove redete, aber den Durchblick eines Seelendoktors hatte. *Teil seiner Maskerade*, sagte er sich. »Was schlagen Sie vor?« fragte er.

»Ganz einfach. Du kriegst von mir die Beweise. Dieselben Beweise, die ich deinem Sohn vor zwei Jahren gezeigt habe, damit du mit eigenen Augen sehen kannst, daß ich es war, der der kleinen Nutte die Kehle aufgeschlitzt hat. Alles, was ich von dir will, ist 'n bißchen Kohle.«

Harrys Gedanken überschlugen sich. *Das* war der Mann, der Jack in der Nacht vor Fernandez' Hinrichtung aufgesucht hatte? Sagte er die Wahrheit, war er wirklich der Mörder?

»Augenblick. Sie sagen, daß *Sie* das junge Mädchen ermordet haben?«

»Brauchst du 'n Hörgerät, Alter? Ich wiederhol' mich nicht gern.«

Der Gouverneur hatte das Gefühl, daß sich ein tiefer, endloser Abgrund vor ihm auftat. Er brauchte eine Weile, um sich wieder zu fassen. »Sie sagten etwas über Geld?«

»Zehntausend. Nicht registrierte Fünfzigdollarscheine.«

»Wie soll ich es Ihnen überbringen?« fragte Harry, obgleich er kaum glauben konnte, daß er tatsächlich verhandelte. »Und wie komme ich an die Beweise, die Sie angeblich haben?«

»Bring das Geld zum Bayfront Park in Miami. Du gehst dahin, wo die Kutschen abfahren, an dem großen Denkmal von Kolumbus. Nimm die weiße Kutsche mit den roten Samtsitzen. Der Kutscher ist ein alter Nigger namens Calvin. Du nimmst die Tour um neun Uhr abends. Wenn ihr an die Freilichtbühne kommt, macht der 'ne Pause und holt sich an dem Stand bei der Señorita mit den großen Titten 'nen Eistee. Wenn er weg ist, hebst du den Deckel vom Sitz neben dir. Darunter ist ein kleiner Stauraum. Du findest einen Schuhkarton und eine Nachricht. Leg das Geld rein, nimm den Karton, lies den Zettel – und tu genau, was da drauf steht. Kapiert?«

»Und was ist, wenn der Kutscher nicht anhält?«

»Er hält an, wenn du die Fahrt um neun Uhr nimmst. Das ist so sicher wie das Amen in der Kirche. Er hält immer an.«

»Ich kann nicht einfach eine Kutschenfahrt machen mit einem Sack voller Geld.«

»Du kannst – und ob du kannst.«

Der Gouverneur begriff sofort, daß er über die Bedingungen nicht verhandeln konnte. »Aber ich brauche etwas Zeit. Wann wollen Sie das Geld?«

»Samstagabend. Und wie gesagt: die Fahrt um neun Uhr. Ich muß los, mein Junge. Ich glaub' zwar nicht, daß ihr den Anruf zurückverfolgt, aber falls doch, meine siebzig Sekunden sind gleich um.«

Der Gouverneur hörte ein Klicken in der Leitung. Langsam hängte er den Hörer in die Gabel und atmete tief durch. Es beunruhigte ihn, noch tiefer in die Sache verstrickt zu werden, aber er mußte sicher sein, daß das, was der Mann ihm erzählte, die Wahrheit war. Er wußte nicht, was er tun würde, wenn er die Bestätigung erst einmal hatte, wie er damit leben und wie er es Jack erklären könnte, aber er mußte Gewißheit haben.

Außerdem hätte es noch schlimmer kommen können. Natürlich war jeder Cent, den er diesem zwielichtigen Typen bezahlte, schon zuviel, aber er wußte auch, daß die zehntausend Dollar seine und Agnes' Finanzen nicht ruinieren würden. Der Mann hätte leicht mehr verlangen können.

Er fragte sich, *warum* der Mann nicht mehr verlangt hatte. Er ging doch ein ziemlich großes Risiko ein, sich so zu exponieren. Warum nicht gleich richtig abkassieren? Es sei denn, er spielte ein völlig anderes Spiel, eins, das Harry noch nicht einmal im Ansatz durchschaute.

Irgendwie erfüllte ihn diese Möglichkeit mit noch größerer Angst.

9. *Kapitel*

»Auf meinen alten Kumpel Jack«, sagte Crazy Mike Mannon, der Besitzer von Mike's Bikes und Jack Swytecks bester Freund. Er hob eine Flasche Michelob. »Auf daß du endlich vernünftig wirst und nie wieder einen Job als Anwalt findest.«

Jack lächelte, setzte sein Amstel an den Mund und nahm einen kräftigen Schluck. Nachdem er den ganzen Tag mit Freunden wegen eines neuen Jobs telefoniert hatte, hatte er sich von Mike überreden lassen, auf einen Snack zum South Beach zu fahren. Ein paar Bier und Cheeseburger in einem Straßencafé klang nicht schlecht.

Sie genossen den leichten Meereswind und beobachteten, wie sich sonnengebräunte Körper auf Rollschuhen durch die Reihen der knallroten Cabriolets, klassischen Corvettes und auf dicken Reifen daherkommenden Jeeps mit ihrer dröhnenden Klangkulisse aus Reggae und kubanischem Salsa schlängelten. Gegen acht Uhr war die Sonne untergegangen, und alles, was irgendwie trendy, sexy und an der Grenze zur Illegalität war, flanierte unter grellen Neonfarben über den Ocean Drive.

»Wahnsinn«, sagte Mike, als eine sonnengebräunte Blondine mit beunruhigend tiefem Dekolleté einen Auftritt inszenierte, der wie ein Peitschenhieb durch das ganze Café ging.

Jack lächelte amüsiert. Mike war einer von den Jungs, die ständig auf Abenteuer aus waren – ein Twen im Körper eines erwachsenen Mannes. Doch er hatte jenen unbändigen Elan, den die meisten Leute anziehend fanden. Er verstand es, das Leben nicht allzu ernst zu nehmen, seinen eigenen Wünschen zu folgen und sich nicht darum zu kümmern, was andere dachten oder sagten. Jack beneidete ihn darum.

»Weißt du, Mike, da drüben am Jackson Memorial, gibt es eine Orthopädin, die bestimmt gerne mal deine Röntgenaufnahmen sehen würde. Sie schreibt gerade eine Arbeit über den maximalen Drehwinkel der Halswirbel.«

»Ist ja wohl kein Kunststück, so brav zu sein wie du, Mr. Monogam. Aber es gibt eben auch Leute, die nicht jede Nacht mit einer Cindy Paige ins Bett gehen.«

»Tja, ja«, sagte Jack, ohne seinen Freund anzusehen, »ich fange nur an mich zu fragen, wie lange das noch dauert.«

»Aha. Ärger im Paradies. Macht nichts. Für dich finden wir auch noch was. Wie wär's mit der?« sagte Mike und deutete mit dem Kopf auf eine Bodybuilderin in Leder mit roten, zu Stacheln hochgezwirbelten Haaren.

»Perfekt. Die sieht ganz danach aus, als stünde sie auf Typen ohne Job. Und wenn sie dann immer noch unentschlossen ist, kann ich ja ganz beiläufig erwähnen, daß irgend so ein Verrückter mich mit dem Auto überfahren will.«

Mike sah ihn prüfend an. »Irgendwelche neuen Theorien über die Sache mit dem Wagen gestern?«

»Ich weiß genausoviel wie du«, sagte Jack mit einem Achselzucken. »Ich glaube, es könnte Goss sein, der sich einen Spaß mit mir machen will. Genau das, was alle von einem Mörder auf freiem Fuß erwarten. Aber ich bin mir nicht sicher, ob er hartnäckig genug dafür ist. Erst der Anruf vor drei Tagen. Jetzt das. Es ist eine richtige Kampagne. Irgend jemand ist offenbar wütend über das Urteil.«

Mikes Augen wirbelten herum und folgten zwei Frauen mit rückenfreiem Oberteil, die gerade aus der Damentoilette gekommen waren. »Vielleicht solltest du die Polizei einschalten.«

Jack lächelte. »Den Jungs vom Polizeirevier wäre nichts lieber als zu hören, daß Jack Swyteck schikaniert wird. Die würden dem Typ wahrscheinlich noch den Schlüssel zum Rathaus überreichen. Ich glaube nicht, daß die Bullen im Augenblick eine Alternative sind.«

»Paß nur gut auf dich auf«, sagte Mike mit Nachdruck. Grinsend fügte er hinzu: »Vielleicht solltest du beruflich mal eine ganz andere Richtung einschlagen – ich meine Vertreter für Glückwunschkarten oder so was.«

Jack nickte. Vielleicht hatte Mike recht. Vielleicht brauchte er wirklich eine radikale Veränderung. Sogar ein Leben außerhalb Floridas wäre denkbar. Weg von Goss und heraus aus dem Schatten seines Vaters, für den das Beste nie gut genug war, weg von Cindy, die ihn ständig drängte, seine Gefühle zu offenbaren. Warum, zum Teufel, war er dazu eigentlich nicht fähig? Jeder andere in Amerika sprach doch über die Dinge, die ihn bewegten. Man konnte sich heutzutage keine Talk-Show mehr ansehen, ohne daß irgend jemand seine Seele vor der Kamera entblößte.

»Sag mal, Mike«, fragte Jack nachdenklich. »Kommst du eigentlich mit deiner Familie klar – ich meine, quatschst du regelmäßig mit deinem Vater und deiner Mutter?«

Mannon hatte Augenkontakt zu einer Frau in engen roten Caprihosen aufgenommen. »Häh?« sagte er und versuchte sich wieder auf Jack zu konzentrieren. »Ach so, die Familie... na ja, weißt du. Meine Mutter und ich, wir reden schon miteinander. Meistens fängt sie damit an. Sie will immer wissen, wann ich endlich heirate und ihr Enkelkinder schenke.«

»Und dein Vater?«

»Wir kommen ganz gut miteinander aus.« Er lächelte, wenn auch mit einem Anflug von Traurigkeit. »Als Kind hatte ich ein sehr enges Verhältnis zu ihm. Wir ritten zusammen in der Gegend herum, gingen zum Football. Fast jedes Wochenende fuhren wir mit dem Boot nach Elliot Key raus. Waren anscheinend immer hart am Limit, was die Fangquote anging.« Er hielt inne. »Nach der Schule wurde es dann allerdings etwas förmlicher – du weißt schon, kräftiger Händedruck und ›wie läuft's, Junge?‹ Diese Sachen. Aber wir sind immer füreinander da.«

Jack dachte an das Bild, das er in der Nacht vor Fernandez' Hinrichtung auf dem Regal seines Vaters gesehen hatte. Hochseefischen. Nur sie beide.

»Hallo«, rief er dem Kellner zu, »noch zwei, bitte.«

Auf der Rückfahrt vom South Beach um 1.45 Uhr an jenem Samstagmorgen beugte sich Cindy zur Seite, stellte die Klimaanlage in Ginas Wagen ab und öffnete ihr Fenster, um wärmere Luft hereinzulassen.

»Muß das sein?« sagte Gina gereizt.

»Mir ist es zu kalt hier drinnen.«

»Ich mag die kalte Luft. Da bleib' ich wenigstens wach – vor allem, wenn ich was getrunken habe. Außerdem ist mir in der Hose zu heiß.«

Cindy warf einen Blick auf ihre Freundin. Heiß war sie gewiß, die Hose, aber nicht nur im thermischen Sinn. Das enganliegende schwarze Spandex brachte Ginas Körper voll zur Geltung, ein Körper, mit dem sie alles bekommen konnte, vom Essen in Drei-Sterne-Restaurants bis zum besten Service in Tankstellen mit Selbstbedienung. Sie sah glänzend aus, und sie tat auch etwas dafür, um sich mit vierundzwanzig dieselbe Frische zu bewahren, die ihr als sechzehnjähriges Model tausend Dollar pro Woche eingebracht hatte.

Sie hatten sich vor sechs Jahren im College kennengelernt, zwei ganz unterschiedliche Achtzehnjährige, die durch administrative Willkür zu Zimmergenossinnen geworden waren. Cindy konzentrierte sich mehr auf das Studium, Gina mehr auf Parties. Fast ein Semester lang lebten sie mehr oder weniger nebeneinander her. Dann, eines Samstags, kam Gina spät abends weinend in ihr Zimmer zurück. Es dauerte bis zum Morgengrauen, bis Cindy ihr schließlich klarmachen konnte, daß kein Collegeprofessor, wie gut er als Liebhaber auch sein mochte, es verdiente, daß man seinetwegen eine halbe Flasche Bourbon und ein Röhrchen Schlaftabletten schluckte. Cindy war der einzige Mensch, der je erfuhr, daß ein Mann Gina an den Rand des Selbstmords getrieben hatte. Aus dieser nächtlichen Unterhaltung erwuchs eine Freundschaft, und über die Jahre hatte Cindy miterlebt, wie zahllose unschuldige Männer, die später auftauchten, malträtiert wurden und so für die Sünden von Ginas erster und einziger wahrer Liebe bezahlten. Cindy wußte, daß die männermordende Gina nicht die wirkliche Gina war; aber es war schwer, jemanden davon zu überzeugen, der ihre Verwundbarkeit nicht kannte.

»Bist du schon mal mit geschlossenen Augen gefahren?« fragte Gina.

»Nicht, daß ich wüßte«, sagte Cindy, während sie an den Knöpfen am Autoradio herumfummelte, um etwas zu finden, was ihr gefiel.

»Ich schon. Manchmal, wenn ich sehe, daß mir ein Auto entgegenkommt, habe ich Lust, das Steuer ganz fest zu halten, die Augen zu schließen und auf dieses Uuuuuuuuuusch-Geräusch zu warten, wenn der Wagen vorbeisaust.«

Cindy verdrehte die Augen. »Warum fährst du nicht einfach, Gina.«

Gina zog ein Gesicht. »Bist du in einer Stimmung.«

»Tut mir leid. Aber eigentlich war mir heute gar nicht nach Ausgehen zumute. Ich mache mir Vorwürfe, weil ich Jack erzählt habe, daß ich Schluß machen will.«

»Das haben wir doch schon hundertmal durchgekaut, Cindy – du mußt diese Beziehung beenden.«

Cindy blinzelte. »Aber wir waren doch so eng zusammen. Wir haben sogar schon daran gedacht, für immer zusammenzubleiben.«

»Was bedeutet, daß ich dich in letzter Minute vor dem Schlimmsten bewahrt habe. Schon dieses ›Bis daß der Tod euch scheidet‹ gibt mir das Gefühl, daß ich mit einem Fuß bereits im Grab stehe, wenn ich heirate«, sagte sie. »Das Leben ist kein Spiel, verstehst du? Versuch dein Glück zu finden, anstatt immer abseits zu stehen und dich an mein Leben zu hängen. Du hast eine große Chance, direkt vor der Nase. Nicht jede fünfundzwanzigjährige Fotografin bekommt vom italienischen Konsulat den Auftrag, durch ganz Italien zu reisen und Fotos für eine Handelsbroschüre zu machen. Greif zu. Wenn du es nicht tust, wenn du hierbleibst, weil du fürchtest, Jack zu verlieren, wirst du ihn eines Tages dafür hassen.«

»Schon möglich«, sagte Cindy. »Aber das heißt ja nicht, daß ich ihn einfach fallenlassen muß. Ich könnte ihm einfach sagen, daß die vorübergehende Trennung uns beiden die Möglichkeit gibt, darüber nachzudenken, ob es richtig oder falsch ist, eine dauerhafte Beziehung einzugehen.«

»Hör bloß auf. Du hast monatelang mit Jack zusammengelebt. Nach so langer Zeit weiß man, ob es richtig oder falsch ist. Und wenn du sagst, daß du dir immer noch unschlüssig bist – glaub mir, es ist *nicht* richtig.«

»Aber es gab ja auch Zeiten, wo es gut lief.«

»Das ist lange her. Ich kenne dich, Cindy. Und ich weiß, daß du monatelang mit Jack unglücklich warst. Er ist ein Typ, der so tut, als würde er über eine dauerhafte Beziehung nachdenken, aber meistens läßt er dich nicht einmal ahnen, was wirklich in seinem Kopf vorgeht. Und was immer dieses große Geheimnis ist, das ihn davon abhält, mit seinem prominenten Vater zu reden – irgend etwas stimmt nicht mit ihm. Ich glaube, er hat 'ne Schraube locker.«

»Mit Jack ist alles in Ordnung«, sagte Cindy abwehrend. »Ich glaube nur, daß die Umstände, unter denen seine Mutter gestorben ist, mitspielen, und wie seine Familie diese ganzen Probleme behandelt, das hat bei ihm vieles durcheinandergebracht.«

»Wunderbar. Und während er ein bißchen Ordnung in sein Leben bringt, wirst du nach Italien fahren und die Zeit genießen.«

»Ich weiß nicht –«

»Also gut«, sagte Gina verärgert, »dann mach, was du willst. Aber die ganze Diskussion ist sowieso müßig. Wenn Jack erst einmal erfährt, wer dein Reisebegleiter ist, ist es zwischen euch ohnehin aus.«

Cindy antwortete nicht. In gewisser Weise hatte Gina recht, aber sie wollte im Augenblick nicht darüber nachdenken. Sie hörte einfach einige Minuten Radio, bis um zwei Uhr der Frühjazz von den Lokalnachrichten abgelöst wurde. Die wichtigste Nachricht war immer noch Eddy Goss.

»... der geständige Mörder«, sagte der Sprecher, »der am Dienstagnachmittag von den Geschworenen von der Mordanklage freigesprochen wurde.« In dem Bericht ging es um Detective Lonzo Staffords Bemühungen, Goss mit noch mindestens zwei weiteren Morden in Verbindung zu bringen, um ihn endlich hinter Gitter zu bekommen und so zu gewährleisten, daß, wie Stafford es ausdrückte, »Goss nie wieder töten wird«.

Cindy und Gina taten beide so, als hörten sie nicht zu, obwohl keine der anderen etwas vormachen konnte. Durch Jacks Rolle im Goss-Prozeß war dieser Mörder ihrem Leben ein wenig zu nahe gerückt. Cindy dachte an Jack, der jetzt wahrscheinlich ganz allein zu Hause war. Gina dachte an Eddy Goss. Da draußen. Irgendwo.

Gina lenkte ihren champagnerfarbenen BMW, ein Geschenk ihres letzten enttäuschten Liebhabers, in die Einfahrt zu ihrer Wohnanlage, ein an der Bucht gelegenes, in die üppige Landschaft eingebettetes Ensemble von zwanzig Bungalows. Da Gina sich von ihrem Gehalt als Innenarchitektin niemals einen Besitz direkt am Wasser hätte leisten können, hatte sie dieses Haus gemietet, und zwar von einem sehr reichen verheirateten

Geschäftsmann aus Venezuela, der, wie Gina einmal scherzte, »ungefähr dreimal im Jahr kommt, alles in einer Nacht, um die Miete zu kassieren«.

Da Cindys Wagen in Ginas Garage stand, parkte Gina auf dem Gästeparkplatz. Sie stiegen zögernd aus dem Auto, den beunruhigenden Bericht über Eddy Goss noch frisch im Gedächtnis.

»Es gibt nichts Besseres als einen herumstreunenden Mörder, um aus den zwei Minuten bis zur Tür einen Marathonlauf zu machen«, sagte Cindy halb im Scherz, während sie hastig den leeren Parkplatz überquerten.

»Du sagst es«, erwiderte Gina, und ihr nervöses Lachen klang flach und hohl in der Stille der dunklen Nacht. Sie rannte über zwei Stufen gleichzeitig die Treppe hoch. Cindy blieb hinter ihr zurück, da sie auf hohen Absätzen nicht so schnell laufen konnte wie ihre langbeinige Freundin. Auf der Veranda brannte Licht, und die Tür war verschlossen wie zuvor, als sie das Haus verlassen hatten. Gina fischte den Schlüssel aus ihrer mit Kosmetika vollgestopften Handtasche und stieß damit ungeschickt gegen das Schloß. Schließlich fand sie das Schlüsselloch und schob den Schlüssel hinein. Mit zwei schnellen Umdrehungen entriegelte sie das Schloß, drehte dann den Knauf herum und öffnete die Tür mit einem leichten Schulterdruck – aber nur so weit, bis ihrem Körper unerwartet und ruckartig Einhalt geboten wurde. Die Tür hing an der Kette.

Sie erstarrten, als ihnen bewußt wurde, daß sie unmöglich das Haus hätten verlassen können, wenn *sie* innen die Kette vorgelegt hätten.

Gina warf einen Blick auf den Tontopf auf der Veranda, unter dem sie immer ihren zweiten Schlüssel versteckte – ein Versteck, von dem nur wenige Bekannte wußten. Der Topf war verrückt worden.

Noch bevor Gina zurückweichen konnte, fiel die Tür wieder ins Schloß; sie verlor den Halt und verstreute den Inhalt ihrer Handtasche auf der Veranda.

In Panik klammerten sich die beiden Frauen aneinander. Als sie hörten, wie die Türkette ausgehängt wurde, stießen sie einen Schrei aus und stürzten die Treppe hinunter. Gina lief voran, schleuderte ihre Schuhe von den Füßen und flog über die Stufen wie eine Hürdenläuferin. Cindys linker Schuh verfing sich an der untersten Stufe, und sie stolperte auf den Bürgersteig.

»Gina, Hilfe!« schrie sie, auf allen vieren kriechend. Aber ihre Freundin sah sich nicht einmal um.

»Gina!«

10. Kapitel

»He!« rief Jack, als oben an der Treppe die Tür aufflog. »He! Ich bin's!«

Gina rannte weiter, aber Cindy hielt an und sah vom Fuß der Treppe hinauf. »Jack?« rief sie, während sie mühsam vom Gehweg aufstand.

Jack winkte ihr zu. »Alles in Ordnung. Ich bin's nur.«

»Du verdammter Hurensohn!« schrie Gina, als sie vom Parkplatz zurückkam. »Was zum Teufel tust du hier?«

Gute Frage, dachte Jack. In dem Café hatte er Mikes Drängen nachgegeben und war von Bier auf Bahama Mamas umgestiegen. Die Wirkung des Alkohols hatte nicht lange auf sich warten lassen. Er trank selten hochprozentige Sachen, so daß sie ihm sofort zu Kopf stiegen, wenn er es doch einmal tat. Anstatt einen Unfall zu riskieren, bei dem Versuch, den ganzen Weg nach Hause zu fahren, hatte er es vorgezogen, bei Gina vorbeizuschauen, nicht zuletzt in der Hoffnung, dort Cindy anzutreffen.

»Ich weiß nicht, was ich hier tue«, sagte er mit einem Achselzucken und mehr zu sich selbst, als zu irgend jemand anderem. Dann sah er Cindy an. »Hab' wohl n' bißchen zuviel getrunken. Ich wollte nur mit dir reden, herausfinden, was zwischen uns los ist.«

»Jack«, seufzte Cindy, »das ist nicht der richtige Ort –«

»Ich will nur *reden*, Cindy. Das bist du mir zumindest schuldig.« Während er sprach, schwankte er leicht und mußte sich am Geländer festhalten, um sein Gleichgewicht nicht zu verlieren. Cindy rang mit sich. Jetzt, da sie Jack sah, bereute sie, wie sie ihr gemeinsames Problem behandelt hatte. »Ich bin nicht sicher, ob ich reden kann... zumindest heute nacht. Ich habe, ehrlich gesagt, noch keine Entscheidung –«

»Sie *hat* eine Entscheidung getroffen«, widersprach Gina. »Vergiß es, Jack. Sie trennt sich von dir. Ob es dir gefällt oder nicht, ihr geht es ohne dich viel besser.«

Cindy warf Gina einen wütenden Blick zu.

Jack war das Schauspiel, das er hier bot, auf einmal peinlich.

»Vergiß es einfach«, sagte er mit einem Kopfschütteln und begann die Treppe hinunterzulaufen.

Cindy zögerte einen Augenblick und machte dann eine Bewegung, um ihn aufzuhalten. »Nein, warte, du hast recht, vielleicht sollten wir uns wirklich aussprechen. Ich hol' nur schnell meine Autoschlüssel. Wir können dann zu Hause reden.«

Er sah sich nach Gina um und wandte sich dann wieder Cindy zu. »Bist du sicher?«

Sie nickte kurz, ohne ihn anzusehen. »Geh schon voraus und setz dich in deinen Wagen. Ich komme gleich nach.«

Es gibt keine klarere Trennungslinie als die, die in der Mitte des Bettes verläuft. Der Raum mag dunkel sein. Die Augen mögen geschlossen sein. Aber sie ist da, ein stilles Zeugnis für die tiefe Kluft zwischen zwei Menschen.

Die Linie zwischen Jack und Cindy wurde schon sichtbar, als sie in ihren beiden Autos heimfuhren, in der Auffahrt parkten und hintereinander ins Haus gingen. Sie wurde deutlicher, als sie sich schweigend auszogen, und nachdem sich jeder in seine Ecke auf der großen Matratze zurückgezogen hatte, hätte man meinen können, die Berliner Mauer sei wiedererstanden. Jack wußte, daß sie sich aussprechen mußten, aber nachdem er die ganze Nacht getrunken hatte, hatte er Angst vor dem, was er sagen könnte. Er ging kein Risiko ein. Er machte das Licht aus, murmelte ein knappes »Nacht« und tat so, als ob er schlief, obwohl es noch Stunden dauern sollte, bis sein geplagter Geist seinen Körper endlich ruhen ließ.

Cindy versuchte nicht, ihn wachzuhalten, doch auch sie konnte nicht schlafen. Sie dachte daran, wie er sie vor fast zehn Monaten gebeten hatte, zu ihm zu ziehen. Er hatte ihr mit den Händen die Augen zugehalten und sie in sein Schlafzimmer geführt, und als er die Hände wegnahm, sah sie kleine gelbe Bänder an der Hälfte der Schubladen in der Kommode. »Das sind deine«, hatte er gesagt. Jetzt, da sie in ihrem gemeinsamen Bett lag, schloß sie die Augen und dachte an gelbe Bänder – Bänder und Spitzenwäsche und Papierschlangen. Das letzte Bild, bevor sie über ihren Gedanken einschlief, war ein Raum, der für ein Fest dekoriert war. Ein glanzvolles Fest mit Hunderten von Gästen. Intuitiv wußte sie, daß Jacks Anwesenheit wichtig war, aber als sie nach ihm suchte, als sie seinen Namen rief, antwortete niemand.

»Jack«, flüsterte sie knapp drei Stunden später, als die heiße Morgensonne ihre Stirn wärmte. Der Klang ihrer eigenen Stimme hatte sie geweckt, und sie rollte sich auf die Seite. »Jack«, sagte sie und berührte seine Schulter. »Wir müssen miteinander reden.«

»Was?« Jack rieb sich die Augen und drehte sich zu ihr. Er warf einen verstohlenen Blick auf den Wecker und sah, daß es erst sieben Uhr war.

»Bin gleich zurück«, sagte er und rutschte an die Bettkante. Er stand auf, setzte sich aber gleich wieder hin. »Whoa«, stöhnte er, als er den ersten pulsierenden Schmerz eines Katers spürte, der so massiv war, daß er möglicherweise eingewilligt hätte, hätte jemand eine Amputation als einzig wirksames Heilmittel vorgeschlagen. Er seufzte und unternahm keinen weiteren Versuch aufzustehen. »Hör zu«, sagte er, während er Cindy von der Seite ansah, »es tut mir leid wegen letzter Nacht, okay?«

Cindy richtete sich auf, wußte aber nicht, ob sie die Trennungslinie zwischen ihnen außer acht lassen und näher an ihn heranrücken sollte. Es war seltsam, aber nachdem sie zehn Monate mit ihm zusammengelebt hatte, bereitete es ihr plötzlich Unbehagen zu sehen, wie Jack dort in seiner gestreiften Unterwäsche saß und daß sie selbst nur ein zu großes T-Shirt trug.

»Mir tut es auch leid«, sagte sie, während sie vorsichtig über das Bett rutschte. Sie setzte sich neben ihn auf die Bettkante, hielt aber Distanz. »Aber Entschuldigungen allein bringen uns auch nicht weiter. Wir müssen miteinander reden. Ich habe lange darüber nachgedacht.«

»Über was nachgedacht?«

Sie verzog das Gesicht. »Die italienische Handelskammer hat mir angeboten, eine Fotoserie zu machen. In Italien.«

Er lächelte, erleichtert, daß es sich um eine gute Nachricht handelte. »Aber das ist doch wunderbar, einfach phantastisch«, sagte er, während er den Arm ausstreckte und ihre Hand drückte.

»Das ist doch genau das, wovon du immer geträumt hast. Warum hast du mir das nicht schon früher erzählt?«

»Weil ich sofort abreisen müßte – und ich werde drei oder vier Monate nicht dasein.«

Er tat es mit einem Achselzucken ab. »Das werden wir auch noch überleben.«

»Aber genau das ist es ja«, sagte sie, ohne ihn anzusehen. »Ich bin mir da nämlich nicht so sicher.«

»Was willst du damit sagen?« fragte er, während sein Lächeln dahinschwand.

Sie seufzte. »Was ich damit sagen will, ist, daß wir Probleme haben, Jack. Und das Problem sind nicht eigentlich wir. Da ist etwas in dir, was du aus irgendeinem Grund einfach nicht mit mir teilen willst.«

Er sah weg. Sie hatte recht. Das Problem steckte wirklich in ihm selbst.

»Wir haben schon früher darüber geredet«, sagte er. »Ich blase oft Trübsal... bin häufig in dieser miesen Stimmung. Meistens liegt es an der Arbeit, an dem Job, den ich mache.« Für einen kurzen Augenblick dachte er daran, ihr zu erzählen, daß er das Freedom Institute verlassen hatte, kam aber zu der Überzeugung, daß es seiner Sache nicht dienlich wäre, wenn er ihr eröffnete, daß er arbeitslos war. »Aber ich versuche mich damit auseinanderzusetzen.«

»Es muß doch einen Grund geben, weshalb du nicht willens oder in der Lage bist, dich mitzuteilen und deine Gefühle zu zeigen. Ich kann mich damit einfach nicht abfinden. Seitdem wir zusammen sind, hast du es noch nicht einmal geschafft, auf deinen Vater zuzugehen und mit ihm über die Dinge zu reden, die euch beide trennen. Es stört mich, daß du mit Beziehungsproblemen so umgehst. Es stört mich so sehr, daß ich den Goss-Prozeß als Gelegenheit nahm, um für ein paar Tage von dir wegzukommen. Um über uns nachzudenken... ob wir eine Zukunft haben. Ich war mir wirklich nicht sicher, was ich machen sollte. Ob ich dir sagen sollte: ›Laß uns getrennte Wege gehen‹, oder: ›Ich liebe dich immer noch, ich werde anrufen und schreiben und dich wiedersehen, wenn ich von Europa zurückkomme‹.«

»Und wolltest du die Entscheidung alleine treffen?« fragte er, jetzt leicht verärgert. »Und ich hätte mich dann einfach damit abfinden müssen, was du beschließt?«

»Nein, ich wußte, daß wir uns aussprechen mußten, aber es war einfach nicht so leicht. Es ist nämlich noch ein bißchen komplizierter.«

»Inwiefern?«

Sie sah auf ihre Fußspitzen. »Ich fahre nicht allein«, sagte sie beinahe ängstlich. »Ich fahre mit Chet.«

Sein Mund öffnete sich, doch er brachte kein Wort heraus. »Chet«, sagte er schließlich. Chet war Cindys früherer Chef bei den Image Maker Studios, wo sie nach dem College zu arbeiten angefangen hatte – und der Mann in ihrem Leben, bevor Jack auftauchte. Jack fühlte sich elend.

»Es ist nicht, was du denkst«, sagte Cindy. »Es ist rein beruflich –«

»Warum machst du es auf diese Weise?« fragte er, ohne auf ihre Erklärung einzugehen. »Glaubst du, ich verkrafte es nicht, wenn du mir einfach die Wahrheit sagst und mich fallen läßt? Ich pack das schon, keine Angst. Ich bin stärker als du glaubst. Seit einem Monat gibt es jedesmal, wenn ich den Fernseher einschalte oder die Zeitung lese, eine Geschichte über den geständigen Mörder Eddy Goss und seinen Anwalt Jack Swyteck, immer in einem Satz und immer in demselben verächtlichen Ton. Lauf ich die Straße runter, gehen mir Leute, die ich kenne, aus dem Weg. Auf der anderen Straßenseite spucken mir Leute, die ich noch nie *gesehen* habe, ins Gesicht. Neulich kam es sogar noch schlimmer.« Er dachte daran, wie er vor zwei Tagen beinahe überfahren worden wäre. »Aber weißt du was? Ich werde das schon durchstehen. Ich werde kämpfen. Wenn ich es ohne dich tun muß, ist das deine Entscheidung. Aber daß ich es ohne dein Mitleid tun möchte – das ist *meine* Entscheidung.«

»Ich bemitleide dich nicht, und ich verlasse dich auch nicht. Kannst du das, was ich sage, nicht einfach als meine ehrlichen Gefühle akzeptieren und mit deinen eigenen Gefühlen genauso ehrlich sein?«

»Ich habe dich nie belogen, was meine Gefühle angeht.«

»Aber du erzählst mir auch nie etwas. Das ist es, was mich beunruhigt. Manchmal denke ich, es liegt an mir. Vielleicht ist es mein Fehler. Ich weiß es nicht. Gina meint, daß du so bist, weil die Sache zwischen dir und deinem Vater –«

»Was zum Teufel weiß Gina über meinen Vater?«

Sie schluckte. Sie wußte, daß sie einen Fehler gemacht hatte. Er schüttelte den Kopf und ballte die Fäuste. »Hast du mit ihr über die Sachen geredet, die ich dir erzählt habe?«

»Gina ist meine beste Freundin. Natürlich reden wir miteinander. Wir sprechen über alle wichtigen Dinge in unserem Leben.«

»Verdammt noch mal, Cindy!« brüllte er und sprang vom Bett. »Ich will nicht, daß du ihr auch nur irgend etwas darüber erzählst, was ich dir über mich und meinen Vater erzähle. Wie konntest du nur so verdammt unsensibel sein!«

Cindys Hände zitterten, während sie ihre Fingernägel in die Matratze bohrte. »Red nicht mit mir in dem Ton«, sagte sie mit fester Stimme, »oder ich gehe auf der Stelle.«

»Du gehst sowieso«, sagte er. »Glaubst du, ich wüßte das nicht? Du fährst mit dem Chef, mit dem du früher geschlafen hast, nach Italien. Du treibst dich mit Gina bis zwei Uhr morgens rum, machst mit ihr die Jungs an und ziehst durch die Nachtclubs –«

»Das einzige, was wir gemacht haben, war –«

»Ach, red doch keine Scheiße!« Seine Emotionen waren so außer Kontrolle geraten, daß er völlig vergessen hatte, wo *er* letzte Nacht gewesen war. »Du bist nicht mit Mutter Teresa zusammen, weißt du. Verdammt, ich habe mit den Kassierern in Kaufhäusern mehr ernsthafte Gespräche geführt als Gina mit der Hälfte ihrer Freier.«

»Ich bin nicht Gina. Und außerdem ist Gina nicht so. Also hör auf damit, Jack.«

»Womit soll ich aufhören?« sagte er noch eine Spur gereizter als zuvor. »Soll ich aufhören, mir Gedanken darüber zu machen, was hier eigentlich läuft? Soll ich aufhören, Gina und dir den Spaß an euren Abenteuern zu verderben?«

Sie saß starr auf der Bettkante, zu verletzt, um zu sprechen.

Er stürzte zur Schlafzimmertür. »Willst du gehen?« fragte er in ätzendem Ton und riß die Tür auf. »Bitte.«

Sie sah zu ihm hoch, mit Tränen in den Augen.

»Mach schon«, befahl er. »Verschwinde!«

Sie bewegte sich immer noch nicht.

Er sah sich im ganzen Raum verzweifelt nach etwas um, womit er seinem seit Monaten oder sogar Jahren angestauten Ärger Luft machen konnte. Zwar hatte Cindy diesen Ärger nicht verursacht, aber jetzt mußte sie als Opfer herhalten. Er stürzte auf die Kommode zu und schnappte sich die Fotos von ihnen beiden, die Cindy an den Holzrahmen des Spiegels gesteckt hatte – ihre Erinnerungen.

»Jack!«

»Da«, sagte er und riß ein Foto in Stücke.

»Tu das nicht!«

»Du gehst«, sagte er, während er das Bild von ihnen beiden in Freeport aus dem Stapel hervorzog.

Sie sprang auf und lief auf den begehbaren Schrank zu. Er stellte sich ihr in den Weg.

»Ich brauche ein paar Kleider!«

»Nein«, sagte er und hielt ihr ein weiteres Foto vor die Augen. »Du gehst sofort. Geh zurück zu Gina – zu deiner Busenfreundin.«

»Hör auf!«

Er zerriß den ganzen Stapel.

»Jack!« Sie nahm die Autoschlüssel und lief, nur mit ihrem T-Shirt bekleidet, zur Tür. Auf der Schwelle hielt sie noch einmal inne und sagte traurig: »Ich wollte nicht, daß es so endet.«

Er sah sie spöttisch an. »Jetzt klingst du wie das Gesindel, das ich verteidige.«

Ihr Gesicht wurde rot, sie war den Tränen nah.

»Zwischen dir und dem Gesindel, das du verteidigst, gibt es keinen Unterschied mehr!« schrie sie und stürzte aus dem Haus.

11. Kapitel

Um 8.30 Uhr an diesem Samstagabend parkte Harry Swyteck seinen gemieteten Buick unter einer der zahlreichen, fünfzehn Meter hohen Palmen, die Miamis wichtigste Nord-Süd-Achse, den Biscayne Boulevard, säumen. Der Gouverneur war allein, wie es sein Erpresser verlangt hatte. Es war wenige Minuten nach Sonnenuntergang, und die Straßenbeleuchtung war gerade aufgeflackert. Harry seufzte bei dem Gedanken an die bevorstehende Nacht. Als ob er nicht schon genug Sorgen hätte, mußte er jetzt auch noch bei Dunkelheit und mitten in Miami zehntausend Dollar in bar mit sich herumschleppen. Er überprüfte die Schlösser an seinem Aktenkoffer, stieg schnell aus dem Wagen und lief dann mit hastigen Schritten über die sechsspurige Fahrbahn auf die Ostseite des Boulevards und weiter über den Gehweg in den Park.

Der Bayfront Park war eine ausgedehnte Grünanlage zwischen den geschäftigen Straßen der Stadt und den Segelbooten an der Biscayne Bay. Türme aus Granit, Glas und Marmor erhellten die Skyline von Miami im Süden und Westen des Parks. Jenseits der Bucht, am South Miami Beach, glitzerten die Lichter der in die Karibik auslaufenden Kreuzfahrtschiffe wie eine Kette schwimmender Perlen. Ein warmer Sommerwind wehte über die Bucht von Osten herein und brachte das beruhigende Geräusch der Brandung mit sich. Am nördlichen Ende des Parks lag der Bayside Market Place, eine Ansammlung von Geschäften, Restaurants und Bars, Ausgangspunkt für die Kutschfahrten durch den Park, die besonders bei Touristen beliebt waren.

Heute abend mußte Gouverneur Swyteck eine Fahrt mit der Kutsche machen. Er hoffte, als Tourist durchzugehen, weshalb er sich weiße Segelhosen und das karierte Madras-Hemd angezogen hatte, dazu trug er die Baseballmütze von den Florida Marlins. Doch der Lederkoffer war zu auffällig. Er kaufte bei einem der Kartenverkäufer für die Kutschfahrten ein Stofftier, nur um in den Besitz der Tragetasche zu gelangen, und steckte den Aktenkoffer hinein. Jetzt war seine Tarnung komplett: Er sah ganz und gar nicht wie ein Gouverneur aus. Für den Fall, daß ihn doch irgend jemand erkannte, hatte er sich einen Plan zurechtgelegt. »Muß wieder einmal ein bißchen Wahlkampf an der Basis betreiben«, würde er sagen, und man würde es ihm wahrscheinlich abnehmen. Vor vier Jahren hatte er bei McDonald's gearbeitet, hatte Lese- und Ausspracheübungen mit Erstkläßlern und andere Tagesjobs gemacht – alles nur, um wie der liebe Nachbar von nebenan auszusehen.

»Kutschfahrt?« rief einer der Fahrer, als er die Sammelstation erreichte.

»Ähm – ich weiß noch nicht«, erwiderte Harry.

»Vierzig Dollar für 'ne halbe Stunde«, sagte der Fahrer, aber der Gouverneur hörte nicht zu. Er versuchte herauszufinden, welche von dem halben Dutzend Kutschen Calvin gehörte, dem Mann, mit dem er die Neun-Uhr-Fahrt machen sollte. Sein suchender Blick blieb schließlich an einer weißglänzenden Kutsche mit roten Veloursitzen haften, gezogen von einem Appaloosa mit eselsähnlichen Ohren, die aus einem alten Strohhut herausragten. Der Gouverneur war nervös, als er sich dem alten, aber sehr drahtigen schwarzen Fahrer näherte, doch er sagte sich noch einmal, daß er diese Mission zu Ende bringen mußte. Da er das Gefühl hatte, beobachtet zu werden, sah er sich vorsichtshalber nach allen Seiten um, aber er konnte nichts Ungewöhnliches entdecken.

»Sind Sie Calvin?« fragte er.

»Ja, Sir«, erwiderte der Angesprochene. Calvin war in den Achtzigern, ein Relikt des alten Miami, als die Stadt noch »Myamma« und ein echter Teil des Südens war. Er hatte eisgraues

Haar und die schwieligen Hände eines Mannes, der sein ganzes Leben lang hart gearbeitet hatte. Er schien übertrieben ehrerbietig, so daß Harry sich für einen Augenblick schuldig fühlte wegen seiner Rasse und wegen der Art, wie dieser alte Kutscher als junger Mann behandelt worden sein mußte.

»Ich würde gerne eine kleine Rundfahrt machen«, sagte der Gouverneur, während er ihm zwei Zwanzigdollarscheine reichte.

»Ja, Sir«, sagte Calvin mit einem Blick auf seine Uhr. »Ich muß Sie allerdings warnen: Ich mach' auf meiner Neun-Uhr-Fahrt immer 'ne Pause am Stand. Hol' mir nur 'n Eistee.«

»In Ordnung«, sagte der Gouverneur und stieg ein. *Anders wäre es mir gar nicht lieb.*

Calvin machte ein Schnalzgeräusch mit der Zunge und gab den Zügeln einen leichten Ruck. Sein Pferd zog die Kutsche von dem Geländer weg und lief wie von einem Autopilot gesteuert in Richtung Meer, während der Gouverneur dem vierbeinigen Navigator amüsiert zusah. »Wie lange machen Sie das schon, Calvin?«

»Viel länger, als Sie Gouverneur sind, Sir.«

Soviel zur Anonymität.

Die Tour begann an der hoch aufragenden Statue von Christoph Kolumbus und führte dann an der Küste entlang nach Süden. Palmen und Musiker mit Saxophonen und Gitarren säumten den breiten Gehweg aus weißem Korallenfels, der südfloridianischen Variante des malerischen Kopfsteinpflasters. Calvin spielte Fremdenführer, als sie den Weg hinunterrollten. Er war ein echtes Geschichtsbuch auf Rädern, wenn es um den Park und seine Vergangenheit ging, und er erzählte, wie man 1924 die Bucht aufgefüllt hatte, um ihn anzulegen, und wie das Meer bei dem Hurrikan von 1926 versucht hatte, ihn zurückzuerobern. Er sprach aus der Erinnerung und aus jahrelanger Praxis, aber man spürte auch, daß er sich wegen des berühmten Gastes ein wenig mehr als gewöhnlich ins Zeug legte. Der Gouverneur hörte höflich zu, war aber nie ganz bei der Sache, weil er fürchtete, den eigentlichen Zweck dieser Fahrt aus dem Auge zu verlieren. Seine Angst wuchs, als die Kutsche um den Springbrunnen herum nach Westen fuhr, weg von der hell erleuchteten Promenade am Wasser ins Innere des Parks, wo Palmen und immergrüne Eichen ihre Schatten in die Lichtkegel der Laternen warfen, die immer seltener und in immer größeren Abständen auftauchten. Als sie die Freilichtbühne erreichten, wurde die Kutsche langsamer, genauso wie Calvin und der Erpresser es vorausgesagt hatten.

»Brrrr«, sagte Calvin freundlich zu seinem Pferd und hielt die Kutsche an. Er drehte sich um und sah den Gouverneur an.

»Also, was jetzt kommt, nenne ich die dunkle Seite meiner Tour, Sir. Denn genau an dieser Stelle stand der alte Musikpavillon, wo im Jahr unseres Herrn 1933 der gewählte Präsident Franklin Delano Roosevelt zu einer Menge von fünfzehntausend Menschen sprach. Mitten in dieser riesigen Menge stand ein sehr zorniger junger Mann, den die Ärzte später als hochintelligenten Psychopathen mit zwanghaften Vorstellungen und morbiden Gefühlen beschrieben, die mit der etablierten Gesellschaftsordnung in Konflikt gerieten. Dieser verwirrte junge Mann stand geduldig auf einer Parkbank, bis der Präsident seine Rede beendete, zog dann einen Revolver und feuerte über die Menge hinweg auf die Würdenträger auf dem Podium, in der Absicht, Mr. Roosevelt zu töten. Der Präsident blieb unverletzt, aber fünf unschuldige Menschen wurden getroffen. Der am schwersten verletzte war Anton Cermak, der berühmte Bürgermeister von Chicago, der, bevor er starb, dem Präsidenten noch sagte: ›Ich bin froh, daß es mich und nicht Sie getroffen hat.‹«

Calvin sah den Ausdruck auf dem Gesicht des Gouverneurs und schlug dann schuldbewußt die Augen nieder. »Ich wollte Sie nicht erschrecken, Sir. Ich erzähle diese Geschichte allen meinen Fahrgästen, nicht nur Politikern. Das gehört nun mal zu unserer Geschichte.«

»Das ist vollkommen in Ordnung«, sagte der Gouverneur, obwohl ihm ein Schauder über den Rücken lief. Aber er fragte sich, ob sein Erpresser wußte, daß Calvin diese Geschichte tatsächlich all seinen Fahrgästen erzählte. Vielleicht war das der Grund, weshalb er diese spezielle Kutschfahrt für die Übergabe ausgesucht hatte. Es war durchaus möglich – schließlich hatte der Mann seit der Hinrichtung von Fernandez zwei

Jahre Zeit gehabt, um alles zu planen. Der Gouverneur wollte plötzlich noch mehr erfahren. »Nun, Calvin«, sagte er beiläufig, »ich kann mir vorstellen, daß dieses Attentat 1933 ganz schön Furore gemacht hat.«

»O ja. Die Zeitungen waren ungefähr einen Monat lang voll davon, wenn ich mich recht erinnere.«

»Und was geschah mit dem Attentäter?«

Calvins Augen weiteten sich, und seine buschigen weißen Augenbrauen gingen nach oben. »Bei allem Respekt, Sir, aber dieser Mann zog vor fünfzehntausend Menschen eine Pistole, feuerte fünfmal auf den Präsidenten der Vereinigten Staaten, verwundete fünf Menschen und tötete den Bürgermeister von Chicago. Sie schleppten ihn vor Gericht, wo er der ganzen Welt mitteilte, daß das einzige, was er bedauerte, die Tatsache war, daß er nicht Mr. Roosevelt erwischt hatte. Und das Tollste war, daß er den Richter bat, ihn auf den elektrischen Stuhl zu bringen. Also, was glauben Sie, was sie mit dem Verrückten gemacht haben?«

»Sie haben ihn hingerichtet«, sagte Harry leise.

»Natürlich hamse ihn hingerichtet. Vier Tage nachdem sie Bürgermeister Cermaks Leiche unter die Erde gebracht haben, war die Hinrichtung, 'ne schnelle Justiz war das damals. Was anderes als heutzutage. Man braucht sich doch bloß diese Anwälte heute anzusehen, wie sie herumdrucksen und herumquasseln. Hier 'ne Berufung, da 'n Aufschub. So«, sagte Calvin seufzend, »jetzt hab' ich aber genug geschimpft. Ich gönn' meiner Daisy 'ne Pause und hol' mir 'n schönen Eistee. Irgendwas für Sie, Gouverneur?«

»Nein, danke, Calvin. Ich warte hier.« Harry beobachtete, wie der alte Mann zu dem Stand schlenderte, und begann sich zu fragen, wozu diese ganze kuriose Inszenierung eigentlich diente. Offenbarte der Erpresser damit seine tiefere, dunklere Seite – die »morbiden Gefühle, die mit der etablierten Gesellschaftsordnung in Konflikt gerieten«? War der Erpresser tatsächlich so klug, daß er den Gouverneur absichtlich zu diesem alten Fremdenführer schickte, der einem in seiner eigenen melodramatischen Art den Unterschied zwischen relativ einfachen und unerträglich schwierigen Kapitalverbrechen auf so schmerzliche Weise bewußt machte, den Unterschied zwischen einem Mann, der sich bis zum elektrischen Stuhl seines Verbrechens rühmt, und einem Mann, der bis zuletzt seine Unschuld beteuert, zwischen einem verrückten politischen Attentäter und jemandem wie Raul Fernandez? Oder vielleicht war die Botschaft weniger subtil, weniger philosophisch. Vielleicht wollte er dem Gouverneur einfach nur zu verstehen geben, daß der Ort, an dem Floridas spektakulärstes Attentat geschah, schon bald zum Schauplatz des nächsten Attentats werden würde – heute abend.

Harry warf einen nervösen Blick auf Calvin, der mit der Verkäuferin lachte und plauderte, einer attraktiven jungen Lateinamerikanerin, deren wohlgeformter Körper schon allein erklärte, weshalb Calvin auf seiner Neun-Uhr-Fahrt hier regelmäßig haltmachte. Harry zog sich – bei dreiundzwanzig Grad Celsius –, die Wolldecke über die Knie, die auf dem Sitz lag, um seine Bewegungen zu verbergen. Dann fuhr er mit der Hand unter den Rand des roten Veloursitzes, zögerte aber noch, ihn anzuheben. Sein Herz begann zu rasen, als er sich plötzlich vorstellte, wie ein pistolenschwenkender Verrückter aus der Dunkelheit hervorgeschossen käme oder eine Bombe explodierte, wenn er tat, was der Erpresser verlangt hatte, und damit das letzte Kapitel in Calvins Geschichtsbuch vollendet wäre. Er atmete tief durch und hob den Sitz hoch. Keine Explosion. Keine Klapperschlangen. Er blickte über die Schulter nach hinten, um sicherzugehen, daß ihn niemand sah. Wieder hatte er das Gefühl, beobachtet zu werden. Aber er sah nichts.

In dem kleinen Stauraum befand sich ein brauner Schuhkarton mit einer Notiz an der Seite: »Leg das Geld rein, nimm den Karton.« Keine Unterschrift. Nur die Warnung: »Ich beobachte dich.«

Der Gouverneur wagte nicht, den Kopf herumzudrehen, um Ausschau zu halten. Er öffnete den Aktenkoffer in der Papiertasche, legte zwei Bündel druckfrischer Fünfzigdollarscheine unter den Sitz, stopfte dann den Karton in die Tragetasche und drückte den Sitz wieder herunter.

Calvin kehrte kurz danach zurück, und die Fahrt zum Bayside Market Place dauerte nur noch wenige Minuten, die Harry wie eine Ewigkeit vorkamen. Er dankte Calvin und lief schnell wieder über die stark befahrene Straße zu seinem Wagen. Sobald er hinter dem Steuer saß, stellte er die Tragetasche auf den Beifahrersitz und atmete tief durch, erleichtert, daß ihn niemand aufgehalten hatte. Er schaltete die Zündung ein, aber noch bevor er losfahren konnte, überraschte ihn ein kurzes, hohes Läuten. Es hörte auf und begann wieder. Es schien aus dem Karton in der Tragetasche zu kommen. Er nahm den Karton aus der Tasche und entfernte das Klebeband auf dem Deckel. Das schrille Läuten hielt an. Er hob den Deckel hoch und sah ein tragbares Telefon und darunter einen verschlossenen weißen Umschlag.

»Es ist in dem Umschlag«, kam die vertraute, stark verstellte Stimme, als er das Telefon ans Ohr hielt.

Den Gouverneur schauderte. Natürlich war es der Erpresser, aber die Stimme verwirrte ihn dennoch. »Was ist in dem Umschlag?«

»Was soll die Frage, Gouverneur?« kam die Antwort. »Ich hab' dein Geld, und du hast den Beweis, daß ich es war und nicht Raul, der das Mädchen getötet hat. Das war unsere Abmachung, oder?«

Der Gouverneur schwieg.

»War das unsere Abmachung oder nicht?«

»Ja, ja.«

»Gut«, sagte der Anrufer in ruhigerem Ton. »Jetzt mach den Umschlag auf. Nur aufmachen. Nimm nichts raus.«

Harry klemmte sich das Telefon unters Kinn und öffnete den Umschlag. »Er ist auf.«

»Da sind zwei Fotos drin, beide von dem Mädchen, für die Raul den Stuhl gekriegt hat. Nimm das auf der linken Seite raus.«

Der Gouverneur nahm das Foto aus dem Umschlag und erstarrte. Es zeigte ein junges Mädchen mit entblößter Brust. Es lag auf dem Rücken mit nach hinten gezogenen Schultern, so als ob man ihm die Hände gefesselt hätte. Ein rotes Halstuch knebelte den Mund. Die lange Klinge eines Messers drückte gegen die Kehle. Die blutunterlaufenen Augen des Mädchens starrten hilflos zu seinem Mörder hoch. Der Rest des Gesichts war geschwollen und von gnadenlosen Schlägen übel zugerichtet.

»Siehst du es, mein Freund?«

»Ja«, sagte Harry mit zitternder Stimme.

»Aus diesen Augen spricht echte Angst. Das kann man nicht spielen. Manchmal wünsche ich mir, ich hätte das auf Video aufgenommen. Aber eigentlich brauch' ich das gar nicht. Ich sehe es in meiner Phantasie immer und immer wieder vor mir. Es ist wie ein Film. Ich nenne ihn ›Vanessas Zähmung‹. Sie hieß nämlich Vanessa. Es ist schön, wenn man ihre Namen kennt. Macht das Ganze irgendwie realer.«

Das Bild zitterte in der Hand des Gouverneurs, und sein ganzer Körper wurde von Angst und Ekel überwältigt.

»Nimm das nächste Bild raus«, sagte der Anrufer.

Harry schloß die Augen und seufzte. Es wäre in jedem Fall schwer gewesen hinzusehen, aber jetzt, da er erkannte, daß Fernandez nicht für den Tod dieses Mädchens verantwortlich war, war es doppelt qualvoll. Der fürchterliche Irrtum wurde allmählich zu einer Gewißheit, und plötzlich erfüllte den Gouverneur Ekel vor sich selbst. »Ich habe genug gesehen«, sagte er leise.

»Schau dir das Nächste an. Schau, was ich mit dem Messer gemacht habe.«

»Ich sagte, ich habe genug gesehen«, sagte Harry mit fester Stimme, während er das Foto wieder in den Umschlag steckte. »Sie haben Ihr Geld, Sie Ungeheuer. Nehmen Sie es einfach. Das war unsere Abmachung. Nehmen Sie es, halten Sie den Mund und rufen Sie mich nie wieder an.«

Der Anrufer kicherte vor Vergnügen. »Harry, Harry – so geht das Spiel nicht. Wir fangen gerade erst an, du und ich. Die nächste Rate ist in ein paar Tagen fällig.«

»Ich zahle keinen Cent mehr.«

»Diese Entschlossenheit. Ich schätze, du spürst die Schlinge um deinen Hals noch nicht. Hier, hör dir das mal an.«

Der Gouverneur drückte das Telefon fester ans Ohr, um jeden Laut zu hören. Es gab ein Klicken, dann nichts, dann wieder ein Klicken – und dann eine Stimme, die er deutlich als die seine erkannte: *»Sie haben Ihr Geld, Sie Ungeheuer. Nehmen*

Sie es einfach. Das war unsere Abmachung. Nehmen Sie es, halten Sie den Mund und rufen Sie mich nie wieder an.«

Noch ein Klicken, und der Anrufer war wieder in der Leitung. »Es ist alles auf Band, mein Freund. Du, der ehrenwerte Gouverneur Harold Swyteck, bestichst einen geständigen Mörder, damit er seinen Mund hält und du deine eigene Haut als Politiker retten kannst. Jedes Wort ist auf Band, ich brauch' bloß zur Presse zu gehen.«

»Das werden Sie nie –«

»Und ob ich werde. Betrachte also deine lumpigen zehn Riesen als Anzahlung und nicht mehr. Denn du wirst noch einmal zehntausend Dollar lockermachen und sie in die East Adams Street 409, Apartment 217, bringen. Und zwar am zweiten August um vier Uhr morgens. Keine Minute früher, keine Minute später. Die Tür ist auf. Du legst die Kohle direkt auf den Küchentisch. Mach's gut, mein Freund.«

»Verdammter Huren –« begann der Gouverneur, aber der Anrufer hatte bereits aufgelegt. Eine Welle der Panik erfaßte ihn. Er legte das Telefon und den Umschlag in den Karton zurück und hielt den Kopf in beiden Händen, während er in seinem Magen ein Gefühl abgrundtiefen Ekels verspürte. »Du Idiot«, stöhnte er laut und ließ sich in den Sitz sinken. Aber es war nicht nur seine eigene Dummheit, die ihn erschütterte. Es war die Erinnerung an den ganzen Abend, die einen Strom der Angst durch seinen Körper jagte. Die Geschichtsstunde im Park, die Bilder von dem jungen Mädchen, das Tonband, das er in seinem Wagen gehört hatte – und vor allem die immer deutlicher werdende Erkenntnis, daß er in dieser Konfrontation mit einem kaltblütigen Killer eindeutig die schlechteren Karten hatte.

12. Kapitel

Jack Swyteck ging tief in die Knie, um sich nicht an der Tür den Kopf zu stoßen, als er die letzten Kartons ins Haus schleppte. Mike Mannon, der achtlos die Asche von seiner dicken Zigarre abstreifte und das Schnaufen und Keuchen seines Freundes offensichtlich genoß, kam hinter ihm her.

»Du scheinst wirklich außer Form zu sein«, stichelte er.

»Entschuldigung, Mr. Schwarzenegger, aber ich habe nicht bemerkt, daß du heute irgendwelche Rekorde im Gewichtheben aufgestellt hast. Und laß diesen Stinkkolben draußen.«

Mike zuckte die Achseln und blies Jack eine dicke Rauchwolke ins Gesicht. »Nicht mein Job, die Schlepperei. Du hast gesagt, du brauchst vier Räder, weil dein Mustang in der Werkstatt ist. Du hast nicht gesagt, daß ich Muli spielen soll.«

»So, ich schätze, das war's«, sagte Jack mit einem Blick auf sein Büroinventar. »Ich weiß auch nicht, weshalb ich noch mal zurückgefahren bin, um das ganze Zeug zu holen, aber vielleicht brauche ich es wieder, wenn ich in nächster Zeit einen neuen Job finde.«

Mike blickte auf den Stapel von Gesetzbüchern, die aus dem größten Karton herausragten. »Natürlich«, sagte er, »die Personalchefs von McDonald's suchen immer wieder jemanden, der ihnen die Gesetze auslegt.«

»Ich werde mir das merken, Mannon, wenn dir wieder mal so eine Inkassofirma im Nacken sitzt.« Jack lächelte bitter. »Aber, was sag' ich da. Wahrscheinlich werde *ich* der Kerl sein, der dir im Nacken sitzt. Eine andere Wahl werde ich in dieser Stadt kaum haben, bis sich die Sache mit Goss gelegt hat.«

»Wer wird denn gleich so schwarz sehen, alter Junge. Eine von diesen großen Kanzleien braucht immer einen skrupellosen Mann wie dich.«

Jack lachte kurz und wurde dann ernst. »Kannst du nicht doch noch einen Augenblick bleiben?«

»Nein, ich muß in den Laden zurück. Lenny braucht ungefähr zweieinhalb Stunden, um ein größeres Chaos anzurichten.« Er sah auf die Uhr. »Jetzt müßte sich eigentlich schon was zusammenbrauen.«

»Also gut«, sagte Jack und folgte ihm nach draußen. Er bemerkte, wie Donnerstag mit einem Buch im Maul durch seine Beine hindurchwackelte. »He, gib das her«, sagte er und bückte sich, um seinen Kopf zu tätscheln. Mike war schon auf dem Weg. »Danke für die Hilfe«, rief Jack ihm nach.

»Kein Problem«, sagte Mike. Er drehte sich um und winkte kurz, während Donnerstag hinter ihm herhüpfte und nach seinen Fersen schnappte. Kurz darauf war der Wagen losgefahren, und Jack blieb mit seinen Gedanken allein.

Er schloß die Tür und ging ins Wohnzimmer. Er ließ sich auf das bequeme Sofa fallen, legte seine Füße auf den Polsterhocker und ließ den Blick durch den Raum wandern. Leere... eine große Leere. Als er so dalag, kam er sich vor wie der einzige Gast in einem Grandhotel. Warum hatte er sich bloß jemals ein so großes Haus gekauft? Cindy hatte ihm einmal erzählt, daß sie als Kind immer davon geträumt habe, in einer herrschaftlichen Villa zu wohnen. Wahrscheinlich hatte es etwas damit zu tun, daß sie mit ihren Eltern und ihren drei Brüdern eine kleine Wohnung hatte teilen müssen.

Und schon waren seine Gedanken wieder bei ihr. Seit gestern morgen, als er sich so lächerlich gemacht und sie davongejagt hatte, ging sie ihm nicht mehr aus dem Sinn. Seit er sie hatte fortgehen sehen, fragte er sich wahrscheinlich zum tausendstenmal, wie er so dumm sein konnte. Im Grunde hatte er Angst gehabt, sie würde ihre Beziehung zu Chet wieder aufnehmen, doch alles, was er tat, war, sie in seine Arme zu treiben.

Brillanter Zug, Swyteck. Jack war versucht, sie anzurufen, sie um Vergebung zu bitten, aber irgendeine innere Stimme sagte ihm, daß er im Augenblick viel zu orientierungslos war und zunächst einmal sein Leben wieder in den Griff bekommen mußte. Fürs erste widerstand er der Versuchung.

Eine Zeitlang hatte er nur noch die in einem Sonnenstrahl tanzenden Staubteilchen gezählt, als plötzlich das Telefon läutete. Cindy vielleicht? Sein Gesicht wurde düster, als er daran dachte, es könnte der Kerl sein, der ihn schikanierte. Er beschloß, den Anrufbeantworter eingeschaltet zu lassen.

»Jack«, sagte eine Frauenstimme. Aber es war nicht Cindy.

»Ich bin's, deine –«, begann sie und hielt dann inne. »Hier ist Agnes.«

Er verspürte eine Anwandlung von Gefühlen, die von Verwirrung beherrscht waren. Er hatte Agnes' Stimme seit seinem Examen nicht mehr gehört. Sie klang besorgt, doch er widerstand dem Drang, den Hörer abzunehmen.

»Ich kann nichts Genaues sagen, Jack, aber im Augenblick geht im Leben deines Vaters irgend etwas vor, und ich glaube, daß du davon wissen solltest. Er ist nicht krank – ich meine, er ist vollkommen gesund. Ich will dich auch nicht beunruhigen. Aber ruf ihn bitte mal an. Und sag ihm nicht, daß ich dich darum gebeten habe. Es ist wichtig.«

Er saß aufrecht da und wußte nicht, was er von der Nachricht halten sollte. Er konnte sich nicht erinnern, wann seine Stiefmutter ihn das letztemal angerufen hatte, aber ihre Stimme hatte ihn für kurze Zeit von Cindy abgelenkt. Der Versprecher am Anfang der Nachricht war ihm nicht entgangen – als Agnes beinahe »deine Mutter« gesagt hätte. Während die Worte noch in ihm nachklangen, wanderten seine Gedanken zurück in die Vergangenheit, in die Zeit, als er fünf Jahre alt war...

»Deine Mutter ist nicht tot, sie wollte dich nur nicht!«

»Du lügst!« schrie Jack, rannte aus dem Wohnzimmer und ließ seine Stiefmutter mit ihrem Gin allein. Tränenüberströmt erreichte er sein Zimmer, schlug die Tür hinter sich zu und warf sich aufs Bett. Er wußte genau, daß seine richtige Mutter tot war. Agnes mußte lügen, als sie sagte, daß seine richtige Mutter ihn nicht wollte. Er vergrub sein Gesicht im Kopfkissen und weinte. Nach einer Weile drehte er sich herum und starrte zur Decke hoch. Er dachte darüber nach, wie er Agnes beweisen könnte, daß sie unrecht hatte. Im Alter von fünf Jahren plante er seinen ersten Fall.

Er stand auf und ging zur Tür. Er spähte hinaus und hörte den Fernseher im Wohnzimmer. Bis zum Zimmer seiner Eltern waren es weniger als fünf Meter. Während er sich der geschlossenen weißen Tür näherte, sah er sich über die Schulter um. Wenn man ihn erwischte, würde es riesigen Ärger geben. Doch er ging trotzdem hinein.

In der hinteren Ecke des Raums zog er die unterste Schublade der alten Kommode heraus. Es war die Schublade seines Vaters. Jack hatte vor zwei Monaten schon einmal darin herumgestöbert, als er ein After-shave suchte, nachdem er sich den Rasierapparat seines Vaters »ausgeliehen« hatte. Das Rasierwasser hatte er nicht gefunden, wohl aber ein Kästchen, das unter dem T-Shirt und der Unterwäsche lag. Es war ein Schmuckkästchen aus Ahorn mit hübschen eingravierten Silberinitialen, die Jack nicht lesen konnte. Es waren die Initialen seiner Mutter. Seiner richtigen Mutter.

Wie an jenem Tag vor zwei Monaten nahm er das Kästchen in die Hand und öffnete es. Hastig hob er den obersten, mit Schmuck gefüllten Einsatz heraus, um in das Fach darunter zu sehen. Da war es. Ein schweres Messingkreuz, hinten konkav, so wie Plätzchenteig sich bog, wenn er am Nudelholz klebte, dachte er, nur nicht ganz so stark. Als er das Kruzifix zum erstenmal sah, hatte ihn der konkave Rücken völlig verwirrt. Er hatte so etwas noch nie an einem Kreuz gesehen. So hatte er seiner Großmutter, nachdem sie ihm geschworen hatte, nichts zu verraten, von seiner Entdeckung erzählt und sie sich von ihr die merkwürdige Form erklären lassen. Es war das Kreuz, das auf dem runden Deckel des Sarges seiner Mutter gelegen hatte. Seine Mutter war tot, und das war der Beweis.

Er nahm das Kreuz heraus und legte das Schmuckkästchen zurück in die Schublade. Mit dem Beweisstück in der Hand verließ er das Schlafzimmer und lief entschlossen die Diele hinunter.

Er sah seine Stiefmutter auf der Couch. »Du bist eine Lügnerin!« rief er.

Er stand im Türrahmen und schwenkte das Kreuz. »Siehst du«, sagte er forsch, »meine Mutter ist im Himmel. Du bist eine Lügnerin!«

»Komm mal her, Jack.«

Er erstarrte.

»Komm hierher!« schrie sie.

Er schluckte, trat verängstigt einen Schritt zurück und drehte sich dann um und rannte los. »Jack!« brüllte sie, während er durch die Diele davonraste.

Er stürzte ins Zimmer seiner Eltern, zog die Kommodenschublade heraus und versuchte das Kruzifix wieder in das Kästchen zu stopfen. Aber noch bevor er das Kästchen schließen konnte, hatte ihn Agnes schon am Arm gepackt. »Was ist das?« fragte sie in gebieterischem Ton.

Mit angsterfüllten Augen blickte er zu ihr hoch. Sie sah die Initialen auf dem Kästchen, und ihr Gesicht wurde rot vor Wut. Er duckte sich und wartete auf den Schlag, aber als er sie wieder ansah, schien sie in Gedanken verloren. »Geh in dein Zimmer«, sagte sie zerstreut. Sobald er draußen war, zog sie die Tür zu...

Das Geräusch quietschender Reifen riß Jack aus der Vergangenheit. Er ging ans Fenster und zog den Vorhang auf. Das dichte Laub im Garten versperrte ihm den Blick auf die Straße, doch er hatte das Gefühl, daß sich in den langen Schatten neben der Garage irgend etwas bewegte.

Er öffnete die Haustür. Draußen war der Wind aufgefrischt und ließ die Palmenblätter gegen das Haus schlagen. Er sah sich um, konnte aber nichts entdecken. Langsam lief er auf die Garage zu. Er fühlte sich ängstlich, unsicher. Dieser Zwischenfall neulich, als er aus dem Institute kam... Agnes' Anruf... und jetzt das Geräusch von durchdrehenden Reifen...

Er lief an der Garage entlang bis zur Rückseite und blickte argwöhnisch in das Halbdunkel. Nichts. Dann ging er auf der anderen Seite wieder nach vorn, und in dem Augenblick sah er Donnerstag. Der Hund versuchte verzweifelt, auf alle viere zu kommen, aber seine Beine knickten ein, und er fiel auf die Seite.

»Donnerstag!« Jack rannte zu ihm und bettete den Kopf des Hundes in seine Hände. Dann suchte er nach Wunden. Donnerstag wimmerte leise, als er seinen Körper berührte. Aus seinem Mund kam roter Schaum.

Jack sah sich panisch um. Kein Auto. *Mist.* Dann fiel ihm ein, daß vier Türen weiter Jeff Zebert, der Tierarzt, wohnte. »Halt durch, Junge«, sagte Jack. Er nahm den Hund auf die Arme und rannte los.

Weniger als eine halbe Minute später ging er mit großen

Schritten Zeberts Auffahrt hoch. Jeff war im Garten vor dem Haus und goß seine Sträucher. »Ich habe einen Notfall hier!« rief Jack atemlos. »Es ist Donnerstag«, sagte er. »Ich glaube, ihn hat's erwischt, sieht ganz nach Vergiftung aus.«

Jeff ließ den Schlauch fallen. »Weißt du, was es gewesen sein könnte?«

»Alles mögliche – hier, schau ihn dir mal an.«

Der Arzt warf einen schnellen Blick auf den Hund und bat Jack, ihn auf den Picknicktisch zu legen. Er rannte ins Haus. Als er zurückkehrte, spülte er Donnerstag mit dem Schlauch irgendeine Lösung in den Hals.

»Komm, Junge«, sagte Jack verzweifelt. Donnerstag hob den Kopf einige Zentimeter an, als er Herrchens Stimme hörte. Schließlich gelang es ihm, etwas auszuwürgen, es schien fast nur Blut zu sein. Jeff versuchte es noch einmal mit dem Schlauch, aber der Hund zeigte keine Reaktion. Seine Pfoten hatten aufgehört zu zittern. Plötzlich hörte auch sein Wimmern auf, und der Brustkasten bewegte sich nicht mehr. Da war nur noch das Geräusch von laufendem Wasser.

»Es tut mir leid, Jack.«

Jack schlug die Augen nieder und brachte kein Wort heraus. Jeff ließ ihm einen Augenblick Zeit und legte dann die Hand auf seine Schulter. »Es gab nichts, was wir hätten tun können.«

»Ich hätte ihn nicht allein herumlaufen lassen sollen. Ich hätte –«

»Komm, Jack. Mach dir keine Vorwürfe. Ich glaube nicht, daß er zufällig mit irgendeinem Gift in Berührung kam. Sieht eher danach aus, als hätte ihn jemand mit einem Pfund Hackfleisch gefüttert, vermischt mit zwei Pfund Glas. Der arme Kerl hat fast alles hinuntergeschluckt.«

»Was –«, sagte Jack ungläubig. Dann gingen ihm langsam die Augen auf. »Dieser elende Bastard.«

»Wer?«

»Ach, nichts. Ich ... ich kann nur einfach nicht glauben, daß jemand so etwas tun würde.«

»Hör zu«, sagte Jeff, »warum läßt du ihn nicht bei mir. Ich nehme ihn morgen mit in die Praxis und kümmere mich drum.«

Jack nickte widerstrebend. »Danke.« Er sah auf Donnerstag hinunter, gab ihm einen letzten Klaps auf den Kopf und ging nach Hause. Als er über den Kiesweg zwischen den beiden Häusern lief, bemüht, seine Selbstbeherrschung zu bewahren, schien es ihm, als ob sein ganzes Leben auf einen Abgrund zusteuerte, als ob er in einen dunklen Tunnel geraten wäre und vollkommen die Orientierung verloren hätte. Er fragte sich, wann – oder ob – er jemals wieder ins Freie gelangen würde.

Er war erst wenige Minuten im Haus, als das Telefon klingelte. Ihn packte die kalte Wut, als er daran dachte, wie er vor dem Freedom Institute beinahe überfahren worden wäre und dann Sekunden später einen Anruf bekommen hatte. Er riß den Hörer von der Gabel.

»Hör zu, du Hurensohn –«

»Jack, ich bin's, Jeff«, sagte der Tierarzt.

Jack schluckte seine Wut hinunter. »Entschuldigung, ich dachte –«

»Schon gut. Ich wollte dir nur Bescheid geben. Nachdem du gegangen bist, habe ich mir das Zeug aus Donnerstags Magen mal genauer angesehen. Da ist nicht nur Glas in dem Fleisch. Da sind auch Samenkörner drin. Irgendein Blumensamen, so wie's aussieht. Ich weiß nicht, ob er giftig ist oder nicht, aber es war jedenfalls vor allem das Glas, woran dein Hund gestorben ist. Ich dachte nur, ich sollte das erwähnen.«

Jack nickte zustimmend, aber seine Gedanken waren ganz woanders. »Danke, Jeff. Vielleicht hilft mir das, dem Kerl auf die Spur zu kommen. Ich sag' dir Bescheid, wenn sich irgendwas tut.«

Er legte den Hörer auf. Der Samen war in der Tat eine Spur – eine Spur, die direkt zu Eddy Goss führte. Jacks bekanntester und übelster Mandant hatte die Bedeutung des Samens während des ersten ausführlichen Gesprächs mit seinem Anwalt erklärt. Die beiden waren in einen schwach beleuchteten Hochsicherheitsraum des Bezirksgefängnisses eingeschlossen worden, etwa zwölf Stunden nachdem Goss das von Detective Lonzo Stafford auf Video aufgenommene Geständnis abgelegt hatte. Jack hatte bewegungslos an der Längsseite des Tisches gesessen und zugehört, wie sein Mandant über die Einzelheiten seines Verbrechens ins Schwärmen geraten war. Jetzt tauchten einige Details wieder auf und zwar genau diejenigen, die Goss den Spitznamen »Chrysanthemen-Mörder« eingetragen hatten.

»Haben sie den Samen gefunden?« fragte Goss seinen Anwalt.

Jack blickte von seinem gelben Notizblock auf, ohne den Kugelschreiber aus der Hand zu legen, und sah seinen Mandanten über den Tisch hinweg an. »Der ärztliche Leichenbeschauer hat ihn gefunden. Er steckte in ihrer Vagina.«

Sichtbar zufrieden, lehnte sich Goss zurück und verschränkte selbstgefällig die Arme. »Es ist der Samen einer Chrysantheme, wissen Sie.« Er hob die Augenbrauen, als ob sein Anwalt die geheime Bedeutung dieser Tatsache erkennen müßte.

Jack zuckte nur die Schultern.

Goss schien irritiert, ja fast verärgert, daß Jack mit dem Hinweis nichts anzufangen wußte. »Kapieren Sie denn nicht«, fragte er ungehalten.

»Nein«, sagte Jack mit einem Seufzer. »Ich *kapiere* nicht.« *Nicht einmal Sigmund Freud würde das kapieren, Kumpel.*

Begierig zu erklären beugte sich Goss vor. »Chrysanthemen sind die kältesten Blumen der Welt, Mann.«

»Sie erinnern mich an Beerdigungen«, sagte Jack.

»Richtig«, erwiderte Goss, erfreut, daß Jack ihm endlich folgte. »Sie sind von Natur aus für Beerdigungen wie geschaffen. Weil Beerdigungen dunkel sind wie der Tod. Und Chrysanthemen lieben das.«

Jack warf ihm einen neugierigen, aber vorsichtigen Blick zu. »Worauf wollen Sie hinaus?«

Goss ließ mit der Antwort nicht auf sich warten. »Der Samen von Chrysanthemen ist wirklich einzigartig. Die meisten Blumen blühen, wenn es draußen warm ist. Sie mögen den Sommer und die Sonne. Aber Chrysanthemen sind anders. Man pflanzt den Samen im Sommer, wenn der Boden weich und warm ist, aber es geschieht nichts. Er steckt einfach nur in der Erde. Der Samen fängt nicht an zu wachsen, bis der Sommer fast vorbei ist, bis die Tage kürzer und die Nächte kühler werden. Je kühler und dunkler es wird, desto wohler fühlt sich der Samen. Dann, im November, wenn alles drum herum stirbt, wenn der Boden kalt wird, wenn die Nächte lang sind und die Tage bewölkt, dann ist der Zeitpunkt gekommen, zu dem diese herrliche Blume aus dem Boden sprießt.«

»Sie haben also Ihren Samen eingesetzt«, sagte Jack immer noch vorsichtig.

»An einem warmen, dunklen Ort«, erklärte Goss. »Und dieser Ort wird von jetzt an jeden Tag dunkler und kälter, bis es der ideale Ort ist, um meine Saat aufgehen zu lassen.«

Schweigend und mit versteinertem Gesicht starrte Jack Goss an und kritzelte dann die Worte »evtl. auf Unzurechnungsfähigkeit plädieren« auf seinen Block. »Woher wissen Sie soviel über Blumen, Eddy?«

Goss sah weg. »Als Kind wohnte ich in Jersey, und da gab es in der Nachbarschaft einen Mann, der ein Gewächshaus hatte. Er hat alles mögliche dort gepflanzt«, sagte er mit einem durchtriebenen Lächeln. »Wir haben auch manchmal etwas zusammen geraucht.«

»Wie haben Sie von dem Samen erfahren? Wie sind Sie auf die Idee gekommen, Samen an einem warmen, dunklen Ort zu säen?«

Goss bekam einen harten Zug um den Mund. »Ich erinnere mich nicht.«

»Wie alt waren Sie damals?«

»Zehn oder elf«, sagte Goss mit einem Achselzucken.

»Und wie alt war der Mann?«

»Alt... nicht wirklich alt.«

Jack beugte sich vor und sprach eindringlich, aber dennoch verständnisvoll. »Was haben Sie dort gemacht, Eddy? Mit dem Mann?«

Goss' Augen flackerten auf, und seine Hände begannen zu zittern. »Ich hab' gesagt, ich *erinnere* mich nicht. Sind Sie schwerhörig, Mann?«

»Nein, ich möchte nur, daß Sie versuchen, sich zu erinnern, was –«

»Raus jetzt!« brüllte Goss. »Gespräch beendet. Ich hab' nichts mehr zu sagen.«

»Jetzt bleiben Sie doch ruhig –«

»Raus hier, hab' ich gesagt!«

Jack nickte, nahm seine Tasche und stand auf. »Wir reden ein anderes Mal weiter.« Er drehte sich um und ging auf die verschlossene Stahltür zu.

»He«, rief Goss.

Jack blieb stehen und wandte sich zu ihm um.

»Sie holen mich doch hier raus, oder?«

»Ich werde Sie vertreten«, sagte Jack.

Goss kniff die Augen zusammen. »Sie müssen mich hier rausholen.« Er beugte sich auf seinem Stuhl vor, um seiner Bitte Nachdruck zu verleihen. »Sie *müssen*. Ich will meine Saat noch viel öfter aufgehen sehen.«

Als Jack jetzt in seinem Wohnzimmer stand und sich an dieses Gespräch erinnerte, ließ ihn die Erinnerung daran erschaudern. Er seufzte und schüttelte den Kopf. Wenn die Sache nicht so ernst gewesen wäre, hätte er über das Ironische der Situation gelacht. Er hatte dafür gesorgt, daß ein Psychopath auf freien Fuß kam, nur um selbst von diesem Mann angegriffen zu werden.

Aber meinte Goss wirklich ihn? Jack konnte sich schwer vorstellen, daß der Mann ihm tatsächlich physisch etwas antun würde. Er schien sich wohler zu fühlen, wenn er wehrlosen Frauen und unschuldigen Tieren gegenüberstand.

Er hatte mehr als genug in der Hand, um ein Unterlassungsurteil gegen Goss zu erwirken, wenn er wollte. Aber er war sich nicht sicher, ob das der richtige Weg war. Der Justiz war es schon einmal mißlungen, Eddy Goss zu stoppen – dank seiner Hilfe.

Es war also Jacks Aufgabe, etwas zu finden, was diesen Mann unschädlich machen würde, ein für allemal.

Es war kurz nach elf Uhr abends – Schlafenszeit im Haus des Gouverneurs. Harry Swyteck saß in seinem Pyjama aufrecht im Bett, den Rücken gegen das Messingkopfende gelehnt, und las einen Artikel im *Florida Trend* über den freigesprochenen Mörder Eddy Goss. Am Ende der Geschichte verwandelte sich seine Irritation in Wut, als der Autor eine Salve der Kritik gegen Goss' Anwalt, diesen »Rechtsverdreher« Jack Swyteck, losließ.

»Und das nennen die ausgewogenen Journalismus«, murmelte der Gouverneur und schleuderte die Zeitschrift auf den Boden.

Kurz danach kam Agnes im Morgenrock und Pantoffeln aus dem Badezimmer. Sie blieb am Tisch neben dem Fenster stehen und ordnete einen Blumenstrauß.

»Danke für die Blumen, Harry«, sagte sie zu ihrem Mann, dem ihr Rücken die Sicht auf das Bouquet versperrte.

»Wie?« sagte der Gouverneur und sah zu ihr hinüber. Er hatte keine Blumen geschickt. Heute war seines Wissens weder ein Geburtstag noch ein Jahrestag, noch sonst ein Anlaß, der Blumen erfordert hätte. Aber es war durchaus möglich, daß er im Wahlkampftrubel ein Jubiläum vergessen hatte und einer seiner Mitarbeiter ihm zuvorgekommen war. So spielte er einfach mit. »Oh«, erwiderte er, »bitte, meine Liebe. Ich hoffe, sie gefallen dir.«

»Es ist schön, etwas ohne besonderen Anlaß zu bekommen«, sagte sie mit Glanz in den Augen. »Es war so spontan von dir.« Sie schürzte kokett die Lippen. Dann wandte sie sich vom Tisch ab und gab den Blick auf die Blumen frei. Der Gouverneur wurde kreidebleich.

»Halt das Bett schön warm«, sagte sie, während sie im Nebenraum verschwand, aber der Gouverneur hörte nicht zu. Seine Augen starrten auf das Bouquet aus weißen, violetten und gelben Chrysanthemen. Er erhob sich vom Bett und ging zum Tisch. Die Karte steckte noch. Harrys Hand zitterte, als er den Umschlag öffnete. Plötzlich schien alles so einleuchtend: die verstellte Stimme, die Drohungen, die Fotos von einem grausamen Mord und jetzt die Blumen. Sofort hatten seine Gedanken eine logische Verbindung hergestellt zwischen dem Chrysanthemen-Mörder, über dessen pathologische Obsession er gerade etwas in dem Artikel gelesen hatte, und dem Erpresser.

Er las die Nachricht. Er wußte sofort, daß sie für ihn und nicht für seine Frau bestimmt war. »Du und ich, für immer vereint«, lautete sie, »bis daß der Tod uns scheidet.«

»Eddy Goss«, murmelte der Gouverneur leise vor sich hin, und seine Stimme zitterte vor Angst. *Ich werde von einem Psychopathen erpreßt.*

13. Kapitel

Am nächsten Morgen, einem Montag, holte Jack seinen Mustang aus der Garage und fuhr zur Aab-Alarm Company, um sofort ein neues Sicherheitssystem für sein Haus installieren zu lassen. Schon mittags hatte er neue Schlösser an den Türen und dachte über Fluchtpläne nach. Er konnte zwar noch immer nicht glauben, daß Goss versuchen würde, ihn zu töten, aber es wäre dumm gewesen, keine Vorsichtsmaßnahmen zu ergreifen. Er stellte sich die schlimmsten Szenen vor, eine Attacke mitten in der Nacht oder ein Überfall auf dem Parkplatz, und plante seine Reaktionen. Und er rief die Telefongesellschaft an. In zwei Tagen würde er eine neue, geheime Nummer haben.

Aber es gab eine wichtige Vorsichtsmaßnahme, auf die er bewußt verzichtete. Er informierte nicht die Polizei, denn er war nach wie vor überzeugt, daß sie wenig tun würde, um den Anwalt von Eddy Goss zu schützen. Außerdem hatte er eine neue Idee. An diesem Nachmittag kaufte er Munition für seine Waffe.

Es war eigentlich nicht *seine* Waffe. Er hatte sie – einen Revolver Kaliber 38 – von Donna Boyd, einer alten Flamme aus Yale, geerbt. Daß Kriminalität in bestimmten Gegenden von New Haven, wo viele Studenten lebten, ein echtes Problem war, schien den meisten Leuten unbekannt. Nachdem man Jacks Nachbar ausgeraubt hatte, weigerte sich Donna, weiter bei ihm zu übernachten, wenn er ihren Revolver nicht im Nachttisch aufbewahrte. Selbst für eine emanzipierte Yale-Studentin war sie recht unkonventionell. Er stimmte zu, absolvierte aber vorsichtshalber ein paar Schießübungen auf der städtischen Schießanlage. Er wollte keinen Fehler machen, den sie beide bereuen würden.

Schließlich war der Revolver bis nach seinem Examen in der Schublade geblieben, als er seine Sachen für Miami packte. Damals hatten er und Donna sich schon getrennt, und sie war so verbittert, daß sie die Stadt verließ, ohne ihre Sachen bei ihm abzuholen. Von einem gemeinsamen Bekannten erfuhr er, daß sie nach Europa gegangen sei. So hatte Jack den Revolver zusammen mit ihrem Tennisschläger und einer Elvis-Costello-CD einfach eingepackt und bis heute nicht mehr daran gedacht.

Mit einemmal hatte er eine Verwendung für den Revolver, der sechs Jahre lang in seiner Truhe gelegen hatte und zuletzt in Connecticut auf den Namen Donna Boyd registriert gewesen war.

Jack hatte Gewalt nie für ein adäquates Mittel gehalten. Aber das hier war etwas ganz anderes. Es ging um reine Selbstverteidigung. Oder nicht? Tief im Innern fragte er sich, ob er nicht vielleicht sogar hoffte, Goss würde in sein Haus eindringen. Während er sich mit der Munition, die er gerade gekauft hatte, auf der Wohnzimmercouch zurücklehnte, dachte er darüber nach, welche Motivation wirklich hinter dem Entschluß, die Polizei nicht einzuschalten, stand. Aber die Möglichkeit, daß er im Unterbewußtsein eine Kraftprobe mit Eddy Goss suchte, war lächerlich. Goss war der Killer. Nicht er.

Das Telefon klingelte. Jack drückte auf die Fernbedienung, ließ den Film der Woche, der um neun Uhr begonnen hatte, ohne Ton weiterlaufen und nahm hastig den Hörer ab.

»Hast du deine Post schon geholt, Jack?« kam die vertraute Stimme.

Er zögerte. Er wußte, daß Verfolger durch den Kontakt zu ihrem Opfer erst richtig aufblühten und daß jeder Experte ihm geraten hätte, einfach aufzulegen. Aber er war sich fast sicher, wer es war, und wenn er ihn nur dazu bringen konnte, mit seiner normalen Stimme zu sprechen, hätte er die Bestätigung. »Sie halten sich wohl für besonders clever, Goss«, provozierte er ihn. »Hören Sie auf mit der komischen Stimme. Ich weiß, daß Sie es sind.«

Aus der Leitung kam ein herablassendes Kichern, dann eine Pause, gefolgt von einer entschiedenen Änderung im Tonfall.

»Einen Scheißdreck weißt du, Swyteck. Also halt's Maul und hol deine Post. Und zwar sofort.«

Jack blinzelte erschrocken. Wie leicht es gewesen war, den Mann in Rage zu bringen. »Warum?«

»Jetzt hol sie schon!« befahl der Anrufer. »Und nimm das Telefon mit. Ich sag dir dann, wonach du suchen sollst.«

Jack überlegte, ob es klug war, das Spiel mitzumachen, doch

er war entschlossen, dieser Sache auf den Grund zu gehen. »In Ordnung«, erwiderte er und lief dann mit dem schnurlosen Telefon am Ohr durch die Diele. Er blickte durchs Fenster, bevor er nach draußen ging, aber er sah nichts. Er öffnete die Haustür und trat auf die Veranda. »Okay«, sagte er ins Telefon. »Ich bin am Briefkasten.«

»Schau rein«, befahl der Anrufer.

Vorsichtig streckte Jack die Hand nach dem Briefkasten neben der Tür aus. Mit einem Finger hob er den Deckel an, spähte hinein, und ließ ihn dann hochschnellen, bevor er die Hand blitzschnell wieder zurückzog, als ob er glühende Lava berührt hätte.

»Siehst du ihn, Swyteck?«

Jack stellte sich auf die Fußspitzen und spähte aus der Entfernung hinein, weil er fürchtete, plötzlich blutbefleckte Turnhosen oder zerrissene Schlüpfer oder irgendeinen anderen Beweis für Goss' jüngste Schandtat zu entdecken. »Da ist ein Umschlag«, sagte er, da er sonst nichts sah.

»Mach ihn auf«, sagte der Anrufer.

Vorsichtig nahm Jack den Umschlag aus dem Briefkasten. Er war unbeschriftet. Kein Absender. Keine Adresse. Demnach war er persönlich gebracht worden, was bedeutete, daß der Verfolger auf seiner Veranda gewesen war – eine beunruhigende Vorstellung. Er öffnete die Umschlagklappe und zog den Inhalt vorsichtig heraus.

»Was ist das?«

»Na, was glaubst du wohl?«

Er sah sich das Blatt an. »Ein Stadtplan.« Auf dem Plan war eine bestimmte Strecke mit einem gelben Filzstift hervorgehoben worden.

»Folge dem Plan, wenn du wissen willst, wer der frei herumlaufende Mörder ist. Das willst du doch wissen, oder, Swyteck?«

»Ich weiß bereits, daß Sie es sind, Goss. Die Strecke führt zu Ihrer Wohnung.«

»Sie führt zu dem frei herumlaufenden Mörder. Sei da. Er erwartet dich um halb fünf morgen früh. Und keine Bullen. Oder es wird dir sehr leidtun.«

Jack wurde wütend, als er das Freizeichen hörte. Anfangs

dachte er nicht im Traum daran, Goss in seiner Wohnung aufzusuchen. Aber wenn Goss ihn tatsächlich töten wollte, würde er es in seiner eigenen Wohnung tun? Würde er Jack zu sich *einladen* und ihm Hinweise auf den Ort des Verbrechens geben? Nein, er mußte auf etwas anderes aus sein. Jacks Neugier wuchs.

Doch es war mehr als Neugier. Er dachte an die Nacht vor zwei Jahren, als er seinem Vater die entscheidenden Informationen vorenthalten hatte, die die Hinrichtung von Fernandez hätten stoppen können. Seine Halsstarrigkeit hatte zu Rauls Tod geführt, und er war entschlossen, nicht noch einmal denselben Fehler zu machen. Wenn er es mit einem geständigen Mörder zu tun hatte, der sein schändliches Treiben fortsetzte, *mußte* er mit vertraulichen Informationen flexibler umgehen.

Es war Zeit, ihm ein Ultimatum zu stellen. Monate zuvor, als er mit Goss eine auf Unzurechnungsfähigkeit basierende Verteidigung erwog, hatte er Informationen über frühere Verbrechen – darunter auch weitere Morde – aus ihm herausgeholt. Jetzt war es Zeit, Goss gegenüberzutreten und ihn wissen zu lassen, daß er sein Verhalten ändern mußte, wenn er dem elektrischen Stuhl entgehen wollte – wenn er nicht wollte, daß ein Staatsanwalt einen anonymen Hinweis auf seine perversesten Geheimnisse erhielt.

Er ging ans Fenster und sah hinaus. Es wurde schon dunkel und begann zu nieseln. Ein Sturm zog auf. Wenn er Goss treffen wollte, gab es keinen Grund, bis um halb fünf morgen früh zu warten. Es schien sicherer, überhaupt nicht zu warten. Er ging auf die Tür zu und blieb an der Treppe stehen. Er stieg auf den Speicher, öffnete seine Truhe und fand den 38er. Unten verbrachte er mehrere Minuten mit dem Reinigen des Revolvers, bevor er ihn lud.

Für alle Fälle.

14. Kapitel

Es begann zu regnen, als Jack seinen Mustang aus der Auffahrt fuhr. Der Regenguß war die Fortsetzung eines heftigen Gewitters, das am Nachmittag die Straßen der Stadt überflutet hatte. Aber er ließ sich durch das schlechte Wetter nicht entmutigen. Er war entschlossen, so schnell wie möglich zu Goss zu kommen, bevor er seine Meinung wieder änderte. Er jagte seinen alten Achtzylinder mit einer Geschwindigkeit über den Expressway, die nur ein geflohener Sträfling als sicher betrachtet hätte, bog ab in ein Stadtviertel, das niemand als sicher betrachtete, und brachte seinen Wagen mit einer Vollbremsung vor Goss' Haus zum Stehen.

Das alte zweistöckige Gebäude nahm fast ein Drittel des Häuserblocks ein. Auf einer Seite grenzte es an eine Tankstelle, auf der anderen an die Ruinen eines Apartmenthauses, das vermutlich von irgendeinem pyromanischen Hausbesitzer in Brand gesetzt worden war, weil die Versicherungssumme höher war als die Mieteinnahmen. Die meisten Parterrefenster waren mit rostigen Gitterstäben verbarrikadiert, andere mit Spanplatten, und aus einigen ragten geräuschvolle Klimaanlagen. Das Unkraut, das aus den Rissen im Bürgersteig sproß, vervollständigte die Landschaftsgestaltung.

Der Regen prasselte auf das Stoffdach des Cabrios und sickerte durch die verrotteten, zwanzig Jahre alten Gummidichtungen der Fenster. Jack sprang aus dem Wagen und rannte durch das Wasser, das in breiten Bächen die Straße hinunterlief. In nur fünfzehn Sekunden erreichte er den Hauseingang, aber das reichte, um ihn so zu durchnässen, daß ihm die Kleider am Körper klebten. Triefnaß trat er in den spärlich beleuchteten Flur und warf einen Blick auf die in die Wand eingelassenen Briefkastenreihen. Er war am richtigen Ort. GOSS, APT 217 stand auf einem der Schilder.

Er lief eine Treppe hoch bis zu einem Gang, der auf beiden Seiten von Apartments gesäumt war. Hier oben war es noch dunkler als im Hausflur, da die Mieter die meisten Birnen herausgeschraubt hatten, um ihre Wohnungen zu beleuchten.

Graffiti bedeckten Wände und Türen und bildeten ein einziges zusammenhängendes Wandgemälde. Die meisten Deckenplatten waren von Jugendlichen kaputtgeschlagen worden, die damit beweisen wollten, wie hoch sie springen konnten. Regenwasser drang von oben ein und lief in langen Streifen die gefleckten Wände hinunter bis auf den modrigen Allwetterteppich, auf dem sich kleine Pfützen gebildet hatten. Alles war ruhig, man hörte nur die schweren Regentropfen, die auf das dünne Flachdach hämmerten.

Jack lief durch den Gang und sah auf die Nummern an den Türen, sofern sie noch welche hatten. Seine Schritte wurden schneller, als er sich der 217 näherte, der fünften Tür links. Er war überzeugt, daß Goss nur zu stoppen war, wenn man ihm drohte – und zwar auf eine Weise, wie nur sein eigener Anwalt ihm drohen konnte. Wenn Goss der Anwaltskammer von Florida erzählte, daß Jack Swyteck die Geheimnisse eines Mandanten zu offenbaren bereit war, konnte das das Ende seiner Karriere bedeuten. Aber das spielte nun auch keine Rolle mehr. Der starke Kontrast zwischen seinem eigenen tragischen Versagen im Fall Fernandez und der Kette von »Erfolgen«, die darin bestanden, Männer wie Goss freizubekommen, damit sie weiter Jagd auf arglose Bürger machen konnten, hatte zu lange auf ihm gelastet. Er war am tiefsten Punkt seines Lebens angelangt.

Er klopfte an die hohle Holztür von Goss' Wohnung und wartete. Niemand antwortete, aber er weigerte sich zu glauben, daß Goss nicht da war. Er klopfte fester, fast hämmernd. Wieder keine Antwort. »Goss«, sagte er laut. »Ich weiß, daß Sie da sind. Machen Sie auf!«

»He!« rief ein Mann wütend aus einer offenen Wohnungstür am Ende des Ganges. »Es ist zehn Uhr, Mann. Ich hab' hier 'n zweijähriges Kind. Schluß mit dem Krach.«

Jack atmete tief durch. Er hatte sich so auf Goss konzentriert, daß er sich verhalten hatte, als ob sonst niemand in dem Gebäude wohnte. Das war gedankenlos von ihm gewesen. Er wandte sich von der Tür ab und lief langsam den Gang hinunter, als wollte er das Haus verlassen. Sobald sich Goss' Nachbar wieder in seine Wohnung zurückgezogen hatte, kehrte Jack ruhig, aber entschlossen zum Apartment 217 zurück und drehte den Türknauf herum. Die Tür war nicht verschlossen. Er zögerte und horchte, ob drinnen Schritte zu hören waren. Nichts. Langsam stieß er die Tür auf, etwa zwei Handbreit, und spähte hinein. Alles dunkel und still. Er stieß sie etwas weiter auf und trat auf die Schwelle.

»Goss«, sagte er mit fester Stimme. Dann wartete er.

Es kam keine Antwort, nur das Geräusch des schweren tropischen Regens, der auf das Dach und gegen das Fenster auf der anderen Seite des Raums schlug. Jack schluckte. So wie er es sah, gab es zwei Möglichkeiten. Er konnte kehrtmachen, den Schwanz einziehen und weggehen. Wenn er das tat, wäre es nur eine Frage der Zeit, bis er eine neue Drohung erhielt, bis die Gewalt noch weiter eskalierte. Die andere Möglichkeit – die einzig realistische – bestand darin, jetzt sofort zu handeln.

Er warf einen vorsichtigen Blick in den Gang, aber er sah niemanden. Dann starrte er gespannt in das dunkle Apartment. Er hörte sein Herz schlagen und spürte, wie seine Hände feucht wurden. Er atmete noch einmal tief durch und nahm seine ganze Kraft zusammen. Langsam und sehr behutsam betrat er das dunkle, totenstille Apartment von Eddy Goss.

»Goss«, sagte er, nachdem er über die Schwelle getreten war. »Ich bin's, Swyteck. Wir müssen miteinander reden, also kommen Sie raus.«

Als er nach einigen Sekunden keine Antwort hörte, streckte er die Hand aus und betätigte den Lichtschalter neben der Tür. Aber es blieb dunkel.

Draußen schlug krachend ein Blitz ein, und sein Herz setzte einen Moment aus. Der Sturm wurde schlimmer, und der schwere Regen prasselte gegen das einzige Fenster des Raums. Der nächste Blitz schlug noch näher ein und tauchte den kleinen Raum für den Bruchteil einer Sekunde in ein unheimliches weißes Licht. Jack prägte sich das Bild der Wohnung ein, und allmählich gewöhnten sich die Augen auch an die Dunkelheit. Küche, Eß- und Wohnbereich befanden sich in einem einzigen Raum. Vor dem Fenster hing ein gespenstisches weißes Bettlaken. Die Einrichtung war spärlich – er bemerkte nur eine alte, durchgesessene Couch, eine Stehlampe, einen Küchentisch und einen Klappstuhl. Die Wände waren leer, doch es gab ein paar Pflanzen. Keine gewöhnlichen Zimmerpflanzen, sondern große und farbenreiche Gestecke, Kruzifixe, Davidsterne und Kränze, und alle bestanden aus Chrysanthemen und anderen frischen Blumen, die Goss vermutlich von Gräbern auf dem städtischen Friedhof gestohlen hatte. Jack fühlte Wut in sich aufsteigen, als er ein violettes Band mit der Aufschrift UNSERER GELIEBTEN TOCHTER bemerkte. Er sah angewidert weg, und dabei fiel sein Blick auf die Tür am anderen Ende des Raums, die zum Schlafzimmer führte. Sie stand offen.

Uit-uuuuuuu, kam plötzlich ein schrilles Pfeifen aus dem Schlafzimmer, wie wenn man am Strand den Mädchen nachpfeift. Abwehrbereit ging Jack in die Knie.

Uit-uuuuuuu, kam das Geräusch wieder, diesmal etwas lauter.

Sein Herz raste. Der Drang, auf der Stelle kehrtzumachen und wegzulaufen, war fast unwiderstehlich, aber seine Füße weigerten sich, zurückzuweichen. Er zwang sich, langsam einen Fuß vor den anderen zu setzen, und war selbst überrascht, daß er dem Schlafzimmer immer näherkam. Er versuchte beim Gehen die Füße so sanft wie möglich aufzusetzen, damit seine regennassen Tennisschuhe nicht quietschten. Er starrte auf die offene Tür, während er mit gleichmäßigen Schritten das Zimmer durchquerte. All seine Sinne waren auf das konzentriert, was ihn im Innern des Schlafzimmers erwartete. Er zuckte leicht zusammen, als sich in der Ferne ein schwerer Donner entlud.

Uit-uuuuuuu, pfiff es wieder.

Das Pfeifen jagte ihm Angst ein, aber es machte ihn allmählich auch wütend. Der Kerl verspottete ihn. Für Goss war das alles nur ein Spiel. Und Jack kannte die Regeln der Spiele, die Goss so gern spielte. Er zog den geladenen Revolver aus der Tasche.

»Eddy«, rief er. »Hören Sie auf mit dem Spiel, okay? Ich will nur mit Ihnen reden.«

Ein Donner krachte, während ein Lichtstrahl stroboskopartig durch das Zimmer zuckte. Er ging einen halben Schritt vor, dann noch einen. Auf dem Küchentisch neben ihm sah er einen schmutzigen Teller mit getrocknetem Ketchup und den

Überresten von Fischstäbchen – offenbar Goss' Abendessen. Eine leere Colaflasche. Eine Gabel. Und ein Steakmesser. Beim Anblick des Messers war Jack froh, seinen Revolver zu haben. Er hob die Waffe vor die Brust und umklammerte sie mit beiden Händen. Seine Hände zitterten, doch nichts konnte ihn jetzt noch aufhalten. Er machte den letzten Schritt und spähte ins Schlafzimmer.

Ein plötzliches Aufheulen ließ ihn zurückschrecken. Er sah etwas – eine Gestalt, einen Schatten, einen Angreifer! Doch als er einen Schritt zurücktrat und versuchte, den Abzug zu betätigen, verlor er das Gleichgewicht. Dabei stieß er so heftig gegen die Stehlampe, daß sie polternd auf dem Teppich landete. Sekundenlang war er auf allen vieren, sprang aber, vor Erregung keuchend, gleich wieder hoch. Der Kampf war so schnell vorbei, wie er begonnen hatte.

»Ein dämlicher Kakadu«, sagte er laut, aber mit einem Seufzer der Erleichterung.

Uit-uuuuuuu, pfiff ihm der auf seiner Stange sitzende Vogel zu.

Jack zuckte zusammen, als er plötzlich draußen im Gang Schritte zu hören glaubte. Er wollte niemandem eine Erklärung liefern müssen, der durch die Geräusche aufgeschreckt worden war. Er steckte die Pistole in den Hosenbund, rannte aus dem Schlafzimmer und schob das Fenster hoch. Aber es ließ sich nur ein paar Zentimeter anheben. Ein Nagel, den irgend jemand offenbar als primitive Sicherheitsmaßnahme in den Rahmen geschlagen hatte, verhinderte, daß man es ganz öffnen konnte. Jacks Herz raste, als er meinte, die Schritte im Gang näherkommen zu hören. Er sah sich hastig um, nahm das Steakmesser von Goss' Eßtisch und versuchte, damit den Nagel herauszubekommen. Zunächst rührte er sich keinen Millimeter, aber dann sprang er mit einem Ruck heraus. Das Messer entglitt ihm und traf den Rücken seiner linken Hand. Er blutete, spürte aber vor lauter Angst keinen Schmerz. Er warf das Messer zurück auf den Tisch und kletterte aus dem offenen Fenster. Wie ein Schüler an der Sprossenwand in der Turnhalle stieg er die wacklige Feuerleiter hinunter, sprang die letzten drei Meter und platschte bei der Landung in eine knöcheltiefe Pfütze. Er rannte so schnell er konnte um das Gebäude herum zu seinem Wagen und fuhr dann ganz langsam an, um keinen Verdacht zu erregen.

Im Wagen atmete er mehrmals tief durch und versuchte, seine Fassung zurückzugewinnen. Der Schnitt in seiner Hand war ziemlich tief und blutete immer noch, aber es sah nicht so aus, als ob er genäht werden müßte. Er hielt das Steuer mit der verletzten Hand und drückte mit der anderen gegen die Wunde, um das Bluten zu stoppen.

»Verdammt«, fluchte er über sich selbst – und über den blöden Kakadu. Der Vogel hatte ihn zu Tode erschreckt. Es kam ihm sonderbar vor, daß Goss einen Vogel besaß – daß er überhaupt für eine lebende Kreatur irgend etwas empfinden konnte. Doch dann erinnerte er sich, wie der Vogel dort auf der Stange gesessen und nach seinem Futter gepickt hatte, und es ging ihm ein Licht auf. Samen. Überall lagen Samen verstreut – die Samen des Chrysanthemen-Mörders. Jack dachte wieder an Goss' Worte: »Ich will meine Saat noch viel öfter aufgehen sehen.«

Während er sich immer weiter von Goss' Wohnung entfernte, gingen ihm noch einmal die Ereignisse durch den Kopf, die ihn dorthin gebracht hatten – der Anruf, der Stadtplan, die Aufforderung, den »frei herumlaufenden Mörder« zu treffen. Er dachte daran, wie Goss die Gewalt langsam eskalieren ließ, und fragte sich, welches wohl der nächste logische Schritt sein könnte, nachdem er seinen Hund getötet hatte. Er fürchtete plötzlich, daß sein Instinkt richtig gewesen war. Goss hatte ihn nicht in seine Wohnung gelockt, um *ihn* zu töten, sondern jemand anderen.

»Cindy«, sagte Jack laut, und schon der Gedanke brachte ihn außer Fassung. Vielleicht traute er Goss zuviel zu, aber es schien durchaus möglich, daß dieser Wahnsinnige ihn um genau 4.30 Uhr in seiner Wohnung haben wollte, um sicherzugehen, daß Cindy allein war – damit er weitere Samen säen konnte.

Jack stieg aufs Gas und raste zu Ginas Wohnung, wobei er mit einer Hand steuerte und mit der anderen ihre Nummer auf dem Autotelefon eingab. Es war noch nicht einmal Mitternacht, aber er wollte kein Risiko eingehen.

»Komm schon«, stöhnte Jack, als er das Besetztzeichen hörte. Er wählte erneut. Als die Leitung immer noch besetzt war, rief er den Operator an, damit dieser das Gespräch unterbrach. »Ja, es handelt sich wirklich um einen Notfall«, sagte er eindringlich.

Aber Gina weigerte sich, seinen Anruf entgegenzunehmen.

»Was heißt das, sie weigert sich?« fragte Jack ungläubig.

Der Operator gab keine Erklärung.

Er beendete die Versuche mit dem Telefon und fuhr noch schneller, weil er das Schlimmste befürchtete.

15. Kapitel

Sieben Minuten später rumpelte der Mustang über eine Bodenschwelle und hielt mit quietschenden Reifen vor Ginas Bungalow. Jack sprang heraus, rannte, zwei Stufen gleichzeitig nehmend, die Treppe hoch und klopfte fest an die Haustür. Nervös trat er von einem Fuß auf den anderen, bis Gina schließlich öffnete.

»Ist alles in Ordnung?« fragte er. »Geht's dir gut?«

Gina stand in der Tür, bekleidet mit einem enganliegenden Minirock aus weißem Jeansstoff und einem lockeren roten Oberteil, das von ihrem Busen soviel offenbarte, wie das wandernde Auge sehen wollte.

»Wo ist Cindy?« fragte er.

»Cindy ist nicht da.«

»Ja, aber, wo ist sie?«

Gina zog ein Gesicht. »Sie läßt sich gerade von einer Horde von Breakdancern in die Mangel nehmen. Es geht dich nichts an, wo sie ist. Sie ist nicht da.«

»Ich muß sie finden. Ich glaube, jemand ist hinter ihr her.«

»Ja, du«, spottete Gina, die Hände in die Hüften gestemmt.

Jack hielt mit der Hand die Tür auf, um zu verhindern, daß Gina sie ihm vor der Nase zuschlug. »Ich erfinde keine Geschichten. Seit dem Ende des Goss-Prozesses werde ich von jemandem verfolgt und bedroht. Irgend so ein Kerl mit einer rauhen Stimme rief mich an und sagte, daß ein Mörder frei herumlaufe. Er hat versucht, mich mit seinem Auto zu überfahren. Er hat meinen Hund getötet. Und es ist durchaus möglich, daß er jetzt hinter Cindy her ist.«

Ginas Gesicht zeigte endlich Betroffenheit. »Cindy kann nichts passieren«, sagte sie kühl. »Nach eurer kleinen Auseinandersetzung am Samstagmorgen hat sie sich entschlossen, einen früheren Flug nach Rom zu nehmen. Wir waren heute nachmittag, als du nicht da warst, in deinem Haus und haben ihren Schrank ausgeräumt. Dann habe ich sie zum Flughafen gebracht. Sie ist schon auf dem Weg nach Italien.«

»Gut«, sagte er. Aber er fühlte sich alles andere als gut. Er war zwar erleichtert, daß sie in Sicherheit war, aber es fiel ihm schwer, sich mit der Tatsache anzufreunden, daß sie wirklich fort war. Ein Teil von ihm wünschte sich, er hätte noch eine letzte Chance gehabt, ihr sein Verhalten zu erklären.

Gina beobachtete ihn, als er sich zum Gehen wandte. Sie war erstaunt darüber, wie sehr sich Jack selbst nach der Trennung noch um Cindy sorgte. Es hatte Gina tief verletzt, als Jack sie letztes Jahr hatte fallen lassen, um sich Cindy zuzuwenden. Und obwohl weder Jack noch Cindy es wahrhaben wollten, war sie überzeugt davon, daß die Reise nach Italien das Ende ihrer Beziehung bedeutete. Gerade deshalb fragte sie sich wie schon so oft, was sie eigentlich tun mußte, damit Jack sie endlich auch einmal wieder zur Kenntnis nahm.

»Und was ist mit mir?« sagte sie und zog, als er sich fragend zu ihr umwandte, die Augenbraue hoch. »Was ist, wenn dieser Geistesgestörte nach Cindy sucht, und ich bin hier ganz allein?«

»Was soll ich tun?«

»Bleib hier«, sagte sie. »Nur für den Fall, daß etwas passiert.«

Er machte den Mund auf, aber die Worte kamen erst mehrere Sekunden später. »Ich denke nicht –«

»Du denkst zuviel, Jack. Das ist dein ganzes Problem. Komm, ich mach' dir einen Drink. Vielleicht kläre ich dich sogar darüber auf, wie beruflich Cindys sogenannte Geschäftsreise nach Italien wirklich ist«, sagte sie affektiert und trat einen Schritt zurück, um ihn ins Haus zu lassen.

Er zuckte zusammen. Er hätte gern geglaubt, daß sie nur an seiner Beziehung zu Cindy rütteln wollte, doch ihre Worte klangen, als wüßte sie viel mehr, was um so schwerer wog, als Cindy heute nachmittag ihre Sachen abgeholt hatte und fortgegangen war, ohne ihm noch einmal Gelegenheit zu geben, sich zu entschuldigen. Gleichviel, nach allem, was er in der letzten Woche durchgemacht hatte, fand er, ein wenig Gesellschaft könne jetzt nicht schaden – vor allem, wenn seine Gastgeberin ihn darüber aufklärte, was Cindy wirklich dachte. »Einen Scotch für mich«, sagte er. »Mit Eis.«

Er folgte ihr durch die Diele ins Wohnzimmer. Das Parterre war ein großer durchgehender Raum mit weißen Fliesen, schwarzem Lack, Chrom und Glas, farblich aufgelockert durch große abstrakte Acrylbilder, persische Teppiche und getrocknete Blumen.

»Hier«, sagte sie und warf ihm einen Frotteebademantel hin. »Laß mich deine nassen Sachen in den Trockner stecken.«

Er zögerte, obwohl er wirklich völlig durchnäßt war.

»Glaub mir, Jack«, sagte sie halb im Scherz, »wenn ich dich ausziehen wollte, würde ich weit weniger subtil vorgehen. Jetzt geh da rein und zieh dich um, bevor du eine Grippe kriegst.«

Er ging ins Badezimmer und zog sich die nassen Kleider vom Leib – wobei er sich mit der Frage konfrontiert sah, was er mit dem Revolver in seinem Hosenbund tun sollte. Er wollte Gina nicht noch mehr Erklärungen liefern müssen. Er nahm die Patronen heraus, wickelte sie zusammen mit der Waffe in ein Handtuch und steckte das Bündel in eine der tiefen Taschen des Bademantels. Die Schnittwunde auf seiner linken Hand blutete nicht mehr, und er wusch vorsichtig das getrocknete Blut um die Wunde herum ab. Mit der Hand in der Tasche verließ er das Badezimmer. Gina nahm ihm seine Kleider ab, warf sie in den Trockner und führte ihn dann in die Wohnküche.

»Scotch hast du gesagt«, sagte sie.

»Richtig«, erwiderte er. Vom Barhocker auf der anderen Seite der Küchentheke aus beobachtete er, wie sie sein Glas füllte. Das helle Neonlicht ermöglichte ihm einen wirklich guten

Blick auf die beste Freundin seiner Exfreundin. *Umwerfend*, dachte er, *einfach umwerfend*. Sie hatte dunkle, glänzende Augen, die mit ihrem olivfarbenen Teint harmonierten; er nahm an, daß sich unter ihrem engen weißen Minirock nahtlose Bräune verbarg. Ihr einziger Makel war ein etwas schiefes Lächeln, das auch nur deshalb auffiel, weil es durch den hellroten Lippenstift betont wurde. Diese Unvollkommenheit hatte immerhin ausgereicht, um ihr als Teenagerin eine Karriere als Supermodel zu verbauen, aber Jack fand das Lächeln durchaus nicht unvollkommen.

»Hier«, sagte sie und reichte ihm sein Glas.

Er nickte dankbar und leerte das Glas fast in einem Zug.

»Harter Tag?« fragte sie augenzwinkernd, während sie ihm nachschenkte.

»Harter Monat«, spöttelte er zurück.

Plötzlich leuchteten ihre Augen auf. »Ich glaube, ich weiß, was du jetzt brauchst. Wie wär's mit 'ner Runde Jägermeister?«

»Wie bitte?«

»Schnaps«, sagte sie, während sie zwei kleine Gläser auf die Theke stellte. »Ein Stärkungsmittel.«

»Ich denke, ich sollte –«

»Ich hab' dir doch gesagt«, unterbrach sie, »daß du zuviel denkst.« Sie schenkte ein, Jack mehr als sich selbst, und reichte ihm sein Glas. »Prost«, sagte sie.

Ihre Köpfe gingen gleichzeitig nach hinten, als sie die Schnäpse hinunterkippten.

Gina lächelte. »Nicht schlecht für den Anfang. Nimm noch einen«, sagte sie und füllte sein Glas.

Der zweite war so schnell weg wie der erste.

»Whoa«, keuchte Jack.

Gina schenkte noch einmal nach.

»Was ist da drin, in dem Zeug?« fragte er mit brennender Kehle.

»Trink den noch. Dann sag ich's dir.«

Er zögerte, denn ihm fiel ein, daß er eigentlich hier war, um die Augen offen zu halten. Es wäre fatal, nicht in bester Verfassung zu sein, wenn Goss auftauchte. »Gina, ich glaub', ich hab' genug.«

»Ach, komm«, schmollte sie. »Nur noch einen. Entspann dich« – sie sah über die Schulter –, »das Schloß an der Tür ist stark genug, um uns den bösen Mann vom Leib zu halten.«

Es war zwecklos. Sie setzte ihm das Schnapsglas an die Lippen, und er schluckte widerstrebend.

Sie grinste über seinen glasigen Blick. »Der ist aus Deutschland. Eigentlich ist das Zeug bei uns verboten. Ist angeblich Opium drin.«

»Opium?« Sein Kinn sackte nach unten.

Sie lächelte sarkastisch. »Was glaubst du, wie blöd du in ungefähr neunzig Sekunden aus der Wäsche guckst.«

Er atmete tief durch. Bereits jetzt spürte er, daß es sich um entschieden mehr handelte, als um einen gewöhnlichen Schwips. Er hielt sich am Rand der Theke fest, um nicht völlig die Orientierung zu verlieren. »Ich muß gehen«, sagte er.

Sie beugte sich über die Theke und sah ihm in die Augen. Er blinzelte und schaute weg, aber jetzt rückte ihr Busen in sein Blickfeld, und der Anblick ließ ihn zurückweichen, als ob ihm jemand zu nahe getreten wäre.

»Ich sollte wirklich gehen«, sagte er. Aber er rührte sich nicht von der Stelle.

»Mir fällt da einiges ein, wie ich dich zurückhalten könnte«, sagte sie durchtrieben.

»Zum Beispiel?«

»Zum Beispiel Bestechung«, sagte sie leise.

Er schluckte. »Und was noch?«

Sie kniff genüßlich die Augen zusammen. »Folter!« sagte sie, faßte ihm an die Rippen und kniff fest zu. Dann wandte sie sich lachend ab.

»Auuu!« stöhnte Jack. Es hatte wirklich weh getan, aber er wußte, daß sie nur Spaß machte, und versuchte zu lächeln.

»Könnten wir vielleicht bei Bestechung bleiben?«

»Was immer du willst«, hauchte sie und reichte ihm noch einen Scotch. Dann dirigierte sie ihn mit einer beiläufigen Handbewegung ins Wohnzimmer. Sie ging an den Dimmer, dämpfte das Licht der Deckenleuchte und schlenderte dann auf die Art, wie sie es immer tat, wenn ein Mann sie beobachtete, zur Stereoanlage.

Zuerst konnte er nicht umhin, den sanften Schwung ihrer Hüften zu bewundern, als sie das Zimmer durchquerte. Er war sicher, daß Gina vorhatte, ihn zu verführen. Und nach einem Monat persönlicher, beruflicher und öffentlicher Zurückweisung fühlte er sich eindeutig zu schwach, zu einsam und zu betrunken, um sie aufzuhalten, vor allem nachdem sie es geschafft hatte, ihn erneut an dem »rein geschäftlichen« Charakter von Cindys Reisen zweifeln zu lassen.

»Mach's dir bequem«, sagte sie und stieß ihn auf die Couch. Sie ließ sich neben ihn fallen, und ihre Körper versanken in den üppigen Polstern. Sie schleuderte ihre Schuhe von den Füßen und klemmte sich ein Kissen unter die Knie. Sie glitt näher an Jack heran, rührte das Eis in seinem Glas mit dem Finger um und leckte ihn dann ab.

Sie beugte sich über ihn, ihre Brüste streiften seinen Arm, ihre Hand fiel auf seine Hüfte. Er mußte plötzlich an Cindy denken und verkrampfte sich.

»Hast du'n Stock verschluckt?« sagte sie und gab ihm einen Klaps. Sie streckte den Arm aus, nahm die Fernbedienung auf dem Beistelltisch, tippte Zahlen ein, und es erklang Gato Barbieris »Europa«.

»Oh, Entschuldigung«, sagte er, als er erkannte, wozu das ganze Gerangel diente.

»Ich liebe Gato«, unterbrach sie ihn. »Magst du das Sax?«

Jack hustete in sein Glas, weil er dachte, sie hätte »Sex« gesagt.

»Für mich gibt es kein Instrument, das so sexy klingt wie ein Saxophon«, sagte sie, während sie sich zurücklehnte und die stimmungsvolle Musik genoß. »Hast du schon mal einen Mann beobachtet, der Saxophon spielt, Jack? Ich meine wirklich beobachtet, in einer Jazzbar, spät abends? Das Licht ist immer gedämpft, so wie jetzt. Der Rauch steigt auf so eine Art hoch, man glaubt, es wäre ein Traum. Und dann beginnt der Musiker sein Instrument zu lieben, er preßt die Lippen auf das Mundstück und schließt die Augen, während sein Gesicht all seine Gefühle widerspiegelt. Er hat die Selbstsicherheit, die Courage, den Mumm oder was immer nötig ist, um zu weinen, zu lieben oder sich zu entblößen, alles gleichzeitig und vor aller Augen. Woher nehmen sie diese Unbefangenheit? Ich weiß nicht, wie sie es machen ... aber es berührt mich im Innersten, wenn sie es tun.« Sie beugte sich zu ihm und sah ihm tief in die Augen.

Wieder zögerte er. So direkt hatte sich Gina ihm gegenüber noch nie geäußert. *Ich wette, du hast diese kleine Rede nicht zum erstenmal gehalten*, hätte er am liebsten gesagt.

Sie rückte näher. »Könntest du das auch?« flüsterte sie.

»Könnte ich was?« sagte er, den Dummen spielend.

»Dich gehenlassen«, erwiderte sie. »Dein Innerstes offenbaren. Und es genießen.«

Er seufzte. Es gab tatsächlich eine Frau, die dieses Bedürfnis in ihm weckte, die in der Lage wäre, ein so intensives Verlangen in ihm auszulösen, daß er sich vor der ganzen Welt entblößen und sich dennoch wie der stärkste Mann des Planeten fühlen könnte. Aber etwas war geschehen. Es war nicht seine Schuld und auch nicht ihre. Es war einfach geschehen. Und seitdem war nichts mehr wie zuvor. »Ich glaube, das hängt davon ab, mit wem ich zusammen bin.«

Sie lächelte, doch ihr nächster Schritt wurde durch das schrille Läuten des Telefons unterbrochen.

Cindy? fragte sein schlechtes Gewissen.

Gina sprang von der Couch, nahm das Telefon und ging damit zum anderen Ende des Raums, so weit weg von Jack, wie es die Schnur erlaubte. Sie zischte irgend etwas in den Hörer, knallte ihn auf die Gabel und ging wieder zurück zu Jack. Der Ärger in ihrem Gesicht war einem Ausdruck intensiven Verlangens gewichen.

»Mein früherer Freund«, beeilte sie sich zu erklären, während sie sich neben Jack setzte, »Antoine. Der Kerl kauft mir einen BMW und meint, daß ich ihm für den Rest des Lebens gehöre. Er ruft immer an, wenn er glaubt, daß ich mit jemand anderem zusammen bin. Irgendwie erbärmlich«, sagte sie mit einem Schulterzucken, »aber er will einfach nicht, daß ich außer ihm noch andere habe.«

»Besitzt dieser Antoine eine Pistole?« fragte Jack nur halb im Scherz.

Das Telefon läutete wieder. Gina sprang auf, noch wütender als zuvor. Sie griff nach dem Telefon und warf es auf den Boden. »Arschloch!« schrie sie, als ob Antoine sie hören könnte. Sie seufzte tief, faßte sich wieder, kehrte dann zu Jack zurück und kniete sich neben ihn auf die Couch. »Also«, sagte sie sanft, »wo waren wir stehengeblieben?«

Er rückte von ihr ab. »Ich glaube, wir sprachen über... Antoine«, sagte er nervös.

»Antoine«, sagte sie verächtlich. »Was würde ich nicht geben für jemanden, der mich vergessen lassen könnte, daß ich jemals einen dummen Jungen namens Antoine kannte.«

Ihre Blicke trafen sich und hielten einander stand. Jack wollte etwas sagen, aber als ihn das Summen des Wäschetrockners ablenkte, schaute er doch wieder weg. »Ich glaube, ich bin soweit. Ich meine, meine Sachen sind fertig«, sagte er und stand auf. Seine Knie zitterten, der Raum drehte sich, und im Nu war er wieder auf der Couch.

»Ich glaube nicht, daß du heute nacht noch irgendwo hinfährst.«

»Ich sollte wirklich gehen.«

»Kommt nicht in Frage«, sagte sie und schwenkte seine Autoschlüssel, die sie aus seiner Hose genommen hatte, bevor sie sie in den Trockner steckte. »Freunde lassen Exfreunde von abwesenden Freundinnen nicht betrunken fahren. Du bleibst heute nacht hier.«

»Ich –«

»Red nicht lang herum«, unterbrach sie ihn. »Es ist schon nach Mitternacht, und deine Kleider sind wahrscheinlich noch nicht einmal trocken. Ich schlafe in Cindys Bett – zu viele schlechte Schwingungen da für dich. Du kannst in meinem schlafen. Komm«, sagte sie, während sie sich von der Couch erhob und ihn beim Ellbogen nahm.

Er stand schwankend auf, betrunken wie seit dem College nicht mehr. Er wußte, daß er nicht mehr fahren konnte, und war in gewisser Weise sogar froh darüber. »Okay, ich bleibe.«

Gina nahm ihn am Arm und führte ihn durch den Raum zur Treppe. Sie waren beide überrascht, als sie das pulsierende Geräusch im Telefonhörer hörten und sahen sich an, wie um festzustellen, ob sich der andere dazu bequemen würde, den Hörer aufzulegen. Das Geräusch hörte von selbst auf, und sie ließen den Apparat auf dem Boden liegen. Kein Antoine mehr. Keine Störungen mehr. Nur noch Gina und Jack. Die männermordende Gina. Jack schüttelte seinen Arm los und folgte ihr die Treppe hinauf.

»Zeit zum Schlafengehen«, tirilierte sie, als sie ihn zu ihrem Schlafzimmer führte. Die Beleuchtung verlieh dem Raum einen warmen Glanz. Er setzte sich auf den Rand des Bettes und sah zu, wie sie die Decke zurückschlug. Er fragte sich, wie viele Männer schon in Ginas Bett gewesen sein mochten. Er schätzte, daß er der erste war, der darin schlief, ohne *mit* ihr zu schlafen.

»Wenn du irgend etwas brauchst, ich bin gleich hinter dem Gang.«

»Gute Nacht«, sagte er.

Gina verschwand im Gang und ließ die Tür offen. Sie knipste das Licht aus, und jetzt befand er sich in völliger Dunkelheit. Er zog seinen Bademantel aus, aber da es ihm unangenehm war, nackt in Ginas Bett zu schlafen, zog er ihn gleich wieder an. Er holte das Handtuch mit dem Revolver und den Patronen aus der Tasche, legte es auf den Nachttisch und kroch dann unter die Laken. Sein Schädel brummte. Die Schnäpse, die Gina ihm eingeschenkt hatte, würden ihm am nächsten Morgen sicher rasende Kopfschmerzen bereiten, aber zumindest würden sie für einen tiefen und dringend benötigten Schlaf sorgen. Er war schon fast eingeschlafen, als plötzlich ein Licht seine Augen blendete und ihn aufschreckte. Es war das Licht im Gang, aber es kam ihm vor, als ob ein Blitzlicht seine Augen traf. Mit großer Mühe hob er den Kopf vom Kissen und versuchte, die Gestalt in der Dunkelheit zu erkennen. Jemand stand in der Tür, aber das von hinten einfallende Licht ließ ihn nur eine Silhouette erkennen.

»Ich konnte nicht schlafen«, hallte Ginas Stimme durch die Dunkelheit.

Nachdem er sich aufgesetzt und mit dem Ellbogen abgestützt hatte, erkannte er sie. Sie posierte wie ein Pin-up-Girl, eine Hand an der Hüfte, die andere am Türrahmen. Ihr langes braunes Haar war seitlich zu einem buschigen Pferdeschwanz gebunden, der aus ihrem Ohr zu fließen schien wie

Wasser aus einem Hydranten. Am anderen Ohr baumelte ein goldener Ring. Bis auf eine Seidenschärpe um die Hüfte war sie nackt.

»Ich brauche mein eigenes Bett«, sagte sie.

Jack zog die Decke zurück und stand auf, aber sie war schon bei ihm und stieß ihn sanft wieder aufs Bett.

»Laß mich nur machen«, sagte sie mit leiser Stimme.

Er suchte nach seinem Gewissen, während sein Kopf auf das Kissen fiel, aber Ginas frühere Bemerkungen bewirkten, daß er sich wie ein Idiot vorkam, wenn er an Cindy dachte, die mit ihrem ehemaligen Freund durch Italien reiste, und in seinem betrunkenen, halbwachen Zustand war jeder Widerstand ohnehin zwecklos. Gina begann am Fußende des Bettes und arbeitete sich langsam nach oben, ließ ihre Hände und ihre Zunge unter seinen Bademantel gleiten und demonstrierte Fähigkeiten, die bis dahin nur in seiner Phantasie existiert hatten – bis die Zärtlichkeiten in Schmerz umschlugen.

»Au!« Jack zuckte zurück. »Das tut weh!«

»Ach, komm«, lächelte Gina neckisch und sah zwischen seinen Beinen zu ihm hoch. »Lust und Schmerz liegen oft sehr nahe beieinander, oder?«

»Das kann man wohl sagen. Morgen habe ich überall blaue Flecken.«

»Entspann dich«, sagte sie, während sie ihm den Bademantel auszog. Dann schwang sie ein Bein über ihn und versetzte ihn in einen Zustand der Erregung, der an Verzückung grenzte. Sie war über ihm, berührte ihn aber nicht. Sie neckte, lockte, quälte ihn. Sie küßte ihn auf die Brust und zupfte mit den Zähnen sanft an seinen Haaren. Er zuckte und genoß dann ihre zärtlichen Küsse um seinen Mund. In einer plötzlichen Anwandlung von Klarheit schoß es ihm durch den Kopf, daß er seit langer Zeit außer Cindy niemanden mehr geliebt hatte. Aber hier ging es nicht um Liebe.

»Sag mir«, flüsterte Gina, während ihr schwerer Atem über seinen Hals strich und ihre Lippen die seinen berührten, »sag mir, was du willst.«

»Ich will dich«, sagte er, von ihrer Leidenschaft gefangengenommen.

Forschend und fordernd wanderten ihre Hände nach unten und berührten ihn im Zentrum seiner Männlichkeit. »Sag mir genau, was du willst«, flüsterte sie.

»Ich will in dir sein«, sagte er.

Amüsiert über soviel Euphemismus sah sie zu ihm hinunter. »Und ich will, daß du mich *fickst*«, sagte sie mit Feuer in den Augen, preßte dann ihren Körper gegen den seinen und rollte sich unter ihn. Er drang ungestüm in sie ein, stieß sich einen ganzen Monat Ärger, Frustrationen und öffentliche Ächtung aus dem Leib und genoß ihr Stöhnen und Wimmern, als sich ihre langen roten Fingernägel in seinen Rücken krallten.

Plötzlich erstarrte er. »Hast du das gehört«, fragte er hastig und ohne die geringste Bewegung.

»Hab' ich was gehört?« sagte Gina, zufrieden lächelnd.

»Dieses pochende Geräusch.«

Gina schnalzte mit der Zunge. »Das war das Kopfende vom Bett, das gegen die Wand gehämmert hat, du Hengst.«

»Nein. Es ist unten.«

»Hör auf damit«, sagte sie in scharfem Ton. »Mit mir machst du das nicht, Jack.«

»Ich mache keinen Spaß, Gina. Hast du die Haustür auch wirklich abgeschlossen?«

»Natürlich.«

»Und die Schiebetüren hinten?«

»Die sind immer zu, wenn die Klimaanlage an ist.«

»Das ist kein Hindernis für Goss – wenn es Goss ist.« Er löste sich aus ihren Schenkeln. »Ich bin sicher, daß ich etwas gehört habe.« Geräuschlos glitt er aus dem Bett, ging vorsichtig auf die Schlafzimmertür zu und beugte sich, angespannt horchend, vor. Dann zog er seinen Bademantel an und nahm den Revolver vom Nachttisch.

»Du hast eine *Waffe* mit in mein Haus gebracht«, sagte sie verärgert.

»Ja – bist du nicht froh darüber?«

»Nein. Bitte, Jack. Keine Schießereien. Ruf lieber die Polizei an.«

»Das geht nicht. Der Hörer unten ist nicht aufgelegt.«

Gina schnitt eine Grimasse, als ob sie zum erstenmal in ihrem Leben ihre Verrücktheit bedauerte.

Er überprüfte die Kammern, um sicherzugehen, daß der Revolver geladen war. »Ich sehe mal unten nach«, sagte er. »Du bleibst hier.«

»Keine Sorge«, versicherte sie.

Vorsichtig öffnete er die Tür, den Revolver hielt er mit der ausgestreckten Hand vor sich. Der Gang war dunkel. In der Wohnung herrschte Stille. Leise trat er in den Gang und schloß die Schlafzimmertür. Er hörte, wie Gina sie hinter ihm zuschloß; es gab kein Zurück. Er spähte die Treppe hinunter, aber er sah nichts. Er ging weiter und stieg langsam die ersten vier Stufen hinunter. Von dort konnte er den größten Teil des Erdgeschosses überblicken, nicht jedoch die Wohnküche. Er bemerkte das Telefon auf dem Boden vor der Couch, der Hörer lag daneben. Er stieg die Treppe ganz hinunter und wartete unten. Er sah nichts, hörte nichts, spürte nur sein Herz schlagen. Langsam durchquerte er das Wohnzimmer und legte den Hörer wieder auf die Gabel. Er drehte sich um und rang nach Luft, als er die Haustür sah – sie stand weit offen.

Er wich zurück, als er plötzlich von draußen einen ohrenbetäubenden Lärm hörte. Dann erkannte er, daß es die Alarmanlage seines Wagens war, die vom Parkplatz herüberheulte. Instinktiv stürzte er aus dem Haus und raste die Treppe hinunter, ohne an die offene Tür zu denken. Er erreichte sein Auto und erstarrte, als er einen der offensichtlichsten Gründe erkannte, weshalb selbst ein zwanzig Jahre altes Auto eine Alarmanlage benötigte: Das schwarze Stoffdach hing in Fetzen, es war aufgeschlitzt von der Windschutzscheibe bis zum Rückfenster.

»Das darf doch nicht wahr sein«, sagte er zu sich selbst. Einen Augenblick später wirbelte sein Kopf herum, als er einen schrillen Schrei aus Ginas Haus hörte. Er raste die Treppe wieder hoch und stürzte ins Haus.

»Jack!« schrie Gina von oben aus Cindys Schlafzimmer.

Mit dem Revolver in der Hand hastete er die Treppe hoch und stürzte ins Zimmer. Gina stand in ihrem grünen Satinnégligé wie versteinert neben Cindys Messingbett. Sie war allein.

Er hielt den Atem an und starrte auf das Bett. Die rosafarbene Bettdecke war ordentlich zurückgeschlagen, und das saubere weiße Laken darunter war mit irgend etwas Hellrotem und Nassem verschmiert, das wie Blut aussah. Er streckte die Hand aus und berührte die Stelle.

»Ketchup«, sagte Gina und deutete mit dem Kopf auf die leere Flasche am Boden, die aus dem Kühlschrank genommen worden war. Vorsichtig näherte er sich Cindys Bett, und ihm wurde übel bei der Vorstellung, was hier heute nacht hätte passieren können. Er hütete sich, irgend etwas zu berühren, aber er wußte, daß etwas unter Cindys Kopfkissen lag – und daß, wer immer heute nacht hier war, wollte, daß er es fand. Behutsam nahm er eine Ecke des Kopfkissenbezugs zwischen die Fingerspitzen. Langsam und mit soviel Abstand wie möglich, hob er das Kissen hoch.

»Jack«, sagte Gina mit zitternder Stimme, »was zum Teufel tust du?«

Er antwortete nicht. Er hob das Kissen weiter hoch, ganz sachte, bis er sie sah. Eine Blume – eine Chrysantheme.

»Goss«, sagte er, während er das Kissen wieder herabsinken ließ.

Plötzlich klingelte das Telefon. Sie sahen sich an. Ginas panischer Ausdruck sagte ihm, daß sie auf keinen Fall abheben würde. »Hallo«, sagte er so ruhig wie möglich in den Hörer.

Vier Häuserblocks weiter, in einer Telefonkabine auf der Straße, stand ein Mann in zerrissenen Jeans und einem gelblichen Unterhemd im düsteren Schatten einer flackernden Laterne und preßte den mit einem Lappen umwickelten Hörer ans Ohr. »Du warst zu früh auf meiner Party«, sagte der Mann vorwurfsvoll.

Jack atmete tief durch. Es war dieselbe Stimme, aber sie klang anders. Der Mann atmete schwer, als ob er gerannt wäre, und seine Stimme zitterte beim Sprechen.

»Du bist zu früh gekommen, Swyteck. Und jetzt bin ich sehr verärgert.«

Jack blieb am Apparat, aber er war unfähig zu sprechen. Er fühlte sich wie gelähmt durch das wilde Keuchen dieses Wahnsinnigen, der so wütend war, daß er nach Luft rang. »Bitte«, sagte Jack schließlich, »reden wir miteinander.«

»Halb fünf hab' ich gesagt«, schäumte der Anrufer. »Und wenn ich halb fünf sage, meine ich halb fünf. Das ist deine letzte Chance. Sei da – um *halb fünf.*«

Jack wollte etwas sagen, aber die Leitung war tot. Seine Hand zitterte, als er auflegte.

»Was war das?« fragte Gina voller Angst.

Er sah sie an. »Meine letzte Chance«, sagte er.

16. Kapitel

Zwei Stunden später war Miami in seiner tiefsten Schlafphase, jener gespenstisch stillen Zeit, kurz nachdem der letzte Betrunkene heimkehrt und kurz bevor der erste Frühaufsteher zur Arbeit geht. Jemand klopfte an die Tür, zunächst ruhig, dann heftig. Eddy Goss richtete sich in seinem Bett auf und lauschte, um sich zu vergewissern, ob er auch wirklich etwas gehört hatte. Als es wieder gegen die Tür hämmerte, wußte er, daß er nicht träumte. Er stand auf und wartete einen Augenblick, bis sich seine Augen an die Dunkelheit gewöhnt hatten. Licht gab es keins; der Strom war abgestellt worden, weil er seine letzte Rechnung nicht bezahlt hatte. Mit kleinen, vorsichtigen Schritten ging er aus dem Schlafzimmer auf die Tür zu, ohne recht zu wissen, wie er auf das Klopfen reagieren sollte. Er griff unter das Sofakissen und holte seinen Revolver hervor, drückte dann das Gesicht gegen die Tür und spähte durch das Guckloch. Die Birne vor seinem Apartment war herausgeschraubt worden, so daß er nur eine undeutliche Silhouette sah. Da er jedoch die dunkelblaue Uniform erkannte, steckte er den Revolver schnell wieder weg. Bei seinem Vorstrafenregister verbot sich eine Waffe von selbst. Er öffnete die Tür und präsentierte sich auf dieselbe großspurige Art, wie er es immer tat, wenn es galt, einen Polizisten zu beeindrucken.

Sein Gesicht zeigte Verwirrung, als er dem Uniformierten in die Augen sah. »Was zum Teufel –« sagte er, doch noch bevor er das nächste Wort herausbrachte, drang der Mann in die Wohnung ein, knallte die Tür hinter sich zu und stieß Goss gegen die Wand. Er hatte keine Zeit nachzudenken, keine Zeit zu begreifen, was geschah. In einer halben Sekunde war der Ausdruck des Entsetzens, den er bei so vielen seiner jungen Opfer gesehen hatte, auf sein Gesicht getreten, als er auf den Todeslauf des Schützen starrte und zwei schallgedämpfte Kugeln schluckte, die ihm die Backen durchlöcherten und das Hirn aus dem Schädel bliesen. Er glitt hinab, hinterließ im Gleiten einen hellroten Streifen an der Wand und landete mit einem dumpfen Schlag und einer verdrehten Hüfte in einer Blutlache. Sein lebloser Körper lag im dunklen Schatten seines Mörders. Dann öffnete sich lautlos die Tür, und im Nu war der Schatten verschwunden – er huschte hinaus in den spärlich beleuchteten Gang, die Treppe hinunter und zurück auf die Straße, und das einsame Echo der aufs Pflaster hämmernden abgetragenen Lederabsätze trug ihn vom Tatort in die Nacht. Er glich nun vollkommen jedem anderen Streifenpolizisten, der in der Stadt seine Runden macht.

3
Dienstag, 2. August

17. Kapitel

Um 5.25 Uhr ging im Polizeirevier ein Notruf ein. Eine dunkelrote Blutlache war unter der geschlossenen Tür zu Goss' Wohnung durchgesickert und beschmutzte den schäbigen grünen Teppich im Gang. Eine Nachbarin, die gerade von der Nachtschicht im Bezirkskrankenhaus heimkam, hatte das Blut als erste entdeckt. Die Adresse, die sie dem Einsatzleiter nannte, war jedem Kriminalbeamten der Stadt vertraut, bei all der Publicity, die der Goss-Prozeß erhalten hatte. Und jeder Kriminalbeamte der Stadt wäre hocherfreut gewesen, mit eigenen Augen sehen zu dürfen, daß Goss schließlich doch noch bekommen hatte, was er verdiente. Aber der Leiter der Mordkommission wußte genau, wen er für diesen Notruf einsetzen mußte.

»Spring in deinen Wagen, Lon«, sagte er, als er so ungestüm die Tür zu Detective Lonzo Staffords Büro aufriß, daß die Jalousien gegen die Glastür schepperten. »Die Sonne ist noch nicht aufgegangen und schon sorge ich dafür, daß dein Tag gerettet ist.«

Stafford sah vom Sportteil des *Miami Herald* auf, der ausgebreitet auf seinem Tisch lag. Wie gewöhnlich war er volle neunzig Minuten vor Beginn der Sieben-Uhr-Schicht in seinem mehr einem Verschlag als einem Büro ähnelnden Zimmer, schlürfte seinen Kaffee und tunkte Donuts in die Tasse. Stafford war seit fast fünfundvierzig Jahren bei der Polizei und seit beinahe zwanzig Jahren Detective. Der ehemalige Angehörige des Marine Corps war so besessen von seiner Arbeit, daß er fast seine ganze Freizeit mit Überstunden ausfüllte. Manche sagten, daß er deshalb soviel arbeite, weil er mit der Jugend nicht mehr Schritt halten könne, er müsse sich mehr als seine jüngeren Kollegen anstrengen, um weniger befriedigende Resultate zu erzielen, er sei wie eine Wunderlampe, die man dreimal reiben muß, um einen Wunsch erfüllt zu bekommen. In seiner Blütezeit jedoch war Lonzo Stafford der beste Detective im Morddezernat gewesen. Er hatte nie Fehler gemacht. Bis auf einen, den ersten in fünfundvierzig Jahren, der so schwerwiegend gewesen war, daß er einen Staatsanwalt eine schon sicher geglaubte Verurteilung kostete. Er hatte während eines auf Video aufgezeichneten Verhörs mit dem Gewissen eines Mordverdächtigen gespielt und mit unzulässigen Mitteln ein Geständnis herbeigeführt. Er hatte den Prozeß gegen Eddy Goss verpfuscht. Und Lonzo Stafford haßte Jack Swyteck, weil dieser seinen Fehler ausgenutzt hatte, um ihn festzunageln.

»Was gibt's?« fragte Stafford.

»Was Kaltes«, erwiderte der Chef der Mordkommission grinsend. »East Adams Street 409. Apartment 217.«

Ein zufriedenes Grinsen trat auf Staffords Gesicht, denn er wußte sofort, um welche Adresse es sich handelte. »Gelobt sei Jesus Christus«, sagte er und erhob sich von seinem alten Kunstledersessel. »Bin schon weg.«

»Lon«, sagte der Chef und schloß die Tür hinter sich. Stafford blieb abrupt stehen, als er dem scharfen Blick seines Chefs begegnete. »Ich weiß, wie dir damals zumute war, als sie Goss, diesen Bastard, laufen ließen. Mir ging es genauso. Und ich möchte, daß du weißt, daß ich dir keine Vorwürfe machen werde, wenn deine Untersuchung ausnahmsweise mal im Sande verläuft.«

Stafford sah ihn schwermütig und voller Verständnis an. Der Chef drehte sich um und ging, blieb aber vor der Tür noch einmal stehen. »Übrigens«, sagte er seufzend, »eins sollte ich vielleicht noch erwähnen. Direkt nachdem Goss' Nachbarin den Notruf gewählt hat, kam noch ein Anruf. Irgend so ein Typ, der nicht in die Sache verwickelt werden wollte. Er hat seinen Namen nicht genannt, und hat von einer Telefonzelle vor dem Haus angerufen, so daß wir den Anruf nicht zurückverfolgen konnten. Behauptet, er hätte jemand in Polizeiuniform aus dem Apartment 217 kommen sehen – ziemlich genau zu der Zeit, als Goss umgelegt wurde.«

Stafford zog eine Augenbraue hoch, sagte aber nichts.

»Wir wissen nichts Genaues«, fuhr der Chef fort, »aber ich halte es für möglich, daß einer unserer Männer beschloß, die Dinge selbst in die Hand zu nehmen, als Goss von der Jury nicht das bekam, was er verdiente. Ich kann nicht sagen, daß ich darüber sonderlich schockiert wäre. Ich kann auch nicht sagen, daß ich sonderlich enttäuscht wäre. Du bist lange genug im Geschäft, um zu verstehen, was ich damit sagen will. Du sollst keinen Mörder schnappen, sondern ein Gerücht aus der Welt schaffen.«

Stafford lächelte sarkastisch. »Hast du was von 'nem zweiten Anruf gesagt?«

»Gut. Na, dann mach dich auf die Socken. Und schöne Grüße an Eddy Goss.«

Die beiden Männer gluckten, als sie zusammen aus der Tür gingen, und lächelten auf die Weise, wie Männer lächeln, wenn zwischen ihnen vollkommene Eintracht herrscht.

»Morgen, Lon«, sagte Detective Jamahl Bradley zu seinem Kollegen, als er mit seinem fast zwei Meter langen Körper unter dem gelben Polizeiband hindurchkroch, das vor Goss' Apartment über den Gang gespannt war. Das Gebäude war durch uniformierte Polizisten gesichert, die im Treppenhaus und an beiden Enden des Ganges postiert waren. Die Tür zum Apartment 217 stand weit offen, und die mit einer gelben Plane bedeckte blutige Leiche blockierte den Eingang. Das gespenstische Licht der Dämmerung drang durch das einzige Fenster der Wohnung. Alles war ruhig, bis auf die gelegentlichen Stimmen und die Störgeräusche aus einem Walkie-talkie.

Stafford sah Bradley an und verschränkte die Arme über seiner Standardkluft: roter Schlips, weißes Hemd und ein zwanzig Jahre alter blauer Blazer – die »Nationalfarben«, wie der ehemalige Marinesoldat, der hier die Stellung hielt, zu sagen pflegte. »Höchste Zeit, daß du auftauchst«, brummte er.

Bradley warf ihm einen Blick zu, der die Geringschätzung zum Ausdruck brachte, die er als junger Afroamerikaner für den alten Floridianer hegte. Aber die Abneigung war nur äußerlich, und ihr ständiges Geplänkel täuschte über ihre wahren Gefühle hinweg. Tief im Innern wußten sie, daß sie gut zusammenarbeiteten, daß sie sich mochten und vor allem, daß sie nichts lieber taten, als sich gegenseitig die Hölle heiß zu machen. »Du kannst froh sein, daß ich meinen schwarzen Arsch überhaupt hochgekriegt habe«, konterte Bradley. »Deine Tochter wollte mich einfach nicht aus dem Bett lassen.«

Normalerweise hätte ein Scherz dieser Art bei Stafford eine Explosion ausgelöst. Aber er hörte nicht zu. Über scheinbare Kleinigkeiten nachdenkend, stand der alte Meister breitbeinig in der offenen Tür und spähte mit zusammengekniffenen Augen in die Wohnung. Er war schon seit über einer Stunde am Tatort, und er wollte sich alles noch einmal genau einprägen, bevor er die Untersuchung an die »Laborratten« übergab, die Blutspuren, Fingerabdrücke, Fasern von Kleidungsstücken und was sie sonst noch finden konnten, sammeln würden.

»Gehen wir«, sagte Stafford.

»Gehen?« fragte Bradley.

»Ja«, sagte Stafford mit einem Kopfnicken. »Wir müssen bei Jack Swyteck sein, bevor er die Frühnachrichten einschaltet.«

Bradley blinzelte verwirrt. »Wozu?«

»Gerechtigkeit«, witzelte Stafford, während sich sein Mundwinkel zu einem schiefen Lächeln verzog. »Ich bin gespannt, was dieser arrogante Bastard für ein Gesicht macht, wenn ich ihm erzähle, daß die halbe Visage seines Mandanten an der Wohnzimmerwand klebt.«

Detective Bradley erwiderte das Lächeln. Wie jeder andere im Department wußte er, wie Eddy Goss' Anwalt Stafford im Zeugenstand auseinandergenommen hatte. »Ich werde fahren«, sagte er.

Sie verließen Goss' Apartmenthaus um 7.00 Uhr, als der Berufsverkehr begann, aber sie fuhren gegen den allgemeinen Strom und erreichten Jacks Haus in fünfzehn Minuten. Sie hielten in der Auffahrt und gingen, Stafford voran, zur Haustür. Der Detective klopfte dreimal fest und wartete. Niemand öffnete. Doch da Jacks Wagen in der Auffahrt stand, klopfte er noch einmal, diesmal lauter. Er horchte angespannt und lächelte dann zufrieden, als er hörte, daß sich drinnen etwas regte.

Jack schleppte sich aus dem Schlafzimmer und ging durch das Wohnzimmer zur Tür. Seine Augen waren geschwollene Schlitze und seine Haare standen nach allen Seiten ab. Er trug keine Schuhe, kein Hemd, nur die ausgebeulten grauen Boxer-Shorts, in denen er geschlafen hatte. Gähnend zog er den Vorhang zur Seite und sah aus dem Fenster. Er erkannte die beigefarbene Limousine in der Auffahrt als Zivilfahrzeug der Polizei und runzelte neugierig die Stirn. Dann wich seine Neugier einem Gefühl der Unruhe, als Lonzo Staffords vertrautes Gesicht vor dem Fenster auftauchte. Direkt hinter dem bärbeißigen alten Detective stand sein junger schwarzer Kollege, dessen Gesicht Jack von dem auf Video aufgezeichneten Verhör kannte. Bradley schien noch größer und eindrucksvoller, als er ihn in Erinnerung hatte. Er hatte den dicken Hals eines Gewichthebers, und sein Haar war an den Seiten kurz geschoren und oben flach wie ein Radiergummi. Jacks Herz begann zu flattern, als der schwarze Detective einen prüfenden Blick auf den Mustang in der Auffahrt warf. Zum Glück war das Dach noch zurückgeschlagen, so daß der lange Schlitz nicht zu sehen war. Erleichtert zog Jack die Kette von der Tür und öffnete sie.

»Guten Morgen«, sagte Stafford sachlich.

»Ziemlich früh am Morgen«, entgegnete Jack.

»Wir müssen miteinander reden.«

»Worüber?« fragte Jack.

»Stört es Sie, wenn wir reinkommen?«

»Worum geht's?« wiederholte Jack, diesmal bestimmter.

Stafford zeigte keine Regung. »Es geht um Eddy Goss.«

Jack schüttelte den Kopf. »Dann gibt es nichts, was wir zu bereden hätten. Ich arbeite nicht mehr am Freedom Institute. Ich bin nicht mehr Goss' Anwalt.«

»Er ist tot«, sagte Stafford.

Jack erstarrte. »Was?«

»Goss ist tot«, wiederholte Stafford, als ob die Worte Musik in seinen Ohren seien. »Wir fanden ihn vor einigen Stunden in seiner Wohnung. Jemand hat ihn ermordet.«

»Sind Sie sicher?«

»Das ist nicht meine erste Leiche«, sagte Stafford. »Und so langsam weiß ich, wie es aussieht, wenn es Mord ist. Also –«, er zog eine Augenbraue hoch, »würde es Ihnen was ausmachen, wenn wir jetzt kurz reinkommen?«

»Sicher«, sagte Jack.

»Es würde Ihnen was ausmachen?« fragte Stafford, als hätte er die Antwort mißverstanden.

»Nein«, sagte Jack verwirrt. »Ich meine, es macht mir nichts aus.«

»Denn Sie brauchen ja nichts zu sagen –«

»Es macht mir nichts aus«, versicherte Jack ein wenig zu energisch. »Kommen Sie rein«, sagte er, während er zur Seite trat, um Stafford und Bradley hineinzulassen.

Beim Eintreten dachte Stafford über die Ironie der Situation nach. Wäre ein Detective am Tag nach einem Mord bei einem von Swytecks Mandanten aufgetaucht, wäre Swyteck der erste gewesen, der ihm gesagt hätte, er solle verschwinden. Stafford war überrascht, daß Anwälte ihre eigenen Maßregeln so wenig ernst nahmen.

»Nehmen Sie Platz«, sagte Jack und räumte die Zeitungen vom Sofa.

Stafford beobachtete ihn genau. Jacks Bewegungen waren fahrig, ein wenig nervös. Stafford bemerkte die frischen roten Kratzwunden auf seinem nackten Rücken. *Könnte eine Frau gewesen sein*, dachte er. Auf seinen Rippen war ein blauer Fleck. *Muß 'ne ziemlich aggressive Frau gewesen sein.* Und der Rücken von Jacks linker Hand wies eine Schnittwunde auf – wie von einem Messer. *Nichts, was eine Frau bei normalem Verkehr verwenden würde.*

»Eine ganz schöne Schramme, die Sie da haben«, sagte Stafford, während er und sein Kollege auf dem Sofa Platz nahmen.

Jack sah auf seine Hand. Sie schmerzte jetzt mehr als in dem Augenblick, wo er sich mit dem Steakmesser geschnitten hatte. Sie sah auch schlimmer aus. *Alles* sah schlimmer aus als letzte Nacht. Es gab eine Leiche und zwei neugierige Detectives, die nach einer Erklärung suchten.

»Nichts Ernstes«, sagte Jack. »Nur ein Kratzer.«

»Ziemlich tief für 'n Kratzer«, bemerkte Bradley. »Sieht eher nach 'nem Stich aus.«

Jack wurde nervös. Jetzt, da Staffords Kollege sich auch eingemischt hatte, fühlte er sich von zwei Seiten in die Zange genommen. Er warf erst Stafford und dann Bradley einen Blick zu. Beide schienen eine Erklärung zu erwarten. Also gab er ihnen eine. »Ich habe gestern an meinem Mustang gearbeitet«, log er. »Ich hab' versucht, eine festsitzende Mutter loszuschrauben – sie war angerostet. Ich habe gedreht und gedreht –«, er gestikulierte, »und dann ist mir der Schraubenschlüssel ausgerutscht, und dabei habe ich mich verletzt.«

Argwöhnisch zog Stafford eine Augenbraue hoch. »Wußte gar nicht, daß Sie Linkshänder sind, Jack.«

Jack zögerte und überlegte sich seine Antwort. »Bin ich auch nicht. Aber ich benutze beide Hände.«

»Sie sind links- und rechtshändig«, folgerte Bradley.

»Nein, das auch nicht, aber wenn ich an meinem Wagen arbeite, benutze ich beide Hände. Wenn die eine müde ist, benutze ich die andere. Sie wissen ja, wie das ist«, lächelte er nervös, »vor allem bei den ganz festsitzenden Schrauben.«

Stafford reagierte mit einem langsamen, übertriebenen Nicken, als ob er sagen wollte: *»Sie sind ein Idiot und ein Lügner, aber laß uns weitermachen.«*

»Aber«, sagte Jack, »Sie sind bestimmt nicht hier, um über Autos zu reden.«

»Nein«, stimmte Stafford zu. »Wir sind hier wegen Goss. Reine Routine. Dauert nicht lange. Hätten Sie was dagegen, wenn wir Ihnen ein paar Fragen stellen?«

»Sicher«, sagte Jack mit einem Achselzucken.

»Sie hätten was dagegen?« sagte Stafford wieder spöttisch.

»Nein, ich habe nichts dagegen«, sagte Jack barsch. Der Detective machte sich im Geist eine Notiz über den rüden Ton.

Stafford setzte das Spiel fort. »Es macht wirklich gar nichts, Jack, wenn Sie nicht reden wollen. Ich meine, Sie brauchen nicht mit uns zu reden.«

»Das weiß ich«, sagte Jack trocken.

Staffords Augen verengten sich. »Sie wissen, daß Sie das Recht haben zu schweigen.«

Jack verdrehte die Augen.

»Sie haben das Recht auf einen Anwalt«, fuhr Stafford fort. »Wenn Sie sich keinen Anwalt leisten können –«

»Wollen Sie mich über meine Rechte aufklären?« fragte Jack. »Ich meine, allen Ernstes?«

Staffords Miene war todernst.

»Schauen Sie«, sagte Jack, »ich weiß, daß ihr Jungs nur euren Job macht. Aber die Wahrheit ist doch, daß niemand besonders sauer sein wird, wenn ihr den Typ, der Eddy Goss abgeknallt hat, nicht schnappt.«

»Woher wissen Sie, daß er erschossen wurde?«

Aus Jacks Gesicht schwand jeder Ausdruck. »Ich dachte nur, daß er vielleicht erschossen wurde«, sagte er kleinlaut. »Ich meinte ermordet, sonst nichts.«

Stafford bedachte ihn noch einmal mit seinem langsamen, übertriebenen Nicken, und seine alten Detektivaugen leuchteten auf, als er einen kleinen Block und einen Kugelschreiber aus seiner Manteltasche zog. »Darf ich mir ein paar Notizen machen?«

Jack dachte einen Augenblick nach. »Ich denke, das reicht jetzt.«

»Wie Sie meinen«, sagte Stafford mit einem Achselzucken. »Sie brauchen uns nicht zu helfen.«

»Es ist nicht so, daß ich Ihnen nicht helfen wollte.«

»Heh«, intervenierte Bradley, als ob er Jack beruhigen wollte. »Es ist wirklich kein Problem.«

Jack schluckte. Er schien nicht wahrzunehmen, in welchem Maß er sich von ihnen hatte außer Fassung bringen lassen.

Die Detectives erhoben sich von der Couch, und Jack begleitete sie zur Tür.

»Bis bald, Jack«, versprach Stafford.

Jack zeigte keine Reaktion. Sobald sie draußen waren, schloß er die Tür, ging ans Fenster und beobachtete, wie sie Seite an Seite zu ihrem Auto liefen. Nichts an ihnen ließ darauf schließen, was sie dachten, sie sahen sich nicht einmal an, bis Bradley am Steuer saß und Stafford auf dem Beifahrersitz.

»In Goss' Apartment lag ein Steakmesser auf dem Boden«, sagte Stafford, als Bradley den Wagen rückwärts aus der Auffahrt fuhr.

Bradley warf seinem Beifahrer einen schnellen Blick zu, bevor er wieder nach hinten sah und den Wagen im Bogen auf die Straße lenkte. »Und?«

Stafford schwieg und dachte nach. »Erst einmal erkundigst du dich bei der Spurensicherung nach Fingerabdrücken.«

»Klar«, sagte Bradley lakonisch, »kein Problem.«

»Dann rufst die Anwaltskammer an. Die haben Fingerabdrücke von allen Anwälten. Sag Ihnen, du brauchst die von Swyteck.«

»Also wirklich, Lon«, stöhnte Bradley. »Ich meine, es hat Spaß gemacht, wie wir den Jungen mit seinen Rechten und dem ganzen Zeug hochgenommen haben, aber glaubst du allen Ernstes, daß er Goss umgebracht hat?«

»Du hast gehört, was ich gesagt habe«, erwiderte Stafford in barschem Ton. »Kümmere dich drum.«

Bradley seufzte und schüttelte den Kopf. »Swyteck?«

Stafford starrte auf das Armaturenbrett. Er drehte sein Fenster einen Spalt herunter, zündete sich eine Zigarette an und machte einen tiefen, genüßlichen Zug. »Swyteck«, bestätigte er, während seinen Lippen Rauch und Verachtung entströmten. »Verteidiger des Verbrechergesindels.«

18. Kapitel

Das Steakmesser, das man in Goss' Wohnung gefunden hatte, lieferte einen hübschen Satz Fingerabdrücke, und als am folgenden Montagnachmittag Jack Swytecks Fingerabdrücke von der Anwaltskammer kamen, fand Detective Stafford sie noch hübscher.

»Wir haben eine Übereinstimmung«, verkündete Stafford, als er in das Büro des Staatsanwalts platzte.

Wilson McCue saß an seinem mit Akten übersäten Tisch und schaute über seine randlose Brille. Stafford schloß die Tür hinter sich und hüpfte mit jungenhafter Begeisterung in den Raum. »Auf dem Messer sind überall Fingerabdrücke von Swyteck«, sagte er grinsend.

Der Staatsanwalt lehnte sich in seinem Sessel zurück. Wäre irgendein anderer als Lonzo Stafford unangekündigt in seinem Büro aufgetaucht, hätte er ihn auf der Stelle hinausgeworfen. Doch Lonzo Stafford genoß einen Sonderstatus, den er vor mehr als einem halben Jahrhundert erworben hatte, als ein elfjähriger Lonnie und ein achtjähriger Willie sich schworen, »fürs ganze Leben Freunde zu bleiben, egal was passiert«. Als Jungen hatten sie auf denselben Feldern gejagt, in denselben Teichen geangelt und dieselbe Schule besucht; Lonzo war altersmäßig immer einige Schritte voraus, und Wilson war immer eine Klasse besser gewesen in bezug auf die Noten. Jetzt, mit fünfundsechzig, sah Wilson mindestens wie fünfundsiebzig aus, selbst an einem guten Tag.

»Ich will, daß du Anklage erhebst«, sagte Stafford.

Der Staatsanwalt antwortete mit seinem trockenen, stoßweisen Raucherhusten und zündete sich dann eine Camel an. »Warum?«

Stafford nahm die brennende Zigarette von seinem Freund und rauchte sie, während er im Zimmer auf und ab lief. »Weil ich einen Verdächtigen für den Mord an Eddy Goss habe«, erwiderte er.

»Ja«, spottete McCue, »ich auch. Ungefähr zwölf Millionen. Jeder, der das auf Video aufgezeichnete Geständnis dieser Bestie gesehen hat, ist ein Verdächtiger. Goss hat es *verdient* zu sterben, und jeder wollte seinen Tod. Es gibt auf der ganzen Welt keine Jury, die den Kerl verurteilt, der der Menschheit einen Gefallen tat, indem er Goss das Hirn weggeblasen hat.«

Stafford zog eine Augenbraue hoch. »Es sei denn, der Kerl, der es getan hat, wäre derselbe aalglatte Strafverteidiger, der ihn – und andere von seiner Sorte – vor dem Stuhl bewahrt und auf freien Fuß bekommen hat.«

McCue machte ein bekümmertes Gesicht. »Ich sehe schon die Schlagzeilen: *Republikanischer Staatsanwalt beschuldigt Sohn des demokratischen Gouverneurs*. Das wäre sehr häßlich, Lon. Wenn wir drei Monate vor den Gouverneurswahlen diesen Krieg beginnen wollen, brauchst du schon eine *Menge* Munition.«

Stafford zog an seiner Zigarette. »Wir haben reichlich Munition«, sagte er, während er den Rauch durch die Nase ausblies. »Wir haben Swytecks Fingerabdrücke auf dem Griff des Messers, das wir auf dem Boden gefunden haben. Ich habe auch die Klinge untersuchen lassen. An der Spitze war Blut. AB negativ. Sehr selten. Dieselbe Blutgruppe wie Swyteck. Ein paar Fischstäbchenreste haben die Jungs vom Labor auch gefunden, und aus der Autopsie geht hervor, daß Goss abends Fischstäbchen gegessen hat. Und das Beste von allem, das Blut kam später, nach den Fischstäbchen.«

»Was bedeutet –«

»Was bedeutet, daß ich davon ausgehen kann, daß Jack Swyteck in der Mordnacht in der Wohnung des Opfers war, nach dem Abendessen, und ein Steakmesser schwang.«

»Und du hast ein Opfer, das von zwei Kugeln getötet wurde«, sagte der Staatsanwalt wie aus der Pistole geschossen. »Ich würde sagen, wir brauchen mehr.«

»Hab' ich ja. Schon wenige Stunden nach dem Mord, um sieben Uhr morgens, haben wir Swyteck verhört. Zu dem Zeitpunkt war er noch kein Tatverdächtiger. Swyteck kam in Boxer-Shorts an die Tür, direkt vom Bett. Nervös wie ein Hund war er. Großer blauer Fleck auf den Rippen. Sah aus, als ob ihn jemand in den Bauch gebissen hätte. Frische rote Schrammen auf dem Rücken. Und außerdem noch 'ne offene Schnittwunde auf dem linken Handrücken. Für mich und Bradley sah es aus wie ein Messerstich. Allein schon sein Anblick legte die Vermutung nahe, daß er kurz davor in eine Rauferei verwickelt gewesen war.«

»Und er wird behaupten, daß er die Treppe runtergefallen sei.«

»Vielleicht«, sagte Stafford, und seine Stimme wurde lauter. »Aber er wird große Mühe haben zu erklären, wieso er wußte, daß Goss erschossen wurde, bevor wir auch nur ein Wort davon erwähnten.«

»Was meinst du?«

»Ich habe mich bei den Medien erkundigt. Es war erst acht Uhr, als die ersten Nachrichten über den Mord an Goss herauskamen. Wir sind um sieben Uhr bei Swyteck aufgetaucht, um ihm mitzuteilen, daß Goss ermordet wurde – aber wie er ermordet wurde, haben wir ihm nicht gesagt. Swyteck wußte, daß er erschossen wurde. Er hat es gesagt. Es ist ihm einfach so rausgerutscht, glaube ich, aber er sprach von erschießen, bevor wir es taten.«

McCue hörte interessiert zu. »Jetzt kommen wir der Sache schon näher«, sagte er. Er hielt inne, rieb sich die Schläfen und dachte eine Sekunde nach. »Warum verhaftest du ihn nicht einfach, Lonnie. Wegen Einbruchs zum Beispiel. Das reicht doch, um ihm einen Denkzettel zu verpassen.«

Stafford kniff verächtlich die Augen zusammen. »Ich will ihm keinen Denkzettel verpassen. Ich will, daß diese Ratte verurteilt wird.«

»Weil er dich im Goss-Prozeß vorgeführt hat?« fragte McCue ohne Umschweife.

»Weil er schuldig ist. Daß es mir großen Spaß machen würde, ihn einzubuchten, ändert nichts daran. Ich würde ihm oder irgendeinem von diesen Kreuzrittern am Freedom Institute keinen Strafzettel verpassen, nur um es ihnen heimzuzahlen. Swyteck *war* es. Da bin ich mir ganz sicher. Der ist einfach durchgedreht und hat seinen Mandanten, diesen Dreckskerl, umgelegt. Er hat einen Riesenfehler gemacht. Und ich möchte derjenige sein, der ihn dafür büßen läßt.«

Der Staatsanwalt seufzte schwer. »Noch einmal können wir uns keinen Irrtum erlauben.«

»Ich irre mich nicht. Und wenn du Swytecks Gesicht an dem Morgen nach dem Mord gesehen hättest, wüßtest du, daß ich mich nicht irre. Ich habe ein Gefühl für diese Sorte, Wilson. Nicht irgend so ein vages Gefühl, was man hat, wenn man morgens aufwacht und sein Horoskop liest. Da steckt ein ganzes Leben Polizeiarbeit dahinter. Und hat dich mein Instinkt etwa in all den Jahren jemals in die falsche Richtung gelenkt?«

McCue schlug die Augen nieder. Er hatte volles Vertrauen zu seinem Freund, aber die Frage erinnerte ihn daran, daß Stafford ihn vermutlich doch einmal in die falsche – die völlig falsche – Richtung gelenkt hatte. Es war eine Mordanklage, die Stafford auf Indizienbeweisen aufgebaut hatte. McCue hatte den Fall als Staatsanwalt übernommen, aber als der Prozeß beendet war, stiegen die ersten Zweifel in ihm auf, ob Stafford den Richtigen erwischt hatte. Natürlich war es müßig, jetzt noch darüber zu spekulieren. Die Geschworenen hatten den Mann verurteilt. Gouverneur Swyteck hatte das Todesurteil unterschrieben. Der Staat hatte den Verurteilten hingerichtet. Er war nicht mehr da. Doch McCue würde ihn nie vergessen. Sein Name war Raul Fernandez.

»Laß mich einmal drüber schlafen«, sagte McCue zu seinem Freund.

»Was brauchst du denn noch?«

McCue zuckte nervös die Schultern. »Weißt du, es gibt einfach zu viele Leute, die Eddy Goss am liebsten tot gesehen hätten. Wir müssen mit anderen Tatverdächtigen reden. Wir müssen mit Nachbarn reden. Du mußt nachprüfen, ob es da nicht irgendwo einen Zeugen gibt, der die ganze Sache platzen läßt, weil er sagt, er hätte jemand mit 'nem rauchenden Revolver aus Goss' Wohnung stürzen sehen. Jemand, der unmöglich Swyteck sein konnte. Zum Beispiel eine Frau, ein zwei Meter großer Schwarzer, der Freund von einem der Opfer oder –«

»Ein Polizist«, warf Stafford verächtlich ein. »Dieser Notruf, wonach irgend jemand in Uniform aus Goss' Wohnung gekommen sein soll, geistert dir im Kopf rum, oder?«

McCue nahm seine Brille ab. »Das macht mir Sorgen, ja. Und deinem Chef auch. Deshalb hat er dir ja davon erzählt, als er dir den Fall übergab.«

Stafford schüttelte den Kopf. »Du weißt so gut wie ich, Wilson, wenn wirklich einer von uns Goss umgelegt hätte, wäre er nicht in Uniform vor seiner Wohnung aufgetaucht. Er hätte Goss auf der Straße angehalten, hätte ihn in Notwehr erschossen und ihm irgendeine Waffe in die kalte tote Hand gelegt.«

»Vielleicht«, sagte McCue. »Aber Tatsache ist, daß wir hier

über den Sohn des Gouverneurs reden. Und wir reden über eine Anklage wegen vorsätzlichen Mordes. Diesen Fall bringe ich nicht vor die Geschworenen, bis du nicht hieb- und stichfeste Beweise hast.«

Staffords Augen flackerten auf. Er sah wütend aus, aber es war keine Wut in ihm. Er nahm es als Herausforderung. »Ich besorge sie dir«, versprach er. »Ich besorg' dir alles, was du brauchst, um Swyteck zur Strecke zu bringen.«

McCue nickte. »Irgendwo sind die Beweise, und ich bin sicher, daß du sie findest.«

»Es gibt sie«, erwiderte Stafford in sehr ernstem Ton. »Ich weiß, daß es sie gibt. Denn hier drinnen«, er schlug sich an die Brust, »*weiß* ich, daß Swyteck schuldig ist.« Er erhob sich schnell von seinem Stuhl und ging zur Tür, steckte dann die Hand in seine Tasche und blieb abrupt stehen, als wäre ihm plötzlich etwas eingefallen. »Was zum Teufel ist das?« fragte er theatralisch und zog einen Plastikbeutel aus der Tasche.

McCue lächelte. Er wußte, daß sein alter Freund etwas im Schilde führte.

»Nicht zu glauben«, sagte Stafford. Er schlug sich wie ein Schauspieler mit der Hand an die Stirn. Das Grinsen, das er sich bis dahin verkniffen hatte, zeigte sich jetzt auf seinem ganzen Gesicht. »Das Beste hätte ich fast vergessen, Wilson. Sieh mal, niemand hat irgendwelche Schüsse gehört zu der Zeit, als Goss ermordet wurde. Scheint eigentlich kaum möglich, daß in so einem Gebäude niemand etwas hört – es sei denn, der Mann, der Goss abgeknallt hat, hat einen Schalldämpfer auf seinem 38er gehabt. Und deshalb ist *das* so wichtig«, sagte er und hielt dem Staatsanwalt den Plastikbeutel vors Gesicht.

»Und was haben wir da?«

»Einen Schalldämpfer«, sagte Stafford selbstgefällig, »für einen Revolver, Kaliber 38.«

»Wo hast du den gefunden?«

»Unter dem Fahrersitz von Swytecks Wagen.«

McCues Augen weiteten sich, doch der Ausdruck des Interesses wich schnell dem der Besorgnis. »Ich hoffe, du hattest einen Durchsuchungsbefehl.«

»Brauchte keinen. Das Ding haben wir von Kaiser Auto Repair – Swytecks Werkstatt – bekommen. Sieht so aus, als müßte unser Lieblingsanwalt seinen Mustang jeden zweiten Tag dahinbringen – ein richtiges Wrack ist das. Am Donnerstag morgen läßt er seinen Wagen da, um sein Cabriodach reparieren zu lassen. Ein paar Stunden später erwischt der Chef einen seiner Mechaniker dabei, wie er Sachen aus den Autos von Kunden stiehlt, und ruft uns an. Eins der Autos, die der Mechaniker ausgeraubt hat, war zufällig Swytecks. Und was glaubst du, was wir unter den Sachen, die der Kerl erbeutete, gefunden haben?« Stafford zeigte ein breites Grinsen. »Einen Schalldämpfer.«

»Das ist ein ziemlich merkwürdiger Zufall, Lonnie, daß so ein Langfinger in Swytecks Wagen rumgewühlt hat. Bist du sicher, daß es so passiert ist?«

»Der Werkstattbesitzer steht hundertprozentig hinter mir«, sagte Stafford mit einem vielsagenden Augenzwinkern.

McCue lehnte sich in seinem Sessel zurück und faltete zufrieden die Hände über dem Bauch. »Lonnie«, sagte er mit einem von Ohr zu Ohr reichenden Grinsen, »*damit* läßt sich arbeiten.«

19. Kapitel

»Sie hatten dreiundvierzig Anrufe von der Presse, Herr Gouverneur«, berichtete Harry Swytecks Sekretärin, während sie dem Mann, der Kandidat bei Tag und Gouverneur bei Nacht war, in sein geräumiges Arbeitszimmer folgte. »Und alle in der letzten Stunde.«

»Um Himmels willen«, stöhnte der Gouverneur, während er sein dunkelgraues Jackett auf die Couch warf, die Krawatte lockerte und sich erschöpft in den hohen Ledersessel hinter seinem mit Schnitzereien verzierten Mahagonitisch fallen ließ. Vor dem Wahlkampf hatte er sich immer entspannen können, wenn er sich in dieses behagliche Machtzentrum zurückzog, wo die amerikanische Flagge und die Fahne Floridas wehten, wo es Messingleuchter, weiße Kassettendecken und hohe Bogenfenster mit roten Samtvorhängen gab, die ihn daran erinnerten, daß er tatsächlich der Gouverneur war. Aber jetzt, da der Wahlkampf auf vollen Touren lief, war dieses üppige Ambiente eine ständige Mahnung, daß er wiedergewählt werden mußte, wenn er das schmückende Beiwerk staatlicher Macht für weitere vier Jahre behalten wollte. »Wen hab' ich diesmal beleidigt?« fragte er nur halb im Scherz.

»Niemanden«, versicherte seine Sekretärin, während sie ihm seinen heißen Tee mit Zitrone auf den Tisch stellte. Sie absolvierte diesen Dienst ohne ein Lächeln, mit pflichtbewußter Miene. Mit ihrem nach hinten gekämmten grauen Haar und dem eng um den Hals geschlungenen weißen Seidenschal verströmte sie die Wärme einer Nonne, die ein Schweigegelübde abgelegt hat. Persönlichkeit war ein kleines Opfer für achtzehn Jahre erfolgreicher Arbeit und uneingeschränkter Loyalität als Mitarbeiterin eines Politikers. »Ich bin sicher, sie versuchen alle nur den Knüller für die Sechsuhrnachrichten zu bekommen«, sagte sie.

Der Gouverneur erstarrte mitten in der Bewegung, als er seine Teetasse zum Mund führte. Selbst nach all den Jahren beunruhigte es ihn immer noch, daß Paula über die jüngsten Entwicklungen stets genauestens informiert war, bevor er auch nur den leisesten Schimmer davon hatte. »Knüller?« fragte er etwas beklommen.

Ihr Blick war düsterer als gewöhnlich. »Das mit Ihrem Sohn, natürlich.«

Seine Beklommenheit verwandelte sich in Sorge. »Was ist mit meinem Sohn?«

»Campbell muß jeden Augenblick raufkommen«, sagte sie, um der Frage aus dem Weg zu gehen. »Er wird es Ihnen erklären.«

Kurz darauf flog die Tür auf, und der erste Berater des Gouverneurs, Campbell McSwain, stürzte ins Büro, wobei er die ihm entgegenkommende Paula fast umgerannt hätte. Campbell war ein stattlicher achtunddreißigjähriger Princeton-Absolvent, der aussah, als könnte er sich einen Arbeiter nur vorstellen, wenn er

Kaschmir trug, aber seine überragende Fähigkeit, dem Durchschnittswähler Harold Swyteck als Mordskumpel zu präsentieren, hatte wesentlich zu dem Wahlsieg vor vier Jahren beigetragen. Campbell trug seine gewöhnlichen Bass-Slipper, eine Khakihose und einen Brooks-Brothers-Blazer über einem weißen Polohemd, doch sein Gesichtsausdruck hatte ganz und gar nichts Entspanntes.

»Entschuldigung, Sir«, sagte er völlig außer Atem. Er war den ganzen Weg zum Arbeitszimmer des Gouverneurs gerannt. »Ich habe gerade mit dem Büro des Staatsanwalts von Dade County telefoniert.«

»Des Staatsanwalts?«

»Es geht um Ihren Sohn, Sir. Nach unseren Informationen wird gegen ihn ermittelt. Er ist der Hauptverdächtige im Mordfall Eddy Goss.«

Der Kiefer des Gouverneurs sackte nach unten, als ob er einen Schlag in die Magengrube bekommen hätte. »Goss ist tot? Und die glauben, daß Jack es war? Das ist lächerlich. Das ist *unmöglich*. Jack ist kein Mörder. Das muß ein Irrtum sein.«

»Nun, ob es stimmt oder nicht, Sir, in jedem Fall ist das ein furchtbarer Rückschlag für uns. Bis vor einem Monat glaubte noch niemand, daß der ehemalige Chef der Aufsichtsbehörde für das Versicherungswesen eine ernsthafte Konkurrenz für einen populären Amtsinhaber wie Sie sein könnte. Aber er hält sich verdammt gut. Er hat sich durch seinen Kampf gegen die Korruption einen Namen gemacht und es dennoch verstanden, die Dinge nur so weit zu treiben, daß die Unternehmer nur ihre Scheckbücher zückten, als der Wahlkampf begann. Bei den letzten Meinungsumfragen hatten Sie nur noch vier Punkte Vorsprung. Diese Sache jetzt könnte alles ändern. Die Presse hat sich schon draufgestürzt. Dreiundvierzig Anrufe, sagte Paula.«

Der Gouverneur beugte sich in seinem Sessel vor und funkelte seinen Berater an. »Wir reden hier über meinen Sohn«, sagte er wütend. »Wir reden nicht über eine schlechte Presse oder Punkte bei einer Meinungsumfrage.«

Campbell war verunsichert. »Es tut mir leid, Sir«, sagte er ruhig. »Ich meine... es ist nur so, daß ich weiß, daß Sie und ihr

Sohn sich nicht sehr nahe standen. Zumindest nicht, seit ich Sie kenne. Ich glaube, ich hätte etwas feinfühliger sein sollen.«

Der Gouverneur erhob sich von seinem Sessel, drehte sich um und ging langsam zu dem vom Boden bis zur Decke reichenden Fenster, von dem man auf den Garten im Hof sah. »Es ist wahr«, sagte er ebenso zu sich selbst wie zu seinem Berater, und seine Stimme verlor sich, als ob er sich tief in seine innersten Gedanken zurückzöge. »Jack und ich standen uns nicht so nahe, wie ich es mir gewünscht hätte.«

Campbell sah ihn betroffen an und suchte nach Worten. »Bis jetzt ist Ihr Sohn nur ein Verdächtiger«, sagte er. »Die Anwälte sagen, er hätte zumindest eine theoretische Chance, daß es nicht zu einer Anklage kommt.«

Harry beschied Campbells Tröstungsversuche mit einem dankbaren Nicken. Aber im Geist hörte er schon die furchtbaren Worte: »Jack Lawrence Swyteck wird des heimtückischen vorsätzlichen Mordes beschuldigt.« Manchmal fragte er sich, ob das Schicksal ihn von Jack trennen wollte, ob die Konstellation der Sterne eine Kluft zwischen ihnen vorherbestimmt hatte. Aber er wußte, daß das nur eine Ausflucht war, ein Versuch, seine eigene Verantwortlichkeit für die Entstehung von Jacks – ja, wie sollte man es nennen – Neurosen oder Problemen zu leugnen. Verwirrung, gewiß. Mit einem tiefen Gefühl der Schuld dachte Harry zurück an das *erste* Mal, als sein Sohn des Mordes angeklagt wurde – als er fünf Jahre alt gewesen war...

Harry hatte seinen Wagen in der Auffahrt geparkt und lief mit energischen Schritten über den Gehweg zur Haustür. Er sah, daß sein Sohn traurig aus dem Schlafzimmerfenster blickte, als ob er für etwas bestraft worden wäre. Noch bevor er die Tür geschlossen hatte und ins Haus getreten war, begann Agnes schon zu schreien – wegen Jack und wegen des Kruzifixes, das er gefunden hatte. Harry versuchte, sie zu beruhigen, aber Agnes war entschlossen, ihrem Ärger Luft zu machen. Er eilte in die Küche und schloß die Tür hinter sich, damit Jack nichts hörte, aber es gelang ihm nicht, Agnes zu beruhigen.

»Ich hab' dir gesagt, daß ich diese Dinge nicht mehr im Haus haben will«, sagte Agnes. »*Ich* bin jetzt deine Frau. Gib endlich die Vergangenheit auf, Harry. Ich werde diesen Heiligenkult nicht dulden.«

»Es ist nicht für mich. Ich hebe diese Sachen für Jack auf, bis er alt genug ist, um alles zu verstehen.«

»Ich glaube dir kein Wort«, rief sie. »Du denkst nicht an Jack. Du denkst nur an dich selbst. Du lebst in der Vergangenheit – seitdem du diesen Jungen ins Haus gebracht und sie zurückgelassen hast. Du willst einfach nicht loslassen. Gib zu, Harry, daß du mich haßt, weil ich nicht sie bin. Und du haßt deinen eigenen Sohn, weil er sie umgebracht hat.«

»Halt den Mund!« schrie er und ging auf sie los.

»Wag es nicht, die Hand gegen mich zu erheben! Du bist krank, Harry! Und ich habe die Nase endgültig voll!«

Direkt vor der Küche zitterte der fünfjährige Jack vor Schrecken und Angst, als er hörte, was er seiner Mutter angetan hatte. Er hatte sich aus dem Zimmer geschlichen, war auf Zehenspitzen durch die Diele gelaufen und hatte sich hinter einer großen Pflanze direkt vor der Küche versteckt, wo sein Vater und seine Stiefmutter miteinander stritten. Er hatte die Wahrheit hören wollen – aber die Wahrheit war mehr, als ein Fünfjähriger ertragen konnte. Er trat wie betäubt zurück, stolperte über den Sockel, der die Pflanze hielt, und stürzte zusammen mit dieser zu Boden.

Der Lärm in der Diele setzte dem Streit in der Küche ein abruptes Ende. Harry eilte hinaus und sah Jack neben der umgestürzten Pflanze auf dem Boden liegen. Ihre Blicke trafen sich, aber keiner sagte etwas. Harold Swyteck brauchte nicht zu fragen, wieviel sein Sohn gehört hatte. Der Ausdruck auf seinem Gesicht sagte ihm, daß er alles gehört hatte. Und von diesem Tag an hatten sie sich nie wieder angesehen wie vorher...

»Hören Sie mir zu, Sir?« fragte Campbell. Der Gouverneur sah ihn ausdruckslos an. Seine Gedanken waren anderswo.

»Entschuldigung«, sagte er, während er versuchte, seine Erinnerungen abzuschütteln. Doch er dachte immer noch an Jack. Nach so vielen Enttäuschungen und soviel Schmerz wollte er seinem Sohn helfen. Aber es würde nicht so einfach sein. Jack würde mit Sicherheit jeden Annäherungsversuch von seiner Seite zurückweisen.

»Herr Gouverneur«, unterbrach Campbell, »offensichtlich liegen Ihnen im Augenblick andere Dinge mehr am Herzen. Ich will nicht, daß Sie mich für gefühllos halten. Ich verstehe, daß Jack trotz aller Differenzen immer noch Ihr Sohn ist. Es geht mich auch wirklich nichts an. Was mich allerdings etwas angeht, ist, daß Sie wiedergewählt werden. Und, ob Sie es nun mögen oder nicht, wir müssen die mißliche Lage Ihres Sohnes in ihrer politischen Dimension bewerten. Wenn man von der persönlichen Tragödie einmal absieht, Sir, bleibt der einfache Tatbestand: Wenn Jack seinen Prozeß verliert, verlieren Sie Ihre Wahl. Politisch gesehen«, sagte er kühl, »wäre das das Ende.«

Harry war verärgert über Campbells Söldnermentalität, doch schätzte er auch die einfache Logik seiner Worte. Campbell hatte recht: Wenn er Jack half, half das auch seinem Wahlkampf. Und das war die Lösung für das Problem – eine Art Psychologie mit umgekehrten Vorzeichen. Jack würde keine Hilfe akzeptieren, wenn der Vater nur für ihn handelte. Doch wenn der Gouverneur für sich, im Interesse seiner eigenen politischen Ziele handelte, würde Jack ihm nichts schulden – nicht einmal Dank. Auf diese Weise könnte er Jack helfen und – wichtiger noch – sicher sein, daß Jack sich helfen lassen würde.

»Sie haben vollkommen recht«, sagte der Gouverneur, in sich hineinlächelnd. »Ich glaube, ich habe keine andere Wahl, als meinem Sohn zu helfen – koste es, was es wolle.«

20. Kapitel

Nach nur einer Woche in Rom kehrte Cindy Paige an diesem Nachmittag nach Miami zurück. Die Fotoaufnahmen in Italien waren offiziell beendet. Wie sich herausstellte, hatte Chet ihre »Geschäftsreise« weit mehr als sie unter dem Aspekt Vergnügen gesehen – was ihr klar geworden war, als sie herausfand, daß er in jeder Stadt ihrer Reise ein Hotelzimmer mit

Doppelbett reserviert hatte. Es hatte ihr wehgetan, einsehen zu müssen, daß es nicht ihr Talent im Umgang mit der Kamera war, das ihr diesen Auftrag eingebracht hatte.

Gina hatte sie an der Zollabfertigung abgeholt, aber sie war kein besonders gesprächiger Chauffeur auf der Fahrt vom Flughafen nach Hause. Sie sagte Cindy, daß sie sich nicht gut fühle, was im übrigen der Wahrheit entsprach. Gina war sich bewußt geworden, daß von all den Dingen, die sie in ihrem Leben getan hatte, die Verführung Jacks das gemeinste war. Irgendwie war es ihr in jener Nacht mit Jack leicht gefallen, das Unfaire an der Sache zu vergessen, da Cindy mit ihrem früheren Liebhaber nach Italien geflogen war. Aber die schnelle Rückkehr ihrer Freundin bestätigte jetzt, was sie die ganze Zeit vermutet hatte: Trotz der häßlichen Worte, die Jack und Cindy bei ihrem letzten Zusammensein ausgetauscht hatten, waren sie noch lange nicht miteinander fertig.

Als sie zu Hause ankamen, zog sich Gina sofort in ihr Schlafzimmer zurück. Sie ließ sich aufs Bett fallen und flüchtete sich in eine nichtssagende Fernsehserie.

Cindy ließ ihren Koffer an der Tür stehen und ging direkt in die Küche. Der sogenannte Snack im Flugzeug hatte etwa so gut wie gekochter Salat geschmeckt. Sie wärmte sich schnell ein paar Pommes frites in der Mikrowelle auf und ging dann an den Kühlschrank, um sich Ketchup zu holen.

»Gina«, rief sie, »wo ist das Ketchup?«

Gina antwortete nicht.

»Was soll's«, sagte Cindy mit einem Achselzucken. Mit dem Teller Pommes frites in der einen und einer Diät-Cola in der anderen Hand ging sie ins Wohnzimmer. Als sie auf der Couch saß, schaltete sie mit der Fernbedienung den Fernseher ein.

Der Aufmacher der Abendnachrichten war auf allen Kanälen derselbe. Sie hatte gerade noch rechtzeitig umgeschaltet, um die südfloridianische Version mitzubekommen, die lokale Präsentation der Sensationsgeschichte, wonach sich »in einer dramatischen Entwicklung im Mordfall Eddy Goss die Ermittlungen nunmehr auf den der Tat verdächtigten Jack Swyteck konzentrieren«.

Sie starrte verblüfft Jacks Gesicht auf dem Bildschirm an, das von einer imposanten Darstellung der Waagschalen der Justitia eingerahmt wurde. »O mein Gott«, murmelte sie. Hektisch wechselte sie von einem Programm zum nächsten, als ob sie alle gleichzeitig sehen wollte. Sie konnte es nicht glauben, selbst nachdem sie es aus dem Mund eines jeden Nachrichtensprechers der Stadt gehört hatte. Nach zehn Minuten hatte sie genug, da sich die Berichterstattung aller Programme auf »exklusive Live-Interviews« mit praktisch jedem publicitysüchtigen Bewohner der Stadt beschränkte, der Jack zu kennen behauptete. Angewidert schaltete sie den Fernseher ab. Nicht einer von diesen Leuten kannte Jack auch nur annähernd so gut wie sie. Er war kein Mörder.

Ihre Hände zitterten, als sie sich auf die Couch sinken ließ. Sie wußte nicht, was sie tun sollte. Sollte sie ihn nur wissen lassen, daß sie zurück war – falls er Hilfe benötigte? Sie fragte sich, warum sie eigentlich zurückgekehrt war. War es wirklich nötig gewesen, die Fotoserie in Italien abzubrechen? Sie hätte wahrscheinlich ebensogut einige Grundregeln mit Chet festlegen und die Arbeit zu Ende bringen können – wenn es nicht das Beziehungsproblem mit Jack gewesen wäre, das sie in Wahrheit nach Miami zurückgetrieben hatte.

Sie warf einen flüchtigen Blick auf das Telefon. Mit ihm zu sprechen würde nicht ausreichen. Nicht nach dem Krach bei ihrem letzten Zusammensein. Sie mußte ihn *sehen*. Sie nahm ihre Handtasche vom Tisch. »Ich muß mal kurz weg«, rief sie in Richtung Obergeschoß und eilte dann aus der Tür.

Die Sonne war schon untergegangen und die Straßenbeleuchtung aufgeflackert, als sie Jacks Haus erreichte. Selbst als sie noch dort gewohnt hatte, war sie nie gern bei Dunkelheit allein in die Auffahrt gefahren. Jack betonte immer sein Faible für Landschaftsgestaltung, aber was er eigentlich mochte, war Blätterwerk aller Art und soviel wie möglich. Sein »Rasen« war ein Dickicht aus Bromelien, Ananasgewächsen, Farnkrautbüschen und praktisch allem, was nicht wie Unkraut aussah. Überall standen große üppige Palmen und blattreiche Feigenbäume, die den Garten mit einem Netz bedrohlicher Schatten überzogen. Es war genug, um jede fünfundzwanzigjährige Blondine in blauen Jeansshorts und ärmellosem Top nervös zu machen. Nachts kam sich Cindy in dieser Szenerie immer ein bißchen wie Dorothy im Lande Oz vor, die sich mit den Apfelbäumen streitet.

Von Angst getrieben, erreichte sie binnen Sekunden die Haustür. Das Verandalicht leuchtete auf, noch bevor sie anklopfen konnte, und die Tür flog auf.

Jack stand völlig verwirrt im Eingang. »Cindy, was machst du denn hier?«

»Ich habe die Geschichte in den Nachrichten gesehen. Ich dachte, daß du vielleicht mit jemandem reden willst.«

»Du bist unglaublich«, sagte er und öffnete seine Arme. Sie kam ihm entgegen, um sich umarmen zu lassen. »Nachdem du gegangen warst, wollte ich dich noch anrufen und dir sagen, wie leid mir das alles tut, aber ich kam mir dermaßen wie ein Trottel vor.« Er zog sie näher an sich und sah ihr in die Augen. »Kannst du mir noch einmal verzeihen?«

»Laß uns alles vergessen, was passiert ist«, sagte Cindy. »Ich fand das, was ich gesagt habe, auch schrecklich.«

»Nein, nein, du hattest recht«, protestierte er. »Ich habe völlig die Beherrschung verloren. Aber –« er schüttelte verwirrt den Kopf. »Was ist mit Italien passiert?«

Sie glitt aus seinen Armen und sah ihn besorgt an. »Das ist nicht annähernd so wichtig wie das, was dir passiert ist.«

Er verspürte ein warmes Gefühl der Freude. Noch vor einer Stunde, nachdem er die Sechsuhrnachrichten gesehen hatte, hatte er gedacht, daß es sehr lange dauern würde, bis er jemals wieder glücklich sein würde.

»Ich nehme an, du weißt, daß eine Untersuchung gegen mich eingeleitet worden ist«, sagte er, obwohl er es selbst noch nicht glauben konnte.

Sie nickte.

»Muß ich dir erzählen, daß ich es nicht getan habe?«

Sie sah ihm in die Augen. »Ich weiß, daß du es nicht warst.«

Er nahm sie wieder in die Arme, aber er wurde von einem Auto abgelenkt, das in die Auffahrt fuhr. Es war ein Streifenwagen oder, genauer gesagt, zwei. Und in dem ersten Fahrzeug saß Detective Lonzo Stafford.

»Ich muß mit den Jungs reden«, sagte Jack zu Cindy und bat

sie mit einer Handbewegung, ins Haus zu kommen. Nach kurzem Zögern ging sie hinein.

Stafford kam mit schleppenden Schritten den Weg hoch und nahm Cindys Platz auf der Veranda ein. Sein blauer Blazer war noch verknitterter als gewöhnlich, sein Schlips gelockert, und sein müdes altes Gesicht schien ein paar zusätzliche Falten bekommen zu haben. Man sah, daß er lange gearbeitet hatte, doch der Glanz in seinen Augen zeigte auch, daß er überzeugt war, daß seine harte Arbeit bald Früchte tragen würde.

»Ich habe hier einen Durchsuchungsbefehl, mein Freund. Zeit für 'ne kleine Wühlaktion.«

Jack seufzte. Er war erleichtert, daß es kein Haftbefehl war. »Eine Mordwaffe werden Sie hier nicht finden«, versicherte er dem Detective. Einen Augenblick dachte er daran, ihn direkt zu der Truhe mit dem alten 38er Revolver zu führen. Ein einfacher ballistischer Test würde beweisen, daß er bei dem Mord an Eddy Goss nicht benutzt worden war. Aber er war nie in Florida registriert worden – an sich schon problematisch genug –, und der Besitz würde nur beweisen, daß er mit der Waffe vertraut war, die den Zeitungen zufolge auch Goss' Mörder benutzt hatte. Je weniger Grund für wilde Spekulationen er dem Detective lieferte, desto besser, sagte sich Jack.

Stafford sah sich kurz nach seinen Kollegen um, um sicherzugehen, daß sie ihn auch hörten. »Glauben Sie, ich bin so dumm, mir einen Durchsuchungsbefehl zu besorgen, um nach der Mordwaffe zu suchen?« fragte er höhnisch. »Da müßte ich der Jury ja erzählen, daß wir sie gesucht und nicht gefunden hätten, oder, Swyteck? Außerdem«, sagte er selbstgefällig, »brauche ich die Waffe gar nicht zu finden. Nicht, nachdem die ballistische Abteilung festgestellt hat, daß ein Schalldämpfer benutzt wurde, um Goss zu töten. Nicht nachdem dieser Mechaniker bei Kaiser einen Schalldämpfer aus Ihrem Cabrio gefischt hat.«

»Ein Mechaniker hat was gemacht?«

Stafford lächelte sarkastisch. »Sie werden alles noch früh genug erfahren, Herr Anwalt. Im Augenblick«, sagte er mit einem Augenzwinkern und hielt Jack den Durchsuchungsbefehl unter die Nase, »braucht unser Freund erst einmal ein Paar neue Schuhe. Reeboks, um genau zu sein. Sie erinnern sich vielleicht, daß es in der Nacht, als Sie Ihren Lieblingsmandanten besuchten, geregnet hat. Ihre Fußabdrücke sind in der ganzen Wohnung.«

Jack verschlug es die Sprache. Seine Lage verschlimmerte sich von Minute zu Minute, aber es würde ihm nichts nutzen, wenn er sich mit dem alten Detective auf ein Wortgefecht einließ. »Holen Sie sich einfach, was Sie brauchen«, sagte er kategorisch. »Und beeilen Sie sich.«

Stafford winkte sein Team mit dem Kopf heran. Jamahl Bradley und zwei weitere Beamte marschierten hintereinander ins Haus und steuerten direkt auf Jacks Schlafzimmer zu. Jack folgte ihnen mit einem flauen Gefühl im Magen.

»Was ist los?« fragte Cindy Jack mit zitternder Stimme, als die Beamten im Wohnzimmer an ihr vorbeiliefen.

Stafford blieb stehen, um die Frage selbst zu beantworten. »Wir werden Ihrem Freund beweisen, daß er sich in der Mordnacht in Eddy Goss' Wohnung herumgetrieben hat. Das ist los.« Stafford ging einen Schritt weiter, blieb aber gleich wieder stehen und zog mit einem vielsagenden Blick auf Cindy die Augenbraue hoch. »Sind Sie sicher, daß Sie heute nacht hier schlafen wollen, Süße?«

»Halten Sie Ihren verdammten Mund«, fauchte Jack ihn an.

Stafford zuckte nur die Achseln und ging weiter in Richtung Schlafzimmer. Jack wollte ihm schon folgen, doch als er Cindys Blick begegnete, hielt er inne. Er wollte eigentlich dabeisein, wenn die Polizei sein Zimmer durchsuchte, um sicherzugehen, daß sie sich an den Durchsuchungsbefehl hielt, aber er konnte Staffords Bemerkung nicht einfach im Raum stehen lassen. Er durfte Cindys Vertrauen nicht verlieren und nahm sie deshalb an der Hand und führte sie durch die Küche zu dem kleinen Pavillon im Garten, wo sie niemand hören konnte.

»Warst du in der Mordnacht wirklich in Goss' Wohnung?«

Er blickte vor sich hin und überlegte sich gut, was er sagen wollte. »Hör zu, Cindy, es gibt da einige Dinge, die ich dir von jetzt an nicht mehr erzählen kann. Nicht, weil ich schuldig bin, sondern weil es möglich ist, daß man dich bei dem Prozeß als Zeugin vorlädt – und je weniger du weißt, desto besser. Aber eins kann ich dir trotzdem sagen, weil die Fußabdrücke es ohnehin beweisen werden. Ja, ich war da in der Nacht. Ich war in Goss' Wohnung. Aber ich habe ihn nicht umgebracht. Ich bin hingefahren, weil ich Drohungen bekommen habe. Jemand hat mich angerufen und gesagt, daß ein Mörder frei herumlaufe und daß ich ihn dort finden könne. Und dann bin ich beinahe von einem Auto überfahren worden, und Donnerstag – er hat Donnerstag getötet.«

Cindy schlug die Hand vor den Mund. »O mein Gott…«

Jack berührte sanft ihre Wange, um sie zu trösten. »Ich nahm an, daß es Goss war, und prompt rief mich an dem Tag, als du nach Italien geflogen bist, jemand an und forderte mich auf, in seine Wohnung zu kommen. Er hat nicht gesagt, wer er war, aber das gehörte zu seinem Spiel. Ich mußte ihm gegenübertreten, Cindy. Aber ich habe ihn nicht getötet.«

»Wirst du der Polizei das alles erzählen?«

»Auf keinen Fall.« Er legte die Hände auf ihre Schultern, um seinen Worten Nachdruck zu verleihen. »Es ist sehr wichtig, daß du das verstehst. Wir dürfen der Polizei *niemals* etwas über die Anrufe und Drohungen erzählen. Nicht, bevor sie uns dazu zwingen.«

»Warum nicht?«

Er seufzte. »Im Augenblick sammeln sie Beweismaterial, um mich wegen des Mordes an Eddy Goss anzuklagen. Ich weiß nicht, wie stichhaltig es sein wird, aber ich sehe schon jetzt einen entscheidenden Schwachpunkt: das Motiv. Warum hätte ich Goss töten sollen? Solange sie nicht wissen, daß Goss mich verfolgt hat, kann die Anklage nur behaupten, ich hätte ihn umgebracht, weil ich mich wegen des Freispruchs schuldig fühlte. Der ganze Fall wird sich dann auf die Frage reduzieren, ob ein Anwalt – ein *Strafverteidiger* – ein schlechtes Gewissen hatte. Doch wie viele Geschworene können sich vorstellen, daß ein Anwalt überhaupt ein Gewissen hat, geschweige denn ein so schlechtes, daß er zum Mörder wird?«

Sie hörte aufmerksam zu und dachte über sein Argument nach.

»Es ist ganz einfach«, fuhr er fort. »Wenn ich der Polizei von den Drohungen erzähle, die ich nach dem Goss-Prozeß erhielt, liefere ich ihnen das Motiv auf dem silbernen Tablett. Sobald sie erfahren, daß Goss hinter mir her war, ist es aus. Punkt. Dann haben sie ein Motiv. Verstehst du?«

Cindy seufzte. Sie war den Tränen nahe, weniger wegen der Dinge, die im Augenblick geschahen, als wegen der Erkenntnis, daß dies nur der Anfang einer neuen und schrecklichen Reihe von Ereignissen sein würde. »Ja«, sagte sie leise, »ich verstehe. Mach dir keine Sorgen, Jack. Ich bin bei dir.«

Jack und Cindy bestellten sich ein Essen beim Chinesen, nachdem Stafford das Haus verlassen hatte. Zuerst bemühten sie sich um eine leichte Unterhaltung, doch als Jack seine letzte Frühlingsrolle gegessen hatte, lenkte er das Gespräch in eine ernstere Richtung. »Es tut mir leid, daß wir vor deiner Abreise nach Italien nicht mehr miteinander reden konnten – wir haben uns nicht einmal auf Wiedersehen gesagt.«

»Damit wäre es nicht getan gewesen«, erwiderte Cindy. »Es gibt etwas in dir, was immer von mir getrennt bleibt, wie es scheint. Und nicht nur von mir – mit deinem Vater scheinst du genauso umzugehen. Seitdem ich dich kenne, hast du dich noch kein einziges Mal bemüht, zu deinem Vater Kontakt aufzunehmen, und er hat dich auch noch nie angerufen.«

»Ich kann dir keinen Vorwurf machen, wenn du das sonderbar findest.«

»Es geht nicht um Vorwürfe, Jack. Du mußt einfach lernen, anders damit umzugehen.«

Er wandte den Blick ab, während er an einer leeren Sojasaucenpackung herumfummelte. »Das hatte ich ja auch vor. Merkwürdigerweise hat mich, kurz bevor diese Sache richtig verrückt wurde, meine Stiefmutter angerufen. Sie sagte, ich sollte doch meinen Vater einmal anrufen. Ich weiß nicht, wie ich es erklären soll... es ist absurd, wirklich, aber solange ich ihn *nicht* anrufe, gibt es noch Hoffnung, daß wir irgendwann wieder zusammenkommen. Wenn ich es riskiere und es gibt eine Explosion, weiß ich nicht, ob wir die zerbrochenen Teile je wieder zusammenfügen können. Man sagt ja auch, wenn du deinen einzigen Schuß abfeuerst und das Ziel verfehlst, ist es vorbei. Tust du es nicht, gibt es immer noch ein *Irgendwann.*«

»Komm, Jack, du machst dir doch selbst etwas vor. Du kannst nicht immer so weitermachen, in der Hoffnung, daß sich irgendwann mal etwas ändert. Irgendwann kommt der Punkt, an dem man etwas tun muß. So ging es mir mit uns beiden auch. Ich kann nicht behaupten, daß ich mich besonders geschickt angestellt hätte, aber ich mußte einfach etwas unternehmen.« Ihre Augen suchten die seinen. »Du mußt wissen, daß die Sache zwischen mir und Chet rein beruflich war.« Sie schüttelte den Kopf und verdrehte die Augen. »Es stellte sich heraus, daß *er* mehr wollte, und deshalb bin ich sofort zurückgekommen. Ich hatte nicht das Gefühl, daß es zwischen uns aus war – und das war auch der Grund, weshalb ich Gina die Telefonnummer von meinem Hotel gab.«

»Gina hat mir nie eine Nummer gegeben«, sagte Jack.

»Oh ...« Cindy sah ihn verwirrt an. »Sie hat es mir versprochen. Wahrscheinlich hat sie es vergessen.«

»Sicher«, sagte er skeptisch.

Er war also tatsächlich Gina auf den Leim gegangen. Und er fühlte sich furchtbar schuldig.

Nachdem sie die Teller abgeräumt hatten, sah Jack kurz auf die Uhr. Sie hatten länger geredet, als er geglaubt hatte. Es war schon fast halb zwölf. Er fragte Cindy, ob sie zu Gina zurück wollte.

»Ich möchte heute nacht hierbleiben«, sagte sie, ohne ihn direkt anzusehen. »Aber ›heute nacht‹ heißt nur das. Keine Verpflichtungen, okay?«

»In Ordnung«, sagte er, und sein Ausdruck verriet Dankbarkeit und Erleichterung.

Zwanzig Minuten später kam Cindy in einem Footballtrikot, das Jack ihr geliehen hatte, aus dem Bad. Sie ging langsam zum Bett und blieb stehen, als ihr Blick auf den Kommodenspiegel fiel. »Du hast die Bilder alle ersetzt.«

»Ja, ich hab' die Negative herausgekramt und ein paar neue Abzüge machen lassen«, sagte er schläfrig. »Mir blieb gar nichts anderes übrig. Jedesmal wenn ich zum Spiegel geschaut habe, wurde ich daran erinnert, wie übel ich mich benommen habe, als wir das letztemal zusammen waren.«

Sie lächelte übers ganze Gesicht. »Komm ins Bett«, sagte sie und nahm ihn bei der Hand.

Als er die Bettdecke zurückzog, überschattete der Gedanke an seine bevorstehende Verhaftung sein Verlangen. Er sah Cindy an und spürte die Last seiner Schuld. Sie war so sehr bereit, ihm eine neue Chance zu geben, so sehr bereit, ihn zu unterstützen, damit er diese jüngste Krise durchstand. Er fragte sich, wie sie reagieren würde, wenn sie wüßte, daß sein bestes Alibi ihre beste Freundin war.

21. Kapitel

Stafford und seine Mitarbeiter verließen Jacks Haus gegen acht Uhr. Um halb neun waren Jacks Tennisschuhe im Labor. Geduldig warteten Stafford und sein Kollege im Büro des dienstälteren Detectives auf die vorläufigen Ergebnisse. Stafford saß an seinem Tisch, immer noch in dem verblichenen blauen Blazer, den er anscheinend nie auszog, der Kragen des weißen Hemdes war aufgeknöpft, und die breite Polyesterkrawatte hing über dem Stuhl. Er rauchte eine Zigarette nach der anderen und ordnete Zeitungsausschnitte, um nicht ganz untätig zu sein. Bradley saß auf dem Stuhl neben dem Fenster, knüllte die Zeitung von gestern zu kleinen Bällchen zusammen und zielte auf den Papierkorb in der Ecke.

Das Telefon klingelte um zehn. »Stafford«, antwortete der Detective hastig; seinen Lippen entströmte Zigarettenrauch.

Bradley sah gespannt zu, während sein Kollege nickte und in den Hörer brummte.

»Ich hab' ihn!« verkündete Stafford und hing auf. Er lehnte sich in seinem Stuhl zurück und verschränkte selbstgefällig die Arme über der Brust. »Perfekte Übereinstimmung mit den Reeboks. Siebenundzwanzig herrliche Fußabdrücke in der ganzen Wohnung, und einer sogar auf der Fensterbank. Ich kann nicht sagen, daß ich überrascht bin. Ich hab's im Urin gehabt, daß es Swyteck war. Aber ich freue mich höllisch, daß wir es jetzt auch *beweisen* können.«

Bradley nickte bedächtig. »Gratuliere«, sagte er, aber es klang nicht überzeugend.

Stafford sah seinen Kollegen fragend an. »Ein bißchen mehr Begeisterung hätte ich mir schon erwartet, Jamahl.«

Bradley zögerte, doch es gab etwas, was er loswerden mußte. »Ehrlich, Lon, du scheinst mir ein bißchen allzu versessen darauf, diesen Kerl zu schnappen. Das ist alles.«

Staffords Augen blitzten auf vor Wut, aber er beherrschte sich. »Hör mir mal zu«, dozierte er. »Ich bin jetzt seit über vierzig Jahren im Geschäft, mein Junge. Ich hab' genug Erfahrung, um mich auf meinen Instinkt verlassen zu können. Und mein Instinkt sagt mir, daß Jack Swyteck nach dem Prozeß durchgedreht ist und Goss umgelegt hat. Ich weiß, wovon ich rede«, knurrte er und zog an seiner Zigarette. »Das Gesetz ist für diese Strafverteidiger nur ein Spiel. Die Wahrheit interessiert sie überhaupt nicht. Die sagen und tun alles, was nötig ist, um zu gewinnen: ›Mein Mandant hat zu viele Twinkies gegessen‹, oder ›Mein Mandant hat zuviel ferngesehen‹. Ich kenne diese Sprüche und diese Typen zur Genüge, und Swyteck ist einer von der übelsten Sorte. Eddy Goss sagte mir direkt ins Gesicht, daß er das Mädchen umgebracht hat. Direkt ins Gesicht! Und dann habe ich gesehen, wie der smarte Jack Swyteck die Geschworenen davon überzeugte, daß sein Mandant unschuldig sei. Dieser Junge hat mich lächerlich gemacht. Ich habe immer und immer wieder zusehen müssen, wie dieser Hurensohn seine Nummer abzieht. Und jedesmal, wenn er gewinnt, kehrt wieder ein Mörder in die Stadt zurück. Ein paar Formfehler und ein paar rhetorische Tricks, und schon hat er wieder einen auf freiem Fuß. Und Swyteck wärmt sich gerade erst auf. Swyteck ist ein Anfänger. Kannst du dir vorstellen, was los ist, wenn der die nächsten fünfundzwanzig, dreißig Jahre so weitermacht?«

Bradley schluckte. Er wußte, wie gefährlich ein Polizist war, dem jedes Mittel recht ist, um an sein Ziel zu gelangen – vor allem einer, der sich Rache geschworen hatte. »Also, was willst du sagen, Lon? Daß jemand ihn stoppen muß?«

Staffords Ausdruck wurde sehr kalt. »Nein«, sagte er barsch. »Alles, was ich sagen will, ist, daß dieser aalglatte Strafverteidiger sich in große Schwierigkeiten gebracht hat, und ich werde alles daransetzen, daß er dafür büßt. Also *entschuldige* bitte, wenn ich ein bißchen zu glücklich darüber bin, einen Mörder zu schnappen, okay?«

Bradley nickte bedächtig. »Okay, Chef«, sagte er mit einem Achselzucken und in leicht resigniertem Ton. »Schließlich hast du ja siebenundzwanzig Fußabdrücke.«

»Du sagst es.«

»Aber vergiß nicht«, sagte Bradley und warf ihm einen schnellen Blick zu. »Es gibt immer noch einen nicht identifizierten Fußabdruck direkt vor Goss' Wohnungstür. Wir wissen, daß er nicht von Goss ist, weil die Schuhgröße nicht paßt. Und wir wissen auch, daß er nicht von Swyteck ist, weil er Reeboks getragen hat.«

»Na, und?« Stafford tat den Einwand mit einer Handbewegung ab. »Der ist vom Hausmeister oder von irgend jemand anderem im Haus.«

Bradley schüttelte den Kopf. »Nein, ist er nicht, Lon. Es ist ein sehr sauberer Abdruck. Man kann das Firmenlogo auf dem Absatz sehr deutlich erkennen: zwei gekreuzte Ruder. Das sind Wiggins wing tips, Dreihundertdollarschuhe. Es gibt keinen Hausmeister und auch sonst niemanden in diesem heruntergekommenen Haus, der Dreihundertdollarschuhe trägt.«

»Hör mal, Jamahl«, sagte Stafford mit einer Grimasse. »Wir haben siebenundzwanzig Fußabdrücke von Jack Swyteck *in* der Wohnung. Und wir haben einen einzigen Fußabdruck *vor* der Wohnung. Also geh mir bitte nicht auf die Nerven, ja?«

Bradley seufzte. Seine Zweifel waren nicht geringer geworden, aber er wollte seinen Kollegen nicht provozieren. »Vielleicht hast du recht«, sagte er, als er sich von seinem Stuhl erhob und auf die Tür zuging. Dann blieb er stehen. »Aber laß es mich so erklären, Lon. Siebenundzwanzig Fußabdrücke von demselben Paar Schuhe ergeben wie viele Personen?«

Bradley zuckte die Achseln, als ob die Frage dumm sei. »Eine, natürlich«, sagte er.

»Richtig. Und wie man es auch dreht und wendet, ergibt ein

einzelner Fußabdruck von einem anderen Paar Schuhe wie viele Personen?«

»Eine«, antwortete Stafford widerstrebend.

»Richtig«, sagte Bradley, »und zwar eine *andere* Person. Denk mal drüber nach«, fügte er hinzu.

22. Kapitel

Irgendwann nach zwei Uhr morgens schlief Jack mit Cindy im Arm ein. Gegen zehn Uhr wachte er auf und lächelte, als er sie schlafend an seiner Seite sah. Sogar am Morgen sah sie großartig aus, dachte er. Cindy war die Frau, die er liebte, die einzige Frau, die er wirklich begehrte. Daß sie zu ihm zurückgekehrt war, war die Erfüllung eines Traums.

Er hörte, daß jemand an die Tür klopfte. Sofort richtete er sich auf. Er wußte, wer es war. Anklagejurys traten normalerweise um neun Uhr zusammen. Obwohl er den Besuch erwartet hatte, schreckte ihn immer noch der Gedanke, daß nun wirklich in einem Prozeß über ihn befunden wurde. Wenn seine Annahme richtig war, war innerhalb der letzten Stunde offiziell Anklage wegen Mordes gegen ihn erhoben worden.

Er sprang aus dem Bett, schlüpfte in seine khakifarbene Hose und seine Slipper. Das Klopfen hielt an.

Cindy richtete sich auf. »Was ist los?«

Er zog ein blaues Oxfordhemd an, entschied sich gegen eine Krawatte und sprach dann in bemüht optimistischem Ton. »Ich denke, es ist soweit... Sie haben wahrscheinlich Anklage gegen mich erhoben.« Er ging zur Kommode, warf einen prüfenden Blick in den Spiegel und bürstete sich hastig das Haar. Er wühlte seine Brieftasche durch, nahm alle Bilder und Kreditkarten heraus und ließ nur seinen Führerschein, seine Wählerkarte und fünfzig Dollar Bargeld darin. Er schob die Brieftasche in die Gesäßtasche, steckte das Hemd in die Hose und atmete tief durch. Als er im Spiegel Cindys starrem Blick begegnete, drehte er sich zu ihr und sah ihr direkt in die Augen.

»Ich liebe dich, Jack«, sagte sie leise.

Etwas wallte heiß in ihm auf, doch er beherrschte sich und sagte dann mit einem traurigen Lächeln. »Ich liebe dich auch.«

Wieder klopfte es, diesmal eindringlicher.

»Alles halb so wild«, versicherte er ihr. »Soweit, daß sie mich hinter Gitter sperren und den Schlüssel wegwerfen, sind wir noch nicht. Die bringen mich aufs Revier wegen der Formalitäten, und dann komme ich vor den Haftrichter, der mich wahrscheinlich gegen Kaution freilassen wird. Heute nachmittag bin ich wieder da. Keine Angst.« Er beugte sich zu ihr und küßte sie auf die Stirn.

Sie nickte langsam. Eine Träne rann über ihre Wange, als sie sah, wie er sich umdrehte und im Flur verschwand. Noch ein lautes Klopfen, und dann war es endgültig Zeit zu gehen.

»Ich komme«, sagte Jack, während er zur Haustür eilte. Er ergriff den Türknauf und hielt dann noch einmal inne, um sich zu sammeln. Er war so gut vorbereitet wie nur möglich. Ironischerweise hatte er vielen seiner Mandanten auf eine sehr kühle und ruhige Art Ratschläge gegeben, wie man sich auf eine Verhaftung vorbereitet; nun erkannte er, daß dies eine jener Situationen war, die man mit noch soviel Vorbereitung nicht vollständig in den Griff bekam.

Er schluckte seine Angst hinunter und öffnete die Tür.

»Manny?« sagte er überrascht.

»Hallo, Jack«, erwiderte Manuel Cardenal, einer der besten Strafverteidiger Floridas. Jack kannte ihn vom Gericht. *Jedermann* kannte Manuel Cardenal vom Gericht. Er hatte seine Karriere vor zwanzig Jahren als Pflichtverteidiger und Spezialist für Mord, Vergewaltigung und Raubüberfälle begonnen und sich als Anwalt der Schuldigen einen Namen gemacht. Die letzten zehn Jahre hatte er für seine eigene Kanzlei gearbeitet, und als Anwalt der Reichen ein Vermögen verdient.

»Was machst *du* hier?« fragte Jack.

»Ich bin dein Anwalt. Darf ich reinkommen?«

»Natürlich.«

Manuel Cardenal trat ins Haus. Er trug einen blauen Zweireiher, schwarze italienische Schuhe und eine farbige Seidenkrawatte mit passendem Tuch, das in seiner linken Brusttasche steckte. Er hielt inne, um sein Äußeres im Spiegel neben der Tür zu begutachten, und war offensichtlich zufrieden. Mit dreiundvierzig war Manny im besten Mannesalter: jüngere Frauen fanden ihn immer noch attraktiv, während sich ältere Frauen von seiner jugendlichen Erscheinung angezogen fühlten. Er hatte ein Lächeln, das von Selbstvertrauen und Abgeklärtheit zeugte, während in seinen Augen der ganze Übermut eines Teenager-Schwarms funkelte. Er trug sein tiefschwarzes Haar glatt nach hinten gekämmt und ohne Scheitel, wie vom Sturm zerwühlt. Er drehte sich um zu dem Mann, der einem wirklichen Sturm entgegensah.

»Ich hab' dir kein Mandat gegeben«, sagte Jack. »Nicht, daß ich etwas dagegen hätte, aber ich kann mir einen wie dich einfach nicht leisten.«

Manny nahm auf der Couch Platz. »Entschuldige, daß ich dir nicht früher Bescheid gesagt habe, aber dein Vater hat mich erst heute morgen gebeten, deine Verteidigung zu übernehmen.«

»Wie bitte?«

»Dein Vater bedauert, daß du seinetwegen leiden mußt.«

»Seinetwegen?«

Manny nickte. »Du hast einen schlimmen Tag vor dir, Jack. Wenn du nicht Harry Swytecks Sohn wärst, würde man dich nicht in Handschellen aus dem Haus zerren und dich in einem Streifenwagen mit Blaulicht abtransportieren. Man würde dich nicht wie einen in flagranti erwischten Crackdealer einsperren und dich zwingen, in einer Zelle auf die Vernehmung zu warten. Man würde dir erlauben, dich freiwillig zu stellen und würde dich nach dem Versprechen, zur Verhandlung zu erscheinen, oder schlimmstenfalls nach Unterzeichnung einer symbolischen Verpflichtungserklärung freilassen. Es geht um Politik«, erklärte Manny, »und dein Vater bedauert das.«

»Willst du damit sagen, daß die Anklage politisch motiviert ist?«

»Nein, das nicht. Aber alles, was danach kommt.«

»Phantastisch ... dann werde ich also von den politischen Gegnern meines Vaters durch die Mühlen der Justiz gejagt.«

»Ich fürchte, ja, Jack. Ich habe den Staatsanwalt angerufen und ihn gefragt, ob du dich nicht ohne großes Aufsehen freiwillig stellen kannst. Keine Chance. Sie wollen ein Spektakel. Sie wollen Publicity. Du bist schon jetzt ein Spielball der Politik. Dein Vater ist sich dessen bewußt. Und er weiß, daß der Ausgang seiner Wahl unmittelbar vom Ausgang deines Prozesses abhängt.«

»Ist *das* der Grund, weshalb du hier bist, Manny?«

»Ich weiß nicht mehr als das, was dein Vater mir erzählt hat, Jack.«

Jack kniff die Augen zusammen und sah Manny prüfend an, als ob er in seinem Gesicht die Wahrheit suchte. »Ich bin nicht dumm, Manny. Und ich kenne meinen Vater. Zumindest kenne ich ihn gut genug, um zu wissen, daß es dabei nicht ausschließlich um Politik geht. Und dich kenne ich auch. Ich glaube nicht, daß ein Mann wie du diesen Fall übernehmen würde, wenn mir mein Vater nicht wirklich helfen wollte. Also was steckt dahinter? Warum kommt ihr mir mit dieser kleinen Farce, damit es so aussieht, als täte mein Vater das alles nur aus politischem Kalkül und nicht für mich? Ist er zu stolz oder zu feige, um mir die Wahrheit zu sagen? Warum zum Teufel kann er nicht einfach mein Vater sein und mir *sagen*, daß er mir helfen will?«

Mannys warme Augen schienen mehr auszudrücken, als er sagte. »Vielleicht sagt er es dir auf diese Weise, Jack.«

Jack schwieg. Mannys Antwort machte ihn nachdenklich.

Ein lautes Klopfen an der Tür unterbrach seine Gedanken. »Machen Sie auf!« kam der Befehl.

Jack und Manny sahen sich an.

»Also, was meinst du, Jack? Tanzen wir?«

Jack atmete tief durch, und auf seinem Gesicht zeigte sich ein dünnes Lächeln. »Tritt mir bloß nicht auf die Füße, Cardenal.« Dann öffnete er die Tür.

»Polizei«, sagte Detective Lonzo Stafford und zeigte seine Marke. Er trug seinen obligatorischen blauen Blazer und auf dem Gesicht ein unverhohlenes Grinsen. Detective Bradley war an seiner Seite. »Sie sind verhaftet«, verkündete Stafford genüßlich, »wegen Mordes an Eddy Goss.«

Jack stand angespannt, aber beherrscht da und schätzte die Situation ab. Manny schien recht zu haben mit seiner Prophezeiung, daß sie ihm die Hölle heiß machen würden. Es war nicht das zurückhaltende, kooperative Auftreten, das er sich erhofft hatte. Sie waren in einem Streifenwagen und nicht in Staffords Zivilfahrzeug vorgefahren, und sie hatten das Blaulicht nicht abgeschaltet – es erleuchtete wirbelnd die ganze Gegend.

Neugierige Nachbarn und eine Meute von Reportern warteten am Ende der Auffahrt, direkt an der Grenze zu seinem Grundstück. Als er in der Tür erschien, hörte er ihr einmütiges »Da ist er«, dann folgte der Beschuß der klickenden Kameras mit Teleobjektiven.

»Sie haben das Recht zu schweigen«, hörte Jack Stafford sagen, doch nahm er die übliche Litanei kaum wahr, bis Stafford zu seinem Kollegen sagte. »Leg ihm die Handschellen an, Jamahl.«

»Was?« sagte Jack ungläubig.

»Leg ihm die Handschellen an«, wiederholte Stafford genüßlich.

»Hören Sie, Detective. Ich bin bereit zu kooperieren –«

»Gut«, schnitt ihm Stafford das Wort ab. »Dann leg sie ihm vorne und nicht hinter dem Rücken an.«

Jack wußte, daß jeder Widerstand zwecklos war. Gehorsam streckte er die Hände vor, und Bradley legte ihm mit einer schnellen Bewegung die Handschellen um die Gelenke.

»Fahren wir«, sagte Stafford.

Jack trat auf die Veranda und drehte sich um, um die Tür zu schließen. Er streckte die rechte Hand aus, der die linke zwangsläufig folgte. Er hielt abrupt inne, als er sah, wie Cindy vom Ende des Flurs aus wie gelähmt und völlig verängstigt auf ihn und seine Handschellen starrte.

»Bleib am Telefon«, rief er ihr zu, nun keineswegs mehr so sicher, daß er schon am Nachmittag wieder zu Hause sein würde. Sie nickte, und er schloß die Tür.

Stafford nahm seinen linken und Bradley seinen rechten Arm, als sie ihn über den gewundenen Pfad zu dem Streifenwagen führten. Er gab sich alle Mühe, nicht besorgt oder beschämt oder, schlimmer noch, schuldig auszusehen. Er wußte, daß seine Nachbarn ihn beobachteten und die Reporter ihre Filmkameras laufen ließen. Er flehte zu Gott, daß Cindy nicht aus dem Fenster sah.

Manny setzte sich nach hinten neben Jack, die Detectives saßen vorne. Während Bradley den Wagen langsam auf die Straße lenkte, drückten Gesichter und die Augen der Kameras gegen die Scheiben, um einen Blick auf den Anwalt zu erhaschen, der angeblich seinen Mandanten umgebracht hatte: es war, als ob Jack in diesem Augenblick jene fünfzehn Minuten des Ruhms erlebte, von denen Andy Warhol gesprochen hat.

In wenigen Minuten erreichten sie das Stadtzentrum, und schon von weitem erkannte man die Menschenmenge vor der Polizeiwache. Reporter, Fotografen und Gaffer standen auf den Stufen der Granittreppe zum Metro-Justice Building wie erwartungsvolle Zuschauer auf der Haupttribüne eines Stadions.

Jack hatte ein mulmiges Gefühl im Magen. Er sah auf die Menschenmenge und dann hinunter auf seine Handschellen. »Können wir die nicht abnehmen?« fragte er und hielt die Hände hoch. »Das ist doch wirklich nicht nötig.«

»Tut mir leid, Herr Rechtsanwalt«, sagte Stafford selbstgefällig. »Keine Vorzugsbehandlung für Strafverteidiger.«

Jack verkniff sich jede Reaktion, denn er wußte, wie sehr Stafford auf irgendeinen Fehler von ihm wartete. Aber er war wütend und mehr als nur ein bißchen verängstigt.

»Sobald wir halten«, sagte Stafford, »steigen wir aus. Wir werden nicht rennen, aber es soll auch kein Spaziergang werden. Bleiben Sie dicht hinter uns. Kapiert, Swyteck?«

Jack schwieg.

»Warum halten Sie nicht einfach den Mund und fahren«, fauchte Manny.

Bradley gab auf den letzten hundert Metern noch einmal Gas und stieg dann auf die Bremse. »Auf geht's!« rief er.

Die Detectives öffneten die Vordertüren, sprangen aus dem Wagen und rissen dann Jacks Tür auf und zogen ihn heraus. Noch bevor Jack den zweiten Fuß auf den Bürgersteig setzen konnte, waren sie von Reportern umringt. Manny und Stafford packten ihn jeweils an einem Ellbogen und schoben ihn vorwärts, aber die Menge drängte sich ihnen entgegen und verwandelte Jack in einen Ball, auf den sich alle Spieler eines Rugbymatchs auf einmal stürzen.

»Weg da!« brüllte Stafford, schob die Reporter beiseite und kämpfte sich mit dem Angeklagten mühsam zu der menschenübersäten Treppe vor, während die Meute sie mit Händen, Kabeln und Mikrofonen attackierte.

»Mr. Swyteck!« brüllte jemand, »werden Sie sich selbst verteidigen?«

Noch mehr Arme, noch mehr Kabel, noch mehr Mikrofone. *Weiterlaufen*, dachte Jack, *einfach weiterlaufen.*

»Mr. Swyteck!« brüllten sie, ohne daß man einzelne Stimmen unterscheiden konnte.

Jack hatte noch nie so bewußt einen Fuß vor den anderen gesetzt, aber es war auch noch nie so wichtig gewesen, vorwärtszukommen.

»Wird das Freedom Institute Sie verteidigen, Mr. Swyteck?« Die Fragen der Reporter hörten nicht auf, doch Jack und seine Begleiter kämpften sich langsam, aber stetig die Granittreppe hoch, vorbei an den Filmkameras, die jede ihrer Bewegungen aufzeichneten.

»Plädieren wir wieder auf Unzurechnungsfähigkeit, Jack?« spottete ein Fotograf, damit Jack in seine Richtung sah.

Stafford schob sie weiter vorwärts durch das Gewirr von Kabeln, Kameras und Leibern. Endlich erreichten sie das Nadelöhr des Eingangs, befreiten sich aus der Umklammerung der wogenden Menge und verschwanden durch die Drehtür.

Nach dem rauhen Lärm der Menge draußen kam drinnen der unaufhörliche Krach einer hektischen Polizeiwache. Die Decke war hier neun Meter hoch wie im Schalterraum einer großen Bank, aber die Glastrennwände mit den Jalousien, die die Halle in einzelne Büros unterteilten, waren nicht einmal drei Meter hoch; von oben mußte der Raum wie ein Labyrinth für Versuchstiere aussehen. Männer und Frauen in dunkelblauen Polizeiuniformen eilten vorüber und warfen einen schnellen Blick auf Detective Staffords jüngsten und größten Fang.

Jack und Manny kannten das alles. Der Anwalt und sein Mandant trennten sich vor dem Raum, in dem Fingerabdrücke und Fotos wie am Fließband hergestellt wurden. Hinein kam man durch die Vordertür als unbescholtener Bürger, und hinaus ging man durch die Hintertür als Verbrecher. Sie würden sich im Gerichtssaal bei der Vernehmung zur Anklage wiedersehen.

»Ich warte auf dich am anderen Ende der Schleuse«, sagte Manny zu seinem Mandanten.

»Gehn wir«, brummte Detective Stafford.

Mannys Blick wurde düster. »Und Stafford«, sagte er, kurz bevor die Tür hinter ihm zufiel – der Detective wandte sich um und sah ihn haßerfüllt an, »wenn Sie glauben, daß Jack Swyteck Sie damals im Zeugenstand schlecht behandelt hat, dann sollten sie erst mal sehen, wie Jacks Anwalt Ihnen das Fell über die Ohren zieht.«

Stafford reagierte stoisch. Er drehte sich um und zerrte Jack fort, zufrieden damit, daß Jack Swyteck, zumindest für den Augenblick, ihm gehörte.

23. Kapitel

Am selben Morgen stand Gouverneur Harold Swyteck auf einem Podium im Hof der alten Gesetzgebenden Versammlung, einem grauen einstöckigen Gebäude mit nostalgischer Kulisse aus Bögen, Säulen und gestreiften Fenstermarkisen. Der Hof war sein bevorzugter Ort für Pressekonferenzen, denn er war groß genug, um jeden aufzunehmen, der daran teilnehmen wollte, doch gleichzeitig klein genug, um die dichte, pulsierende Atmosphäre eines Medienereignisses entstehen zu lassen. Heliumballons in den Farben Rot, Weiß und Blau schmückten Bäume und Zäune. Über allem verkündete ein Banner in knalligen Farben VIER WEITERE JAHRE – eine Botschaft, die mehr beflügelte als ANWALT ALS MÖRDER, SOHN DES GOUVERNEURS

WAR GOSS' LIEBHABER oder all die anderen, jüngst erschienenen Schlagzeilen, die den Gouverneur bei den Meinungsumfragen bedrohlich ins Hintertreffen geraten ließen.

»Ich danke Ihnen für Ihr Kommen«, sagte Harry Swyteck, nachdem er die letzte Frage beantwortet hatte. Kameras klickten, und die Reporter rempelten sich gegenseitig an, als er vom Rednerpult wegtrat und mit seinem Politikerlächeln erst zur einen und dann zur anderen Seite winkte, als ob er jeden persönlich kennen würde.

»Noch eine Frage, Herr Gouverneur«, kam eine freundliche Stimme aus der Menge.

Der Gouverneur reagierte ebenso freundlich, zumal er nun nicht mehr mit einer schwierigen Frage rechnete. »Ja, bitte.«

»Und was ist mit mir?« brüllte der Reporter, den kein Politiker ohne Magenschmerzen verkraftete. Es war David Malone, ein aalglatter, gutaussehender und für seine Skrupellosigkeit bekannter Fernsehreporter, der vorwiegend von Skandalen lebte. Er gehörte zu jener üblen Spezies von Journalisten, die an einem sensationsarmen Abend, mit Videokamera und Mikrofon bewaffnet, in eine Kneipe gehen und aus sechs von ihren Barhockern fallenden betrunkenen Großmäulern den explosiven Kern eines städtischen Aufstands machen, der durch alles mögliche ausgelöst werden konnte, von Rassenproblemen bis zum Goss-Prozeß. Heute jedoch brauchte Malone die Kontroverse nicht zu suchen. Alles, was er brauchte, waren ein paar Minuten direkten Schlagabtauschs mit Jack Swytecks Vater. »Fürchten Sie meine Fragen, Herr Gouverneur?«

Harry Swyteck duckte sich innerlich. Malone hatte sich während der Pressekonferenz durch die Menge bis nach vorne gearbeitet, und der Gouverneur hatte ihn einfach ignoriert. Doch er konnte nicht vor jemandem weglaufen, der ihn öffentlich als Feigling bezeichnet hatte. »Eine kurze«, willigte er ein. »Wie lautet Ihre Frage, Mr. Malone?«

Endlich am Ziel, leuchteten Malones Augen auf. »In Ihrem Wahlkampf vor vier Jahren«, las er von seinem zerfledderten Spiralblock ab, »haben Sie einen knallharten Wahlkampf für Recht und Ordnung geführt. Vor allem versprachen Sie, die Todesstrafe – ich zitiere wörtlich – ›ohne Wenn und Aber‹ anzuwenden.«

»Wie lautet Ihre Frage?«

»Meine Frage, Sir, lautet: Beabsichtigen Sie, sich auch in der nächsten Amtsperiode an dieses Versprechen zu halten?«

»Ich habe alle meine Wahlversprechen gehalten. Und das werde ich auch nach meiner Wiederwahl tun. Danke.« Als er geendet hatte, wandte er sich vom Rednerpult ab, um zu gehen.

»Genauer gesagt«, hakte Malone mit erhobener Stimme nach, »wenn die Geschworenen Jack Swyteck wegen Mordes verurteilen, werden Sie dann sein Todesurteil unterschreiben?«

Der Gouverneur erstarrte mitten in der Bewegung. Sein aufgesetztes Lächeln verschwand, und seine Augen flackerten vor Wut. Aber Malone wartete auf Antwort. »Die Antwort«, sagte der Gouverneur, »ist definitiv nein.«

»Warum nicht?«

Der Gouverneur warf seinem Fragesteller einen haßerfüllten Blick zu. »Weil Jack unschuldig ist. Und ich würde nie einen Unschuldigen hinrichten lassen.«

»Woher wissen Sie das?«

»Ich weiß, daß mein Sohn kein Mörder ist.«

»Nein«, sagte Malone. »Ich meinte, woher wissen Sie, daß Sie nicht schon einmal einen Unschuldigen hinrichten ließen?«

Der Gouverneur starrte den Reporter drohend an, aber sein Auge zuckte nervös. Ein Zeichen von Schwäche, folgerte Malone.

»Zunächst einmal«, sagte der Gouverneur, »haben sich die meisten zu ihrer Schuld bekannt, bevor –«

»Nicht alle.«

»Nein, aber –«

»Was ist mit denen, die nicht gestanden haben? Was ist mit denen, die bis zum Ende gekämpft haben? Was ist mit den Jungs, die bis zum Schluß ihre Unschuld beteuerten?«

»Was ist mit Raul Fernandez«, brüllte jemand von hinten.

Der Gouverneur erstarrte. Er hatte den Namen nicht mehr gehört, seit ihm sein Erpresser gedroht hatte – seit dem Tod von Eddy Goss. Er versuchte herauszufinden, wer die Frage gestellt hatte, aber die Gesichter waren in der Menge nicht genau zu erkennen.

»Ja, was ist mit Fernandez?« griff Malone die Frage auf. Ganze Heerscharen von Reportern senkten ihre Köpfe, um sich den Namen zu notieren.

Der Gouverneur trat nervös von einem Fuß auf den anderen. Er hatte keine Ahnung, wer Fernandez' Namen gerufen hatte, doch argwöhnte er, daß Malone mit der Art, wie er seine Fragen gestellt hatte, diesen Eklat bewußt herbeigeführt hatte. »Ich bedaure. Ich werde heute nicht auf einzelne Fälle eingehen, und ich werde ebensowenig den Fall meines Sohnes diskutieren. Es ist einfach nicht der geeignete Augenblick. Das ist alles für heute«, sagte er und ging auf den Ausgang zu.

»Herr Gouverneur!« riefen andere im Chor, in der Hoffnung auf einen Nachschlag. Aber er hatte seine Konzentration verloren. Es würde keine weiteren Fragen geben. »Ich danke Ihnen«, sagte er mit erhobener Hand, während er die Tribüne über eine Seitentür verließ und in einem Privatraum verschwand.

Der Berater des Gouverneurs war schon zur Stelle, um ihn zu begrüßen und um die Tür vor der nachdrängenden Presse zu schließen. Harry wischte sich kleine Schweißperlen von der Stirn, erleichtert, daß er die Pressekonferenz hinter sich hatte.

»Ist gut gelaufen, fand ich«, sagte Campbell, während er seinem Chef ein kaltes Getränk reichte. Der Gouverneur schluckte die Cola hinunter, aber er reagierte nicht. »Bis auf den kleinen Schlagabtausch wegen Ihres Sohnes«, fügte Campbell hinzu. »Ich sage Ihnen, Ihr Sohn bringt sie noch um, Sir. Wir haben uns heute morgen wieder die neuesten Meinungsumfragen angesehen. Sie haben noch einen Punkt verloren und –«

Campbell fuhr mit seiner Litanei fort, doch der Gouverneur hörte nicht mehr zu. Er blickte aus dem Fenster, auf seltsame Weise amüsiert über die groteske Situation. Es schien, als ob Jack ständig beschuldigt würde, jemanden umzubringen. Seinen Vater. Seinen Mandanten. Und vor langer Zeit, an einem Tag, den Harold Swyteck nie vergessen würde – seine eigene Mutter. Es war fünfundzwanzig Jahre her, als Agnes, in betrunkenem Zustand, diese Beschuldigung erhoben hatte, und dann, um den Jungen vollends zu verwirren, von Harry verlangte, daß er sich diesem Urteil anschloß. Harrys eigene Rolle bei diesem häßlichen Zwischenfall war jedoch die schlimmste gewesen, denn er hätte Jack bloß in die Augen sehen und ihm sagen müssen, daß er keine Schuld hatte.

»Jack bringt niemanden um«, sagte Harry plötzlich mit lauter Stimme. Campbell schien verblüfft. Interessiert beobachtete er, wie sich der Gouverneur wieder in seine Gedanken verlor.

»Ich habe *ihn* umgebracht«, sagte Harry schließlich leise. »Durch mein Schweigen – vor langer Zeit.«

Campbell wollte schon etwas dazu sagen, aber der Gouverneur kam schnell auf ein anderes Thema zu sprechen – auf jemanden, den er möglicherweise *wirklich* umgebracht hatte. »Wer war der Reporter, der den Namen Raul Fernandez gerufen hat?« fragte er in bemüht beiläufigem Ton.

»Das weiß ich nicht. Ich habe sofort einen Sicherheitsbeamten auf ihn angesetzt, aber er war längst abgetaucht, bevor irgend jemand wirklich wußte, was geschah. Soll ich der Sache weiter nachgehen?«

»Nein«, sagte Harry ein wenig zu energisch. Das letzte, was er wollte, war, daß jemand anderes in der Sache herumstocherte. »Das ist der Mühe nicht wert«, fügte er in sachlicherem Ton hinzu. Dann ging er ans Fenster und seufzte. »Könnten Sie mir bitte ein paar Minuten Zeit lassen?«

Campbell nickte verständnisvoll. »Ich bin im Wagen«, sagte er und ging.

Harry ließ sich in einen Sessel sinken. Er war von den Fragen nach Fernandez immer noch schwach in den Knien. *War er vielleicht wieder aufgetaucht?* Die Chrysanthemen hatten ihn glauben lassen, daß Goss der Erpresser war. Und da er seit dem Mord an Goss nichts mehr von dem Mann gehört hatte, war er überzeugt gewesen, daß er recht hatte. Aber für einen Zufall schien ihm das Ganze zu merkwürdig. Derjenige, der Fernandez' Namen gerufen hatte, konnte kein Zwischenrufer gewesen sein oder jemand, der mit dem Namen zufällig ins Schwarze getroffen hatte. Und Malones Fragen hatten ganz bewußt in diese Richtung gezielt. Ihn schauderte bei dem Gedanken: Nicht nur war sein Erpresser wieder aufgetaucht, sondern einer der niederträchtigsten Fernsehreporter Floridas wußte auch etwas von der Sache.

Nur keine überstürzten Schlußfolgerungen, sagte er sich. Die Hinrichtung von Fernandez war die umstrittenste Exekution seiner Amtszeit gewesen. Ein Reporter oder ein Protestierer mußten nicht unbedingt etwas *wissen*, um einen Vergleich zwischen der Hinrichtung seines Sohnes und der Hinrichtung eines Mannes zu ziehen, der bis zum Ende seine Unschuld beteuert hatte. Es lag durchaus im Bereich des Möglichen, daß es sich bei dem Zwischenruf um einen Zufall gehandelt hatte – daß Goss tatsächlich der Erpresser gewesen war und daß sein Erpresser tot war. Dann fiel ihm ein, daß es eine Möglichkeit gab, sich Gewißheit zu verschaffen: Als er zum erstenmal überfallen worden war, hatte sein Angreifer gesagt, er sei der Mann, der in der Nacht vor Fernandez' Hinrichtung in Gegenwart von Jack ein Geständnis abgelegt habe. Jack würde wissen, ob es sich bei diesem Mann um Goss gehandelt hatte.

Jetzt mußte er nur noch darüber nachdenken, wie er Jack dazu bewegen konnte, ihm mitzuteilen, was er wußte.

24. *Kapitel*

»Der *Staat* gegen Swyteck«, verkündete endlich der Gerichtsdiener und beendete damit Jacks eineinhalbstündiges Warten in der Zelle. Der höhlenartige Gerichtssaal füllte sich mit Leben, als Manuel Cardenal seinen Mandanten an dem Seiteneingang für Häftlinge empfing und mit ihm über den Marmorboden zu einem Mahagonipodium ging, wo sie dem Richter gegenüberstanden. Scharen von Reportern und neugierige Zuschauer beobachteten von ihren Plätzen aus, wie der des Mordes an dem schändlichen Eddy Goss angeklagte Jack Swyteck mit gesenktem Haupt und starr nach vorne gerichtetem Blick an ihnen vorbeilief. Und Jack mußte in diesem Augenblick tatsächlich an Goss denken. Die ganze Szene erinnerte ihn auf schmerzliche Weise an Goss' Vernehmung zur Anklage; damals hatte er den geständigen Mörder zu demselben Podium begleitet, um auf »nicht schuldig« zu plädieren. Jetzt, da Jacks eigener Prozeß begann, war es deutlicher denn je, daß ein simples »nicht schuldig« keineswegs Unschuld bedeutete. Unschuld war ein moralisches Urteil – eine Gewissensfrage zwischen einem Sterblichen und seinem Schöpfer. »Nicht schuldig« war eine formaljuristische Aussage, die öffentliche Erklärung des Angeklagten, daß er auf seinem verfassungsmäßig verbrieften Recht bestehen würde, das vom Staatsanwalt den zweifelsfreien *Beweis* der Schuld verlangte.

Manuel Cardenal schien ein Gespür für diesen feinen Unterschied zu haben. »Mein Mandant ist mehr als nicht schuldig«, verkündete er dem Richter. »Jack Swyteck ist *unschuldig.*«

Die Stirn gerunzelt und die buschigen weißen Augenbrauen hochgezogen, blickte der bleiche, alte Richter über den Rand seiner Brillengläser auf den Anwalt hinunter. Er mochte keine Strafverteidiger, die sich für die Unschuld ihrer Mandanten verbürgten, aber er wollte die Sache auch nicht aufbauschen. »Notieren Sie Antrag auf Abweisung der Klage mit der Begründung ›nicht schuldig‹«, wies er den Protokollführer an. »Und, Mr. Cardenal«, sagte er in scharfem Ton, den Hammer bedrohlich gegen den Anwalt gerichtet, »sparen Sie sich Ihre Reden für die Pressekonferenz auf.«

Manny lächelte in sich hinein.

»Da ist auch noch die Frage der Kaution, Euer Ehren«, kam eine tiefe, gereizte Stimme von der anderen Seite des Raums. Es war Wilson McCue, der Staatsanwalt, wie immer in seinem dreiteiligen Anzug. Sein dickes Gesicht war fast so rund wie seine randlose Brille, und von seiner Westentasche her spannte sich eine schwere goldene Kette über den hervortretenden Bauch. Jack wußte, daß der alternde Staatsanwalt selbst bei Hauptverhandlungen nur noch selten agierte; ihn bei einer Routineangelegenheit wie einer Vernehmung zur Anklage zu sehen, kam ihm deshalb ein wenig so vor, als ob ein General kurz vor dem Ruhestand noch einmal an der Front auftauchte. »Die Regierung«, fuhr McCue in seinem tiefen, schleppenden Tonfall fort, »ersucht das Gericht, die Kaution auf –«

»Ich bin mit dem Fall vertraut«, unterbrach der Richter, »und ich kenne den Angeklagten. Mr. Swyteck ist kein Unbekannter in den Räumen des Strafgerichts. Die Kaution wird auf hunderttausend Dollar festgesetzt. Der nächste Fall«, verkündete er mit einem Hammerschlag.

McCues Kiefer sackte nach unten, denn er war es nicht gewöhnt, so kurz abgefertigt zu werden, nicht einmal von Richtern.

»Danke, Euer Ehren«, sagte Manny.

Jack ging schnell durch den Gerichtssaal zu dem Protokollführer, ein weiterer Schritt im gewohnten Ablauf der Dinge. Gott sei Dank hatten die Politiker den Richter nicht dazu gedrängt, die Stellung einer Kaution abzulehnen. Das einzige, was ihm jetzt noch zu tun blieb, um sich wieder frei bewegen zu können, war die Verpfändung seines gesamten weltlichen Besitzes an José Restrepo-Merono, dem ein Meter fünfzig großen, zwei Zentner schweren puertorikanischen Präsidenten der Firma F. Lee Bail-Me, Inc. – dem einzigen gewerblichen Kautionsbürgen mit Sinn für Humor.

Dann kehrte er noch einmal für etwa eine Stunde in seine Zelle zurück, während Mannys Assistent die Formalitäten der Kautionsstellung erledigte. Am späten Nachmittag wurde er freigelassen, und er war froh, daß er die Nacht in seinem eigenen Bett verbringen konnte. Weil er keinen Wagen hatte, war vereinbart worden, daß Mannys Assistent vorfahren und Jack nach Hause bringen sollte; wenn er auf ein Taxi wartete, würden ihn die Reporter bestürmen, um ihm irgendeinen Kommentar zu entlocken, der ihnen die Sensationsmeldung garantierte. Doch schließlich war es Manny selbst, der am Steuer seines Jaguars vorfuhr. Sein Gesichtsausdruck sagte Jack, daß er nicht nur Chauffeur spielte.

»Steig ein«, sagte Manny ernst, als Jack die Tür öffnete.

Jack setzte sich auf den Beifahrersitz, und Manny lenkte den Wagen in den Feierabendverkehr.

»Dich habe ich eigentlich nicht erwartet«, sagte Jack.

»Dein Vater hat mich angerufen«, erwiderte Manny, als ob das allein schon ausreichte, um sein Erscheinen zu erklären. Er blickte kurz von der Straße zu Jack hinüber, um zu sehen, wie er reagierte. »Er hat mir von Raul Fernandez erzählt. Ich habe alles über deine Bitte um einen Vollstreckungsaufschub und über seine Reaktion erfahren.«

Jack kochte innerlich, aber er sagte nichts. Statt dessen bemühte er sich krampfhaft, aus dem Fenster zu schauen.

»Okay«, sagte er schließlich, »jetzt kennst du also das Geheimnis der Familie Swyteck. Wir verteidigen nicht nur Schuldige, sondern wir lassen auch Unschuldige hinrichten.«

Manny fuhr um eine Ecke und lenkte dann den Wagen in eine Parklücke unter einem schattigen Baum. Er wollte seinen Mandanten beim Reden direkt ansehen. »Ich weiß nicht alles, Jack. Ich weiß nur, was dein Vater über diese Nacht weiß. Und ihm fehlt eine ganz wichtige Information. Deshalb möchten wir beide wissen, ob an dem Fall noch mehr dran ist als nur die Frage, ob Jack Swyteck Eddy Goss umgebracht hat. Er und ich, wir *beide* wollen eine direkte Antwort von dir: Ist Raul Fernandez für Eddy Goss gestorben?«

»Was?« fragte Jack völlig verwirrt.

»War der Kerl, der dich in der Nacht vor Fernandez' Hinrichtung aufsuchte und den Mord gestand, Eddy Goss? War Raul Fernandez unschuldig und Eddy Goss schuldig?«

»Wie kommst du denn –« Jack hielt inne, um sich zu beruhigen. »Hör zu, Manny, wenn mein Vater reden will, dann rede *ich* mit ihm. Fernandez ist eine Sache zwischen ihm und mir. Das hat nichts damit zu tun, daß du mich in der Mordsache Goss vertrittst.«

»Irrtum, Jack. Es könnte direkt mit dem Mord an Eddy Goss zusammenhängen. Denn es steht in direktem Zusammenhang mit deinem Motiv, Eddy Goss zu töten – oder ›hinzurichten‹. Du darfst Wilson McCue auf keinen Fall die Möglichkeit geben, diese Theorie zu nähren, bevor ich es tue. Also antworte mir, Jack. Sag mir die Wahrheit.«

Jack sah Manny direkt in die Augen. »Die Wahrheit, Manny, ist, daß ich Eddy Goss nicht ermordet habe. Und was den Mann anbetrifft, der in der Nacht vor Fernandez' Hinrichtung zu mir kam, so kann ich dir nur sagen, daß ich nicht weiß, wer er war. Der Kerl hat mir nicht gesagt, wie er heißt, und er hat mir sein Gesicht nicht gezeigt. Aber eins weiß ich sicher: Es war *nicht* Eddy Goss. Die Augen sind anders, die Statur ist anders, die Stimme ist anders. Es ist einfach eine *andere Person.*«

Manny atmete tief durch, wandte den Blick ab und nickte dann zufrieden. »Danke. Ich weiß, daß das kein leichtes Thema für dich ist. Und ich bin froh, daß du mir die Wahrheit gesagt hast.«

»Vielleicht ist es Zeit, daß ich meinem Vater auch mal die Wahrheit sage. Ich glaube, er und ich sollten endlich miteinander reden.«

»Ich rate dir, das nicht zu tun, Jack.«

»Glaubst du nicht, daß das eine persönliche Entscheidung ist?«

»Vom juristischen Standpunkt aus muß ich dir *dringend* abraten, mit deinem Vater zu sprechen. Ich will nicht, daß du mit irgend jemandem redest, der deine Fähigkeit, als Zeuge in eigener Sache aufzutreten, in Frage stellen könnte. Und mit deinem Vater zu sprechen ist sehr riskant.«

»Was willst du damit sagen?«

Manny wog seine Worte sorgfältig ab. »Direkt nachdem ich mit deinem Vater sprach«, begann er, »hatte ich so ein unbehagliches Gefühl. Es war nur ein Gefühl, aber wenn man so lange im Geschäft ist wie ich, folgt man seinem Instinkt. Deshalb habe ich noch einmal einen Blick in die Polizeiakte geworfen.«

»Und?«

»Ich habe gar nichts Besonderes gesucht. Aber ich bemerkte, daß der Polizeibericht einen einzelnen Fußabdruck direkt vor Goss' Wohnung erwähnt. Er stammt nicht von dir, und er stammt nicht von Eddy Goss. Er stammt von jemand anderem. So, und das ist erst einmal ein klares Plus für uns, weil es uns helfen kann zu beweisen, daß noch jemand anderes am Tatort war. Aber was mir Sorgen bereitet, ist, daß der Fußabdruck sehr deutlich ist.« Er seufzte. »Er ist von einem Wiggins wing tip.«

Jack wurde kreidebleich. Er sagte nichts, aber Manny las die Botschaft in seinem Gesicht.

»Wie lange trägt dein Vater schon Wiggins wing tips, Jack?«

»Solange ich denken kann«, sagte Jack ungläubig. »Aber du glaubst doch nicht allen Ernstes, daß mein Vater –«

»Ich weiß nicht, was ich glauben soll. Da war nur so etwas Eindringliches in der Stimme deines Vaters, so ein merkwürdiger Ton, der mir Sorgen macht. Ich weiß nicht, ob er mir irgend etwas verschweigt. Doch eins weiß ich: Ich will nicht, daß mein Mandant mit ihm spricht. Ich kann nicht riskieren, daß er dir etwas gesteht, und dann kannst du nicht in den Zeugenstand treten, aus Angst, deinen eigenen Vater zu belasten. Oder, schlimmer noch, ich will nicht, daß du im Zeugenstand ausweichende Antworten gibst, weil du versuchst, deinen Vater zu decken. Ich möchte also, daß du dich so weit wie möglich von ihm fernhältst, bis ich der Sache auf den Grund gegangen bin. Gibst du mir dein Wort darauf?«

Jack fühlte sich elend. Doch er wußte, daß Manny recht hatte. Die Notwendigkeit einer klaren, unparteiischen Sicht der Dinge, wie sie sich hier zeigte, war genau der Grund, weshalb Anwälte sich nie selbst verteidigen sollten. Er brauchte jemanden wie Manny, der persönliche Dinge ausklammerte, um ihn klug beraten zu können. »In Ordnung«, sagte er einsichtig. »Ich habe seit zwei Jahren nicht mehr mit meinem Vater gesprochen. Da kann ich jetzt auch noch ein bißchen länger warten. Du hast mein Wort.«

25. Kapitel

Als Jack am nächsten Morgen aufwachte, dachte er sofort wieder an die Unterhaltung mit Manny. Er ließ sich alle möglichen Hypothesen durch den Kopf gehen, aber er konnte sich nicht erklären, wieso sein Vater in den Mordfall Goss verstrickt sein sollte. Es ergab einfach keinen Sinn. Er mußte einige Antworten finden, und er wußte, daß er sie nicht fand, wenn er nur im Haus herumsaß.

So warf er sich, nachdem er geduscht und hastig einen Kaffee getrunken hatte, in Jackett und Krawatte und fuhr zum Polizeirevier. Gegen zehn Uhr kam er in der Aktenabteilung an und bat die Frau an der Ausgabe, ihm die Untersuchungsakte »*Staat* gegen *Swyteck*« herauszusuchen. Er wollte selbst sehen, was es mit diesem einzelnen Fußabdruck auf sich hatte.

Nur die Polizei, der Staatsanwalt, der Angeklagte oder der Anwalt des Angeklagten hatten Akteneinsicht bei einem schwebenden Mordverfahren, aber Jack hatte als Anwalt des Freedom Institute so oft Akten eingesehen, daß er der Frau an der Ausgabe nicht einmal seinen Ausweis zu zeigen brauchte. Er setzte nur seine Unterschrift und seine Zulassungsnummer in die Liste. Aus Neugier überprüfte er, wer seine Akte sonst noch eingesehen hatte. Detective Stafford und sein Assistent natürlich ... Manny war zweimal dagewesen, erst gestern ... und noch jemand war dagewesen: Richard Dressler, ein Anwalt.

Da er noch nie von einem Anwalt namens Richard Dressler gehört hatte, fragte er die Frau, wer das sei.

»Machen Sie sich lustig über mich, Mr. Swyteck?« sagte die junge schwarze Frau hinter der Theke. Sie hatte große mandelförmige Augen und glattgekämmtes schwarzes Haar mit einer orangeroten Strähne an einer Seite. Außer Jack war sie die einzige Person in dem hektischen Revier, die keine Polizeiuniform trug, und sie war die einzige Person, die er je mit zehn verschiedenen funkelnden Kunstwerken auf fünf Zentimeter langen Fingernägeln aus Acryl gesehen hatte. »Richard Dressler ist ein Anwalt«, erklärte sie Jack und sah ihn dabei an, als ob er senil sei. »Er sagte, er sei *Ihr* Anwalt.«

Jack war völlig verblüfft, aber er setzte sein bestes Pokergesicht auf. »Ach, wissen Sie«, sagte er kopfschüttelnd und mit einem Lächeln, »mein Anwalt hat so viele junge Anwälte, die ihm bei dem Fall helfen, daß ich mir ihre Namen gar nicht alle merken kann. Dressler ...« sagte er, als versuchte er sich an den Mann zu erinnern. »Ziemlich groß – richtig?«

Sie verdrehte nur die Augen. »Ich weiß nicht, wie er aussah«, sagte sie, während sie mit einem kleinen Zierstein hantierte, der sich von ihrem Daumennagel gelöst hatte. »Hier kommen jeden Tag fünfhundert Leute durch.«

Jack nickte bedächtig. Er wollte unbedingt mehr über diesen Richard Dressler wissen, aber das letzte, was er wollte, war, mitten im Polizeirevier – tief im Feindesland – Aufsehen zu erregen. Er hatte einen Einfall. »Ich hab' es mir anders überlegt«, sagte er, während er ihr die Akte über den Tisch zuschob. »Trotzdem vielen Dank. Ich sehe das ein andermal nach.«

»Wie Sie möchten«, sagte sie mit einem Achselzucken.

Er verließ das Gebäude und ging zu einer Telefonzelle an der Ecke. Beim Informationsdienst der Anwaltskammer von Florida erkundigte er sich nach Richard Dressler.

»Mr. Dresslers Kanzlei ist in Tampa, Florida, Kennedy Boulevard fünf null eins«, wurde ihm bereitwillig Auskunft erteilt.

Verdammt weit weg von Miami. »Und was ist sein Gebiet? Ist er Strafverteidiger?«

»Mr. Dressler ist zugelassener Anwalt für Vermögensrecht. Brauchen Sie eine Liste von Strafverteidigern in der Gegend, Sir?«

»Nein, danke schön. Das ist alles, was ich brauche.« Langsam legte er den Hörer auf und lehnte sich völlig verwirrt gegen den Apparat. Warum sollte ein Anwalt für Vermögensrecht dreihundert Meilen von Tampa herunterkommen, um eine Polizeiakte in Miami einzusehen? Und warum sollte er sich als Jacks Anwalt ausgeben? Jack fiel kein Grund ein – zumindest kein vernünftiger Grund. Er schüttelte den Kopf und lief dann zu seinem Wagen zurück. Er dachte wieder an den einzelnen Fußabdruck, um dessentwillen er die Polizeiakte zunächst hatte einsehen wollen. Er fragte sich, ob Dressler sich auch für die Wiggins wing tips interessiert hatte.

26. *Kapitel*

Harry Swyteck mochte die Ausdrucksweise seines Wahlkampfmanagers mißfallen haben, aber wenn Jack ihn auch nicht wirklich »umbrachte«, so war doch das Aufsehen, das der Prozeß erregte, für seinen Wahlkampf alles andere als hilfreich. Es war erst August, und die im November stattfindenden Wahlen waren noch weit genug entfernt, daß man die abfallende Sympathiekurve bei den Meinungsumfragen als atmosphärische Störung und nicht als wirkliche Meinung des Volkes interpretieren konnte. Doch der Gouverneur gehörte nicht zu denen, die einfach nur untätig herumsaßen und darauf warteten, daß die Dinge sich änderten. Eine Reise war angebracht – eine jener Blitztouren durch den Staat, die ihm Gelegenheit geben würde, Hände zu schütteln und in persönlichen Begegnungen mit Rotariern, Rittern des Ordens vom Heiligen Grab und praktisch jeder anderen Gruppe, die für ein Frühstück oder ein Diner einen Redner brauchte, Gelder für seinen Wahlkampf locker zu machen.

Den ersten von vielen Fünfzehnstundentagen auf der Vortragsreise beendete er um halb zehn Uhr abends und zog sich in sein Motelzimmer zurück. Das Thunderhead-Motel war eines jener an der Straße gelegenen Etablissements, die jeder Reisende kennt, der schon einmal gezwungen war, die Nacht in einer kleinen Stadt zu verbringen. Vor dem Schlafengehen aß man im Denny's gegenüber der Bowlingbahn, dem besten Restaurant am Platz. Das Motel war ein langer schmaler einstöckiger Bau, die Fenster lagen auf der einen Seite zum Parkplatz hin, auf der anderen Seite zu einem algenverseuchten Swimmingpool. Die Zimmer zum Parkplatz grenzten jedoch nicht direkt an die Zimmer zum Swimmingpool. Zwischen ihnen gab es einen Gang, der vorwiegend vom Reinigungspersonal und von anderen Hotelangestellten benutzt wurde. Das alles war an sich nicht bemerkenswert, wenn man nicht zusätzlich über die Information verfügte, daß die Wände im Gang aus hauchdünnen Fasergipsplatten bestanden und daß Angestellte bisweilen Löcher hineinbohrten, um ihre perverse Neugier zu befriedigen.

Harry war sich dieser Tatsache nicht im geringsten bewußt, als er sich in seinem Zimmer im ersten Stock auszog und in die Badewanne stieg, um eine schöne heiße Dusche zu nehmen. Die schäbige Blümchentapete in Braun, Orange und Gelb machte es unmöglich, irgendwelche Löcher in der Wand zu entdecken, die das Badezimmer vom Gang trennte. Aber es gab ein kleines Loch direkt neben dem Handtuchhalter, das einen vollen Blick auf die linke Gesichtshälfte des Gouverneurs ermöglichte. Zwanzig Zentimeter darunter war ein größeres Loch, in dem der Lauf eines Revolvers, Kaliber 38, steckte, der direkt auf das Ohr des Gouverneurs gerichtet war.

»Keine Bewegung«, kam eine gedämpfte Stimme von der anderen Seite der Badezimmerwand.

Der Gouverneur war erschrocken und gleichzeitig verwirrt, als sich der Klang einer fremden Stimme in das Geräusch des fließenden Wassers mischte. Als er den Lauf der Waffe sah, erstarrte er.

»Ein Mucks und ich knall' dich ab«, kam eine zweite Warnung, dann wurde der Hahn gespannt. »Du weißt, daß ich es ernst meine. Die Stimme kennst du doch, mein Freund, oder?«

Auf dem Körper des Gouverneurs, unter der Seife und dem Schaum, bildete sich plötzlich eine Gänsehaut. Natürlich kannte er die Stimme. »Sie leben noch?« sagte er mit einer Mischung aus Angst und Erstaunen. Es war also nicht Eddy Goss gewesen, der ihn erpreßte; und es konnte auch nicht Eddy Goss gewesen sein, der vor Jack ein Geständnis abgelegt hatte. »Warum sind Sie hier?«

»Ich wollte dir nur mitteilen, daß ich es war, der dir die Pressekonferenz versaut hat, Gouverneur.«

Harry schluckte. »Und was ist mit dem Reporter – Malone? Was weiß der?«

»Einen Scheißdreck weiß der. Ich hab' ihm nur erzählt, daß Fernandez unschuldig war. Sonst nichts. Gerade genug, um dir klar zu machen, daß ich es ernst meine, wenn ich sage, daß ich die Presse einschalte. Ich hab' ihm keine Beweise gezeigt – *noch* nicht.«

Der Gouverneur zitterte. Er brachte kaum den Mut für die nächste Frage auf, aber er mußte sie stellen. »Haben Sie ihm erzählt, daß man mir gesagt hat, daß Fernandez unschuldig ist, bevor –« er machte eine Pause –, »bevor er hingerichtet wurde?«

»Nein. Aber das werde ich tun, mein Freund. Wenn du nicht zahlst.«

»Sie haben schon zehntausend.«

Der Spott war trotz des immer noch herunterprasselnden Wassers aus der Dusche zu hören. »Du hast mich gelinkt mit der letzten Rate. Du bist den ganzen Weg bis zu Goss' Wohnung gegangen, wie ich es dir gesagt habe. Ich hab' gesehen, wie du bis zu der verdammten Tür gegangen bist. Und dann hast du Schiß gekriegt. Du hast dich umgedreht und bist wieder gegangen. Leider hast du mein Geld nicht dagelassen. Und jetzt, mit Zinsen und allem, würde ich sagen, du schuldest mir aufgerundet fünfzig Riesen.«

»Fünfzigtausend! Ich habe keine –«

»Erzähl mir keine Märchen!« sagte er barsch. »Du und die reiche Societynutte, die du geheiratet hast, ihr habt genug. Und du wirst es mir geben. Vergiß nicht, Gouverneur. Ich hab' unsere letzte Unterhaltung immer noch auf Band. Kein Geld, und das Band geht sofort an Malone – zusammen mit dem Beweis, daß Fernandez unschuldig war. Verstanden?«

Stumm vor Angst und schierem Unglauben, daß ihm so etwas tatsächlich passieren konnte, stand der Gouverneur unter der Dusche; das Wasser prasselte noch immer auf seinen Körper.

»Hast du verstanden?«

Der Gouverneur drehte den Blick langsam zu der Waffe. »Aber dann ist Schluß, ja? Das ist die letzte Rate.«

»Deshalb sind es ja fünfzig Riesen, mein Freund. Ich will den ganzen Kuchen auf einmal. Also halt endlich dein Maul und hör zu. Weil das die letzte Rate ist, will ich, daß du einen Blumenstock kaufst – Chrysanthemen, um genau zu sein. Nimm einen mit einem schönen großen Topf. Leg das Geld in den Topf. Und nur zum Spaß legst du deine Schuhe auch noch mit rein – diese Wiggins wing tips, die du so gern trägst. An diesem Freitag, um sieben Uhr abends, bringst du das Ganze zum Memorial-Friedhof in Miami. Reihe zwölf, Parzelle zweihundertzweiunddreißig, im Westteil. Stell den Stock genau dort ab. An der flachen Gedenktafel.«

»Wie finde ich Parzelle zweihundertzweiunddreißig? Wer ist da begraben?«

»Es ist ein neues Grab. Du kennst den Namen.«

»Eddy Goss?« fragte der Gouverneur hastig.

»Raul Fernandez, du Arschloch.«

Der Lauf des Revolvers verschwand plötzlich aus dem Loch,

und die schnellen Schritte sowie das Geräusch einer zuschlagenden Tür signalisierten dem Gouverneur, daß er seinen Erpresser los war – fürs erste.

27. Kapitel

Zwei Stunden nachdem Jack um Einsicht in seine Akte gebeten und die Auskunft über Richard Dressler erhalten hatte, traf er sich mit Manny zu einer Lagebesprechung in dessen Kanzlei. Manny wußte nichts über Dressler. Er hatte die Polizeiakte eingesehen, bevor dieser Name in die Liste eingetragen worden war. Er wußte ungefähr soviel, wie man von jemandem erwarten konnte, der erst achtundvierzig Stunden zuvor ein Mandat übernommen hatte und der sich mit dem bißchen begnügen mußte, was die Akte und ein kurzes Gespräch mit Jack nach der Vernehmung zur Anklage hergaben. Jack hatte viel zu erzählen, und er war gespannt, wie Manny den Fall beurteilen würde. Aber nach einem kurzen Resümee der wichtigsten Fakten und auf die Gefahr hin, sich anzuhören, wie so viele seiner schuldigen Mandanten am Institute, die nicht schnell genug ihre Unschuld beteuern konnten, mußte er zur Sache kommen.

»Ich bin reingelegt worden«, sagte er.

»Whoa«, sagte Manny halb im Scherz. »Bist du jetzt schon paranoid?«

»Das ist keine Paranoia. Ich rede von Tatsachen, Manny. Irgend jemand wollte, daß ich glaubte, Goss sei hinter mir her. Warum hätte man mir sonst einen Wegweiser zu Goss' Wohnung zukommen lassen? Warum sonst hätte man die Chrysantheme unter Cindys Kopfkissen gelegt, als ich die Nacht bei Gina Terisi verbrachte? Spätestens an dem Punkt hätte gerade ich erkennen müssen, daß es nicht Goss war, der mich schikanierte. Goss hinterließ niemals Blumen. Seine Signatur waren *Samen.* Er stellte diese perverse Verbindung zwischen den Samen der Chrysantheme und seinem eigenen Samen her. Er war zwar ein Verrückter, aber in bezug auf seine Signatur war er konsequent.«

»Also irgend jemand wollte, daß du glaubst, Goss sei hinter dir her«, sagte Manny, um den Faden weiterzuspinnen. »Warum?«

»Ich weiß nicht genau, warum. Wahrscheinlich, weil man vorhatte, ihn umzubringen. Und es sollte so aussehen, als ob ich es getan hätte. Deshalb ist auch in meiner Autowerkstatt plötzlich dieser Schalldämpfer aufgetaucht. Irgend jemand muß ihn da reingeschmuggelt haben.«

Manny strich sich nachdenklich übers Kinn. »Und warum sollte dir jemand den Mord an Eddy Goss anhängen wollen?«

»Auch das weiß ich nicht«, sagte Jack achselzuckend. »Vielleicht aus Rache, weil ich Goss freibekommen habe. Ein Freund des Opfers oder irgend so jemand. Vielleicht sogar ein Bulle. Alle Anwälte vom Freedom Institute haben reichlich Feinde bei der Polizei. Und wir haben schon diesen Anrufer, der direkt nach dem Mord an Eddy Goss einen Uniformierten am Tatort gesehen hat.«

Soviel war richtig. Von dem Polizisten am Tatort wußten sie tatsächlich. Der Staatsanwalt hatte diese Information aufgrund einer Richtlinie des Obersten Gerichtshofs bekanntgegeben, die den öffentlichen Ankläger dazu verpflichtete, der Verteidigung hilfreiche Informationen zukommen zu lassen. »Wir haben eine telefonische Nachricht auf Band«, sagte Manny, um die Bedeutung dieses Punktes zu relativieren, »aber wir haben keinen Zeugen, weil wir keinen Namen haben und nicht wissen, wer der Anrufer ist.« Dann seufzte er, schwenkte seinen Ledersessel herum und sah aus dem Fenster.

Jack studierte das Gesicht seines Anwalts und versuchte, dessen Gedanken zu lesen. Es war wichtig für Jack, daß Manny ihm glaubte, nicht nur, weil Manny sein Anwalt war, sondern weil er die einzige Person außer Cindy war, dem Jack seine Unschuld beteuert hatte – und zudem ein Mann, dessen Urteil allgemein geschätzt wurde. Das war deutlich sichtbar, dachte Jack, während er bewunderte, in welchem Maß die Honorare seiner lobenswerten Mandanten Manny geholfen hatten, sein riesiges Büro zu möblieren. Primitive, aber unbezahlbare präkolumbianische Kunst schmückte die Wände und die Bücherregale. Skulpturen von Majakriegern standen an den Fenstern, die auf die Bucht hinausgingen, und es schien, als huldigten sie dem gleißenden Licht der Morgensonne. Ein Hauch von Sentimentalität auf der Marmorplatte des eleganten Schreibtischs: eine mit einem weißen Band gezierte gläserne Vase, gefüllt mit der schwarzen Erde des Heimatlandes, das die Cardenals vor über drei Jahrzehnten verlassen hatten, um vor einem zum Despoten gewordenen kubanischen Revolutionär zu fliehen.

»Laß mich folgendes sagen«, sagte Manny, während er sich zu seinem Mandanten umdrehte. »Ich glaube wirklich, daß du unschuldig bist. Nicht daß Schuld oder Unschuld ausschlaggebend wären für meine Verteidigung. Aber ich möchte trotzdem, daß du das weißt, weil es wichtig ist, daß du mir auch weiterhin *alles* erzählst.«

»Dies gesagt«, fuhr er fort, »hoffe ich, daß du verstehst, wenn ich über deine Verschwörungstheorie nicht sonderlich begeistert bin. Ich mache das jetzt seit zwanzig Jahren. Jeder Mandant, den ich bisher vertreten habe, behauptete, das Opfer einer Verschwörung zu sein. Geschworene sind skeptisch gegenüber solchen Behauptungen, wie du selbst sicher weißt. Und dadurch wird es für die Verteidigung sehr schwer, eine solche Theorie zu beweisen.«

»Sehr schwer – aber nicht unmöglich.«

»Nein«, räumte Manny ein. »Nicht unmöglich. Und ich glaube, wir haben schon einige sehr wichtige Anhaltspunkte, die den Schlüssel zu deiner Theorie liefern könnten. Einer ist Richard Dressler. Wer ist er, und warum schnüffelt er in deiner Akte herum? Und dann müssen wir herausfinden, wer dieser Anrufer ist, der angeblich gesehen hat, wie ein Polizist den Tatort verließ. Wir müssen beiden Spuren sofort nachgehen. Es könnte einige Zeit dauern, vor allem den anonymen Anrufer aufzuspüren.«

»Wir haben keine Zeit«, sagte Jack.

»Also etwas Zeit haben wir schon. Der Prozeß beginnt in zwei Monaten.«

»Der Prozeß ist unser letzter Termin.«

»Ich weiß, aber –«

»Ich glaube, du übersiehst etwas«, sagte Jack in höflichem, aber ernstem Ton. »Wir haben keine zwei Monate. Wir haben vielleicht nicht einmal zwei Minuten. Wer immer mich hereinlegen wollte, Manny, ist ein kaltblütiger Killer. Und das bedeutet eins: Wir müssen diesen anonymen Anrufer finden – bevor *er* ihn findet.«

Wenn die Zeitungsberichte, die Jack über Mittag las, nicht täuschten, so konnte die Öffentlichkeit nicht genug erfahren über den brillanten jungen Sohn des Gouverneurs, der die Nerven verloren und seinen Mandanten ins Jenseits befördert hatte. Jack war einiges gewohnt, was eine schlechte Presse anging, und dennoch tat es ihm gut, als er bei sich zu Hause anrief und auf seinem Anrufbeantworter die Nachrichten von Mike Mannon und Neil Goderich abhörte, die ihm spontan jede erdenkliche Hilfe anboten.

Ein Zeitungsartikel machte Jack besonders Sorgen. Nach einer Zusammenfassung des Belastungsmaterials ging er ausführlich auf den anonymen Anruf ein. »Ein kleines Detail«, hieß es in dem Artikel, »das ein Anwalt von Jack Swytecks Format begierig aufgreifen würde, um den Fall groß aufzubauschen.«

Der Satz hinterließ bei Jack ein Gefühl des Unbehagens. Es war schon schlimm genug, daß jeder, der die Polizeiakte einsah, von der Existenz des anonymen Anrufers erfuhr. Jetzt war sogar jeder, der die Zeitung las, im Bilde.

Jack fuhr die fünf Minuten bis zur Polizeiwache und ließ sich die Tonbandaufzeichnungen des anonymen Anrufs geben. Er spielte sie immer und immer wieder ab, bis ihm die Stimme des Anrufers so vertraut war, daß er sie wiedererkennen würde. Der Mann hatte teils in Englisch, teils in Spanisch gesprochen, eine Mischung, an die man sich leicht erinnern konnte.

Von der Polizeiwache fuhr er zu Goss' Apartmenthaus und sah sich die Briefkästen an. Es gab siebzehn spanische Nachnamen, die er sich alle notierte. Er lief zu der Telefonzelle an der Ecke und schrieb sich die zu den Namen und der Adresse passenden Nummern aus dem Telefonbuch ab. Dann ging er zu seinem Wagen zurück, um die Anrufe zu machen. Er gab sich als Interviewer eines lokalen Radiosenders aus, der eine Umfrage über die amerikanische Einwanderungspolitik machte, als Vertreter, als jemand, der sich nur verwählt hatte – nur um die Person am anderen Ende der Leitung so lange reden zu lassen, daß er ihre Stimme mit der des anonymen Anrufers auf dem Band vergleichen konnte.

Einige der Leute waren nicht zu Hause. Ein Anschluß war vorübergehend nicht erreichbar. Die Leute, die Jack erreichte, hatten mit Sicherheit nicht angerufen. Nachdem er eine halbe Stunde telefoniert hatte, hatte er immer noch keine identische Stimme. *Verdammt.*

Während er vor Goss' Apartmenthaus in seinem Wagen saß und beobachtete, wie die letzten Strahlen der untergehenden Sonne von der Windschutzscheibe des Mustang reflektiert wurden, fragte er sich, ob es nicht möglicherweise schon zu spät war.

28. Kapitel

Am nächsten Morgen, einem Donnerstag, wollten sich Jack und Manny in Mannys Kanzlei mit ihrer ersten potentiellen Zeugin – Jacks Alibi, Gina Terisi – treffen.

Seit dem Augenblick, da er Gina angerufen hatte, um das Treffen zu arrangieren, hatte Jack ein zwiespältiges Gefühl. Er betrachtete die Verschwörungstheorie als seine beste Verteidigung, und während der Minutenzeiger seiner Uhr dem Elfuhrtermin immer näher rückte, ertappte er sich bei dem Wunsch, lieber die ganze Idee mit dem Alibi aufzugeben, als mit Gina zu tun zu haben. Manny jedoch war anderer Ansicht.

»Hör zu, Jack«, sagte er. »Lassen wir mal einen Augenblick deine Theorie mit der großen Verschwörung beiseite. Es mag wie eine gute Verteidigungsstrategie klingen. Aber selbst wenn mein Ermittler mit der Dressler-Spur Fortschritte macht, ist eine Verschwörung sehr schwer zu beweisen. Deine beste Verteidigung wird immer ein Alibi sein. Weil kein Mensch – Verschwörungsopfer oder nicht – an zwei Orten gleichzeitig sein kann.«

»Das verstehe ich.«

»Und ich verstehe, daß du Gina lieber aus dem Spiel lassen würdest. Es klingt sicher nicht gut, wenn die Boulevardblätter melden, daß heißer Sex oder abartiger Sex mit der Wohnungsgenossin der Freundin dein Alibi ist. Aber es klingt noch wesentlich schlimmer, wenn die Geschworenen zurückkommen und sagen, daß du des vorsätzlichen Mordes schuldig bist. Also«, sagte er, während er die Hand nach dem Telefon auf seinem Schreibtisch ausstreckte, »lassen wir Miss Terisi nicht warten. In Ordnung, Jack?«

Jack atmete tief durch. Es gab so viele Gründe, weshalb er Gina da heraushalten wollte und das Alibi am liebsten vergessen würde. Doch dafür war es nun zu spät. »In Ordnung. Sehen wir mal, wie hilfsbereit sie ist.«

Manny drückte auf den Knopf der Gegensprechanlage und sprach mit seiner Sekretärin. »Shelley, schicken Sie bitte Miss Terisi herein.«

»Ja, Mr. Cardenal.«

Die Bürotür wurde geöffnet, Mannys Sekretärin trat zur Seite, und Gina Terisi betrat das geräumige Eckbüro. Manny erhob sich höflich von seinem Sessel, um sie zu begrüßen, und Jack folgte seinem Beispiel, wenngleich mit erheblich weniger Begeisterung.

»Guten Morgen«, sagte Manny mit dem strahlenden Gesichtsausdruck, den die meisten Männer hatten, wenn sie Gina Terisi zum erstenmal erblickten. Sie trug ein kobaltblaues Kleid, nicht eng, aber die richtigen Stellen betonend. Ihr langes braunes Haar war hochgesteckt und üppig unter einem schwarzen, breitrandigen Hut drapiert. Zwei diamantenbesetzte Ohrringe schmückten ihr linkes und einer ihr rechtes Ohr. Jeder mindestens ein Karat, schätzte Jack, und zweifellos handelte es sich um »Geschenke« von einem ihrer Bewunderer.

»Schön, dich zu sehen, Jack«, sagte sie mit gezwungenem Lächeln.

Er nickte höflich, während Manny galant lächelte und auf

sie zuging, um sie zu begrüßen. »Bitte«, sagte er und bot ihr den eleganten Lehnstuhl an, auf dem Jack gesessen hatte.

»Danke«, sagte Gina und zeigte, wie gut sie es verstand, sich hinzusetzen. Jack ging zu der Couch am Fenster, und Manny kehrte zu seinem schwarzen Ledersessel hinter dem Schreibtisch zurück. Beide Männer waren ihrem Gast zugewandt. Gina schlug genüßlich ihre langen Beine übereinander, als wollte sie eine Barriere zwischen sich und den Fragestellern errichten.

»Darf ich Ihnen einen Kaffee bringen lassen?« fragte Manny.

Gina ließ die Frage unbeantwortet. Sie war damit beschäftigt, ihr Make-up in dem spiegelnden Glastisch neben ihr zu überprüfen.

Manny merkte gar nicht, daß er Gina anstarrte, während sie mit dem Lippenstift langsam und verführerisch über ihre aufgeworfene Unterlippe fuhr. »Nichts für mich«, sagte sie schließlich. »Das wird ein sehr kurzes Treffen, soviel kann ich Ihnen versichern.«

»Wie meinen Sie das?«

»Ich meine, daß ich Jack am Telefon zwar zunächst sagte, daß ich sein Alibi stützen würde, aber jetzt möchte ich einige Fragen beantwortet haben, bevor ich mich in irgendeiner Richtung festlege.«

»Ihr gutes Recht«, erwiderte Manny. »Ich werde mein Bestes tun, sie zu beantworten.«

Gina kniff die Augen zusammen, um die Bedeutung ihrer Frage zu unterstreichen. »Was ich wissen muß, ist folgendes: Wann genau wurde Eddy Goss an dem Morgen erschossen?«

»Warum mußt du das wissen?« fragte Jack.

Gina ignorierte ihn und sah nur Manny an. »Warum spielt keine Rolle. Beantworten Sie nur meine Frage.«

Manny lehnte sich in seinem Sessel zurück. Auch er hätte gerne gewußt, warum sie diese Frage stellte. »Wir wissen es nicht genau. Aber es muß irgendwann nach vier Uhr gewesen sein, nach der vorläufigen Schätzung des ärztlichen Leichenbeschauers, die sich auf die Tatsache stützt, daß das Blut noch nicht getrocknet war, als die Polizei am Tatort eintraf.«

»Demnach könnte er auf keinen Fall vor vier Uhr erschossen worden sein«, folgerte Gina.

Manny zuckte die Achseln. »Wenn Sie den Bericht des Leichenbeschauers akzeptieren, ja. Es gibt kaum einen Zweifel, daß der Tod sofort eingetreten ist.«

Gina schien befriedigt. »Das ist alles, was ich wissen muß«, sagte sie zu Jack. »Ich kann nicht als Zeugin für dich aussagen. Und ich werde es auch nicht tun. Der Zeitpunkt, zu dem Goss ermordet wurde, ändert alles.«

Jack verspürte ein mulmiges Gefühl im Magen. Manny warf ihm einen kurzen Blick zu, doch er sah verlegen weg. »Inwiefern ändert das alles?«

»Wenn Goss nach vier Uhr erschossen wurde, bin ich ein sehr dürftiges Alibi. Angenommen, ich würde sagen, daß Jack und ich miteinander geschlafen hätten. Das könnte Jack helfen zu erklären, woher er seine« – sie lächelte mit falscher Bescheidenheit – »Schrammen und blauen Flecken hat. Aber das ist auch schon alles. Ich kann auf keinen Fall sagen, daß er sich zur Tatzeit an einem Ort befunden hat, an dem er gar nicht war.«

»Aber Sie haben doch zusammen geschlafen«, sagte Manny.

»Nein. Wir haben gebumst. Keiner hat geschlafen. Und, was das Wichtigste ist, er blieb *nicht* über Nacht. Jack hat mein Haus vor drei Uhr verlassen. Da bin ich mir sicher.«

Manny sah seinen Mandanten wieder an, doch Jack wich seinem Blick aus. Gina erhob sich von ihrem Stuhl und ging zur Tür. »Tut mir leid, Jungs«, sagte sie, als sie die Tür erreichte. »Ich werde mich nicht hinstellen und der ganzen Welt erzählen, daß ich meine beste Freundin hintergangen und mit ihrem Freund geschlafen habe, wenn die Wahrheit wirklich nicht sehr hilfreich ist.«

Manny beugte sich über den Tisch, um seinen Standpunkt, wenn auch nicht auf drohende, so doch auf sehr nachdrückliche Weise zu verdeutlichen. »Sie wissen, daß wir Sie vorladen lassen können. Wir können Sie zwingen auszusagen.«

»Ihr könnt mich zwingen, vor Gericht zu erscheinen. Aber ihr könnt mich nicht zwingen zu sagen, daß Jack bei mir war. Nicht, solange ich es nicht will.«

Manny wußte, daß sie recht hatte. Er versuchte eine andere Methode. »Aber Sie *sollten* es tun«, sagte Manny. »Sie sollten Jack helfen.«

»Das ist genau der Punkt: Ich *will* nicht. Guten Tag, meine Herren«, sagte sie kühl, ging aus dem Zimmer und schloß die Tür hinter sich.

Zwischen den beiden Männern herrschte betretenes Schweigen, bis Jack in Mannys durchdringende schwarze Augen sah und sagte: »Ich hab' dich vor ihr gewarnt.«

Manny schien besorgt, aber nicht wegen Gina. »Ich glaube nicht, daß sie lügt«, sagte er in scharfem Ton. »Und jetzt verstehe ich auch, weshalb du Bedenken wegen des Alibis hattest. Ich glaube, *du* hast mich belogen, Jack. Du hast mir erzählt, du hättest die Nacht mit ihr verbracht. Die *ganze* Nacht. Das war eine Lüge, nicht wahr?«

Jack seufzte und sah weg, bevor er in ruhigem Ton antwortete. »Es geschah fast genauso, wie ich es dir schon vorher erzählt habe, Manny. Während wir uns liebten oder Sex hatten oder wie immer man es nennen will, hat sich tatsächlich jemand ins Haus geschlichen und Ketchup auf die Laken geschmiert und eine Chrysantheme unter Cindys Kopfkissen gelegt. Und dann rief mich dieser Unbekannte an und versuchte mich noch mal in Goss' Wohnung zu locken – was ich an dem Punkt auf *keinen* Fall vorhatte. Aber ich bin auch nicht dort geblieben. Ich wollte Gina eigentlich nicht alleine lassen – vor allem, nachdem ich entdeckte, daß irgend so ein Verrückter das Dach meines Cabrios aufgeschlitzt hatte. Aber ich wollte auch nicht am nächsten Morgen mit Gina an meiner Seite aufwachen. Cindy und ich waren damals praktisch schon getrennt, aber trotzdem. Ich mußte einfach raus. Deshalb bin ich gegangen.«

»Vor drei Uhr.«

»Richtig.«

»Und mindestens eine Stunde, bevor Goss getötet wurde.«

Jack seufzte. »Ich fürchte, ja.«

»Unglaublich«, stöhnte Manny und schüttelte den Kopf. »Oder vielleicht doch nicht unglaublich. Ich denke, es ist verständlich, daß jemand, der unter Mordanklage steht, nach jedem Strohhalm greift. Aber ehrlich, Jack: Was zum Teufel hast du gedacht? Hast du gedacht, sie leidet unter Gedächtnisschwund und würde sich nicht mehr erinnern, wann du ihre Wohnung verlassen hast?«

»Ich weiß es nicht«, sagte Jack mit einer Grimasse. »Wahrscheinlich hoffte ich nur, daß sie sich im Hinblick auf die Zeit nicht so verdammt sicher sein würde. Schließlich haben wir 'ne ganze Menge getrunken. Ich dachte, ihre Erinnerung könnte ein bißchen verschwommen sein. Oder vielleicht sogar, daß sie sich in der Zeit irren und sagen würde, daß ich um halb fünf gegangen sei.«

»Du hast gehofft, daß sie für dich lügen würde.«

»Nicht lügen, nein. Ich meine – ich weiß es nicht. Ich weiß nicht, was ich dachte, Manny.«

Mannys Ausdruck zeigte tiefe Enttäuschung. Dann kniff er argwöhnisch die Augen zusammen. »Gibt es noch mehr Lügen, Jack, und vor allem, ist dein Alibi die größte Lüge, die du mir erzählt hast?«

Jack reagierte entrüstet. »Zweifelst du etwa an meiner Unschuld?«

»Nicht auf der Grundlage dessen, was ich bisher von dir gehört habe. Aber ich kann nicht mit den Unwahrheiten eines Mandanten leben, der, um es ganz vorsichtig auszudrücken, bereit war, sich in eine Lage zu begeben, in der er Eddy Goss möglicherweise hätte töten *müssen.*«

»Das ist eine Unterstellung. Ich würde nie jemanden umbringen.«

»Wirklich? Warum bist du dann in der Nacht in Goss' Wohnung gewesen – bevor du zu Gina fuhrst? Und was hattest du mit dem Revolver vor, den du mitgenommen hast?«

Jack zögerte. Die Frage war nicht leicht zu beantworten. »Vielleicht weiß ich nicht, was ich damit vorhatte.«

Manny sah seinem Mandanten direkt in die Augen. »Du warst schon besser«, sagte er in einem Ton, der Jack zwang, mit sich ins Gericht zu gehen. Mannys Blick war nicht anklagend. Er war nicht verurteilend. Und dennoch fühlte sich Jack unbehaglich.

»Hör zu, Manny. Tatsache ist, daß ich Eddy Goss nicht umgebracht habe.«

»Dann verdirb dir nicht alle Chancen auf einen Freispruch«, sagte Manny, »und hör auf, deinen Anwalt zu manipulieren.«

Jack sah ihm in die Augen. Er sagte nichts, aber sein Blick

signalisierte Zustimmung. Dann erhob er sich von seinem Stuhl und ging zum Fenster. »Ohne Gina sind wir sowieso besser dran. Besser jetzt ein geplatztes Alibi als beim Prozeß.«

Manny lehnte sich in seinem Sessel zurück. »Eins bereitet mir trotzdem noch Sorgen. Als ich Gina sagte, sie solle dir helfen, sagte sie, daß sie dir nicht helfen wolle. Das verwirrt mich.«

»So ist Gina nun mal.«

»Vielleicht. Aber wenn sie sagt, daß sie dir nicht helfen will, ist das alles, was sie sagt? Oder sagt sie damit, daß sie dich *verletzen* will?«

Jack erstarrte. Seine Kehle war plötzlich wie ausgetrocknet. »Das glaube ich eigentlich nicht. Aber bei ihr weiß man nie.«

»Wir *müssen* es aber wissen.«

»Ich denke, ich könnte mit ihr reden. Ich glaube, daß sie mehr sagt, wenn wir beide allein sind.«

»Gut«, nickte Manny. »Versuch's auf die persönliche Art. Je schneller, desto besser. Wir reden wieder, sobald du mit ihr gesprochen hast.«

»Ich ruf' dich sofort an.« Er schüttelte Mannys Hand und durchquerte dann den Raum.

»Ach, Jack«, rief Manny, als sein Mandant die Tür erreichte. Jack blieb stehen und drehte sich um.

»Diese Gina spielt eine Schlüsselrolle«, sagte Manny. »Du darfst sie auf keinen Fall verprellen. Sei höflich. Und wenn es nicht klappt, frag sie einfach, ob sie bereit ist, sich mit mir zu treffen. Dann überläßt du sie einfach mir. Und mach dir keine Sorgen. Ich weiß, wie man mit Zeugen umgeht. Vor allem mit Frauen.«

»Danke«, erwiderte Jack mit ausdrucksloser Miene. »Aber eine Frau wie sie hast du bisher noch nicht gekannt.«

29. Kapitel

Der dreiundsiebzigjährige Wilfredo Garcia stand vor dem alten Gasherd in seiner Küche und kochte sein Abendessen, *bistec palamillo* und *platanos fritos* – Flankensteak und fritierte Paradiesfeigen. Als Kubaner, der 1962 mit erwachsenen Kindern in die Vereinigten Staaten gekommen war, war er mit seiner angenommenen Sprache nie ganz vertraut geworden und wechselte oft ins Spanische, um sich verständlich zu machen. Doch er war ein liebenswerter Mensch, und so sahen englischsprachige Zuhörer gerne über seine sprachlichen Defizite hinweg.

Wilfredo war klein und rundlich und hatte warme dunkelbraune Augen und Pausbacken. Er aß leidenschaftlich gern, und meistens aß er abends bei sich zu Hause, da die Gegend um die Adams Street nach Einbruch der Dunkelheit alles andere als sicher war.

An diesem Abend klingelte das Telefon, als er gerade sein Steak mit gehackten Zwiebeln und Petersilie aß. Er sah kurz auf, hob aber nicht ab. Er hatte in den letzten Tagen alle Telefonanrufe ignoriert, nachdem er in der Zeitung gelesen hatte, wie wichtig der anonyme Anrufer für den Prozeß gegen Jack Swyteck sein konnte. Er wußte, daß sie früher oder später den Mann suchen würden, der, um nicht in die Sache verwickelt zu werden, von einer Telefonzelle aus angerufen hatte, damit die Polizei das Gespräch nicht zurückverfolgte. Und an dem Wunsch, anonym zu bleiben, hatte sich nichts geändert. Deshalb beschloß er, wie ein Einsiedler zu leben, bis Gras über die Sache gewachsen war.

Aber das Telefon klingelte weiter – erst zehnmal und dann mehr als ein dutzendmal. Es mußte irgend etwas Wichtiges sein, dachte er. Vielleicht war es seine Tochter in Brooklyn. Oder sein Buchmacher. Er machte den Herd aus und nahm den Hörer ab.

»*Oigo*«, antwortete er in seiner spanischen Muttersprache.

»Wilfredo Garcia?«

»*Sí.*«

»Hier spricht Officer Michael Cookson von der Metro-Dade Police. Wie geht es Ihnen, Sir?«

Wilfredo rutschte das Herz in die Kniekehlen. Hätte er doch bloß nicht abgehoben. »Geht gut.« Er antwortete auf Englisch, obwohl sein starker spanischer Akzent selbst in diesen zwei Worten hörbar war.

»Mr. Garcia, ich führe nur ein paar Routineermittlungen im Zusammenhang mit dem Mord an Eddy Goss durch. Sie wohnen doch im selben Stockwerk, in dem Mr. Goss gewohnt hat.«

»Selbe Stockwerk, *sí*. Aber – *por favor*. Ich weiß nix. Ich will keine Probleme.«

»Das verstehe ich sehr gut, Sir. Aber es ist wichtig. Wir suchen den Mann, der in der Nacht, in der Mr. Goss ermordet wurde, von einer Telefonzelle vor ihrem Haus die Notrufnummer gewählt hat.«

Wilfredo verzog das Gesicht. »Ich will keine –«

»He, hören Sie zu, Mann«, sagte der Officer in freundlichem Ton, »ich verstehe, wo sie herkommen. Unter uns gesagt, mir ist es ziemlich egal, ob sie den Kerl, der diesen Goss ermordet hat, jemals schnappen. Aber es ist nun mal mein Job, all diesen Sachen nachzugehen. Falls Sie also wissen, wer den Anruf gemacht hat, wäre es nett, wenn Sie ihm ausrichten, daß es wirklich besser wäre, mit der Polizei zu reden, bevor sich die ganzen Anwälte auf ihn stürzen. Würden Sie das für mich tun?«

Wilfredo hatte einen Kloß in der Kehle. »In Ordnung.«

»Oder warten Sie. Ich werde es noch leichter für Sie machen, Mr. Garcia, denn ich weiß, wie ungern die Leute in solche Sachen verwickelt werden. Es ist gar nicht nötig, daß Sie oder irgend jemand anders aufs Revier kommt oder dort anruft. Ich gebe Ihnen die Nummer von meinem Piepser. Wenn Sie irgendwas hören oder wenn einer ihrer Freunde irgendwas weiß, piepsen sie mich einfach an. Alles, was ich brauche, sind Informationen. Ich verspreche, daß ich Ihren Namen nicht erwähnen werde, wenn es nicht unbedingt nötig ist. Ist das ein Angebot?«

»Sí.«

»Notieren Sie – fünf, fünf, fünf, zwo, neunhundert. Haben Sie's?«

»Ja.«

»Ausgezeichnet. Und entschuldigen Sie die Störung, Sir.«

»Wiederhören.« Wilfredo war völlig außer Atem, als er auflegte. Es überraschte ihn, daß er sich tatsächlich die Piepsernummer aufgeschrieben hatte. Obwohl es ihm äußerst unangenehm war, in diese Sache verwickelt zu werden, wurde er wieder von denselben Skrupeln gequält, die ihn damals veranlaßt hatten, die Notrufnummer zu wählen. Es war schon lange her, daß er eingebürgert worden war, daß er geschworen hatte, seinem Land zu dienen und ein guter Amerikaner zu sein, aber die Erinnerung daran war noch lebendig.

Er warf einen kurzen Blick auf die Nummer, die er gerade auf ein Stück Papier gekritzelt hatte. Der Polizist hatte einen ziemlich freundlichen Eindruck gemacht. Vielleicht wäre es gar nicht so schlimm, wie er befürchtete. Vielleicht war es Zeit, sich freiwillig zu melden und sich endlich diese Last vom Hals zu schaffen.

Wilfredo atmete tief durch. Dann nahm er den Hörer ab. Seine Hand zitterte, doch es gelang ihm, die Nummer zu wählen.

30. Kapitel

Jack schlug das Dach seines Wagens zurück und machte eine lange Fahrt am Strand entlang, nachdem er Mannys Kanzlei verlassen hatte. Cindy hatte ihn vor einigen Tagen angerufen – nur um ein wenig zu plaudern, aber sie hatten über ihr Getrenntsein gesprochen, und plötzlich hörte er, wie sie sagte, daß sie wieder zu ihm ziehen wolle. Leider war die Euphorie, die er damals verspürt hatte, durch die Ereignisse der letzten beiden Tage erheblich gedämpft worden. Sie hatten abgemacht, daß sie heute abend ihre Sachen herüberbringen sollte, und er wußte, daß er sie beim Auspacken antreffen würde, wenn er zu Hause ankam. Er brauchte Zeit, bevor er ihr gegenübertrat.

Das Treffen mit Gina heute hatte ihn auf den harten Boden der Tatsachen zurückgeholt. Die trügerische Vorstellung, er könne jenen Abend mit Gina geheimhalten, begann sich aufzulösen. Er fragte sich die ganze Zeit, wie er einen Kurs steuern könnte, der für seinen Prozeß hilfreich wäre und seine Beziehung zu Cindy nicht gefährdete, aber er fand keine Lösung.

Es war kurz nach sechs Uhr, als er schließlich in die Auffahrt einbog und den Motor abstellte, doch in der Zwischenzeit hatte er in seinem Wagen einen Anruf von Manny erhalten, der sein Unbehagen noch verstärkte. Er dachte über den Anruf nach, während er aus dem Mustang stieg und den mit Holzspänen bestreuten Weg zum Haus hochlief.

Die Tür wurde geöffnet, noch bevor er die Treppe hochgestiegen war. »Hallo«, sagte Cindy. Sie stand lächelnd im Eingang, und obwohl er sich elend fühlte, war es ihm unmöglich, sie nicht zu umarmen.

»Schon alles ausgepackt?« fragte er und schloß die Tür hinter sich.

»Noch nicht ganz«, sagte sie und nahm ihn bei der Hand, während sie ins Wohnzimmer gingen. »Es sind sowieso fast nur Kleider, aber ich habe die meiste Zeit damit verbracht, Ginas Schränke zu durchwühlen und die Sachen zusammenzusuchen, die sie sich von mir geliehen hat.«

Als sie sich auf die Couch setzten, bemerkte sie, daß er über etwas nachdachte. »Du hast doch nicht auf einmal Bedenken?«

Er seufzte. »Cindy, so sehr ich mir das Zusammensein mit dir wünsche, nach dem heutigen Tag frage ich mich, ob es wirklich eine so großartige Idee ist, daß du hier einziehst.«

»Wie soll ich das verstehen?«

»Auf keinen Fall so, daß ich dich nicht liebe. Ich bin verrückt nach dir. Ich weiß nur nicht, ob du hier wirklich sicher bist.«

»Inwiefern?«

Er atmete aus und erzählte ihr dann über die wichtigsten Ereignisse der beiden vergangenen Tage, vor allem aber über Richard Dressler, den Anwalt aus Tampa.

»Und warum interessiert sich Dressler dafür?« fragte sie.

»Tut er ja nicht. Auf der Fahrt hierher bekam ich einen Anruf von Manny. Sein Gewährsmann hat sich mit Dressler in Tampa getroffen. Es stellte sich heraus, daß ihm vor zwei Monaten die Brieftasche gestohlen wurde. Und jetzt ist irgend jemand im Besitz seiner Papiere. Einschließlich des Mitgliedsausweises der Anwaltskammer von Florida.«

»Also hat jemand seinen Ausweis benutzt, um sich als Anwalt auszugeben?«

»Richtig. Dieser Jemand hat Dresslers Namen benutzt, um meine Polizeiakte einzusehen, *nachdem* Goss ermordet worden war. Ich glaube, der Kerl, wer immer es ist, versucht mir etwas anzuhängen. Wenn ich mich nicht täusche, war er es, der mich die ganze Zeit schikaniert hat, und nicht Goss.«

Ihre Augen weiteten sich. »Bedeutet das –«

»Ich weiß nicht genau, was das bedeutet. Ich habe die Sache noch nicht bis zu Ende gedacht. Aber ich bin ziemlich sicher, daß es da einen Mörder gibt, der immer noch frei herumläuft. Wer immer hinter mir her war, ist noch da draußen.«

Sie trat einen Schritt zurück. »Aber wer ist es? Wer könnte es sein, wenn es nicht Eddy Goss war?«

»Ich weiß es nicht. Aber ich werde es herausfinden. Und bis dahin, glaube ich, ist es das Beste, wenn du ein bißchen Urlaub machst oder wenigstens ein paar Tage aus der Stadt –«

»Nein. Ich bleibe bei dir, Jack. Ich lasse dich in dieser Situation nicht allein. Wir werden das gemeinsam durchstehen.«

Er atmete tief durch und umarmte sie. »Aber die Polizei können wir immer noch nicht einschalten. Ich kann denen auf keinen Fall erzählen, daß der Mann, der hinter mir her war, immer noch frei da draußen herumläuft. Denn sobald sie herausfinden, daß ich glaubte, Goss würde mich bedrohen, hätte der Staatsanwalt ein Motiv, und aus dem Motiv können sie leicht einen hieb- und stichfesten Beweis für meine Schuld zimmern.«

Cindy biß sich auf die Lippe. Es war schon schlimm genug, daß Jack immer noch verfolgt wurde, aber es niemandem erzählen zu können, war geradezu absurd. Und doch schien alles, was Jack gesagt hatte, vollkommen logisch. »In Ordnung«, sagte sie seufzend. »Keine Polizei. Wir werden selbst aufpassen, und wir werden aufeinander aufpassen.«

Am selben Donnerstagabend stieg Gouverneur Harold Swyteck im einunddreißigsten Stockwerk des Hotels Intercontinental in Miami ab. Später am Abend sollte er auf einer Veranstaltung mit Geldgebern seines Wahlkampfs sprechen. Doch zunächst mußte er einmal etwas von seinem eigenen Geld hergeben. Der Chrysanthemenstock, den er bestellt hatte, erwartete ihn schon auf seinem Zimmer. Er nahm das Geld – fünfzigtausend Dollar – aus seinem Aktenkoffer und legte die Scheine in den großen Topf. Dann nahm er seine Schuhe aus dem Koffer, ständig bemüht, seine Wut unter Kontrolle zu halten. Es war wirklich erniedrigend – als ob man jemanden seiner Kleider beraubte und ihn dann an einer Straßenecke aussetzte. Aber wenn dieser billige Machtrausch das war, was dieser Verrückte brauchte, dann sollte er ihn in Gottes Namen bekommen. Harry war an einem Punkt angelangt, wo er noch viel mehr als fünfzig Riesen hingeblättert hätte, um seinen Erpresser ein für allemal loszuwerden.

Er sah auf seine Uhr. 6.30 Uhr. Um diese Zeit würde die Fahrt zum Memorial-Friedhof ungefähr zwanzig Minuten dauern. Zum vielleicht hundertstenmal an diesem Tag überlegte der Gouverneur, welche Möglichkeiten er hatte, einen Ausweg aus dieser grotesken Situation zu finden. Aber beide Alternativen – die Polizei einschalten, oder seinen Peiniger tun lassen, was zu tun er gedroht hatte – schienen unannehmbar. Wenn er die Anweisungen seines Erpressers befolgte, hatte er zumindest eine Chance, das Leben weiterzuführen, das er sich so hart erkämpft hatte.

Er nahm den Topf und die Schlüssel für seinen Leihwagen und machte sich auf den Weg, und währenddessen fragte er sich mit wachsender Unruhe, ob das Grab, dem sein Besuch galt, nicht sein eigenes war.

31. Kapitel

Jack und Cindy waren um neun Uhr im Bett, und sie liebten sich zu den Klängen von »Love Jazz« aus dem Radio, bis der Discjockey verkündete, daß es Mitternacht sei. Danach kam Jack zu der Überzeugung, daß er einen Weg finden *mußte*, um Cindy die Wahrheit über Gina zu sagen. Sie riskierte zuviel für ihn, um ihr gegenüber unehrlich sein zu können. Doch bevor er ihr irgend etwas erzählte, wollte er sich noch einmal vergewissern, welche Position Gina einnehmen würde. Er wollte Cindy zumindest sagen können, daß Gina die schmutzige Geschichte nicht vor aller Welt erzählen würde – als Zeugin der Anklage.

Als er am folgenden Nachmittag tief in Gedanken zu Ginas Bungalow fuhr, schlich er so langsam über den Expressway, daß ihn sogar die Heerscharen der Touristen überholten.

Gina war gerade vom Joggen zurückgekehrt, als Jack an ihre Tür klopfte. Sie trug orangefarbene Nylonshorts, Nike-Joggingschuhe und ein knappes Top, das an ihrem schweißbedeckten Körper klebte. Ihr langes Haar war zurückgekämmt und hinter dem Kopf zusammengebunden.

»Kann ich reinkommen?« fragte er in der offenen Tür.

Gina nippte an ihrer Gatorade Lite, und ihr Ausdruck war so kühl wie das Eis in ihrem Glas. »Sicher«, sagte sie mit einem Achselzucken.

Er trat ins Haus, schloß die Tür und folgte ihr zur Küchentheke. »Mir ist klar, daß das nicht dein Lieblingsthema ist, Gina. Aber ich habe gesehen, wie du aussahst, als du gestern Mannys Büro verlassen hast, und ich hatte das Gefühl, daß wir noch einmal miteinander reden sollten.«

Gina ging zum Kühlschrank, um sich noch ein Glas Gatorade einzuschenken. »Ich denke, ich habe so ziemlich alles gesagt, oder?«

»Um das herauszufinden, bin ich hier. Dieser Paukenschlag gestern, daß du mir nicht helfen willst, das ist es, was mir Sorgen macht.«

»Na, ja«, sagte sie mit einem schiefen Lächeln, »vielleicht habe ich ein bißchen dick aufgetragen. Aber du weißt, was ich mit der ganzen Vorstellung sagen wollte: Ich möchte nicht in diese Sache verwickelt werden. Das sollte dich nicht überraschen, Jack. Ich glaube, ehrlich gesagt, nicht einmal, daß dich das besonders ärgert. Ich hab' es dir angesehen. Das letzte, was du wolltest, war, mich als Alibi zu haben.«

»Du weißt nicht, was ich will, Gina.«

»Ach, nein?« sagte sie affektiert und mit tiefer, verführerischer Stimme. Sie fühlte sich plötzlich herausgefordert. Sie kam ihm näher, so nahe, daß er ihren Atem auf seiner Wange spürte und den Schweiß roch, der ihn an Dinge erinnerte, die er nie hätte tun dürfen. Sie löste das Schweißband und ließ ihr Haar fallen. »Laß es mich anders ausdrücken, Jack. Wolltest du wirklich, daß ich sage, daß ich diesen Körper berührt habe«, sagte sie und wanderte mit der offenen Hand, doch ohne ihn zu berühren, seine Brust hinunter. »Daß ich dein Gewicht auf mir spürte. Daß wir kämpften und schwitzten und schrien, daß ich bei jedem Stoß meine Fingernägel in deinen Rücken und meine Zähne in deine Brust bohrte und nach mehr schrie, obwohl du für jede Frau mehr als genug warst. Wolltest du das wirklich? Und wenn ja«, flüsterte sie und sah ihm tief in die Augen, »würdest du Cindy lieber innerhalb oder außerhalb des Gerichtsaals sehen, nachdem ich es gesagt hätte?«

Jack trat einen Schritt zurück. »Was zwischen dir und mir geschehen ist, war ein Fehler. Ein Fehler, den wir beide bereuen. Und du könntest es bestimmt auch anders sagen, wenn es dir nur um mein Alibi ginge.«

Gina schüttete den Rest ihrer Gatorade in die Spüle und öffnete die Hausbar. Sie füllte ihr Glas mit Campari und Eis. »Verhandelst du mit mir?«

»Verhandeln worüber?«

Sie zog eine Augenbraue hoch und nippte an ihrem Drink. »Willst du, daß ich sage, du hättest mein Haus erst nach vier Uhr verlassen?«

Jack wußte, wie sie aussah, wenn sie etwas ernst meinte, und sie meinte es jetzt wirklich ernst. »Augenblick mal, Gina. Ich glaube, du hast eine völlig falsche Vorstellung. Ich bin nicht deshalb hierher gekommen.«

»Das habe ich auch nicht gesagt. Aber andererseits, erinnerst du dich, als du das letzte Mal hierhergekommen bist? Du bist nicht gekommen, um mit mir zu schlafen. Aber du hast es trotzdem getan.«

»Und ich wünschte, es wäre nie passiert.«

»Wirklich? Oder wünschst du dir nur, daß Cindy nie etwas darüber erfährt?«

Er wendete den Blick von ihr ab und versuchte, seine Fassung zu bewahren. Als er sich wieder unter Kontrolle hatte, sah er sie ganz nüchtern an. »Hör zu, Gina, ich bin nicht gekommen, um dich zu überreden. Ich wollte nur sichergehen, daß du nicht *gegen* mich aussagst.«

Ihre Augen weiteten sich. »Sei nicht albern, Jack. So etwas würde ich nie tun.«

»Und was die Sache zwischen dir und mir angeht – nein, ich habe Cindy noch nichts erzählt. Aber sie wird alles erfahren. Ich muß nur noch den richtigen Augenblick abwarten, um es ihr zu sagen.«

»Es gibt keinen *richtigen* Augenblick, Jack. Ich kenne sie besser als du. Wenn sie etwas über uns erfährt, wette ich, daß keiner von uns beiden sie je wiedersehen wird. Es gäbe nur einen Grund, ihr etwas zu erzählen, wenn ich dir das Alibi verschaffen würde. Aber dazu wird es nicht kommen. Also ist es endgültig. Ich will nicht, daß du Cindy aus dem infantilen Bedürfnis heraus, dein Gewissen zu beruhigen, alles beichtest. Das werde ich nicht zulassen.«

»Es ist nicht deine Sache.«

»O doch. Und ich nehme das, was ich eben gesagt habe, zurück. Ich kann dir nicht garantieren, daß ich unter keinen Umständen gegen dich aussage. Denn es gibt etwas, was mich sicher umstimmen würde. Falls du Cindy etwas über uns erzählst, schwöre ich, daß ich der Polizei alles erzähle – auch wie du zu mir gekommen bist, weil du geglaubt hast, Eddy Goss sei hinter dir und Cindy her.

Und das wird erst der Anfang sein. Ich werde jedem erzählen, was wirklich zwischen uns passiert ist – woher du deine Kratzer und deine blauen Flecken wirklich hast. Ich werde ihnen sagen, daß ich dich ins Haus gelassen habe, weil du mir mit diesem Eddy Goss eine fürchterliche Angst eingejagt hast.

Daß ich dir vertraute, als du sagtest, du würdest auf der Couch schlafen. Und daß ich dich erst zerkratzt und mit Schlägen traktiert habe, nachdem du dich in mein Zimmer geschlichen und mir das Nachthemd vom Leib gerissen hast, um dann über mich herzufallen.« Sie trank den Rest ihres Drinks in einem Zug aus. »Du hast es in der Hand. Werd' endlich erwachsen und behalte das, was zwischen uns geschehen ist, für dich. Oder du mußt die Konsequenzen tragen.«

Jack starrte sie ungläubig an. »Warum tust du das? Warum nicht einfach mit der Wahrheit leben?«

»Weil die Wahrheit niemandem hilft. Wenn ich der Polizei die Wahrheit sage, schadet es dir. Wenn du Cindy die Wahrheit sagst, schadet es uns beiden. So, das sind also meine Bedingungen. Keiner von uns redet. Oder wir reden beide. Such dir etwas aus.«

Er hätte ihr zu gerne gesagt, daß sie sich aus seiner Beziehung zu Cindy heraushalten solle, aber er konnte nicht. Vielleicht bluffte sie – er konnte auf keinen Fall glauben, daß sie ihm eine Vergewaltigung anhängen würde. Aber er konnte es sich auch nicht leisten, das Risiko einzugehen. »In Ordnung«, sagte er resigniert. »Ich akzeptiere deine Bedingungen, Gina. Du kannst froh sein, daß ich keine andere Wahl habe.«

»Kluger Junge«, sagte sie lächelnd. Sie erhob ihr Glas. »Darf ich dir einen Campari anbieten?«

Er ignorierte die Frage und ging.

Um 5.30 Uhr wurde Wilfredo Garcia von einem lauten Klopfen an seiner Tür geweckt. Er war fast die ganze Nacht auf gewesen, seine Gedanken hatten ihn nicht zur Ruhe kommen lassen. Es waren schon fast sechsunddreißig Stunden vergangen, seit er Officer Jackson angepiepst hatte, aber er hatte immer noch nichts von ihm gehört. Er fing an, sich Sorgen zu machen.

Das Klopfen hielt an. Wilfredo erhob sich von seiner Matratze, die auf dem Boden lag.

»*Un momento.*« Er zog seinen Bademantel an, schlüpfte in die Pantoffeln und schlurfte zur Tür.

In der Tür hatte es einmal einen Spion gegeben, aber das kleine Fenster war entfernt und durch einen Kittpropfen ersetzt worden. Wilfredo nahm den Kitt heraus und spähte in den

Gang. Es war dunkel wie gewöhnlich, aber er sah genug, um die dunkelblaue Uniform zu erkennen.

»Ich bin's, Officer Jackson«, kam die Stimme aus der Dunkelheit.

Der alte kubanische Gentleman öffnete die Tür einen Spalt und sah hinaus. Er war einen Kopf kleiner als der Polizist und beinahe doppelt so alt.

»Darf ich reinkommen, Sir?«

Wilfredo verspürte eine Mischung aus Erleichterung und Angst. Er wußte nicht, was ihn erwartete, aber er hatte bestimmt nicht damit gerechnet, daß zu dieser Zeit ein Polizist auftauchen würde. Trotzdem nickte er unterwürfig und öffnete die Tür ganz. Der Officer trat ein und schloß die Tür hinter sich. Wilfredo schaltete eine Lampe ohne Schirm ein und drehte sich dann zu seinem Besucher um.

Das Aussehen seines Gastes, den er in dem dunklen Gang nicht hatte erkennen können, ließ ihn erstarren. Die Statur, das Gesicht, die geschwungenen dunklen Augenbrauen. Sofort gingen ihm tausend verschiedene Dinge durch den Kopf, und alle verwiesen auf die verblüffende Ähnlichkeit zwischen diesem Mann und dem Mann, den er in der Nacht, in der Goss ermordet worden war, gesehen hatte. Seine Hände zitterten, und sein Herz hämmerte in seiner Brust, als ihm plötzlich klar wurde, daß er in die Augen eines Mörders blickte. Er wollte zur Tür, doch der Mann in Uniform bekam ihn am Nachthemd zu fassen und zog ihn zurück. Wilfredo öffnete den Mund, um Hilfe herbeizurufen, aber bevor er auch nur ein Wort herausbringen konnte, schnellte die tödliche Faust eines professionellen Killers von unten hoch und versetzte seinem Kinn einen gewaltigen Stoß. Sein Kopf wurde wie bei einem Auffahrunfall nach hinten geschleudert, die morschen alten Halswirbel brachen, die Schädelkrone traf auf die Mitte seines Rückens. Im gleichen Augenblick erschlaffte der Körper.

Der Mörder lockerte seinen Griff und ließ das Opfer zu Boden fallen. Er bückte sich und fühlte den Puls. Das Herz hatte aufgehört zu schlagen. Seine Arbeit war erledigt.

Er strich die gestohlene Uniform glatt, setzte seine dunkle Brille auf, verließ dann ruhig die Wohnung und schloß die Tür hinter sich. Wieder ließ er einen Toten in der East Adams Street 409 zurück. Wieder hallten seine Schritte in dem leeren Gang – wie die Schritte jedes anderen Polizisten, der seine Runde machte.

4
Dienstag, 11. Oktober

32. *Kapitel*

»Erheben Sie sich!« Das waren die Worte, die alles in Bewegung brachten wie der Pistolenschuß beim Start eines Wettlaufs. Nach neun Wochen Vorbereitung war es nun endlich soweit. Auf der einen Seite des Gerichtssaals saß ein publicitysüchtiger Staatsanwalt, der kraft seines Amtes recht haben würde bis zum Beweis des Gegenteils. Auf der anderen saß ein geplagter Angeklagter, der sich auf Grund seiner Notlage daran klammerte, daß er als unschuldig gelten mußte – bis zum Beweis des Gegenteils.

Die ehrenwerte Richterin Virgina Tate trat durch einen Seiteneingang in den Gerichtssaal. Sie war Schwarzweiß in Bewegung: teigig weiße Haut, Salz-und-Pfeffer-Haare, dunkle Augen mit stählernem Blick und auf der schwarzen Robe eine lange, zweireihige Perlenkette. Der Lärm der Journalisten und Zuschauer, die sich von ihren Sitzen erhoben, erhöhte noch die Wirkung ihres Auftritts. Als sie in dem schwarzen Ledersessel Platz nahm, sah sie zuerst die Anwälte und dann die Journalisten an, und einen Augenblick lang machte ihre mürrische Miene einem freundlichen, aber strengen Lächeln Platz.

»Gehen wir's an«, sagte sie, und mit diesen eher formlosen Worten begann die insgesamt neuntägige Geschworenenauswahl, der Teil des Prozesses, den die Juristen *voir dire* nennen. In dieser Phase würden die gegnerischen Anwälte all ihre psychoanalytischen Fähigkeiten aufbieten, um herauszufinden, welcher der Kandidaten ihren jeweiligen Zwecken dienen würde und wen sie besser ablehnten. Jack konnte sich in dieser Situation nur hilflos fühlen. Manny hatte das Sagen und stellte vor bewunderndem Publikum sein geschliffenes rhetorisches Talent zur Schau. Jack saß schweigend da und reichte Manny nur gelegentlich ein Pfefferminzbonbon oder eine gekritzelte Notiz – ein unwesentliches und doch unverzichtbares Detail der Veranstaltung wie das Umblättern für den Pianisten während eines Konzerts. So würde es wochenlang gehen. Sprechen würde er nur durch Manny. Er würde nur Anzüge tragen, die Mannys Zustimmung fanden. Und an dem polierten Walnußtisch seinen Platz neben Manny einnehmen. Es war nicht nur eine Verhandlung, sondern auch eine Show.

Richterin Tate verfolgte die Geschworenenauswahl mit höchster Aufmerksamkeit. Sie wußte, daß Wilson McCue dafür berüchtigt war, das *voir dire* zu mißbrauchen. Nur zu gerne benutzte er es, um den Geschworenen seinen Fall zu präsentieren oder seinen Gegner schlechtzumachen, und mit seinen Fragen wollte er weniger Informationen sammeln, als seine Position darstellen. Fast die ganze Zeit über hatte McCue sich am Riemen gerissen, bis zum Freitag der zweiten Woche der Geschworenenauswahl, als man bereits kurz davor war, die Jury zu ernennen.

»Kennt einer der Geschworenen Mr. Swyteck persönlich?« begann McCue sehr unschuldig. Die Angesprochenen schüttelten die Köpfe. »Aber sicherlich haben Sie von Mr. Swyteck schon gehört«, fuhr er fort und provozierte damit bei einigen ein Nicken. »Natürlich haben Sie das«, sagte er mit einem Grinsen. »Mr. Swyteck war der Anwalt, der den berüchtigten Eddy Goss verteidigt hat, den Mann, dessen Ermordung ihm hier zur Last gelegt wird.« Ein Funkeln blitzte in seinen Augen auf, als er den ersten Tropfen Gift in den Brunnen spritzte. »Und nun frage ich Sie, meine Damen und Herren: Ist jemand unter Ihnen, der eher dazu neigt, Mr. Swytecks Angaben in Zweifel zu ziehen, weil er ein gerissener Anwalt ist, dem es gelungen ist, zwölf Geschworene dazu zu überreden, daß sie einen geständigen Mörder freisprechen?«

»Einspruch«, sagte Manny.

»Stattgegeben.«

»Euer Ehren!« McCue spielte den Ungläubigen. »Dieser Einspruch überrascht mich ein wenig. Mir geht es ausschließlich um die Unvoreingenommenheit der Jury. Ich meine, schließlich gibt es Leute, die Mr. Swyteck sogar für all die grotesken Morde, die seine schuldiggesprochenen Mandanten begangen haben, verantwortlich machen wollen –«

»Das reicht!« fuhr die Richterin ihn an. »Sie sind viel leichter zu durchschauen, als Sie glauben, Mr. McCue. Fahren Sie fort. Und zwar unverzüglich.«

»Natürlich«, entgegnete er, da er bereits gesagt hatte, was er hatte sagen wollen.

»Ich meine es ernst«, sagte die Richterin streng. »Ich werde dergleichen nicht dulden.«

Als wollte er seine Grenzen ausmessen, wurde McCue mit jedem von Mannys Einsprüchen wagemutiger, auch wenn allen stattgegeben wurde und die Richterin den Staatsanwalt von Mal zu Mal strenger ermahnte. Seine Possen verlängerten die Auswahl der Geschworenen bis weit in den Freitagnachmittag hinein. Doch gegen Ende dieses scheinbar endlosen neunten Tages konnte die Richterin schließlich die gute Nachricht verkünden.

»Wir haben eine Jury«, sagte sie erleichtert.

Ein stämmiger schwarzer Bauarbeiter, der sein Mittagessen jeden Tag in derselben zerdrückten braunen Papiertüte mitbrachte, ein pensionierter Alligatorenjäger mit Cowboystiefeln, tabakfleckigen Zähnen und einem Bürstenhaarschnitt und eine blauhaarige Witwe, deren Geschworenennummer, 55, ihr halbes Alter hätte sein können, waren nur drei der zwölf gleichrangigen Laienrichter, die über Jack Swytecks Leben entscheiden würden.

Es war kurz vor vier Uhr nachmittags, und normalerweise hätte Richterin Tate die Sitzung für diesen Tag geschlossen, da sie wußte, daß für die Eröffnungsplädoyers des Staatsanwaltes und der Verteidigung nicht mehr genug Zeit blieb. Aber angesichts von McCues Verhalten während der Geschworenenauswahl hatte sie sich einen Plan zurechtgelegt, der es ihr ermöglichte, die Eröffnungsplädoyers hinter sich zu bringen und sich anschließend in aller Ruhe in den Sechsuhrnachrichten selbst zuzuschauen.

»Mr. Cardenal«, sagte sie mit einem Nicken, »bitte eröffnen Sie für die Verteidigung.«

Manny erhob sich langsam und warf der Richterin einen verwirrten Blick zu.

McCue erhob sich ebenfalls. »Bei allem Respekt«, warf er in seiner volkstümlichen Art ein, »normalerweise hält zuerst der Staatsanwalt sein Eröffnungsplädoyer.«

Die Richterin sah ihn böse an und sprach dann laut und deutlich, damit die Geschworenen auch wirklich verstanden, warum sie tat, was sie tat. »Wir wissen, daß die Staatsanwaltschaft normalerweise zuerst an der Reihe ist«, sagte sie. »Aber wir haben Sie wiederholt verwarnt – Sie haben Ihr Eröffnungsplädoyer bereits während der Geschworenenauswahl gehalten. Jetzt ist die Verteidigung an der Reihe, Sie hatten Ihre Chance bereits.«

McCue war verblüfft. »Euer Ehren, das scheint mir eine ziemlich drakonische Maßnahme zu sein, finden Sie nicht? Ich meine, wenn ich nur ein paar Minuten haben könnte. Mehr brauche ich nicht –«

»Nun gut. Sie haben zwei Minuten.«

McCue machte einen Rückzieher. »Also, ich meine, zwei Minuten –«

»Die ersten zehn Sekunden Ihrer zwei Minuten haben Sie bereits vergeudet.«

Daraufhin eilte McCue durch den Saal und setzte die für die Geschworenen reservierte Miene auf.

Seine großen, dunklen Augen funkelten voller Leben, als er über seine Brille hinwegspähte, die er weit unten auf seiner vorstehenden Nase trug, ein wenig wie Teddy Roosevelt. Sogar in einem so ernsten Moment wie diesem erhellte die Spur eines Lächelns sein fröhliches, rundes Gesicht, und man sah, warum die Leute behaupteten, im Herzen sei Wilson McCue immer noch ein Schuljunge.

»Meine Damen und Herren Geschworenen«, sagte er, während er vor der Bank auf und ab ging, »in diesem Fall geht es um Macht... um die Macht über Leben und Tod in diesem

Staat. Gemäß dem Willen des Volkes haben wir in diesem Staat die Todesstrafe. Wir erkennen die Macht des Staates an, überführte Mörder zu töten. Was wir jedoch nicht anerkennen, sind die Versuche irregeleiteter Bürger, diese Macht nach ihrem privaten Gutdünken auszuüben. Wir lassen nicht zu, daß Vigilanten diese furchteinflößende Macht des Staates in ihre eigenen Hände nehmen. Wir gestatten es Männern nicht, private Exekutionen durchzuführen, gleichgültig, aus welchem Motiv sie handeln.

Im Verlauf der Beweisaufnahme in diesem Prozeß, meine Damen und Herren, werden Sie einen Mann kennenlernen, der eben diese Macht des Staates in seine eigenen Hände genommen hat. Dieser Mann ist Anwalt. Ein Anwalt, der sein gesamtes Berufsleben der Verteidigung von Männern und Frauen verschrieben hat, die grausamster Morde angeklagt waren. Die meisten, wenn nicht alle seiner Mandanten waren schuldig. Nur einige wurden verurteilt. Nun, daran ist nichts Schlechtes. Einige Anwälte würden sogar behaupten, es sei bewundernswert, wenn jemand die Rechte der Schuldigen verteidigt. Es liege im öffentlichen Interesse – so könnten sie argumentieren.«

McCue ging näher an die Geschworenenbank heran und sprach jeden der zwölf einzeln an; es war, als würden sie zusammen auf seiner Veranda sitzen, Limonade trinken und den Sonnenuntergang betrachten. »Doch um das öffentliche Interesse oder um den Dienst dieses Anwalts an der Öffentlichkeit geht es hier nicht«, sagte er mit leiser, aber fester Stimme. »Sie sind heute als Geschworene hier, weil dieser Anwalt«, seine Stimme wurde lauter, »der Angeklagte in diesem Prozeß, eine private Seite besitzt – eine sehr dunkle private Seite. Die Beweise werden zeigen, daß dieser Mann am zweiten August gegen vier Uhr morgens die Wohnung, das *Zuhause* eines anderen Mannes erstürmte und sich dort selbst zu Richter, Geschworenem und Henker machte. Er zog seinen Revolver, feuerte schnell hintereinander zwei Schüsse ab und tötete so seinen eigenen Mandanten. Und, meine Damen und Herren, der Angeklagte – der Mann, der diese Tat begangen hat – sitzt hier in diesem Gerichtssaal«, sagte McCue feierlich und setzte eine finstere Miene auf, als er mit anklagendem Finger auf Jack zeigte. »Sein Name ist Jack Swyteck.«

Jack spürte plötzlich das Gewicht der staatsanwaltlichen Beschuldigung, als hätte McCues ausgestreckter Finger es ihm unvermittelt auf die Schultern gelegt. *Wie wahr das alles klingt!* dachte er trübsinnig, während in den heiligen Hallen der Rechtsprechung sogar dieser blasierte Staatsanwalt zu etwas Würdevollem wurde, wie Schmutz in einem Gewächshaus zu Erde wird und Abfall zu Wertstoff.

»Sie haben noch fünfzehn Sekunden«, verkündete die Richterin.

»Meine Zeit ist knapp«, brummte McCue, »und sie reicht mir bei weitem nicht, um Ihnen alle Beweise gegen Mr. Swyteck darzulegen. Aber im Verlauf der nächsten Tage werden Sie das gesamte Material sehen und hören. Und nach Abschluß der Beweisaufnahme werde ich noch einmal vor Sie treten – und dann werde ich Sie bitten, Jack Swyteck des heimtückischen Mordes *schuldig* zu sprechen.«

McCue hielt inne, und die plötzliche Stille schien seinen Worten noch mehr Gewicht zu verleihen.

Manny stand auf und trat, McCue im Vorbeigehen einen Blick zuwerfend, vor die Geschworenen. Er stellte sich in entspannter Haltung vor die Bank, suchte Augenkontakt mit jedem der Geschworenen, hielt dann die Anklageschrift mit einer Hand in die Höhe und las laut daraus vor. *»Der Staat gegen Jack Swyteck.«* Er ließ die Hand mit dem Schriftsatz wieder sinken. *»Der Staat«*, wiederholte er mit Nachdruck, *»gegen Jack Swyteck.* Nun«, sagte er, und seine volltönende Stimme jagte den Zuhörern einen Schauer über den Rücken, »*das* ist Macht. Und in einer Hinsicht hat Mr. McCue recht: In diesem Fall geht es um Macht. Was Sie bis jetzt erlebt haben, war ganz einfach die Macht, beschuldigen zu dürfen«, fuhr er fort, warf die Anklageschrift respektlos auf den Tisch des Staatsanwalts und wandte sich dann wieder direkt an die Geschworenen. »Denn dieser Schriftsatz, meine Damen und Herren, ist nichts anderes als eben dies: eine Beschuldigung. In einem Strafprozeß hat der Staatsvertreter keine *Macht*. Er hat nur eine Pflicht. Er hat die Pflicht, seine Anklage so stringent zu beweisen, daß keine berechtigten Zweifel an der Schuld des Angeklagten mehr bleiben. Im Verlauf der folgenden Wochen werden die Zeugenaussagen, die Beweisstücke, die *Tatsachen*«, er verweilte kurz bei dem letzten Wort, »Ihnen zeigen, daß der Staatsanwalt nicht in der Lage ist, diese schwere Pflicht zu erfüllen... denn Jack Swyteck ist unschuldig.«

Jack zog sich der Magen zusammen. Wie unschuldig muß ich sein, dachte er. Wieviel würde diese Jury McCue beweisen lassen? Jack wußte, daß sein Anwalt all dies in seinem Eröffnungsplädoyer ansprechen würde, und er wollte kein Wort davon verpassen. Aber er hatte Schwierigkeiten, sich zu konzentrieren. McCue hatte nichts gesagt, das Jack nicht auch erwartet hätte, aber als er dann am Ende die Anschuldigung direkt aus dem Mund des Staatsanwalts hörte, hatte ihn das tief getroffen. Es war, als hätte Jack bis jetzt geglaubt, daß der Staatsanwalt eigentlich keine stichhaltigen Beweise habe, und nun mußte er sich eingestehen, daß McCue vielleicht doch genügend Material gegen ihn in der Hand hatte.

»Und wenn Sie die Aussagen der Belastungszeugen bewerten«, sagte Manny den Geschworenen, »denken Sie daran, daß keiner dieser Zeugen *gesehen* hat, daß mein Mandant ein Verbrechen beging. Der Staatsanwalt stützt sich ausschließlich auf Indizien. Keiner seiner Zeugen wird aussagen, er habe mit eigenen Augen gesehen, daß Mr. Swyteck *irgend etwas* Illegales getan hat.«

Jack sah sich im Gerichtsaal um. Alle Augen waren auf Manny gerichtet, bis auf... Was war das? Er sah sich noch einmal um, langsamer diesmal, konzentrierter. Da. Ein Mann in der letzten Reihe des Zuschauerraums starrte ihn an, aber nicht wie ein neugieriger Beobachter es tun würde, sondern auf durchdringendere, mitteilende Art. Er kam Jack bekannt vor. Groß und breitschultrig. Ein sehr runder, kahlrasierter Kopf. Am linken Ohrläppchen funkelte ein kleiner Diamantstecker. Und dann vermischte sich das Bild dieses Mannes mit dem eines anderen. Jack sah sich in der Nacht, als Goss ermordet wurde, vor dessen Wohnung stehen. Er hämmerte gegen die Tür. Ein Mann war ein paar Türen von Goss' Wohnung entfernt in den Gang getreten und hatte gerufen: »Schluß mit dem Krach.« Kein Zweifel, das war derselbe Mann.

Jack wandte schnell die Augen ab. Er versuchte wieder, Mannys Eröffnungsplädoyer zuzuhören, aber es gelang ihm nicht. *Was zum Teufel macht der Kerl hier?* fragte er sich. Es kam ihm merkwürdig vor, daß Goss' Nachbar hier in diesem Gerichtssaal war. Er konnte ein glaubhafter Zeuge der Anklage sein. Er konnte Jack identifizieren und seine Anwesenheit am Ort des Verbrechens bestätigen. Aber offensichtlich war er als Zeuge nicht eingeplant. Als Anwalt wußte Jack, daß die Verfahrensordnung es potentiellen Zeugen nicht gestattete, vor ihrer Aussage im Gerichtssaal zu sein. Er warf dem Mann noch einmal einen Blick zu. Der kalte, furchterregende Ausdruck in seinen Augen signalisierte eindeutig Wiedererkennen, und das vergrößerte Jacks Verwirrung noch.

Das nächste, was er bewußt hörte, war Mannys Schlußsatz an die Geschworenen: »Vielen Dank.« Er konnte es einfach nicht glauben. Mit dem Zeigefinger lockerte er seinen engen, gestärkten Kragen und seufzte. Nach Wochen bangen Wartens hatte er nun das Eröffnungsplädoyer seines eigenen Anwalts verpaßt. Aber das schien nicht so wichtig zu sein. Die Neugier hatte ihn übermannt. Wer war dieser Mann?

»Meine Damen und Herren«, sagte die Richterin, »damit ist die Sitzung für heute beendet, wir gehen ins Wochenende. Aber wegen des übermäßigen öffentlichen Interesses, das dieser Prozeß findet, mache ich von meinem Recht Gebrauch, die Geschworenen abzusondern. Sie möchten sich doch bitte beim Protokollführer nach der ihnen zugewiesenen Unterkunft erkundigen. Vielen Dank. Die Verhandlung ist bis Montag morgen neun Uhr unterbrochen«, verkündete sie und schwang ihr Hämmerchen.

Jack stand schnell auf, während das Füßescharren und das Geplapper der Schaulustigen und Reporter den Gerichtssaal füllte. Er wartete nicht erst auf Mannys Angebot, ihn nach Hause zu fahren. »Ich muß raus hier«, sagte er, den Blick noch immer auf den Mann in der letzten Reihe gerichtet. »Kannst du dich um die Presse kümmern, während ich mich verdrücke und ein Taxi suche?«

»Natürlich«, sagte Manny und schloß seine Aktentasche. »Aber warum die Eile?«

»Ich muß da noch was herausfinden«, antwortete Jack und ließ Manny keine Zeit zu fragen, was. Er ließ ihn stehen, ging durch die Pendeltür, die Anwalts- und Richtertische vom Zuschauerraum trennte, und bahnte sich einen Weg durch die Menge, ohne die Zurufe der Reporter zu beachten. Manny war ein paar Schritte hinter ihm. Dank seiner Größe konnte Jack über die Köpfe der anderen hinweg den rasierten Schädel des Mannes gerade noch im Auge behalten.

»Ich werde all Ihre Fragen da drüben beantworten«, hörte Jack Manny rufen, während die Menge aus dem Gerichtssaal ins Foyer strömte. Die meisten Reporter gingen in eine Richtung, und Jack schlug sofort die andere ein, auf den Lift zu, wo der kahlrasierte Schädel sich eben in eine vollbesetzte, nach unten fahrende Kabine zwängte. Jack stürmte durch das Gewirr aus Anwälten, Reportern und Schaulustigen und versuchte, sein Opfer nicht aus dem Blick zu verlieren. Ein paar Reporter folgten ihm und bedrängten ihn mit ihren Fragen. Er war nur noch drei Meter von der sich schließenden Aufzugstür entfernt, als er frontal mit einem Schatten aus nadelgestreiftem Polyester zusammenstieß, einem nur gut einsfünfzig großen Zivilrechtsanwalt mit Akten unter beiden Armen. Papiere flogen durch die Luft, zwei Körper wälzten sich am Boden.

»Trottel!« rief der Mann vom Boden aus.

»Tut mir leid«, sagte Jack, doch leid tat ihm nur, daß der Aufzug ohne ihn abgefahren war. Den Mann und seine guten Manieren vergessend, rannte er in Richtung Treppenschacht und riß die Tür des Notausgangs auf. Er nahm immer zwei oder drei Treppen auf einmal und brauchte so für die fünf Etagen kaum mehr Zeit, als sein achtzig Kilo schwerer Körper im freien Fall benötigt hätte. Unten stieß er die Metalltür auf, blieb dann Atem holend stehen und suchte die Eingangshalle ab. Es herrschte ein reges Kommen und Gehen, wie immer, aber kein Gedränge, und Jack konnte erkennen, daß er zu langsam gewesen war. Die Aufzugskabine hatte sich bereits geleert, und der Mann mit dem kahlen Schädel war nirgends zu sehen. Jack rannte aus dem Gerichtsgebäude, stand dann am Absatz der

Granittreppe und suchte verzweifelt die Umgebung ab. Es war Stoßzeit, die Bürgersteige waren voller Menschen, aber der Mann war verschwunden. Enttäuscht trottete Jack die Stufen hinunter, winkte sich ein Taxi und ließ sich auf den Rücksitz fallen.

»Wohin?« fragte der Fahrer.

Jack wollte ihm schon seine eigene Adresse nennen, zögerte aber dann und sagte: »East Adams Street 409.«

Die Adams Street war zwanzig Blocks vom Gerichtsgebäude entfernt, und mit jedem Block schnellte die Kriminalitätsrate ein Stückchen in die Höhe. Die Sonne ging eben unter, als das Taxi in Eddy Goss' alte Straße einbog und an Bergen von Müll und verwüsteten Gebäuden vorbeirollte. Der Fahrer ließ Jack am Straßenrand direkt vor Goss' Wohnblock aussteigen. Jack reichte ihm zur Begleichung des Fahrpreises von zehn Dollar einen Zwanziger durchs offene Fenster, und bevor er sein Wechselgeld verlangen konnte, war der Fahrer verschwunden.

Im Haus stieg Jack, wie elf Wochen zuvor, in den ersten Stock hoch, zu einem langen, graffiti-übersäten Gang mit Wohnungstüren an beiden Seiten. Es war so dunkel wie beim letztenmal; nicht einmal der Mord an Wilfredo Garcia hatte den Besitzer dazu gebracht, eine einzige ausgebrannte oder fehlende Glühbirne zu ersetzen.

Mit schnellen Schritten ging Jack den düsteren Korridor entlang und blieb vor Nummer 217, Eddy Goss' alter Wohnung, stehen. Gelbes Absperrband vor der Tür verwehrte den Zutritt, aber Jack hatte gar nicht die Absicht, die Wohnung zu betreten. Er wollte nur feststellen, aus welcher Wohnung der Nachbar in jener Nacht gekommen war. Er sah den Gang entlang, und schon nach einer Sekunde war er sich sicher: Es war die vierte Tür, Nummer 213, mit dem aufgesprühten Hakenkreuz. Er ging die zehn Meter bis zu der Tür, klopfte kräftig und wartete. Nichts rührte sich. Er klopfte noch fester, und unter der Wucht des Schlages schwang die Tür halb auf.

»Hallo?« rief er. Aber niemand antwortete. Jack stieß die Tür ganz auf und stand auf der Schwelle eines völlig verwüsteten Einzimmerapartments. Riesige Löcher sprenkelten den

Verputz, als wäre er beschossen worden. Zeitungen, Plastiktüten, leere Kartons und anderer Müll bedeckten einen Boden aus gesprungenen Fliesen und nacktem Sperrholz. Das einzige Fenster des Zimmers war von außen vernagelt. Er kontrollierte die Nummer an der Tür, um sicherzugehen, daß er sich nicht geirrt hatte. Aber es war die richtige Wohnung. Als er eintrat, störte er eine Ratte auf, die quiekend in die Küche lief. Verwirrt und ungläubig sah er sich in dem Chaos um.

»Was zum Teufel machen Sie hier?« fragte plötzlich ein Mann von der Tür her. Jack wirbelte herum und erwartete, Eddy Goss' Nachbar zu sehen. Aber es war ein alter, finster blickender Mann mit gelblichgrauen Haaren und einem teigigen, blassen Gesicht. Er trug ein T-Shirt mit Schweißflecken an den Achseln, aus seinem Mund hing ein Zahnstocher.

»Die Tür war offen, so bin ich hereingekommen. Ich suche jemanden. Einen großen Kerl. Mit kahlrasiertem Schädel. Am zweiten August hat er noch hier gewohnt.«

»Den Teufel hat er«, sagte der alte Mann, und sein Zahnstocher wackelte beim Sprechen. »Ich bin der Hausmeister von diesem Scheißladen hier, und am zweiten August hat kein Mensch hier drin gewohnt. Das Rattenloch steht schon seit mehr als 'nem Jahr leer.«

»Aber – er hat gesagt, er hat ein zweijähriges Kind.«

»Kinder?« Der Mann lachte höhnisch auf. »Hier?« Dann verfinsterte sich seine Miene wieder. »Ich mach' jetzt noch ein letztes Mal ein Vorhängeschloß an die Tür. Und wenn das wieder aufgebrochen wird, dann werd' ich mich an Sie erinnern, Mister. Wir hatten in diesem Haus in drei Monaten zwei Morde, und beide auf diesem Stockwerk. Also machen Sie, daß Sie verschwinden, sonst ruf' ich die Bullen.«

Jack widersprach nicht. Er senkte den Kopf und ging, wie er gekommen war, den Gang entlang, die Treppe hinunter und zur Haustür hinaus.

Es war schon beinahe dunkel, als er das Gebäude verließ, aber die Straßenlaternen brannten noch nicht. Vom Treppenabsatz aus sah er auf dem gegenüberliegenden Bürgersteig eine Gestalt in einem Hausschatten stehen. Er sah genau hin, und der Mann starrte zurück. Und dann lief ihm ein Schauer über den Rücken: *Das ist er.*

Plötzlich sprintete der Mann los und lief in lockerem Tempo in Richtung Gerichtsgebäude. Ohne lange nachzudenken, machte Jack sich an die Verfolgung, er überquerte die Straße und rannte dann, so schnell es sein Geschäftsanzug und die lederbesohlten Schuhe erlaubten, den Bürgersteig entlang. Der Mann schien ihm gar nicht entkommen zu wollen. Er foppte Jack, als wollte er, daß er ihn einholte. Jack kam bis auf fünf Meter an ihn heran, doch dann beschleunigte der Mann und verschwand mühelos auf dem Greyhound-Busparkplatz zwei Blocks weiter unten. Jack versuchte ihm zu folgen, blieb immer wieder stehen, sah sich um und rannte wieder los, sobald er ihn irgendwo zwischen den Bussen nach New York, Chicago oder Atlanta entdeckte. Leerlaufende Motoren erfüllten die Luft mit fensterklirrendem Lärm und dicken Auspuffschwaden. Völlig außer Atem blieb Jack schließlich zwischen zwei Bussen stehen und sah sich verzweifelt nach seinem Ziel um. Er suchte die eine Richtung ab, dann die andere. Nichts. Die Tür des leeren Busses neben ihm war offen. Vorsichtig stieg er ein und spähte den Gang entlang.

»Ich weiß, daß Sie hier drin sind«, rief er, obwohl er sich alles andere als sicher war. Er machte einen Schritt vorwärts, besann sich dann aber eines Besseren. Wenn dieser Mann irgendwo hinter einem Sitz kauerte, mußte er irgendwann herauskommen. Jack beschloß, draußen auf ihn zu warten.

Er wandte sich zum Gehen, doch plötzlich schwang die Tür zu. Er wirbelte herum und sah, daß jemand hinter ihm stand, aber ein schneller Schlag auf den Kopf und ein zweiter in den Bauch ließen ihn vor Schmerz in die Knie gehen. Noch ein Schlag auf den Kopf, und er lag mit dem Gesicht nach unten auf dem Boden. Sein Angreifer warf sich von hinten auf ihn und drückte ihm ein Messer an die Kehle.

»Denk nicht mal dran, dich zu rühren.«

Jack erstarrte, als die Klinge ihm die Haut ritzte.

»Ich hab' absolut keine Lust, dir die Kehle aufzuschlitzen, Swyteck – nach all der Mühe, die ich mir gemacht habe.«

Jack ballte die Hand zur Faust. »Wer sind Sie?«

»Überleg mal. Vor zwei Jahren. Die Nacht vor Raul Fernandez' Hinrichtung.«

Jack lief es eiskalt über den Rücken, als er die Stimme wiedererkannte. »Was wollen Sie von mir?«

»Ich will Gerechtigkeit. Ich will, daß du stirbst, wie Raul gestorben ist – auf dem elektrischen Stuhl, für einen Mord, den du nicht begangen hast.«

»Das ist keine Gerechtigkeit«, stammelte Jack. »Das ist krank. Und es wird nicht funktionieren.«

»Es wird funktionieren«, sagte der Mann, und mit einem Auflachen versetzte er Jack einen kleinen Schnitt. »Vergiß nicht: Du lebst nur, weil ich dich am Leben lasse. Du glaubst vielleicht, daß du in Sicherheit bist. Die Schlösser an deinen Türen. Die Alarmanlage in deinem Auto. Das ist doch alles Quatsch. Das ist nichts anderes als das warme, sichere Gefühl, das die Leute bekommen, wenn sie abends ihre Vorhänge zuziehen und dann glauben, jetzt kann ihnen der Kerl nichts mehr anhaben, der mit der Axt um ihre Häuser streicht und sein Gesicht an ihren Fenstern plattdrückt. Gegen so etwas gibt es keinen Schutz, Swyteck. Du kannst nur eins tun: dich an die Regeln halten. An meine Regeln.«

»Und die lauten?«

»Es gibt nur eine. In diesem Prozeß geht es um mich gegen dich, ein Mann gegen den anderen. Wenn du versuchst, etwas anderes daraus zu machen, dann werden unschuldige Leute leiden müssen, das verspreche ich dir.«

»Was soll das heißen?«

»Du bist doch so gescheit. Find's selber raus, du Arschloch.«

»Warum –«

»Warum du sterben mußt?« Der Mann beugte sich vor, bis Jack seinen Atem im Genick spürte. »Weil ein Mörder frei herumläuft«, sagte er in einem kalten Flüsterton. »Und dieser Mörder bist du.«

Jack hielt den Atem an, als er spürte, wie die Klinge noch fester gegen seine Kehle gedrückt wurde. Dann sprang sein Angreifer auf und verschwand in der Dunkelheit. Jack lag da, das Gesicht auf dem rauhen Boden, und fühlte sich wie damals als Fünfjähriger. Als wäre er ganz allein auf der Welt.

33. Kapitel

Zehn Wochen waren vergangen, seit Harry Swyteck gemäß den Anweisungen seines Erpressers die letzte Rate im Memorial-Friedhof hinterlegt hatte. Zum Glück hatten sich die dunklen Vorahnungen, die ihn an diesem Abend geplagt hatten, als falsch herausgestellt. Die Fahrt zum Friedhof war ohne Zwischenfall verlaufen, nur war es für den Gouverneur ein höchst quälendes Erlebnis gewesen, an Raul Fernandez' letzter Ruhestätte zu stehen.

Harry war an diesem Tag nicht im Gerichtssaal gewesen, um sich die Eröffnungsplädoyers anzuhören. Aber einer der jungen Anwälte, die ihm als Berater dienten, hatte ihn ausführlich darüber informiert. Solche Eröffnungsplädoyers waren ein wenig wie Landkarten, die jede Seite den Geschworenen in die Hand gab, damit sie sich in der Menge der während des Prozesses präsentierten Beweise orientieren, sie identifizieren und einordnen konnten. Nachdem Harry die Richtung, die der Verteidiger offensichtlich einschlug, analysiert hatte, kam es ihm merkwürdig vor, daß Manny den anonymen Anrufer nicht erwähnte, der gemeldet hatte, er habe einen Mann in Polizeiuniform den Schauplatz des Verbrechens verlassen sehen.

Der Gouverneur hatte Manny versprochen, daß er, obwohl er die Anwaltsrechnungen bezahlte, die Strategie der Verteidigung ganz Manny und Jack überlassen werde. Deshalb widerstrebte es ihm, das Eröffnungsplädoyer nachträglich zu kritisieren. Aber er befürchtete, daß der Anwalt womöglich etwas falsch verstanden hatte. Vielleicht hatte Manny den anonymen Anruf nicht erwähnt, weil Harry früher Polizeibeamter gewesen war. Wenn das der Fall sein sollte, mußte Harry Mannys Meinung richtigstellen. Er setzte sich ins nächste Flugzeug, und noch am selben Abend um acht Uhr saß er dem Anwalt seines Sohnes gegenüber.

»Danke, daß Sie so kurzfristig Zeit für mich hatten«, sagte er, während er die Ausstattung von Mannys Büro betrachtete.

»Es ist mir ein Vergnügen«, erwiderte Manny. »Sie haben gesagt, Sie hätten gewisse Bedenken wegen meiner Strategie?«

»Ja«, sagte Harry. »Nun, eigentlich keine Bedenken, ich sehe da nur gewisse Bereiche, die einer Klärung bedürfen.«

»Zum Beispiel?«

»Dieser anonyme Anruf zum Beispiel. Soweit ich weiß, haben Sie ihn in Ihrem Eröffnungsplädoyer heute nachmittag nicht erwähnt.« Der Gouverneur sah den Anwalt prüfend an. »Ich will Sie nicht beleidigen, Manny, oder Ihre Integrität in Frage stellen. Aber ich möchte klarstellen, daß ich Sie nur aus einem Grund als Anwalt für Jack engagiert habe: weil Sie der Beste im Geschäft sind und weil ich glaube, wenn jemand einen Freispruch für meinen Sohn erreichen kann, dann Sie. Wie Sie die Sache angehen, liegt allein an Ihnen und Jack. Und wenn Sie dazu die Polizei schlecht aussehen lassen müssen, dann tun Sie es. Ich bin zwar ein ehemaliger Polizist. Aber ich bin an erster Stelle Vater.«

Manny nickte langsam, er schien sich seine Antwort gut zu überlegen. »Ich verstehe, was Sie meinen. Und ich fühle mich nicht beleidigt. Sie sind nicht der erste besorgte Vater, der zu mir ins Büro kommt. Aber Sie sind der erste besorgte Vater, der einen Sohlenabdruck vor der Tür zur Wohnung des Mordopfers hinterlassen hat.«

Der Gouverneur wurde starr, sein Gesicht ausdruckslos. »Wovon reden Sie?«

Manny war ein Meister im Interpretieren von Reaktionen. Er hatte Harry getestet, und Harry hatte versagt. »Bitte, sagen Sie jetzt gar nichts. Sagen wir einfach, ich weiß, daß Sie nicht zu mir gekommen sind, weil ich beschlossen habe, den Anruf nicht zu erwähnen. Sie sind hier, weil ich den Sohlenabdruck nicht erwähnt habe.«

»Was für einen Sohlenabdruck?« Harry war ehrlich verwirrt – und besorgt.

Manny runzelte die Stirn und richtete sich im Stuhl auf. »Ich glaube wirklich, wir sollten jetzt nicht näher darauf eingehen, Sir. Ich kann Ihnen versichern, daß ich den Sohlenabdruck vor Gericht benutzen werde, falls es nötig ist, um den Prozeß zu gewinnen. Daß ich ihn nicht als Argument in meinem Eröffnungsplädoyer benutzt habe, heißt nicht, daß ich ihn im Verlauf des Prozesses nicht als Beweismittel verwenden werde.«

»Aber Manny, ich habe wirklich keine Ahnung, von welchem Sohlenabdruck Sie sprechen.«

»Und das ist genau die Antwort, die ich von Ihnen erwartet habe. Aber wie gesagt. Ich glaube nicht, daß wir beide näher darauf eingehen sollten. Ich bin Jacks Anwalt, nicht Ihrer. Aber Sie sollten sich auch einen suchen.«

»Ich?« Harry kicherte nervös. »Wozu brauche ich einen Anwalt?«

Manny beugte sich vor, nicht um ihm zu drohen, sondern um ihm die Wichtigkeit dessen, was er ihm zu sagen hatte, deutlich zu machen. »Ich will ganz offen mit Ihnen sein. Sie haben mir einiges über die Nacht, in der Raul Fernandez hingerichtet wurde, erzählt – darüber, was sich zwischen Ihnen und Jack abgespielt hat. Aber ich glaube nicht, daß ich schon die ganze Geschichte kenne.«

»Was soll das heißen?«

»Bestimmt haben Sie von dem alten Mann in Goss' Haus gehört, dem man vor ein paar Wochen das Genick gebrochen hat. Eine tragische Geschichte. Die Polizei hat nicht mal ein Motiv. Können Sie sich eins vorstellen, Herr Gouverneur?«

Harrys Gesicht zeigte Verärgerung. »Nein, außer daß es da draußen Wahnsinnige gibt, die unschuldige Menschen töten.«

»Ich glaube, da steckt noch mehr dahinter. Ich habe mir die Ermittlungsakten dieses Falles angesehen. In der Wohnung des alten Mannes wurden fremde Sohlenabdrücke gefunden. Wie es aussieht, hat der Wahnsinnige, der dem alten Mann in Wohnung 201 das Genick gebrochen hat, Wing tips getragen, Wiggins wing tips. Dieselben Wiggins wing tips, die in der Nacht, in der Eddy Goss ermordet wurde, vor seiner Wohnung einen deutlichen Abdruck hinterlassen haben.«

Der Gouverneur erstarrte. In der Nacht, als er zu Goss' Wohnung gegangen war, hatte er Schuhe dieser Marke getragen. Und jetzt erkannte er auch den Zweck dieses scheinbar so sinnlosen Souvenirs, das er zusammen mit dem Geld und den Blumen auf Raul Fernandez' Grab hatte hinterlassen müssen – kurz bevor der alte Mann ermordet worden war.

»Also«, sagte Manny, »Sie sind ein ehemaliger Polizist. Vielleicht ist es an der Zeit, daß Sie sich an Ihr Recht zu schweigen erinnern. Und an Ihr Recht auf einen Anwalt. Auf Ihren *eigenen* Anwalt.«

Der Gouverneur schüttelte langsam den Kopf, sagte aber nicht mehr als: »Danke« und dann: »Gute Nacht.«

34. Kapitel

Kurz vor neun nahm sich Jack ein Taxi und fuhr vom Busbahnhof nach Hause. Er war noch ziemlich mitgenommen von dem Angriff, aber zum Glück hatte er etwas Zeit, sich zu erholen. Es war Freitag abend, und ein ganzes Wochenende lag zwischen den Eröffnungsplädoyers dieses Tages und dem Montag, der vermutlich der schlimmste seines Lebens werden würde – dem Tag, an dem der erste Zeuge der Anklage gegen ihn aussagen würde.

Er ging langsam die Treppe hoch und streckte müde die Hand mit dem Schlüssel aus, aber die Haustür flog auf, und Cindy begrüßte ihn mit einem Lächeln.

»Ich hoffe, du hast reserviert«, sagte sie.

»Was?«

»Na schön«, sagte sie, die Nachgiebige spielend. »Diesmal laß ich dich so rein, aber daß mir keine Klagen wegen des Menüs kommen.«

Sie sah großartig aus in ihrem kurzen schwarzen Rock und der Paisley-gemusterten Bluse.

Als er das Haus betrat, stieg ihm zuerst ihr Parfum und dann ein würzig-weicher Duft aus der Küche in die Nase. Bei einem kurzen Blick ins Speisezimmer entdeckte er flackernde Kerzen.

Okay, kapiert, dachte er. Um mich nach meinem ersten Tag vor Gericht ein wenig aufzumuntern, hat sie sich abgerackert und ein romantisches Abendessen gekocht.

Im hellen Licht des Flurs bemerkte sie die Kratzer auf seinem Gesicht und den schmutzigen Anzug. »Was ist denn mit dir passiert?« fragte sie.

Er schluckte. »Ich bin ihm heute abend begegnet. Dem Kerl, der mich verfolgt.«

Sie erstarrte. »*Was?*« Mit erschrockenen, weit aufgerissenen Augen nahm sie ihn beim Arm und führte ihn ins Wohnzimmer. Sie knipste die Lampe an und untersuchte seine Kratzer. »Schlimm sieht's nicht aus«, sagte sie. »Aber was genau ist passiert?«

Er ließ sich auf die Couch sinken. Sie setzte sich neben ihn und hörte aufmerksam zu, während er ihr alles erzählte: Wie er an Goss' Tür geklopft hatte und dieser Nachbar in den Gang getreten war und sich über den Lärm beschwert hatte, wie derselbe Mann ihn im Gerichtssaal angestarrt hatte, seine Rückkehr in die Adams Street und schließlich der Überfall auf dem Busparkplatz.

Unter Schwierigkeiten erzählte er ihr auch von der Nacht, in der Raul Fernandez hingerichtet worden war, und von seiner Unfähigkeit, seinen Vater davon zu überzeugen, einen Vollstreckungsaufschub zu gewähren.

Nach diesem Bericht hatte Cindy das Gefühl, Jack erst jetzt richtig kennengelernt zu haben. »Ich bin froh, daß du es mir erzählt hast – das mit dir und deinem Vater. Aber dieser Überfall – was hat der zu bedeuten?«

Er atmete tief durch. »Er bestätigt, daß Eddy Goss nie hinter mir her war. Und er bestätigt, daß mir dieser Mord angehängt werden soll. Dieser Kerl hat Goss ermordet und es dann so aussehen lassen, als hätte ich es getan. In seinen Augen ist das ausgleichende Gerechtigkeit. Raul Fernandez ist als Unschuldiger gestorben. Ich bin sein Mörder. Also muß auch ich sterben – für ein Verbrechen, das ich nicht begangen habe.«

»Aber das ist doch unsinnig. Warum du? Schließlich hast du deinen Vater angefleht, die Hinrichtung zu verhindern. Wenn dieser Kerl versucht, Raul Fernandez zu rächen, warum bist dann du sein Opfer und nicht dein Vater?«

Jack schüttelte den Kopf. »Ich weiß es nicht. Ich weiß nicht, wie sein verrücktes Hirn arbeitet.«

»Aber was ist sein Motiv? Soweit ich das verstehe, will er dich für diese Hinrichtung bestrafen. Aber warum liegt ihm soviel daran? Was für eine Verbindung bestand zwischen ihm und Raul Fernandez?«

Jack seufzte. »Auch das weiß ich nicht.«

»O Jack«, sagte sie und drückte ihn an sich. »Warum sollte irgend jemand dich so sehr hassen? Es macht mir angst, daß er es *genießt*, dich so zu hassen. Er verhöhnt dich, Jack. Er spielt mit dir, als wäre das Ganze ein Sport.«

Jack nickte zustimmend. Er sah ihr in die Augen und wiederholte dann den Vorschlag, den er ihr schon vor Wochen gemacht hatte. »Ich glaube wirklich, du solltest Miami verlassen. Der Mann hat mir ein Messer an die Kehle gesetzt, Cindy. Der Polizei kann ich es noch immer nicht erzählen. Ich muß mit Manny reden, aber ich bin mir sicher, daß er meiner Meinung ist. Es ist nicht anders als zuvor: Ich darf dem Staatsanwalt auf keinen Fall einen Hinweis auf ein mögliches Motiv für den Mord an Eddy Goss geben.«

Ein Klopfen an der Tür unterbrach ihr Gespräch.

»Hast du jemanden zum Abendessen eingeladen?« fragte er.

»Natürlich nicht.«

Es klopfte noch einmal. »Ich geh' schon«, sagte er.

»Was ist, wenn *er* es ist?«

»Ich weiß jetzt, wie er aussieht. Wenn er es ist, weiß ich es, bevor ich die Tür öffne.« Jack durchquerte mit schnellen Schritten das Wohnzimmer und blieb vor der Haustür stehen. Ein drittes Mal wurde heftig geklopft, bis er die Außenbeleuchtung einschaltete. Er spähte durch das kleine Fenster nach draußen und sah einen Mann, der ihm mit mürrischem Blick entgegenstarrte. Bekleidet war er mit einem beigen, kurzärmeligen Hemd, einer schokoladenbraunen Hose und schwarzen Glattlederschuhen, die im Schein der Lampen glänzten. In einem schweren, schwarzen Schulterhalfter steckte eine Pistole mit Perlmuttgriff. Seine Lizenz zum Tragen einer Feuerwaffe – eine goldglänzende Plakette – hing an der Brusttasche. Jack öffnete die Tür.

»'n Abend«, sagte der Polizist in höflichem, aber geschäftsmäßigem Ton. »Ich komme vom Büro des Bezirkssheriffs. Ich suche Miss Cindy Paige.«

Jack spürte einen Kloß in der Kehle. Er bereute schon, die Tür geöffnet zu haben.

»Ich bin Cindy Paige«, erwiderte Cindy, die hinter Jack getreten war.

»Das ist für Sie«, sagte der Beamte und reichte ihr ein offiziell aussehendes Dokument.

Jack nahm ihm das Schreiben ab.

»Was ist das?« fragte Cindy.

»Eine Vorladung«, sagte Jack.

»Eine Gerichtsvorladung«, verbesserte ihn der Polizist.

»Wofür?« fragte sie.

»Seien Sie am Montag, neun Uhr morgens, im Gerichtsgebäude«, wurde sie aufgefordert. »Sie sind die erste Zeugin der Anklage im Verfahren gegen *Swyteck.*«

»Die erste Zeugin der Anklage?«

»Sag kein Wort mehr«, riet Jack ihr und schlug dem Mann die Tür vor der Nase zu.

»Ich kann's nicht glauben«, sagte sie, während ihr Tränen in die Augen traten. »Warum ich? Warum wollen sie mich als erste Zeugin?«

»Vielleicht, weil du ehrlich bist«, sagte er. »Der Staatsanwalt denkt wahrscheinlich, er kann dich dazu bringen, etwas zu sagen, was mir schadet.«

Sie machte einen Schritt zurück und sah ihm in die Augen. »Nie und nimmer.«

»Ich weiß, daß du das nie tun würdest«, sagte er und zog sie an sich. Aus der Küche kam Rauch, und der Geruch ihres verbrannten Abendessens wehte in den Flur. *Zumindest nicht absichtlich*, dachte er.

35. Kapitel

Die Atmosphäre knisterte vor Spannung, als die Mitspieler in dem Thriller *Der Staat gegen Swyteck* sich am Montagmorgen versammelten. Laut Drehbuch hatte die Anklagevertretung das Recht, ihre Version der Ereignisse als erste darzustellen. Nachdem Jacks Charakter gründlich in den Schmutz gezogen und seinen Handlungen die schlimmstmögliche Interpretation gegeben worden war, würde die Verteidigung auftreten und versuchen, die Gehirnwäsche rückgängig zu machen. Bei diesen Voraussetzungen schien es erstaunlich, daß Geschworene so oft zum richtigen Ergebnis kamen. Aber der hehre Gedanke, daß dies das beste Rechtssystem der Welt sei, war nur ein schwacher Trost für einen Unschuldigen, der durchaus auf dem elektrischen Stuhl landen konnte.

»Rufen Sie Ihren ersten Zeugen auf, Mr. McCue«, befahl die Richterin.

»Der Staat ruft Cindy Paige auf«, verkündete McCue.

Jack verließ der Mut. Es war also kein Bluff.

Ein Meer von Köpfen drehte sich gleichzeitig um, als Cindy durch die fast vier Meter hohe Pendeltür in den Gerichtssaal trat. Sie wirkte nervös, aber nur Jack merkte, wie nervös sie wirklich war. Er kannte die kleinen Zeichen – die angespannte Oberlippe, der steife Gang, die Art, wie sie Daumen und Zeigefinger zusammenpreßte.

Sie trug ein beiges Kostüm und darunter eine taubenblaue Bluse. »Sie müssen sanft und sympathisch aussehen«, hatte Manny ihr am Abend zuvor gesagt. Sie hatte seinen Rat befolgt.

»Schwören Sie, die Wahrheit zu sagen, die ganze Wahrheit...« Der Gerichtsdiener sagte ihr die vertraute Schwurformel vor. Jack sah von seinem Tisch zu ihr hinüber. Was für ein Witz, dachte er, daß sie so ängstlich wirkt. Wenn es je einen Menschen gab, bei dem man sich darauf verlassen konnte, daß er die Wahrheit sagte, dann war sie es.

Wilson McCue wartete, bis die Zeugin auf dem alten Kunstlederstuhl Platz genommen hatte, und begann dann sehr harmlos. »Bitte nennen Sie uns Ihren Namen«, forderte er sie auf.

Cindy rutschte auf dem Stuhl hin und her, als wäre ihr bereits diese einfache Frage unangenehm. »Cindy Paige«, erwiderte sie mit leiser Stimme.

»Miss Paige, wie lange kennen Sie den Angeklagten schon?«

»Eineinhalb Jahre«, sagte sie.

»Und wie gut kennen Sie ihn?«

Sie zuckte die Achseln. »So gut wie sonst niemand, denke ich.«

»Kann man sagen, daß zwischen Ihnen eine Liebesbeziehung besteht.«

»Ja. Wir leben zusammen.«

»Sie sind aber nicht verheiratet«, sagte McCue und klang dabei mehr als ein wenig tadelnd.

Cindy warf den Geschworenen einen Blick zu. Bei der blauhaarigen pensionierten Lehrerin in der zweiten Reihe registrierte sie Mißfallen. »Nein, wir sind nicht verheiratet.«

»Und wie lange leben Sie schon zusammen?«

»Ungefähr ein Jahr. Bis auf ein paar Wochen vor einer Weile.«

»Lassen Sie uns doch über diese kleine Unterbrechung reden«, sagte der Staatsanwalt. »Wann genau war das?«

Sie seufzte, nicht weil ihre Erinnerung sie im Stich ließ, sondern weil es eine Zeit in ihrem Leben war, die sie lieber vergessen hätte. »Vor knapp drei Monaten.«

»Das war direkt nach dem Prozeß gegen Eddy Goss, nicht?« fragte der Staatsanwalt, der jetzt schon weniger freundlich klang, eher wie ein Verhörbeamter. »Gleich nachdem Mr. Swyteck ihn verteidigt und ihn freibekommen hat.«

»Einspruch, was diese Charakterisierung betrifft«, sagte Manny, der aufgesprungen war.

»Stattgegeben«, stöhnte die Richterin. »Solche billigen Seitenhiebe lasse ich nicht zu, Mr. McCue. Die Geschworenen werden hiermit daran erinnert, daß Mr. Swyteck wegen des Mordes an Eddy Goss vor diesem Gericht steht«, sagte sie der Jury, »und nicht, weil er Mr. Goss in einem anderen Verfahren verteidigt hat.«

Einige der Geschworenen tauschten Blicke, als wären sie sich nicht ganz sicher, welches das eigentliche Verbrechen war.

»Die Zeugin möge die Frage beantworten«, sagte die Richterin.

»Jack und ich haben uns ein paar Tage nach dem Goss-Prozeß getrennt«, erwiderte Cindy. »Aber der Prozeß hatte mit unserer Trennung nichts zu tun.«

»Es war Ihre Entscheidung, auszuziehen, nicht?«

»Ja, das war meine Entscheidung.«

»Und Mr. Swyteck hat sich deswegen ziemlich aufgeregt.«

Sie zögerte, denn es überraschte sie, wie persönlich diese Fragen waren, und die Richtung, die sie nahmen, erregte ihren Argwohn. Sie warf Jack einen kurzen Blick zu und sah dann dem Staatsanwalt in die Augen. »Es war für uns beide schwer.«

»Nun, dann will ich ein wenig genauer werden. Sie beide hatten einen üblen Streit, bevor Sie ihn verließen, nicht?«

»Einspruch«, sagte Manny. »Frau Richterin –«

»Abgewiesen.«

Cindy rutschte nervös auf dem Stuhl hin und her. »Wir hatten eine Meinungsverschiedenheit, ja.«

McCue grinste. »Und ich nehme an, die Schlacht von Gettysburg war ebenfalls eine Meinungsverschiedenheit.«

»Einspruch«, rief Manny.

Die Richterin sah McCue mißbilligend an. »Stattgegeben. Ich verwarne Sie zum letztenmal wegen solch billiger Seitenhiebe, Mr. McCue.«

McCue ließ sich davon nicht aus der Fassung bringen. »Stimmt es denn nicht, Miss Paige, daß der Angeklagte sie praktisch aus dem Haus geworfen hat?«

»Er hat mich nicht angerührt. Wir hatten eine Auseinandersetzung. Jedes Paar, das ich kenne, hat hin und wieder Auseinandersetzungen.«

»Aber das war keine gewöhnliche Auseinandersetzung«, sagte McCue und näherte sich der Zeugin. »An dem Morgen, als Sie ihn verlassen haben, hat Mr. Swyteck vollkommen die Beherrschung verloren«, sagte er mit leiser, eindringlicher Stimme. »Er war wie verwandelt. Würden Sie das nicht auch sagen?«

»Einspruch«, sagte Manny. »Euer Ehren, diese Art der Befragung wird allmählich lächerlich.«

Die Richterin starrte den Staatsanwalt böse an. »Ich bin geneigt, dem zuzustimmen.«

»Wenn ich an Ihren Tisch kommen dürfte«, sagte McCue, »dann könnte ich Ihnen die Bedeutung dieser Frage erklären.«

»Machen Sie es kurz«, sagte die Richterin und winkte beide Anwälte zu sich.

Staatsanwalt und Verteidiger eilten nach vorne und steckten außer Hörweite der Geschworenen mit der Richterin die Köpfe zusammen.

»Ich habe bis jetzt geduldig abgewartet«, sagte Manny, »um zu sehen, worauf Mr. McCue hinauswill. Aber amouröse Kabbeleien zwischen meinem Mandanten und Miss Paige haben mit dem Gegenstand dieses Prozesses absolut nichts zu tun. Das ist ganz einfach erniedrigend und unanständig.«

»Es berührt unmittelbar den Kern meiner Interpretation«, entgegnete McCue mit todernster Miene. »Der Angeklagte ist ein typischer honoriger amerikanischer Durchschnittsbürger, dem kein Mensch einen Mord zutrauen würde. Aber in seinem Inneren, Euer Ehren, steht Mr. Swyteck ein bißchen zu sehr unter Strom. Nach dem Goss-Prozeß ist bei ihm eine Sicherung durchgebrannt. Und daraufhin hat er seinen eigenen Mandanten ermordet. Ich brauche die Aussage dieser Zeugin, um zu beweisen, daß bei ihm besagte Sicherung durchgebrannt ist. Um zu beweisen, daß der Streß einen anderen Menschen aus ihm gemacht hat – einen Menschen, der fähig ist zu einem Mord.«

»Miss Paige ist keine Psychiaterin«, bemerkte Manny sarkastisch.

»Ich will ja kein medizinisches Gutachten«, entgegnete McCue. »Ich will wissen, was dieser Frau aufgefallen ist, dieser Frau, die ein Jahr lang mit dem Angeklagten gelebt hat und die bereits ausgesagt hat, daß sie ihn so gut kennt wie sonst niemand.«

Die Richterin war nicht völlig überzeugt, gab dem Staatsanwalt aber nach. »Ich gestatte es«, murmelte sie. »Aber nicht mehr für lange.«

»Euer Ehren«, stöhnte Manny. »Ich –«

»Ich habe entschieden«, unterbrach sie ihn scharf.

»Vielen Dank«, sagte McCue. Manny schüttelte den Kopf und kehrte auf seinen Platz neben Jack zurück. Der Staatsanwalt ging wieder zum Zeugenstand und stellte sich noch ein wenig dichter als vorher vor Cindy, so dicht, daß er sie schon fast berührte.

Cindy versuchte, auf alles gefaßt zu sein, und starrte McCue unverwandt an. Sie fragte sich, was die Richterin ihm gesagt hatte. Sie hoffte, daß er jetzt ein anderes Thema anschneiden würde, doch das Funkeln in seinen Augen zeigte ihr, daß er mit dem alten noch nicht fertig war.

»Folgendes, Miss«, fuhr McCue fort. »An diesem Morgen, als Sie Ihren Freund verließen – gleich nach Eddy Goss' Freispruch und kurz vor dem Mord an ihm –, würden Sie sagen, daß sie da eine Seite von Jack Swyteck gesehen haben, die Sie zuvor nicht gekannt hatten?«

Sie sah Jack an, dann wieder McCue. »Also... so würde ich das nicht sagen.«

»Aber er hat Ihnen angst gemacht, nicht?«

Cindy wurde rot. »Ich weiß nicht. Vielleicht.«

»Vielleicht? Nun, dann lassen Sie mich ein paar Dinge klarstellen. An dem Morgen, als Sie ihn verließen, haben Sie ihm keinen Abschiedskuß gegeben, oder?«

»Nein.«

»Sie haben ihm nicht einmal die Hand gegeben, oder?«

»Nein.«

»Und Sie sind auch nicht aus dem Haus gegangen. Sie sind gerannt.«

»Ja, ich bin gerannt.«

»Sie sind so schnell hinausgerannt, daß Sie nicht einmal Zeit hatten, sich anzuziehen.«

»Ja.«

»Sie sind halbnackt hinausgerannt und hatten nichts als ein T-Shirt an.«

Sie schluckte, Tränen stiegen ihr in die Augen. »Das trage ich zum Schlafen.«

»Sie sind hinausgerannt, weil Sie Angst um Ihre Sicherheit hatten, nicht?«

Cindy war völlig durcheinander. Sie leckte sich die Lippen, aber ihr Mund war staubtrocken.

»Stimmt es denn nicht«, fragte er, »daß Sie Mr. Swyteck gesagt haben, der Goss-Prozeß habe ihn verändert?«

Cindy schüttelte verwirrt den Kopf. »Ich erinnere mich an nichts dergleichen –«

»Miss Paige!« donnerte McCue, und seine Stimme füllte den Gerichtssaal wie eine Orgel. »Ihrer Einschätzung nach hatte Jack Swyteck sich so stark verändert, daß Sie ihm vorwarfen, er sei nicht viel anders als das Gesindel, das er verteidigte. Stimmt das denn nicht?«

»Ich –«, stieß Cindy hervor.

»Stimmt das nicht, Miss Paige?«

»Ich habe gesagt: ›Zwischen dir und dem Gesindel, das du verteidigst, gibt es keinen Unterschied mehr‹, aber –«

»Zwischen dir und dem Gesindel, das du verteidigst, gibt es keinen Unterschied mehr!« rief McCue und betonte jedes Wort, quasi als Entschuldigung dafür, daß er es zuvor weniger eindeutig formuliert hatte. »Vielen Dank, Miss Paige. Vielen herzlichen Dank, daß Sie das für uns geklärt haben. Ich habe keine weiteren Fragen«, verkündete er, wandte sich von der Zeugin ab und kehrte zu seinem Tisch zurück.

Cindy saß schlaff im Zeugenstand, mit gesenktem Kopf und hängenden Schultern. Manny näherte sich ihr langsam, um ihr Zeit zu geben, sich vor dem Kreuzverhör wieder zu fassen. »Guten Morgen, Miss Paige«, sagte er ungezwungen, um ihr ein wenig die Befangenheit zu nehmen.

Jack hörte aufmerksam zu, wie Manny versuchte, sie zu rehabilitieren. Sie erklärte, daß sie an diesem scheußlichen Morgen nur aus Wut so geredet und kein Wort davon ernst gemeint habe und daß sie jetzt wieder zusammen seien. Aber Jack konnte es kaum mitanhören. Er wußte, daß sie die Wahrheit gesagt hatte, und nichts konnte die Wahrheit ändern. Die beste Strategie wäre es, die Bedeutung ihrer Zeugenaussage soweit wie möglich herunterzuspielen, und je länger Manny sie im Zeugenstand behielt, desto wichtiger würde ihre Aussage erscheinen. Zum Glück machte Manny es kurz.

»Ich habe keine weiteren Fragen«, sagte Manny und entließ sie aus dem Zeugenstand. »Vielen Dank.«

Cindy trat vom Zeugenstand herunter und ging durch die Pendeltür, die die Mitspieler von den Zuschauern trennte. Als sie die Hand auf die polierte Mahagonibrüstung legte, hielt sie inne und warf Jack einen Blick zu, mit dem sie ihn um Verzeihung bat.

»Wir haben ein Problem«, flüsterte Jack Manny zu.

»Das war doch erst die erste Runde«, sagte Manny beiläufig.

»Nein, du weißt nicht, worauf ich hinaus will«, sagte Jack. »An diesem Morgen, als sie mich verließ, waren nur ich und Cindy in meinem Schlafzimmer. Wir waren *allein.*«

»Und? Warum ist das ein Problem?«

»Wenn Cindy und ich die einzigen sind, die wissen, was in diesem Zimmer vorgefallen ist, wie konnte McCue ihr dann all diese Fragen stellen?«

Einen Augenblick lang starrten sie einander an. Dann ließ Jack den Blick zu Wilson McCue wandern, der auf der anderen Seite des Saals am Tisch der Staatsanwaltschaft saß. Der Vertreter des Staates sah von seinem Notizblock hoch und erwiderte den Blick, als spürte er Jacks Starren wie ein körperliches Gewicht. Jack fiel auf, daß er lächelte, wenn auch nur mit den Augen. Jack mußte gegen die Wut ankämpfen, die in ihm aufstieg. Am liebsten wäre er aufgesprungen, hätte ihn am Kragen gepackt und geschrien: *Woher hast du das gewußt, du Schweinehund? Woher hast du gewußt, was du sie fragen mußt?*

»Ist die Staatsanwaltschaft bereit, ihren nächsten Zeugen aufzurufen?« fragte die Richterin.

Jack war so in sich versunken, daß er die Worte gar nicht hörte. Doch dann dämmerte es ihm. Natürlich hatte McCue eine Informationsquelle. *Wer könnte es sonst sein?*

»Euer Ehren«, verkündete der Staatsanwalt in die Stille des Gerichtssaals hinein. »Der Staat ruf Miss Gina Terisi auf.«

36. *Kapitel*

Die großen Mahagonitüren in der Rückwand des Gerichtssaals schwangen auf, und Gina Terisi stolzierte den Mittelgang entlang wie ein Mannequin auf dem Laufsteg. Obwohl ihre strahlende Schönheit die Blicke auf sich zog, verströmte sie doch nicht ihren gewohnten verführerischen Charme. Ihr Make-up war zurückhaltend. Das marineblaue Kostüm und die pfirsichfarbene Seidenbluse waren elegant, aber konservativ.

»Schwören Sie, die Wahrheit zu sagen, die ganze Wahrheit und nichts als...«

O Gott, bitte, flehte Jack innerlich während der Vereidigung. Die Wahrheit war schlimm genug, aber »die *ganze* Wahrheit«? Er war sich nicht sicher, ob er – oder seine Beziehung mit Cindy – sie überleben würde. »Bitte sagen Sie uns Ihren Namen«, begann der Staatsanwalt.

Jack beobachtete Gina eingehend während ihrer Aussage, er suchte nach Hinweisen, daß sie sich über McCues Fragen ärgerte. Aufgeworfene Unterlippe, zusammengebissene Zähne, gesenkter Blick. Aber zu seiner Verwirrung wirkte sie redselig und sehr kooperationsbereit.

»Kennen Sie den Angeklagten?« fragte McCue.

»Ja, ich kenne ihn.« Jack hörte der Befragung mit unbewegtem Gesicht zu und versuchte, nicht in Panik zu geraten, als Gina den Geschworenen berichtete, wie sie Jack kennengelernt hatte und wie lange sie ihn schon kannte.

»Nun, Miss Terisi.« Der Staatsanwalt legte einen höheren Gang ein. »Ich möchte mich gerne der Nacht zuwenden, in der Eddy Goss ermordet wurde. Haben Sie Mr. Swyteck am Abend des ersten August gesehen?«

»Ja, das habe ich.« Von diesem Punkt an veränderte sich ihre Zeugenaussage von einem Panoramabild zu einer alles enthüllenden Nahaufnahme. Wilson McCue wollte von ihr nun keine allgemeinen Hintergrundinformationen mehr, sondern entlockte ihr jedes Detail über den Abend mit Jack. Er wollte alles genau wissen, angefangen bei Jacks Gesichtsausdruck und seiner Kleidung bis hin zu dem, was er gesagt und wie er es gesagt hatte. Jacks Angst, von Goss verfolgt zu werden, und seine Empörung, als er entdeckte, daß jemand bei Gina eingebrochen hatte, erfuhren besondere Aufmerksamkeit. Die Reporter im Zuschauerraum schrieben jedes Wort mit, während Ginas vernichtende Geschichte sich entwickelte und Jacks Motiv für den Mord an Goss deutlich hervortrat. Merkwürdig – sehr merkwürdig, dachte Jack – war nur, daß Gina die Waffe, die Jack bei sich getragen hatte, nicht erwähnte.

Am späten Nachmittag waren die Mängel von Jacks Verteidigungsstrategie unübersehbar. Die Argumentation des Staatsanwalts war lückenlos. Das Motiv des Beschuldigten für den Mord an Eddy Goss war der schwächste Teil der Anklage gewesen, aber Ginas Aussage hatte ihn zum stärksten gemacht. Jack bemühte sich, keine Reaktion zu zeigen, aber er fragte sich, ob es noch schlimmer kommen würde. Obwohl Gina nun schon über vier Stunden im Zeugenstand saß, hatte sie noch kein Wort über den zweiten Teil jenes unbesonnenen Abends verlauten lassen. Und mit Cindy direkt in seinem Rücken konnte er nur hoffen, daß sie es nie tat.

»Nun, Miss Terisi«, fuhr McCue fort, »haben Sie nach alldem die Polizei gerufen?«

»Nein«, erwiderte sie, »das habe ich nicht.«

»Ich verstehe«, sagte der Staatsanwalt und strich sich übers Kinn. »Das mag einigen unserer Geschworenen ein wenig merkwürdig vorkommen, Miss Terisi. Obwohl in Ihr Haus eingebrochen wurde, sagen Sie, daß Sie die Polizei nicht gerufen haben. Können Sie uns sagen, *warum* Sie die Polizei nicht gerufen haben?«

Gina warf Cindy einen kurzen Blick zu und sah dann den Staatsanwalt wieder an. »Ich habe dafür eigentlich keine Erklärung.«

McCue war ehrlich überrascht. Diese Antwort hatte er nicht erwartet. Und sie war auch ganz anders als die Antwort, die sie ihm zuvor schon ein paarmal gegeben hatte, als er mit ihr ihre Aussage durchgegangen war. »Wollen Sie damit sagen, daß Sie sich nicht daran erinnern?« fragte er höflich. »Denn ich kann Ihr Gedächtnis auffrischen, wenn –«

»Ich habe gesagt, ich habe dafür keine Erklärung«, sagte sie bestimmt.

McCue kniff die Augen zusammen und trat hinter seinem Tisch hervor. Falls er seine eigene Zeugin unter Druck setzen mußte, war es nötig, daß sie seine Nähe spürte. »Miss Terisi«, sagte er in entschieden unfreundlicherem Tonfall, »als ich Sie in meinem Büro befragte, haben Sie behauptet, Mr. Swyteck habe darauf bestanden, daß Sie nicht die Polizei rufen. Stimmt denn das nicht?«

Gina rutschte nervös auf ihrem Stuhl hin und her, blieb aber fest. »Ja. Das habe ich gesagt. Aber ich habe nicht die Wahrheit gesagt, als ich behauptete, es wäre Jacks Idee gewesen. Ich war diejenige, die darauf bestanden hat, die Polizei nicht zu rufen. Nicht er.«

Wilson McCue stand schweigend da. Er hatte gehofft, die Geschworenen davon überzeugen zu können, daß Jack Gina davon abgehalten habe, die Polizei zu rufen, weil er selbst das Problem habe aus der Welt schaffen wollen – weil er vorgehabt habe, Goss zu ermorden. Ginas unvermittelter Meinungsumschwung warf ihn nun aus der Bahn. Er wußte nicht, warum sie plötzlich etwas anderes gesagt hatte. Aber er mußte wenigstens versuchen, seine Zeugin wieder auf den richtigen Weg zu bringen.

»Das ist verständlich, Miss Terisi«, sagte er in mitfühlendem Tonfall. »Ich weiß, daß Mr. Swyteck der Freund Ihrer besten Freundin ist. Und ich sehe ein, daß es Ihnen schwerfällt, ihr und ihrem Freund wehzutun. Aber nun sollten Sie ehrlich mit uns sein. Sie müssen zugeben, es fällt ein wenig schwer zu glauben, daß Sie diejenige waren, die nicht die Polizei rufen wollte, nachdem bei Ihnen eingebrochen wurde.«

Manny sprang auf. »Ist das eine Frage?« fragte er sarkastisch.

»Einspruch stattgegeben.«

»Meine Frage lautet«, sagte der Staatsanwalt zu seiner Zeugin, »wollten Sie die Polizei rufen oder wollten Sie es nicht?«

Gina schluckte. »Natürlich wollte ich es.«

McCue spürte Befriedigung in sich aufsteigen. Es war zwar ein wenig Manövrieren nötig gewesen, aber jetzt hatte er seine Zeugin wieder da, wo er sie haben wollte. Das dachte er zumindest. »Sagen Sie uns doch bitte: Warum haben Sie die Polizei nicht gerufen?«

»Ich habe es mir nicht gestattet.«

»Wie bitte?« Wieder hatte er eine unerwartete Antwort erhalten.

»Ich habe mich geweigert, die Polizei zu rufen, weil –« Gina unterbrach sich. Sie wandte den Blick ab und rang im Schoß die Hände. »Ich habe nicht angerufen«, sagte sie und senkte beschämt den Kopf, »weil ich der Polizei nicht sagen wollte, daß ich mit Jack geschlafen habe.«

Dem Staatsanwalt fiel die Kinnlade herunter, ungläubiges Murmeln erhob sich im Gerichtssaal. Reporter verzierten ihre Notizen hektisch mit Sternen und Pfeilen. Jack fühlte sich wie ein Gepfählter, aber er konnte sich nicht die geringste Reaktion erlauben. Er wagte es auch nicht, sich umzudrehen, denn er wußte, wenn er es täte, würde er jegliche Selbstbeherrschung verlieren.

»Ruhe«, rief die Richterin und klopfte mit dem Hämmerchen.

Jack hielt es nicht mehr aus. Er drehte den Kopf und sah Cindy an. Ihre Blicke trafen sich nur für Sekundenbruchteile – für ihn lange genug, um etwas zu sehen, was er noch nie zuvor gesehen hatte. Es war weder Wut noch Verlegenheit, weder Kummer noch Unglauben. Es war alles auf einmal.

»Schon gut, Miss«, sagte McCue zu seiner Zeugin. Er atmete tief durch. Gina war weit vom Drehbuch abgewichen, und im Augenblick war seine Hauptsorge, daß die Verteidigung sich im Kreuzverhör auf ihr Eingeständnis, gelogen zu haben, stürzen würde. Das mußte er verhindern. Jetzt war der richtige Zeitpunkt, um aus Zitronen Limonade zu machen. »Das war ein sehr schmerzliches Eingeständnis, aber ich bin froh, daß Sie es uns gesagt haben. Es zeigt, daß Sie ein aufrichtiger Mensch sind – Sie sagen die Wahrheit, auch wenn sie weh tut.«

»Einspruch«, sagte Manny.

»Stattgegeben«, sagte die Richterin. »Wir wollen doch nicht als Bürge für die Glaubwürdigkeit der eigenen Zeugin auftreten, Mr. McCue.«

»Entschuldigung, Euer Ehren. Aber ich versuche nur, einen sehr einfachen Punkt herauszuarbeiten.« Er drehte sich um und sah die Zeugin an. »Miss Terisi, als wir uns beide in meinem Büro unterhielten und sie mir diese kleine Unwahrheit auftischten, daß es Mr. Swytecks Idee gewesen sei, nicht die Polizei zu rufen, da standen Sie nicht unter Eid, oder?«

»Nein.«

»Aber heute stehen Sie unter Eid. Ist Ihnen bewußt, daß Sie unter Eid stehen?«

»Ja.«

»Sehr schön. Und nun sagen Sie uns, Miss Terisi: Was ist mit all den anderen Sachen, die Sie heute unter Eid ausgesagt haben. Sind sie wahr, oder sind sie falsch?«

»Sie sind wahr«, erwiderte sie resigniert. »Alles, was ich gesagt habe, ist wahr.«

Der Staatsanwalt nickte bedächtig. »Und wenn ich Sie bitten dürfte, uns jetzt noch ein Letztes zu sagen: Hatte Mr. Swyteck irgendwelche Einwände, als Sie sagten, daß Sie die Polizei nicht rufen wollten.«

»Er hat sich nicht dagegen gewehrt.«

»Was *hat* er getan?«

Gina zuckte die Achseln. »Er ist gegangen.«

»Um welche Zeit?«

»Das weiß ich nicht genau«, entgegnete sie mit einem Kopfschütteln. »Irgendwann vor drei Uhr.«

»Vor drei«, wiederholte er, als wollte er die Geschworenen daran erinnern, daß Goss erst gegen vier Uhr ermordet worden war. Bei den meisten schien er damit Erfolg zu haben. »War er betrunken oder nüchtern?«

Gina bekam allmählich einen trockenen Mund. Sie trank einen Schluck Wasser und antwortete dann: »Er schien immer noch ein bißchen angetrunken zu sein.«

»Hat er irgend etwas mitgenommen?«

»Seine Autoschlüssel.«

»Sonst noch etwas?«

Sie nickte. »Ja, die Blume – die Chrysantheme, die er unter Cindys Kissen gefunden hatte. Die, von der er meinte, sie wäre von Eddy Goss.«

»Hat er noch irgend etwas gesagt, bevor er ging?«

Gina atmete tief ein. »Ja, er –« sie starrte in ihren Schoß –, »er hat gesagt: ›Diese Geschichte muß ein Ende haben‹.«

McCue drehte sich zu den Geschworenen um und sah dabei aus, als würde er sich gleich verbeugen. »Vielen Dank, Miss Terisi. Ich habe keine weiteren Fragen.«

Er knöpfte sein Jackett über dem vorstehenden Bauch zu und kehrte zu seinem Stuhl zurück. Im Gerichtssaal erhob sich leises Gemurmel unter den Zuschauern, die sich miteinander unterhielten und sich gegenseitig zu bestätigen schienen, daß der Angeklagte unbezweifelbar schuldig war.

»Ruhe«, sagte die Richterin und schwang ihr Hämmerchen. Der Lärm verstummte. Die Richterin sah auf die Uhr an der Wand. Es war beinahe fünf Uhr. »Ich sehe keinen Grund, die Geschworenen heute noch länger dazubehalten«, sagte sie. »Wir setzen die Verhandlung morgen früh mit dem Kreuzverhör dieser Zeugin durch die Verteidigung fort.«

»Euer Ehren«, unterbrach Manny sie höflich. Er mußte etwas unternehmen, damit der Tag nicht mit diesem niederschmetternden Ergebnis zu Ende ging. »Wenn ich mit meinem Kreuzverhör wenigstens beginnen dürfte. Vielleicht nur zwanzig Minuten –«

»Die Verteidigung wird alle Zeit bekommen, die sie braucht – morgen. Das Gericht zieht sich zurück«, verkündete die Richterin und beendete diesen Tag mit einem lauten Hammerschlag.

»Erheben Sie sich!« rief der Gerichtsdiener, doch diese Aufforderung war völlig unnötig. Jeder im Gerichtssaal stand sofort auf und setzte sich in Bewegung. Fernsehjournalisten stürzten davon, um für die Abendnachrichten rechtzeitig ihren Bericht abliefern zu können. Zeitungsreporter eilten zur Absperrung, weil sie auf ein Interview mit dem Staatsanwalt, dem Verteidiger oder vielleicht sogar der Starzeugin der Anklage hofften.

Jack sprang ebenfalls auf und drehte sich sofort um. Er mußte mit Cindy reden, aber sie war bereits verschwunden. Sie war in dem Augenblick von ihrem Stuhl aufgesprungen, als der Hammer der Richterin Tate den Block traf. Er stand neben seinem Stuhl und suchte das Gewimmel im Gerichtssaal ab. *Wo ist sie?* Als Manny ihm die Hand auf den Arm legte, zuckte er zusammen. »Wir beide müssen uns unterhalten«, sagte sein Anwalt.

Jack seufzte. Er brachte kaum ein Wort heraus. »Cindy und ich müssen uns unterhalten«, erwiderte er leise.

37. Kapitel

So schnell es im hektischen Feierabendverkehr ging, raste Jack nach Hause. Er war erleichtert, als er Cindys Auto in der Auffahrt sah. Sie hatte ihn nicht verlassen – zumindest noch nicht. Er stürzte ins Haus und erstarrte, als er hörte, wie im Schlafzimmer die Schranktüren zugeschlagen wurden.

»Was tust du?« fragte Jack von der Schlafzimmertür aus.

Ihr halb gefüllter Koffer lag aufgeklappt auf dem Bett. »Nach was sieht's denn aus?« fragte sie, während sie eine Schublade voller Strumpfhosen in den Koffer leerte.

Er seufzte. »Es sieht aus, als würdest du genau das tun, was ich auch tun würde. Als würdest du mir genau das geben, was ich verdiene. Aber ich bitte dich, es nicht zu tun.«

Sie sah ihn nicht einmal an. Sie packte einfach weiter. »Warum sollte ich nicht gehen?«

»Weil es mir leid tut. Du weißt ja nicht, wie leid es mir tut. Du weißt ja nicht, wie sehr ich dich liebe.«

»Laß es«, fauchte sie ihn an. »Laß es einfach sein.«

»Cindy«, flehte er, »es ist nicht so, wie du denkst. Du darfst eins nicht vergessen: Das ist alles gleich nach dem Goss-Prozeß passiert, als alles so verrückt war. Ich wurde von einem Kerl verfolgt, der versucht hatte, mich zu überfahren, und der kurz davor Donnerstag umgebracht hatte. Ich war gerade aus Goss' Wohnung zurück, nachdem ich mir selbst in die Hand geschnitten hatte. Und Gina hat es geschafft, mir einzureden, ich sei naiv, wenn ich mir einbilde, daß du je wieder zu mir zurückkommst. Sie hat mir gesagt, daß du und Chet drüben in Europa auf keinen Fall nur gute Freunde sein würdet.«

»Hör auf«, sagte sie und sah ihn mit einer Miene äußerster Ungläubigkeit an. »Kapierst du überhaupt, was du da quasselst? Weniger als zwölf Stunden nach meiner Abreise nach Italien warst du im Bett mit meiner besten Freundin, weil du Angst hattest, daß du mir nicht trauen kannst. Das ergibt wahnsinnig viel Sinn, Jack«, sagte sie sarkastisch und packte weiter.

»Du verstehst nicht, ich war betrunken –«

»Das ist mir egal. Warst du die letzten zwei Monate auch betrunken? Ist das der Grund, warum du es mir nicht gesagt hast? Oder hast du dir vielleicht gedacht, es ist das beste, wenn ich es in einem überfüllten Gerichtssaal erfahre, damit ich vor der ganzen Welt gedemütigt werden kann?«

»Ich wollte es dir ja sagen«, entgegnete er schwach.

»Ach, wolltest du? Oder hast du einfach geglaubt, du kannst dieses Problem unter den Teppich kehren, so wie du es mit all den Problemen zwischen dir und deinem Vater machst? Also, in dieser Beziehung hat das offensichtlich nicht so gut funktioniert, was? Und mit mir wird das auch nicht mehr funktionieren. Was du und Gina getan habt, ist schon schlimm. Aber es vor mir geheimzuhalten, ist unverzeihlich«, sagte sie, schloß den Koffer und stürmte zur Tür hinaus.

Er machte ihr Platz und folgte ihr dann den Korridor entlang. »Cindy, du kannst nicht gehen.«

»Schau zu, wie gut ich es kann«, sagte sie, als sie die Haustür öffnete.

»Ich meine, du kannst die Stadt nicht verlassen. Deine Vorladung ist noch immer gültig. Es kann sein, daß du noch einmal in den Zeugenstand gerufen wirst. Und wenn du dann nicht erscheinst, ist das Mißachtung des Gerichts.«

Sie schüttelte zornig den Kopf. »Dann ziehe ich eben in ein Hotel.«

»Cindy –«

»Leb wohl, Jack.«

Er rang verzweifelt nach Worten. »Es tut mir leid«, rief er ihr nach, als sie die Treppe hinunter zu ihrem Auto ging.

Sie blieb stehen und drehte sich um. Die Tränen stiegen ihr in die Augen, als sie zu ihm zurücksah. »Mir tut es auch leid«, sagte sie verbittert. »Weil du es zerstört hast, Jack. Weil du alles zerstört hast.«

Er fühlte sich innerlich völlig leer, wie eine leblose Hülle, als er zusah, wie sie den Koffer ins Auto hob und von der Einfahrt auf die Straße rollte. Er versuchte, irgend etwas zu empfinden, wenigstens Wut auf Gina. Aber sehr schnell meldete sich eine andere Stimme. Er dachte an die Lektion, die er als Junge so schwer zu lernen schien, vielleicht weil Harry Swyteck sie ihm so unerbittlich einzubleuen versucht hatte. Es war der Satz, den er selbst in der Nacht von Fernandez' Hinrichtung seinem Vater entgegengehalten hatte. »Wir sind selbst für unsere Taten verantwortlich«, hörte er seinen Vater sagen. Die Erinnerung half ihm nicht über seinen Verlust hinweg. Doch irgendwo tief in seinem Inneren fühlte er sich ein wenig gestärkt.

»Ich werde dich immer lieben«, flüsterte er mit einem Kloß im Hals, als Cindy davonfuhr. »Immer.«

38. Kapitel

Harry Swyteck bekam einen ausführlichen Bericht über die Ereignisse des Tages in sein Büro in Tallahassee. Aus Ginas Zeugenaussage erfuhr er zum erstenmal von Jacks Verfolger. Während der Rest der Welt in dieser Geschichte Jacks Motiv für den Mord an Eddy Goss zu erkennen glaubte, interpretierte er sie ganz anders, weil auch er in der Nacht vor dem Mord belästigt worden war – und weil auch er geglaubt hatte, sein Verfolger sei Goss.

Sein erster Gedanke war, eine offizielle Stellungnahme abzugeben, aber es war durchaus möglich, daß die Bekanntgabe dessen, was ihm passiert war, die Anklage nur noch stärkte. Vom Standpunkt der Geschworenen aus würde jeder Hinweis darauf, daß beide Swytecks bedroht wurden, Jacks Mordmotiv noch wahrscheinlicher erscheinen lassen. Und es auch nur Jack zu sagen, wäre nicht klug, denn er würde alles preisgeben müssen, was er wußte, wenn er zu seiner Verteidigung in den Zeugenstand trat.

Ein Klopfen an der Tür unterbrach ihn in seinen Gedanken. »Das ist eben angekommen«, sagte seine Sekretärin beim Eintreten und gab ihm einen großen, zugeklebten Umschlag. »Ich wollte Sie nicht stören, aber der Kurier hat gesagt, es hat mit dem Prozeß Ihres Sohnes zu tun.«

»Danke, Paula.« Es war ein brauner Umschlag ohne Absender. Er wurde sofort mißtrauisch. Er wartete, bis sie die Tür hinter sich geschlossen hatte, schlitzte dann die Lasche vorsichtig mit dem Brieföffner auf und spähte hinein. Ein Foto – schon wieder. Er dachte an diese entsetzlichen Aufnahmen, die sein Erpresser ihm nach der Kutschfahrt im Park gezeigt hatte. Aber diesmal war es nur ein einziges Foto. Langsam zog er den großen Schwarzweißabzug heraus und erstarrte. Er hatte die Aufnahme noch nie zuvor gesehen, aber das Motiv war ihm nur zu vertraut. Es war in der Nacht des Mordes aufgenommen worden und zeigte den Gouverneur, wie er eben von Goss' Wohnung wegging, nachdem er es mit der Angst bekommen und beschlossen hatte, nicht einzutreten. Den Schuhkarton voller Geld, den sein Erpresser ihm in Wohnung 217 um vier Uhr morgens abzuliefern befohlen hatte, hielt er unter den Arm geklemmt.

Mit zitternden Händen legte er das Foto mit der Bildseite nach unten auf den Tisch. Erst jetzt bemerkte er die Nachricht auf der Rückseite. Es war ein Gedicht – kurz und schlecht, aber unmißverständlich.

Ein Wort zu deinem Sohn,
ein Wort zur Polizei,
doppelt Spaß wird sein mein Lohn,
noch ist das Schuhwerk nicht entzwei.

Der Gouverneur erstarrte in seinem Sessel, er war empört über die Art, wie er hier manipuliert wurde. Aber er wußte genau, was es mit diesem »Schuhwerk« auf sich hatte. Das war eine letzte Drohung, ein feierliches Versprechen: Falls er etwas zur Verteidigung seines Sohnes unternähme, würde die Polizei in den Besitz der Wing tips kommen, die ihn nicht nur mit dem Mord an Eddy Goss in Verbindung brachten, sondern auch mit dem Mord an Wilfredo Garcia. Und es gab ja noch mehr: Die Tonbandaufnahme von der Bestechung, die Bezahlung für die Fotos des Opfers – all das würde die Öffentlichkeit darauf stoßen, daß die gesamte Tragödie in der Hinrichtung eines unschuldigen Mannes ihren Ursprung hatte.

Der Gouverneur stützte den Kopf in die Hände und zermarterte sich das Hirn. Er sah sich gezwungen zu handeln, fühlte sich aber gleichzeitig wie gelähmt. Er mußte sicherstellen, daß er dem Feind nicht in die Hände arbeitete. Er mußte Mittel und Wege finden, um seinem Sohn zu helfen, ohne sich selbst zu zerstören.

39. *Kapitel*

Nachdem Cindy ihn verlassen hatte, wollte Jack nicht in dem leeren Haus bleiben, und der Appetit aufs Abendessen war ihm ebenfalls vergangen. Also fuhr er zu Mannys Kanzlei, um den nächsten Tag vorzubereiten.

Das erste, worauf er seinen Anwalt hinwies, war Ginas Schweigen über die Tatsache, daß er eine Waffe bei sich gehabt hatte, als er in dieser Nacht in ihre Wohnung kam. Die Frage war nicht gestellt worden, und Gina hatte sie deshalb nicht beantworten müssen. Hatte sie vielleicht gespürt, daß sie den letzten Nagel in Jacks Sarg trieb, wenn sie etwas über die Waffe sagte? Vielleicht wäre das sogar für Gina zuviel gewesen.

Manny war ebenso verwirrt wie Jack. Allerdings war das, was sie gesagt hatte, schon verheerend genug. Er wollte Gina einem wirkungsvollen Kreuzverhör unterziehen, und gegen zehn an diesem Abend hatten die beiden Anwälte einen beeindruckenden Angriffsplan ausgearbeitet. Jack befürchtete jedoch, daß diese Art juristischer Kriegführung nur einem Juristen beeindruckend vorkäme. Manny konnte ihm nicht widersprechen. Beide wußten zu gut Bescheid, um sich etwas vorzumachen. Gina hatte die Wahrheit gesagt. Und eine aufrichtige Zeugin konnte der Strafverteidiger nur bis zu einer gewissen Grenze unter Druck setzen, sonst würden die Geschworenen anfangen, es dem Anwalt und seinem Mandanten übelzunehmen.

Jack war, gelinde gesagt, nicht gerade optimistisch gestimmt, als er nach Hause kam – bis er seinen Anrufbeantworter abhörte.

»Hallo Jack«, sagte die vertraute Stimme. »Gina hier.«

Dann gab es eine lange Pause. Er drehte die Lautstärke auf, stand dann wie erstarrt da und horchte.

»Ich glaube, wir sollten reden«, sagte sie. »Unter vier Augen. Bitte komm heute abend vorbei. Ich bin ganz bestimmt auf.«

Er atmete tief durch. In ihrer Stimme war keine Schadenfreude zu entdecken. Keine Animosität. Nichts Verführerisches. Nur Ehrlichkeit.

Er griff zum Hörer, legte aber wieder auf. Wenn er jetzt anrief, änderte sie vielleicht ihre Meinung. Aber wenn er vor ihrer Tür stand, würde sie mit ihm reden, da war er sich ganz sicher. Er nahm die Autoschlüssel und eilte hinaus.

Zwanzig Minuten später öffnete Gina ihm die Haustür. Sie trug weiche Hausschuhe und einen weißen Bademantel. Ihre kastanienbraunen Haare waren feucht und ein wenig zerzaust, als hätte sie sie vor einer Stunde gewaschen und angefangen, sie auszukämmen, dann aber die Lust dazu verloren. Sie war ungeschminkt, und so wie ihre um Unauffälligkeit bemühte Erscheinung im Gerichtssaal sie noch attraktiver gemacht hatte, wirkte sie auch jetzt noch hübscher, dachte Jack – bis auf eins. Sie sah traurig aus. Sehr traurig.

»Komm doch rein«, sagte sie mit gedämpfter Stimme.

»Danke.« Er trat ein, und sie schloß die Tür hinter ihm.

»Was zu trinken?«

»Nein, danke.«

»Einen Jägermeister vielleicht?« Ein Lächeln erblühte kurz auf ihrem Gesicht und verwelkte dann wieder. Sie ging zu einem hängemattenähnlichen Sessel, setzte sich und zog die Knie bis zum Kinn an. Mit dem Rücken zu Jack genoß sie die sanfte Brise, die durch die geöffneten Glasschiebetüren hereinwehte.

Jack setzte sich auf die Couch auf der anderen Seite des Cocktailtischchens. Sie schwiegen, bis Gina den Kopf drehte und ihn flehend ansah.

»Du mußt es mir nicht sagen, wenn du nicht willst«, sagte sie. »Aber was ist mit Cindy?«

Er zögerte. Einen Augenblick lang kam es ihm vor, als würde sie sich in Sachen einmischen, die sie nichts angingen. Aber das war nicht nur hohle Neugier. Die Sache schien ihr wirklich am Herzen zu liegen.

»Sie hat ihre Sachen gepackt und mich verlassen.«

»Tut mir leid«, sagte sie. Dann wandte sie den Kopf wieder ab, schloß die Augen und schniefte. »Ich weiß nicht, warum ich all diese blödsinnigen Sachen mache«, sagte sie mit brüchiger Stimme. »Ich weiß es wirklich nicht.«

Jack rutschte vor zur Couchkante. Daß er Gina trösten würde, hatte er für diesen Abend am allerwenigsten erwartet. Aber jetzt tat er es. »Jeder macht Fehler.«

Sie schüttelte den Kopf und löste sich plötzlich aus ihrer trübseligen Stimmung. »Fehler? Hast du überhaupt eine Ahnung, wie viele Fehler ich gemacht habe? Du kennst mich nicht, Jack. Niemand kennt mich. Nicht einmal Cindy. Jeder denkt, daß mein großartiger Körper mir alles verschafft hat, was ich im Leben wollte. Eine Zeitlang hat er es auch getan. Mit sechzehn habe ich als Model für die Ford Agency über hundert Riesen verdient. Aber im nächsten Jahr habe ich fast zehn Kilo zugenommen und war total am Boden – keine Arbeit mehr. Ein böses Erwachen war das. ›Benutze deinen Körper, solange du ihn hast‹, das habe ich gelernt. Aber dann habe ich noch etwas anderes gelernt: Je mehr du ihn benutzt, desto mehr wirst *du* benutzt. Und eins kann ich dir sagen: An Benutzern herrscht da draußen kein Mangel.«

Er nickte langsam.

»Auf jeden Fall«, fuhr sie mit zitternder Stimme fort, »das ist der Grund, warum ich dich angerufen habe. Ich habe es satt, benutzt zu werden. Ich habe es satt, mich beschissen zu fühlen, auch wenn ich das Richtige tue. Wie heute zum Beispiel. Ich habe im Zeugenstand nichts anderes getan, als die Wahrheit zu sagen. Und trotzdem fühle ich mich, als hätte ich was Falsches gemacht.«

»Du hast den Revolver nicht erwähnt. Ich habe mich gefragt, warum.«

»Ja, vielleicht weil sie sich bei allem, was ich ihnen gesagt habe, zu gierig die Lippen geleckt haben. Ich hatte keine Lust, es freiwillig preiszugeben.«

»Aber warum irgend etwas freiwillig preisgeben? Das verstehe ich nicht.«

»Es ist immer dasselbe«, sagte sie und strich sich mit der Hand durch die Haare. »Sie wollen, daß du ihr Spiel mitspielst, aber sie sagen dir die Regeln nicht.«

Jack war verwirrt. »Was für ein Spiel?«

Sie setzte zum Sprechen an, hielt dann aber inne. Schließlich sagte sie: »Diese ganze Farce, die mich in den Gerichtssaal gebracht hat – das ist das Spiel. Ich habe mitgespielt, seit du mich gebeten hast, dir ein Alibi zu geben. Alles, was ich getan und gesagt hatte, sollte dich in dem Glauben wiegen, daß ich nicht in die Sache hineingezogen werden wollte, oder wenn ich mich darauf einlassen sollte, dann nur, um dir zu helfen, nicht, um dir zu schaden. Die Absicht dahinter war, dafür zu sorgen, daß du einen Schock kriegst, wenn ich in den Zeugenstand trete und gegen dich aussage. Das war mein Teil der Abmachung.«

Jack kniff argwöhnisch die Augen zusammen. »Deiner Abmachung mit wem?«

»Mit diesem Bullen, Stafford«, antwortete sie und wandte dann beschämt den Blick ab. »Die Wahrheit ist«, sagte sie mit einem Kloß in der Kehle, »daß er gleich nach der Klageerhebung gegen dich zu mir kam und mich verhörte. Ich habe den Schnüffler mein Badezimmer benutzen lassen, und er kommt wieder raus und sagt, er hat auf meiner Ablage genug Amphetamine gefunden, um mich für Jahre hinter Gitter zu stecken. Ich benutze die zum Abnehmen. Das ist zwar nicht sehr vernünftig, aber ich tue es eben. Auf jeden Fall hat er dann gesagt, er würde mich nicht vor Gericht bringen, wenn ich ihm helfe. Und ich habe nichts anderes getan, als ihm die Wahrheit zu sagen. Es ist nur diese hinterlistige Art, wie er mich dazu gebracht hat, die mich so anwidert. Ich meine, was glaubst du, woher der Staatsanwalt alles über diesen Vormittag wußte, als Cindy dich verließ? Sie hat mir alles erzählt. Und ich habe es Stafford erzählt. Und dann haben sie sich Cindy im Zeugenstand zur Brust genommen.«

Jack spürte Wut in sich aufsteigen, blieb aber ruhig, weil er erkannte, daß sich ihm hier eine überaus günstige Gelegenheit bot. »Gina«, sagte er mit ruhiger, verständnisvoller Stimme, »das ist jetzt wichtig. Was Stafford mit dir gemacht hat, ist nicht nur schmierig. Es ist illegal. Der Staatsanwalt hat das Gesetz verletzt, weil er es versäumt hat, Manny mitzuteilen, daß Stafford mit einer Zeugin der Anklage eine Abmachung getroffen hat. Das könnte den gesamten Prozeß gegen mich zu Fall bringen. Das Verfahren könnte morgen schon vorbei sein. Und ich könnte frei sein.«

»Was willst du von mir?«

»Ich will nur, daß du morgen vormittag in den Zeugenstand trittst und genau das sagst, was du mir gesagt hast. Das ist alles. Du brauchst nur die Wahrheit zu sagen.«

»Und was passiert dann mit mir? Muß ich wegen Drogen ins Gefängnis?«

Er überlegte schnell. »Der Staat wird sich an die Abmachung mit dir halten müssen. Stafford hat es dir versprochen. Deinen Teil hast du bereits geleistet. Du hast die Wahrheit gesagt. Stafford ist schuld, wenn ihm die Sache um die Ohren fliegt, nicht du.«

»Ich weiß nicht –«

»Gina«, fuhr er eindringlich fort. »Bis jetzt hast du die Wahrheit gesagt. Und dafür respektiere ich dich. Aber wenn du für Stafford die Wahrheit gesagt hast, wäre es doch das mindeste, daß du auch für mich die Wahrheit sagst.«

Sie seufzte. »Das ist alles so verrückt. Aber in den letzten vierundzwanzig Stunden habe ich irgendwie das Gefühl bekommen, allmählich wird's Zeit, daß ich all die Lügen, die ich in meinem Leben erzählt habe, wiedergutmache. Ich habe einfach das Gefühl, es ist Zeit, daß ich die Wahrheit sage.«

»Genau«, sagte er. »Auch wenn sie weh tut.«

Sie schluckte. »In Ordnung. Ich mach's.«

Jack schlug das Herz bis zum Hals. »Eigentlich könnte ich jetzt gleich Manny anrufen, und dann sprechen wir die ganze Sache durch –«

»Nein. Ich will das nicht nach Drehbuch machen.«

»Verstehe«, sagte er, weil er spürte, daß er sie nicht zu sehr drängen durfte.

Gina stand auf. »Wir sehen uns morgen um halb neun im Gerichtssaal«, sagte sie und brachte ihn hinaus. »Jetzt brauche ich etwas Schlaf.«

Er nickte zustimmend. »Bis morgen dann«, sagte er, als sie die Tür erreicht hatten.

Sie legte ihm die Hand auf die Schulter und hielt ihn zurück. »Tut mir leid wegen dir und Cindy«, sagte sie. »Wirklich.«

»Danke«, sagte er.

Beim Nachhausefahren war ihm kaum bewußt, daß die Reifen den Asphalt berührten. Er kam sich vor, als würde er schweben. Sein Gespräch mit Gina hatte ihm das Gefühl vermittelt, wieder lebendig zu sein. Plötzlich spürte er Hoffnung.

40. Kapitel

Um 3.30 Uhr morgens – Manny und Jack hatten die Vorbereitung für das rettende Kreuzverhör von Gina Terisi gerade abgeschlossen – tanzten barbusige Frauen soeben die letzte Runde im Jiggles, einem heruntergekommenen, verräucherten Stripteaseschuppen, in dem steife Drinks so billig waren wie das gebotene Vergnügen. Eine dralle schwarze Frau in nichts als Stöckelschuhen und einem Pistolenhalfter um die Hüften stolzierte im orangeroten Licht eines Scheinwerfers auf dem langen Tresen auf und ab und wackelte zur Freude der betrunkenen und grölenden Zuschauer mit dem Hintern, so oft der Rapsänger aus der Musikbox röhrte: »Ich steh auf große Ärsche!« Überall in der Bar tanzten Frauen auf kleinen runden

Tischen, jede nur mit Stiefeln oder einer Fliege oder vielleicht einem Stetson bekleidet, aber alle mit einem Strumpfband am Oberschenkel, damit die Männer, denen sie sich präsentierten, Geld hineinstecken und so ihr Vergnügen verlängern konnten.

Kurz vor der Sperrstunde präsentierte sich ein breitschultriger Mann mit kahlrasiertem Schädel und einem Diamantstecker im Ohr am Eingang. Der bärtige Türsteher, der aussah wie ein Proficatcher, der hier Schwarzarbeit machte, baute sich vor ihm auf. »Wir schließen in fünfzehn Minuten«, sagte er.

»Mehr Zeit brauch' ich nicht«, erwiderte der Mann und wollte an ihm vorbeigehen. Der Türsteher packte ihn an der Schulter.

»Zehn Dollar, Chef.«

»Scheiße.« Aber er hatte es eilig, deshalb bezahlte er und betrat die Bar. Er sah sich um, suchte zuerst den Tresen und dann jeden einzelnen Tisch nach der Frau ab, die er als Rebecca kannte. Sie nannte ihn Buzz, ein Name, dem sie ihm nicht nur wegen seines rasierten Schädels gegeben hatte, sondern wegen seiner gesamten Erscheinung. Sie meinte, seine Hakennase, die faltige Lederhaut und sein magerer Hals ließen ihn aussehen wie einen Bussard. Vor allem nachts, wenn seine Augen blutunterlaufen waren. Normalerweise arbeitete Rebecca bis zur Sperrstunde, aber Buzz konnte sie nirgend entdecken. Doch dann hellte sich sein Gesicht auf, als er sie am Zigarettenautomaten sah, wo sie sich eine Rauchpause gönnte.

Sie hatte kurze, wellige Haare – schwarz in dieser Woche – und den besten Körper von allen Tänzerinnen. An diesem Abend war sie angezogen, oder zumindest so wenig ausgezogen, wie Frauen es in diesem Laden nur sein konnten. Ein ärmelloses Unterhemd mit bis zum Nabel aufgerissenem V-Ausschnitt enthüllte einen üppigen Brustansatz und eine lange Halskette, so dick wie eine Hundeleine. Enge schwarze Ledershorts waren bis zur Hälfte ihrer runden Hinterbacken ausgeschnitten, und glänzende Lederstiefel reichten bis zu dem tätowierten Schmetterling an der Innenseite ihres Schenkels. Sie sah zu ihm herüber, und er ging zu ihr.

»Ich bin fertig für heute nacht«, sagte sie und blies ihm Rauch ins Gesicht.

Er schüttelte den Kopf, als wüßte er es besser. »Wieviel?«

»Dreihundert.«

»Leck mich.«

»Das kostet extra.«

Er leerte seine Taschen. »Ich hab' hundertsechzig Dollar. Ja oder nein?«

»Okay.« Sie schnappte sich das Geld und stopfte es in den Stiefelschaft. »Aber für hundertsechzig komm ich nicht zu dir ins Auto. Wir machen's hier drin.«

»Hier?« Er zuckte zusammen.

»Da drüben«, sagte sie und deutete auf einen dunklen, isolierten Winkel. »Ich treff' dich dort.«

Er nickte zustimmend und ging auf den Winkel zu. Rebecca trat zur Bar. »Das Übliche für den Verrückten«, sagte sie zum Barkeeper. »Margarita, nur Salz.« Der Barmann grinste und gab ihr ein Glas mit Magaritasalz, in das er einige Tropfen Zitronensaft spritzte. »Danke«, sagte sie und stolzierte dann auf die dunkelste Ecke der Bar zu.

»Du hast mir gefehlt«, sagte er, als sie bei ihm war.

Rebecca stellte das Glas auf den Tisch, warf die Schultern zurück und stemmte die Hände in die Hüften. »Red keinen Scheiß«, bellte sie wie ein Ausbilder beim Militär.

»Du hast recht«, flüsterte er heiser. »Ich war ungezogen.«

»Hab' ich's mir doch gedacht«, keifte sie, und ihre Stimme wurde immer drohender. »Du weißt, was passiert, wenn du ungezogen warst.«

Er nickte gierig.

Sie hob den Zeigefinger, steckte ihn sich in den Mund, und saugte sinnlich daran, von der Wurzel bis zur Spitze. Dann tauchte sie ihn in das Glas mit dem zitronengetränkten Margaritasalz, rührte, zog ihn dann wieder heraus und hielt ihn Buzz vor die Augen. Kristalle klebten auf dem feuchten Finger. »Wie ungezogen warst du?« wollte sie wissen.

Er sank auf die Knie und sah dümmlich zu ihr hoch. »Sehr ungezogen«, antwortete er.

Langsam senkte sie den Finger und rieb ihm das Salz tief in das eine Auge. Er wand sich und stöhnte, und sein Kopf kippte vor perversem Vergnügen nach hinten. Seine gelegentlichen

Schmerzensschreie wurden von der lauten Musik übertönt. Sie wußte, daß er es mochte, wenn sie hart blieb, aber sie mußte sich zusammennehmen, damit er ihr ihre Angst nicht anmerkte. Sie hatte in dieser Bar schon öfters Männer kurz vor der Ekstase gesehen, normalerweise waren es Widerlinge, die wegen Masturbierens hinausgeworfen wurden. Aber dieser hier war über die Ekstase weit hinaus. Das war äußerste Verzückung.

Er faßte sich wieder, blieb aber auf den Knien. Mit seinem unversehrten Auge sah er zu ihr hoch. Das andere war zugeschwollen. Zitronensäure und salzige Tränen liefen ihm die Wange hinab. Er wußte, daß er für hundertsechzig noch eine zweite Runde gut hatte. »Stell das Salz weg«, sagte er. »Ich war sehr, sehr ungezogen.«

Rebecca seufzte, sie wußte, was das bedeutete. Sie zündete sich eine neue Zigarette an. »Was hast du angestellt?«

Er atmete tief, griff dann mit der linken Hand in die Hosentasche und drückte heimlich ein Taschentuch, das zwei blutige Brustwarzen enthielt. »Nichts, was ich nicht schon einmal gemacht hätte«, flüsterte er, und ein dünnes Lächeln huschte über sein Gesicht. Dann zuckte sein Körper, und sein Kopf kippte in einem zweiten Rausch der Lust nach hinten, als Rebecca die glühende Zigarette auf seiner von Brandnarben übersäten rechten Handfläche ausdrückte.

41. Kapitel

Kurz vor neun am folgenden Morgen trafen Jack und Manny in dem bereits überfüllten Gerichtssaal ein. Jack war ein wenig besorgt, weil er Gina im Foyer des Gerichtsgebäudes nicht hatte entdecken können, aber er sagte sich, daß sie sich wohl einfach verspätet hatte. Kommen würde sie, da war er sich ganz sicher. Etwas in ihrem Blick hatte ihn am vergangenen Abend davon überzeugt, daß sie entschlossen war, Wiedergutmachung zu leisten.

Doch dann spürte er sehr schnell, daß etwas nicht stimmte. McCue, sonst immer überpünktlich, war merkwürdigerweise nicht im Gerichtssaal, und auch der Gerichtsdiener schien verschwunden zu sein.

Zehn Minuten vergingen. Die Unruhe im Publikum wurde stärker, denn vom Staatsanwalt war noch immer nichts zu sehen. Schließlich erschien der Gerichtsdiener und trat mit ausdruckslosem Gesicht an den Tisch des Verteidigers. »Mr. Cardenal«, sagte er höflich, »Frau Richterin Tate bittet Sie und Mr. Swyteck in ihr Zimmer.«

Jack wurden die Knie weich, als er mit Manny einen Blick wechselte. Das war keine Standardprozedur. Irgend etwas mußte passiert sein. »In Ordnung«, sagte Manny, und die beiden folgten dem Gerichtsdiener zur Seitentür.

Im Richterzimmer herrschte eine Atmosphäre wie in einem Bestattungsunternehmen. Richterin Tate saß in einem Ledersessel hinter ihrem imposanten Schreibtisch, eingerahmt von der amerikanischen Flagge und der des Staates Florida. Wilson McCue saß links von ihr in einem Ohrensessel, vor einer Regalwand mit juristischen Büchern. Beide zeigten feierlich ernste Mienen.

»Guten Morgen«, sagte Manny beim Eintreten.

»Bitte setzen Sie sich«, sagte die Richterin förmlich, und an ihrem Tonfall war zu hören, daß etwas sehr, sehr Ernstes vorgefallen war.

Jack und Manny setzten sich auf die Stühle rechts neben dem Schreibtisch. Jack schluckte schwer, er befürchtete das Schlimmste – etwa die wüste Anschuldigung, er habe Gina bedroht. Die Richterin faltete die Hände auf dem Schreibtisch und beugte sich ein wenig vor.

»Mr. McCue hat mich eben davon in Kenntnis gesetzt, daß Gina Terisi tot ist«, sagte sie.

»Was?« stieß Manny ungläubig hervor.

»Sie wurde ermordet«, sagte der Vertreter der Anklage.

»Das kann nicht sein«, murmelte Jack wie vor den Kopf geschlagen.«

»Mr. Swyteck«, sagte die Richterin, »ich möchte Ihnen raten, zu schweigen.«

Er lehnte sich zurück. Die Richterin hatte recht.

Sie sah Manny an, dann McCue. »Ich möchte nicht kalt oder gefühllos erscheinen, meine Herren, aber ich habe Sie nicht zu mir gerufen, um mit Ihnen über das Wie und Warum von Miss Terisis Ermordung zu sprechen. Zweck dieser Zusammenkunft ist die Feststellung, welchen Einfluß dieser Mord auf Mr. Swytecks Prozeß hat. Zum Glück sind die Geschworenen abgesondert; sie werden also nichts davon erfahren.«

»Aber Euer Ehren«, sagte Manny, »die Geschworenen haben bereits die Aussage der Zeugin gehört, und jetzt habe ich keine Gelegenheit für ein Kreuzverhör mehr. Unter diesen Umständen ist für meinen Mandanten ein fairer Prozeß nicht mehr gewährleistet. Das Gericht hat keine andere Wahl, als den Prozeß abzubrechen. Wir müssen noch einmal von vorne beginnen – ohne Gina Terisi.«

McCue konnte sich nicht mehr beherrschen, er rutschte zur Sesselkante. »Euer Ehren«, flehte er, »ich wußte, daß sie uns das auftischen würden. Sie dürfen diesen Prozeß nicht abbrechen. Sie würden ihnen direkt in die Hände spielen. Sehen Sie sich nur einmal den zeitlichen Ablauf an. Und das Motiv. Das ist kein Zufall. Die Staatsanwaltschaft hat einen absolut wasserdichten Fall aufgebaut. Gina Terisi hat Mr. Swyteck im Zeugenstand vernichtet. Und ein paar Stunden später ist sie tot. Also, man muß kein Genie sein, um zu erkennen –«

»Das ist eine unverschämte Unterstellung«, rief Manny.

»Zum Teufel, ist es nicht«, schoß McCue zurück. »Swytecks Auto wurde gestern abend vor Gina Terisis Haus gesehen.«

Jack klappte die Kinnlade herunter. »Jetzt mal einen Augenblick –«

»Meine Herren«, rief die Richterin. »Das reicht.«

Schweigen entstand. Ankläger und Verteidiger warfen sich wütende Blicke zu. Jack sah die Richterin an, wandte sich aber sofort wieder ab. Richterin Tate war nicht leicht zu durchschauen, aber ihr argwöhnischer Blick hatte ein wenig von ihren Gefühlen erkennen lassen. Und Jack gefiel überhaupt nicht, was er da in ihren Augen sah.

»Ich werde den Prozeß nicht abbrechen«, verkündete sie mit einem Kopfschütteln. »Mr. Swytecks Verfahren wird weitergeführt. Miss Terisis Aussage wird allerdings gestrichen. Ich werde die Geschworenen dahingehend belehren, daß sie ihre Aussage außer acht lassen müssen und daß sie keine Schlüsse aus der Tatsache ziehen dürfen, daß sie nicht wieder in den Gerichtssaal zurückkehrt.«

»Euer Ehren«, warf Manny dazwischen, »eine korrigierende Belehrung bringt rein gar nichts. Die Geschworenen haben die Aussage doch schon gehört. Sie können ihnen nicht befehlen, sie zu ignorieren. Das ist so, als würde man einem Hai befehlen, Blut zu ignorieren.«

»Mr. Cardenal«, erwiderte sie streng. »Ich habe meine Entscheidung getroffen.«

McCues Gesicht glühte. »Es versteht sich vermutlich von selbst, Euer Ehren«, sagte er auf seine volkstümliche Art, »aber ich nehme an, daß Miss Terisis Verschwinden für den Fall, daß Mr. Swyteck zu seiner eigenen Verteidigung in den Zeugenstand tritt, im Kreuzverhör kein Tabuthema ist. Die richterliche Belehrung wird mein Recht, ihn in dieser Sache zu befragen, doch nicht beschneiden, oder?«

Die Richterin lehnte sich zurück und überlegte. »Daran habe ich noch gar nicht gedacht. Aber ich werde Ihnen wohl zustimmen müssen, Mr. McCue. Wenn Mr. Swyteck in den Zeugenstand tritt, gibt es kein Hindernis für Sie. Es steht Ihnen frei, ihn zu befragen.«

Manny schüttelte ungläubig den Kopf. Sogar die Richterin, so sah es aus, war von Jacks Schuld überzeugt. »Euer Ehren, Sie haben es Mr. Swyteck eben unmöglich gemacht, zu seiner Verteidigung auszusagen. Ich kann ihn nicht in den Zeugenstand rufen, wenn Sie dem Staatsanwalt gestatten anzudeuten, mein Mandant habe die Hauptzeugin der Anklage getötet. Ihre Entscheidung kommt einem Todesurteil gleich. Ich erhebe aufs nachdrücklichste Einspruch und bitte Sie, Ihre Entscheidung zu überdenken –«

»Das ist alles«, sagte die Richterin und wehrte damit jede weitere Diskussion ab. »Sie kennen meine Haltung. Ich gebe dem Ankläger und der Verteidigung vierundzwanzig Stunden Zeit, um sich neu zu organisieren. Wir kommen morgen früh um neun Uhr wieder zusammen. Mr. McCue, seien Sie darauf vorbereitet, Ihren nächsten Zeugen aufzurufen. Ich danke Ihnen, meine Herren«, sagte sie im Tonfall der Endgültigkeit.

»Ich danke *Ihnen*«, erwiderte McCue.

Die Anwälte standen auf und wandten sich zum Gehen. Jack stand langsamer auf, er konnte die ganze Sache einfach nicht glauben. Er folgte seinem Anwalt den Gang entlang, vorbei am Trinkwasserspender. Keiner von ihnen sagte ein Wort, bis sie den Ausgang erreicht hatten und McCue sie einholte.

»Wird Zeit, daß Sie sich eine Wagenburg bauen, Swyteck«, sagte der alte Ankläger sarkastisch, und alle gutmütige Volkstümlichkeit war aus seiner Stimme verschwunden. »Wenn Sie nicht wegen Mordes an Eddy Goss auf den elektrischen Stuhl kommen, dann sitze ich Ihnen wegen dem an Gina Terisi im Nacken, darauf können Sie wetten.« Er nickte selbstgefällig, tippte sich an den Hut wie ein vornehmer Herr und verschwand.

Jack stand in der offenen Tür und sah seinen Anwalt bekümmert an. »Das kann doch alles nicht wahr sein«, sagte er leise. Aber es war so. Immer wieder wurden unschuldige Menschen getötet. Fernandez, Garcia, jetzt Gina – und Jack, so sah es aus, war als nächster an der Reihe. Das einzig noch Unfaßbare war der Grund, warum das alles so war – warum sein Leben, wie das Ginas, vor seinem dreißigsten Geburtstag enden sollte. Nie Ehemann oder Vater zu sein, nie seine Ziele zu erreichen... Zum erstenmal seit Beginn des Prozesses spürte er die ganze Tragweite, das ganze Gewicht dessen, was auf dem Spiel stand, auf seinen Schultern lasten, und diese Last schien ihn fast zu erdrücken.

Verurteilt werden. Ein Todesurteil. Der elektrische Stuhl. All das hatte zuvor so abstrakt gewirkt, aber plötzlich war alles erfahrbar, wirklich. Eine Erinnerung tauchte auf – wie er als kleiner Junge im Bett lag und versuchte, sich selbst Angst einzujagen, indem er sich ausmalte, wie der Tod wäre. Er hatte sich vor einem Loch in der Erde kauern sehen, einem dunklen Loch. Und dann hatte er sich vorgestellt, dort hineinzufallen. Es war ein Fall, der nie endete. Nichts konnte ihn beenden...

Er verdrängte die Erinnerung und versuchte sich zu konzentrieren. Was hatte sein Verfolger bei dem Überfall auf dem

Busparkplatz gesagt? Etwas davon, daß »unschuldige Leute« leiden müßten, wenn er bei anderen Hilfe suchte. Er warf Manny einen besorgten Blick zu und lief dann durchs Foyer zu einer Reihe von Münztelefonen neben den Toiletten. Hastig wählte er Cindys Büronummer.

Er wurde beinahe ohnmächtig vor Erleichterung, als er den Klang ihrer Stimme hörte. »Gott sei Dank bist du in Ordnung.«

»Ich habe das mit Gina eben erfahren«, sagte sie. »Ihr Bruder hat mich angerufen.«

»Der Staatsanwalt behauptet, ich hätte es getan.«

»Er lügt«, erwiderte sie. »Die Sachen, die dieses Tier mit ihr angestellt hat...« Sie erschauerte. »Kein normales menschliches Wesen würde so etwas tun.«

Er kannte die Einzelheiten nicht, aber er brauchte nicht zu fragen. »Bitte sei vorsichtig«, sagte er. »Ich habe Angst um dich. Wenn du irgend etwas brauchst, ruf mich einfach an.«

»Ich komme schon zurecht«, sagte sie. »Wirklich.«

Er wollte noch etwas sagen, irgend etwas, um sie in der Leitung zu halten, aber er fand keine Worte.

»Viel Glück«, sagte sie, und es klang ernstgemeint.

»Danke«, sagte er leise. »Cindy, ich –«

»Ich weiß«, sagte sie. »Du brauchst es nicht zu sagen.«

»Ich liebe dich«, platzte es aus ihm heraus.

Er glaubte ein Aufschluchzen am anderen Ende der Leitung zu hören, und dann sagte sie: »Mach's gut, Jack.«

42. Kapitel

»Rufen Sie Ihren Zeugen auf, Mr. McCue«, rief die Richterin von ihrem Tisch aus.

Das Verfahren war am Mittwoch um neun Uhr wiederaufgenommen worden. Wie angekündigt, hatte die Richterin die Geschworenen belehrt, daß sie Gina Terisis Aussage außer acht lassen müßten und aus ihrem Nichtwiedererscheinen vor Gericht keine Schlüsse ziehen dürften. Natürlich hatte die Belehrung bei den Geschworenen nichts als argwöhnische Blicke hervorgerufen – ein Argwohn, der sich ausschließlich gegen Verteidiger und Angeklagten richtete. Der Rest des Vormittags gehörte dem Staatsanwalt, der einige technische Sachverständige aufrief; gleich nach der Mittagspause wandte er sich seinem letzten wichtigen Zeugen zu – einem erfahrenen Kämpfer, der es kaum erwarten konnte, Eddy Goss' taumelndem Anwalt seinen härtesten Schlag zu versetzen.

»Der Staat ruft Lonzo Stafford«, sagte McCue.

Es war still in dem überfüllten Gerichtssaal, als Detective Stafford den Mittelgang entlangging, nur das Klacken seiner Absätze auf dem Marmorboden war zu hören. Nachdem Stafford den Eid abgelegt und Namen und Beruf angegeben hatte, erlaubte er sich McCue zuzuhören, der ihm eine Übersicht über die materiellen Beweisstücke gab.

Staffords Zeugenaussage entwickelte sich wie nach einem Drehbuch: Die Fingerabdrücke des Angeklagten paßten zu jenen auf dem Steakmesser in Goss' Küche, siebenundzwanzig Schuhabdrücke paßten zum Sohlenmuster seiner Reeboks, seine Blutgruppe entsprach der des Blutes auf der Messerklinge. Des weiteren sei Mr. Swyteck nervös und gereizt gewesen, als Detective Stafford ihn tags darauf befragte; er hatte Kratzer auf dem Rücken und eine Prellung an den Rippen, als hätte er ein Handgemenge hinter sich; außerdem hatte Swyteck gewußt, daß Goss erschossen worden war, bevor die Beamten etwas von einem Schuß gesagt hatten. Und so wie von McCue geplant, hob der Zeuge sich das Beste für den Schluß auf.

»Wenn Sie sagen, daß Goss durch einen Schuß aus einer Waffe getötet wurde«, fragte McCue, »was für eine Waffe meinen Sie damit?«

»Es war eine Faustfeuerwaffe. Mit Sicherheit Kaliber 38. Und eindeutig mit aufgeschraubtem Schalldämpfer.«

»Wurde die Mordwaffe je gefunden?«

»Die Waffe nicht, nein. Aber wir konnten den Schalldämpfer ausfindig machen.«

»Und wo haben Sie den Schalldämpfer, der bei dem Mord an Eddy Goss benutzt wurde, gefunden?«

Mit leuchtendem Blick sah Stafford Jack direkt an. »Wir konnten ihn in Mr. Swytecks Fahrzeug sicherstellen.«

Ein Raunen ging durch den Gerichtssaal. Die Geschworenen sahen einander an, als wäre der Prozeß damit beendet.

»Keine weiteren Fragen«, sagte der Staatsanwalt. Er drehte sich um und warf dem Verteidiger einen Blick zu. »Ihr Zeuge«, sagte er strotzend vor Zuversicht.

Manuel Cardenal lief zu Bestform auf, wenn er im Rampenlicht stand, und das Rampenlicht in diesem Gerichtssaal war gleißend hell. Sein Mandant, die Geschworenen, die Zuschauer und vor allem der Zeuge warteten gespannt auf seinen Auftritt, und jeder fragte sich, ob es diesem geschickten Anwalt gelingen würde, seinen Mandanten zu retten. Manny baute sich drei Meter vor dem letzten Zeugen der Anklage auf und starrte sein Opfer kalt an. »Detective Stafford«, begann er, »ich möchte gerne zuerst über das Opfer in diesem Fall reden, wenn Sie nichts dagegen haben.«

»Wie Sie wollen, Mr. Cardenal.«

»Jeder, der in dieser Stadt lebt, hat von Eddy Goss gehört«, sagte Manny. »Wir alle kennen die entsetzlichen Dinge, die Mr. Goss mutmaßlich begangen hat. Und wir alle wissen, daß Mr. Swyteck sein Anwalt war. Aber ich möchte die Aufmerksamkeit der Geschworenen noch auf einen weiteren Punkt lenken: Sie waren persönlich an den Ermittlungen, die zu Mr. Goss' Verhaftung führten, beteiligt, nicht?«

»Ja«, antwortete Stafford, der wußte, daß man mit ihm spielte. »Ich war der Ermittlungsleiter im Fall Goss.«

»Sie persönlich haben Mr. Goss verhört, nicht?«

»Ja.«

»Um es genau zu sagen, haben Sie Mr. Goss ein volles Geständnis entlockt. Ein Geständnis, das auf Videoband aufgenommen wurde.«

»Das stimmt.«

»Aber dieses Geständnis wurde im Prozeß gegen Mr. Goss nicht verwendet.«

»Nein«, erwiderte er leise. »Seine Verwendung wurde für unstatthaft erklärt.«

»Die Verwendung wurde für unstatthaft erklärt, weil Sie die

Vorschriften mißachtet haben«, sagte Manny in tadelndem Tonfall.

Stafford stöhnte auf, hielt aber seine Wut unter Kontrolle. »Der Richter meinte, ich hätte Mr. Goss' *verfassungsmäßige Rechte* verletzt«, entgegnete er und spuckte diese Worte verächtlich aus.

»Und es war Mr. Swyteck, der das Gericht auf Ihre Rechtsverletzung hingewiesen hat, nicht?«

Stafford beugte sich vor und kniff die Augen zusammen: »Er hat das *ausgebeutet.*«

Manny trat ein wenig näher an die Geschworenen heran, als wäre er auf ihrer Seite. »Das muß sehr peinlich gewesen sein, Detective.«

»Das war eine Verhöhnung der Gerechtigkeit«, erwiderte Stafford. Er benutzte genau die Formulierung, die der Staatsanwalt ihm am Abend zuvor eingetrichtert hatte.

Manny grinste, er spürte, daß diese Art der Befragung Stafford unter die Haut ging. Dann ging er auf den Zeugen zu und gab ihm ein Beweisstück. »Das ist eine Kopie eines Zeitungsartikels vom Juni dieses Jahres, gekennzeichnet als Beweisstück Nummer eins der Verteidigung. Darin wird über gewisse Entwicklungen in der Vorbereitung des Prozesses gegen Eddy Goss berichtet. Würden Sie uns bitte diese große Schlagzeile vorlesen? Laut und deutlich«, fügte er, auf die Geschworenen deutend hinzu, »damit wir alle es verstehen können.«

Stafford sah seinen Befrager böse an, räusperte sich dann und las widerstrebend, aber laut: »Richter verwirft Goss' Geständnis.«

»Und auch den Aufreißer«, sagte Manny. »Lesen Sie den kurzen Aufreißer unter der Schlagzeile.«

Stafford wurde rot vor Wut. »Erfahrener Polizist verbockt Verhör«, las er. Dann legte er die Kopie weg und starrte Manny an.

»Und das ist Ihr Foto da unter der Überschrift, nicht, Sir?«

»Das ist mein Foto«, bestätigte er.

»In Ihren vierzig Jahren bei der Polizei, Mr. Stafford, haben Sie es da je mit Ihrem Bild auf die Titelseite einer Zeitung geschafft?«

»Nur dieses eine Mal«, brummte Stafford.

»Haben Sie in diesen vierzig Jahren«, fuhr Manny fort, »je einen Fall so schlimm vermasselt?«

»Einspruch«, sagte McCue.

»Ich hab' ihn nicht vermasselt«, entgegnete Stafford scharf; vor Übereifer, sich zu rechtfertigen, wartete er die Antwort der Richterin nicht ab.

»Abgelehnt«, sagte die Richterin.

»Tut mir leid«, sagte Manny mit gespieltem Bedauern. »Hat man Sie in diesen vierzig Jahren je *beschuldigt*, etwas so schlimm vermasselt zu haben?«

»Nie«, krächzte Stafford.

»Und dennoch, da sind Sie, auf Seite eins ganz oben, mit dem vermutlich unschmeichelhaftesten Schnappschuß, den die Redakteure auftreiben konnten: Der ›erfahrene Polizist‹, der ›das Verhör verbockt‹ hat.« Manny näherte sich Stafford und bückte sich ein wenig, als wollte er nach der Wahrheit graben. »Wem geben Sie die Schuld dafür?« fragte er eindringlich. »Geben Sie sich selbst die Schuld dafür, Detective?«

Stafford starrte seinen Befrager böse an. »Am Anfang, ja.«

»Aber jetzt nicht mehr, oder?« fragte Manny.

Stafford verstummte – er wußte genau, worauf Manny hinauswollte. »Kommen Sie, Detective. Wir wissen, wem Sie *eigentlich* die Schuld geben. *Das* ist der Mann, dem Sie die Schuld geben«, sagte Manny mit sehr viel lauterer Stimme und deutete auf seinen Mandanten. »Oder etwa nicht?«

Stafford warf Jack einen Blick zu und sah dann Manny wieder an. »Na und?« brummte er.

Manny sah dem Zeugen direkt in die Augen. »Ja oder nein, Detective? Geben Sie Mr. Swyteck die Schuld an Ihrer öffentlichen Entehrung?«

Stafford erwiderte den Blick. Inzwischen haßte er diesen Anwalt fast so sehr, wie er Jack haßte. »Ja«, sagte er verbittert. »Ich gebe ihm die Schuld. Ihm und Goss. Beiden. In meinen Augen sind die einer wie der andere.«

Manny hielt inne, um die Antwort eine Weile im Raum stehen zu lassen. Ein leises Raunen erhob sich im Gerichtssaal, als deutlich wurde, worauf Manny hinauswollte.

»Aber das gibt Swyteck noch lange nicht das Recht, ihn zu

töten«, stieß Stafford hervor, weil er offensichtlich merkte, daß er Schwierigkeiten bekam.

»Lassen Sie uns darüber reden«, erwiderte Manny. »Lassen Sie uns darüber reden, wer nun Eddy Goss tatsächlich getötet hat. Der Zeitpunkt von Mr. Goss' Tod wurde auf etwa vier Uhr morgens festgesetzt, stimmt das?«

»Ja«, erwiderte Stafford.

»Und wann kamen Sie an diesem Morgen ins Polizeirevier?«

»Viertel nach fünf, wie immer.«

»Kann irgend jemand bestätigen, wo Sie sich zuvor aufgehalten haben?«

»Nein. Ich lebe allein.«

Manny nickte, wie um diese Antwort zu unterstreichen, und stürmte dann weiter. »Nun, nachdem Sie an diesem Morgen zur Arbeit erschienen waren, erreichte ein anonymer Anruf das Revier, nicht?«

»Ich weiß nicht, was Sie meinen.« Stafford spielte den Unwissenden. »Wir bekommen Unmengen von Anrufen –«

»Ich rede nicht von Unmengen von Anrufen«, fuhr Manny fort. »Ich rede von dem Anrufer, der meldete, daß ein Mann in Polizeiuniform etwa zur Zeit des Mordes beim Verlassen von Goss' Wohnung beobachtet wurde.«

»Ja«, bestätigte Stafford. »Jemand hat angerufen und das gemeldet.«

»Sie waren früher Streifenpolizist, nicht?«

»Ja. Achtundzwanzig Jahre lang, bevor ich Detective wurde.«

»Und ich möchte wetten, daß Sie Ihre alte Polizeiuniform noch immer haben«, sagte Manny.

Im ersten Augenblick blieb Stafford die Sprache weg. »Ja«, antwortete er schließlich leise.

»Habe ich's mir doch gedacht«, sagte Manny. »Nun, Eddy Goss wurde zweimal in den Kopf geschossen, aus nächster Nähe, nicht?«

»Das stimmt.«

»Mit Kugeln vom Kaliber achtunddreißig.«

»Korrekt«, sagte Stafford.

»Sie tragen einen 38er Revolver, nicht, Detective?«

»Achtzig Prozent der Polizisten tun das«, keifte Stafford.

»Sie eingeschlossen.«

»Ja«, gab er mürrisch zu.

Manny machte wieder eine Pause, um dem Argwohn auf der Geschworenenbank Zeit zum Keimen zu geben, und fuhr dann fort. »Nun, nachdem Mr. Goss mit nicht nur einem, sondern zwei Schüssen ermordet worden war, haben Sie alle Bewohner dieses Wohnblocks verhört, nicht?«

»Ja.«

»Und keiner von diesen Nachbarn hat Schüsse gehört.«

Stafford schwieg wieder. »Nein«, antwortete er schließlich, »niemand hat einen Schuß gehört.«

»Und das war einer der Gründe für Ihre Annahme, daß bei dem Mord an Goss ein Schalldämpfer benutzt wurde.«

»Das ist korrekt«, sagte er. Und dann versuchte er es mit einem Schuß ins Blaue. »Und im Auto Ihres Mandanten haben wir einen Schalldämpfer gefunden«, ergänzte er selbstgefällig.

Manny nickte bedächtig. »Wie passend«, bemerkte er sarkastisch und zog die Augenbrauen hoch. »Aber nun wollen wir uns diesen unglaublichen Glücksfall doch ein wenig genauer ansehen, Detective. Lassen Sie uns darüber reden, wie es Ihnen gelungen ist – es ist wirklich kaum zu glauben –, den einzigen Mann auf der Welt zu finden, der intelligent genug ist, um in Yale summa cum laude abzuschließen, und gleichzeitig dumm genug, um einen Schalldämpfer unter dem Vordersitz seines Autos liegen zu lassen.«

»Einspruch«, stöhnte McCue.

»Stattgegeben.«

Manny machte unbeeindruckt weiter. »Sie haben diesen Schalldämpfer nicht persönlich in Mr. Swytecks Auto gefunden. Oder, Detective?«

»Nein.«

»Sie haben ihn von einer Streifenpolizistin bekommen, habe ich recht?«

»Ja.«

»Und sie hatte ihn von dem Besitzer von Kaiser-Auto-Repair, der Werkstatt, in der Mr. Swytecks Cabriodach repariert wurde.«

»Das stimmt.«

»Und der Besitzer der Werkstatt hatte ihn von einem seiner Mechaniker.«

Stafford kniff die Augen zusammen. »Ja.«

»Habe ich irgend jemanden vergessen, Detective?«

Stafford starrte ihn böse an. »Nein«, sagte er wütend.

»Was soll das heißen, *nein*«, ermahnte ihn Manny. »Sie haben Mr. Swytecks Auto doch nicht bewacht, solange es in der Garage stand, oder?«

»Nein.«

»Das heißt«, sagte Manny und ging vor den Geschworenen auf und ab, »Sie wissen nicht, wie viele Leute während der zwei Tage, die Mr. Swytecks Wagen in der Garage stand, Zugang zu dem Fahrzeug hatten.«

»Nein, ich weiß es nicht«, gab er zu.

»Eben«, sagte Manny, als wäre das genau die Antwort, die er hatte hören wollen. »*Sie wissen es nicht.* Oder man könnte auch sagen, vielleicht haben Sie berechtigte Zweifel.«

»Einspruch«, rief McCue.

»Abgelehnt.«

»Ich weiß nicht, wer alles an seinem Auto war«, knurrte Stafford. »Das ist alles.«

»Detective, ist es denn nicht möglich, daß eine der Personen, die sich in der Nähe des Autos aufhielten oder es reparierten, den Schalldämpfer hineingelegt hat?«

»Einspruch«, ächzte McCue. »Verlangt eine hypothetische Antwort.«

»Lassen Sie es mich anders formulieren«, sagte Manny. Er trat nahe an Stafford heran und holte zum vernichtenden Schlag aus. »Detective Stafford, besitzen Sie zufällig auch einen Schalldämpfer für Ihren Revolver?«

»Einspruch«, schrie McCue. »Euer Ehren, das ist beleidigend! Die Andeutung, daß Detective Stafford –«

»Abgelehnt«, sagte die Richterin. Es war nicht das erstemal, daß ein Verteidiger einen Polizisten auseinandernahm. »Beantworten Sie die Frage, Detective Stafford.«

Es wurde totenstill im Gerichtssaal. Jeder wartete auf die Antwort des Polizisten. »Ja«, gab er zu. »Ich habe einen.«

Manny nickte und sah zu den Geschworenen hinüber, um sich zu vergewissern, daß diese Antwort auch Wirkung zeigte. Sie tat es. Er ging zu seinem Stuhl zurück, blieb dann aber noch einmal stehen und hob mit professoraler Geste den Zeigefinger. »Nur noch eine Frage, Detective«, sagte er und drehte sich noch einmal zu dem Zeugen um. »Als ich Sie fragte, wem Sie für Ihre öffentliche Entehrung die Schuld geben, da haben sie doch gesagt *beiden*, Jack Swyteck *und* Eddy Goss, nicht?«

»Einspruch«, rief McCue. »Die Frage wurde bereits gestellt und beantwortet.«

»Ich ziehe die Frage zurück«, entgegnete Manny und lächelte dabei die Geschworenen mit den Augen an. »Ich glaube, wir haben die Antwort alle schon beim ersten Mal verstanden. Keine weiteren Fragen. Ich danke Ihnen, Sir.«

»Der Zeuge ist entlassen«, verkündete die Richterin.

Doch Stafford blieb wie erstarrt auf dem Stuhl sitzen, er konnte es einfach nicht glauben. Wie hatte er sich nach diesem Augenblick gesehnt, nach dieser Möglichkeit, an Jack Swyteck Rache zu nehmen, diesem Anwalt, der ihn gedemütigt hatte. Er, Lonzo Stafford, hätte es sein müssen, der als letzter lachte. Aber nun war er wieder von einem Anwalt gedemütigt worden. Mehr als gedemütigt. Dieses Mal war er nicht nur der dumme Bulle, der die Ermittlung verbockt hatte. Man hatte ihn hingestellt als den *bösen* Bullen, der die Tat begangen hatte. Das ging zu weit – und er hatte nicht vor, nur brav dazusitzen und es sich gefallen zu lassen.

»Das ist irrelevant, und das wissen Sie«, knurrte er Manny an, als wäre sonst niemand im Gerichtssaal.

»Sie sind entlassen«, belehrte die Richterin den Zeugen mit eindringlicher Stimme.

»Es war nicht mein Schalldämpfer, der bei dem Mord an Goss benutzt wurde«, sagte Stafford wütend.

»*Detective*«, ermahnte ihn die Richterin. Aber Stafford war fest entschlossen, das letzte Wort zu haben.

»Es war der Schalldämpfer, den wir in Swytecks Cabrio gefunden haben!«

»Detective!« Die Richterin ließ ihr Hämmerchen niedersausen.

»Swytecks Schalldämpfer wurde bei Goss benutzt«, rief er, »und er hat auch einen Schalldämpfer benutzt, um Gina Terisi zu töten!«

»Euer Ehren«, rief Manny und sprang auf. »Euer Ehren, darf ich an Ihren Tisch treten. Ich möchte einen Antrag stellen.«

Die Richterin hob die Hand, um Manny zu stoppen. Sie wußte, was er wollte – daß sie den Prozeß abbrach. Und wenn die anderen Beweise gegen Jack Swyteck nicht so überzeugend gewesen wären, hätte sie es auch getan. Aber sie hatte nicht vor, den ganzen Fall platzen zu lassen, nur weil ein Zeuge die Beherrschung verloren und etwas ausgeplaudert hatte, was er nicht hätte ausplaudern dürfen.

»Sparen Sie sich Ihren Antrag, Mr. Cardenal«, sagte sie. Dann wandte sie sich an die Jury. »Meine Damen und Herren Geschworenen«, sagte sie in sehr ernstem Tonfall, »ich belehre Sie hiermit dahingehend, daß sie diesen letzten Ausbruch nicht berücksichtigen dürfen. Diese Bemerkungen haben in diesem Fall keine Beweiskraft. Und wie ich Sie zuvor schon belehrt habe, dürfen Sie keine Schlüsse aus der Tatsache ziehen, daß Miss Terisi nicht in den Gerichtssaal zurückgekehrt ist, um ihre den Angeklagten belastende Aussage zu beenden.«

Jack verließ wieder der Mut, während er dieser gefürchteten »korrigierenden Belehrung« durch die Richterin zuhörte. Sie war der Alptraum jedes Angeklagten. Theoretisch sollte die Belehrung jeden Fehler im Verlauf des Prozesses »korrigieren«, indem den Geschworenen eingeschärft wurde, ihn nicht zu berücksichtigen. In der Praxis aber war es so, als würde man versuchen, eine Glocke zu »entläuten«, wie es unter Juristen hieß. Jack wußte, was unter dem Strich herauskam. Mannys glanzvolles Kreuzverhör war ruiniert. Das einzige, woran die Geschworenen sich erinnern würden, war das, was die Richterin sie zu vergessen aufgefordert hatte.

»Und was Sie angeht, Mr. McCue«, fuhr die Richterin fort. »Detective Stafford ist Ihr Zeuge, und ich mache Sie, zumindest teilweise, für sein Verhalten verantwortlich. Fünfhundert Dollar Strafe!« bellte sie. »Und Sie, Detective Stafford, Sie sind ein erfahrener Vertreter des Rechts. Sie sollten es besser wissen. Warum verbringen Sie nicht eine Nacht im Bezirksgefängnis und denken darüber nach, was Sie getan haben. Und beim nächstenmal«, warnte sie ihn und drohte mit ihrem Hämmerchen, »werde ich nicht so nachsichtig sein. Gerichtsdiener«, schloß sie, »führen Sie den Zeugen ab.«

Der Gerichtsdiener trat vor und führte Stafford vom Zeugenstand weg. Eigentlich hätte Stafford sich schämen sollen, aber er sah Jack an und grinste. Jack wandte den Blick ab, aber Stafford hatte nicht vor, ihn so einfach davonkommen zu lassen. Er blieb stehen, legte die Hand auf den Tisch, an dem Jack saß, und sah ihm direkt in die Augen. »Ich hab' 'nen Stuhl für dich, Swyteck«, flüsterte er so leise, daß nur Jack und der Gerichtsdiener es hören konnten.

»Detective«, sagte die Richterin streng, »entfernen Sie sich!«

Jack sah zu Stafford hoch und sagte nichts. Der Detective grinste Jack kurz an, dann faßte der Gerichtsdiener ihn am Arm, und sie gingen zum Ausgang.

»Mr. McCue«, sagte die Richterin, »haben Sie noch weitere Zeugen?«

McCue stand langsam auf, legte voller Zufriedenheit die Fäuste an die Brust und steckte die Daumen ins Revers. »Euer Ehren«, sagte er, »die Beweisführung des Staates ist hiermit abgeschlossen.«

»Nun gut«, sagte die Richterin. »Wir treten morgen wieder zusammen, pünktlich um neun Uhr. Mr. Cardenal, wenn Sie planen, Verteidigungsmittel vorzulegen, seien Sie darauf vorbereitet, morgen damit zu beginnen. Wenn nicht, werden wir das Verfahren mit den Schlußplädoyers beenden. Die Sitzung ist vertagt«, sagte sie und schwang ihr Hämmerchen.

Auf die Aufforderung des Gerichtsdieners hin erhob sich die Menge und stand schweigend da, während die Geschworenen den Gerichtssaal verließen. Jack und Manny wechselten Blicke, als die Richterin von ihrem Podest heruntertrat. Die Ironie ihrer Schlußbemerkung hatte sie beide nicht kalt gelassen. Denn beide waren sich schmerzlich bewußt, daß ganz und gar nicht klar war, ob die Verteidigung überhaupt Verteidigungsmittel hatte.

43. Kapitel

Um sechs Uhr am nächsten Morgen stand Gouverneur Harold Swyteck in Bademantel und Slippers vor dem dampfbeschlagenen Spiegel und rasierte sich, als er das Funktelefon in seiner Aktentasche klingeln hörte. Es war der Apparat, den er im Bayfront Park in Miami erhalten hatte. Da er wußte, wer anrief, zuckte er zusammen und schnitt sich mit der Rasierklinge.

Verärgert betupfte er sich den Schnitt mit einem Waschlappen, stürzte dann aus dem Bad, nahm den Apparat und verschwand in dem begehbaren Schrank, um seine Frau nicht zu wecken. »Hallo«, sagte er, leicht außer Atem.

»Ich bin's wieder, Gouverneur«, sagte die dumpfe, aber inzwischen vertraute Stimme.

Harry schnaubte vor Wut, aber der Anruf kam nicht völlig überraschend. So gerissen dieser Wahnsinnige war, schien es ihm aber auch Spaß zu machen, seine Opfer wissen zu lassen, wie sehr er ihr Leiden genoß; er war wie ein Gärtner, der den Samen einer seltenen Pflanzenart sät und ihn dann wieder ausgräbt, um nachzusehen, ob das Korn auch keimt.

»Was wollen Sie jetzt wieder?« fragte er. »Ein paar karierte Socken, passend zu den Wing tips?«

»Ts, ts«, kam es herablassend aus dem Hörer. »Heute morgen sind wir aber gereizt. Und das alles nur, weil du das Todesurteil deines eigenen Sohnes unterschreiben mußt.«

»Mein Sohn wird nicht verurteilt werden.«

»Ach, nein? Also ich habe das Gefühl, seine letzte Chance davonzukommen, ist ein Tisch im Leichenschauhaus. Du hast doch bestimmt gehört, daß die Kleine, die gegen ihn ausgesagt hat, ihn für ein Plauderstündchen bei sich hatte – und dann als blutiger Haufen auf dem Boden ihres Schlafzimmers endete. Wirklich schade. Wenn du einer von der langohrigen Truppe wärst –« er kicherte, als er sich daran erinnerte, wie er neben der Glastür gelauert hatte –, »würdest du jetzt wissen, daß sie noch einmal in den Zeugenstand treten und deinen Sohn heraushauen wollte.«

»Ich wußte, daß Sie das waren«, sagte Harry mit einer Stimme, in der sich Anspannung mit Empörung mischte. »Sie haben dieses arme Mädchen abgeschlachtet.«

»Jack Swyteck hat sie abgeschlachtet. Ich habe ihm die Regeln erklärt. Es geht nur um mich gegen ihn. Ich habe ihn gewarnt. Ich habe ihm gesagt, daß jeder, der versucht, ihm zu helfen, schon so gut wie tot ist. Und trotzdem hat er die blöde Kuh um Hilfe gebeten. Dein Sohn hat's schon wieder getan, Gouverneur. Er hat einen unschuldigen Menschen getötet.«

Harry zitterte vor Wut. »Jetzt hör mir mal zu, du Hurensohn. Wenn du Rache für Raul Fernandez willst, dann nimm sie an mir. Aber laß es nicht an meinem Sohn aus. Ich bin der Verantwortliche.«

»Na, ist denn das nicht edelmütig – der liebende Vater, der bereit ist, sich für seinen Sohn zu opfern. Aber ich bin nicht blöd –« seine Stimme klang plötzlich verbittert –, »ich weiß, daß Jacky-Boy es nicht einmal versucht hat. Denn wenn er es versucht hätte, hätte sein Vater doch sofort auf ihn gehört.«

Harry seufzte. *Das denkst du, aber was, wenn dieser Vater ein sturer Trottel war?*

»Damit kommen Sie nicht durch«, sagte Harry bestimmt.

»Und wer soll mich davon abhalten, Gouverneur?«

»Ich werde es tun.«

»Das kannst du nicht. Es sei denn, du machst aus dem Fall *Der Staat gegen Swyteck* den Fall *Der Staat gegen Harold Swyteck*. Und es sei denn, du läßt die ganze Welt wissen, daß du einen Erpresser bezahlt hast, um die Hinrichtung eines Unschuldigen zu vertuschen. Hast du denn mein kleines Gedicht nicht verstanden, Mann? Du kannst deinen Sohn ebensowenig retten,wie ich Raul retten konnte.«

Dem Gouverneur zitterten die Hände. »Du Scheißkerl. Du elendes Schwein.«

»Bla, bla, bla. Na, aber wenigstens kapierst du langsam, was los ist. Muß jetzt Schluß machen, Alter. Hab' 'nen großen Tag vor mir. Im Fall Swyteck ist ein Schuldspruch zu erwarten.«

»Jetzt hören Sie mir mal zu. Ich werde nicht zulassen, daß mein Sohn –« Weiter kam er nicht, der Anrufer hatte aufgelegt.

»Scheißkerl!« Er warf das Telefon beiseite. Er kochte vor

Wut, aber er verspürte noch viel mehr als das. Er hatte Angst. Nicht um sich, sondern um Jack.

Er drehte sich um und sah, daß seine Frau in der Tür stand.

»Es war wieder der Kerl, nicht?« fragte sie.

Er spürte ihre Angst, nahm sie in die Arme und drückte sie an sich.

»Agnes«, sagte er seufzend, ohne sie loszulassen, »würdest du mich auch noch lieben, wenn ich nicht mehr Gouverneur von Florida wäre?«

»Natürlich würde ich das, Harry«, erwiderte sie, ohne zu zögern. »Aber warum fragst du mich etwas so Dummes?«

Er löste sich von ihr, und während er einen Schritt zurücktrat, überlegte er, wie er es ihr sagen sollte. »Weil ich glaube, daß ich zu einem Entschluß gekommen bin.«

44. Kapitel

Um zwanzig Minuten nach neun waren die dreißig Sitzreihen der Zuschauertribüne in Richterin Tates geräumigem Gerichtssaal bis auf den letzten Platz besetzt, und doch war es so still, daß man das Kratzen des Bleistifts auf dem Notizblock eines Reporters hören konnte. Der Sitzungsbeginn war auf neun angesetzt, doch die Geschworenen mußten erst noch ihre Plätze einnehmen. Richterin Tate saß mit gefalteten Händen an ihrem Tisch, und ihre mürrische Miene zeigte, daß sie wütend war über die Verzögerung. Der Staatsanwalt saß aufrecht und voller Zuversicht an seinem Tisch vor der Geschworenenbank, und es schien ihn zu freuen, daß sich der Zorn der Richterin in Kürze über seinen Gegner ergießen würde. Jack saß auf der gegenüberliegenden Seite des Gerichtssaals – nervös, verwirrt und alleine.

»Mr. Swyteck«, sagte die Richterin in einem Ton, der eher drohend als fragend klang, »wo bleibt denn nur Ihr Anwalt?«

Jack erhob sich langsam. Manny hatte ihn ein paar Minuten vor neun angerufen und ihn gebeten, Zeit zu schinden, bis er eintreffe. Jack fühlte sich als Opferlamm, denn er wußte, daß die Richterin Tate eines absolut nicht ausstehen konnte: einen Anwalt nämlich, der sie warten ließ. »Euer Ehren«, antwortete er ängstlich, »ich bin mir sicher, daß es eine ausgezeichnete Erklärung für Mr. Cardenals Verspätung gibt.«

Die Richterin sah ihn finster an, aber bevor sie Jack sagen konnte, daß diese Erklärung wirklich außergewöhnlich sein müsse, flog die Mahagonidoppeltür des Gerichtssaals auf und Manny kam den Mittelgang entlang. Man hörte das gleichmäßige Klacken seiner Absätze und das leise Gemurmel der Zuschauer.

»Sie haben sich verspätet, Mr. Cardenal«, sagte die Richterin streng.

»Entschuldigung, Euer Ehren«, erwiderte Manny, während er durch die Pendeltür ging, »aber es hat sich in letzter Minute noch eine neue Entwicklung ergeben –«

»Zweihundert Dollar Strafe, Mr. Cardenal! Gerichtsdiener, rufen Sie die Geschworenen herein!«

»Euer Ehren«, flehte Manny, »könnte ich mich bitte kurz mit meinem Mandanten unterhalten. Ich brauche nur ein paar Minuten.«

»Erheben Sie sich!« verkündete der Gerichtsdiener, und so ging Mannys Bitte unter im Füßescharren von sechshundert aufstehenden Zuschauern. Der Gerichtsdiener eröffnete die Sitzung mit dem Ausruf: »Gott schütze das ehrenwerte Gericht.« Die Richterin wünschte allen freundlich »Guten Morgen« und wandte sich dann an die Verteidigung.

»Mr. Cardenal«, sagte sie mit einem unfreundlichen Lächeln, »werden Sie Verteidigungsmittel vorbringen?«

Manny schluckte. Den ganzen Morgen hatte er mit seinem Zeugen zusammengesessen, aber Jack wußte kein Wort davon. Es war Mannys Pflicht, seinem Mandanten mitzuteilen, was los war. »Euer Ehren, dürfte ich um eine kurze Unterbrechung bitten?«

»Offensichtlich haben Sie mich nicht verstanden«, warf sie dazwischen. »Ich habe Sie etwas gefragt, Mr. Cardenal: Werden Sie eine Verteidigung vorbringen?«

Manny nickte. »Möglicherweise habe ich einen Zeugen, Euer Ehren, aber –«

»Rufen Sie den Zeugen auf, oder ich betrachte Ihren Beweisvortrag als abgeschlossen.«

Manny atmete tief durch. Er wollte Jacks Zustimmung, hatte aber keine Zeit für eine Diskussion.

»Mr. Cardenal«, ermahnte ihn die Richterin, »wir warten.«

Manny zögerte und suchte kurz Blickkontakt mit Jack. Jack nickte schnell, als wüßte er instinktiv, daß alles, was Manny geplant haben mochte, das richtige war. Manny lächelte kurz und sah dann zur Richterin hoch. »Wenn das Hohe Gericht es gestattet«, verkündete er mit volltönender Stimme, »ruft die Verteidigung den Gouverneur Harold Swyteck in den Zeugenstand.«

Eine Woge der Überraschung rollte durch den Gerichtssaal wie ein Brecher an den Strand. Die schwere Doppeltür an der Rückseite des Gerichtssaals schwang auf, und herein kam ein großer, attraktiver Mann, dessen goldene Manschettenknöpfe und graumelierte Schläfen dem dunklen Anzug und dem strahlend weißen Hemd Farbe und Würde verliehen. Harold Swyteck kam nie einfach nur herein. Er war ein Mann, der immer einen Auftritt hatte. Daß er Gouverneur war, verstärkte diesen Zug noch. Und da er an diesem Tag Gouverneur war und außerdem Überraschungszeuge im Prozeß gegen seinen Sohn, war sein Erscheinen hier der Auftritt seines Lebens.

Der Gerichtssaal war wie elektrisiert und doch vollkommen still, als der Gouverneur den Mittelgang entlangschritt. In einer Reihe nach der anderen drehten sich die Köpfe wie Weizen im Wind, als er an ihnen vorbeiging. Jeder wußte, wer er war, aber niemand wußte, was er sagen würde, nicht einmal Jack. Eine merkwürdige Empfindung durchströmte den Gerichtssaal, als er in den Zeugenstand trat und den Eid leistete. Es war, als wäre der Gerichtsdiener aufgestanden und hätte offiziell verkündet, daß der junge Mann, der hier vor Gericht stand, tatsächlich der Sohn des Gouverneurs war. Dem Staatsanwalt zog sich der Magen zusammen. Die Geschworenen starrten erwartungsvoll. Jacks Herz füllte sich mit Hoffnung und mit noch etwas anderem – etwas Angenehmem, aber Unvertrautem: mit aufrichtigem Stolz.

»Guten Morgen«, begrüßte Manny den berühmten Gast vom Rednerpult aus. »Wenn Sie so freundlich wären, Sir, sich den Geschworenen vorzustellen.«

Der Gouverneur drehte sich in seinem Stuhl zu den Geschworenen um. »Ich bin Harold Swyteck«, sagte er freundlich. »Die meisten Leute nennen mich Harry.«

Einige Geschworene zeigten ein schwaches Lächeln des Wiedererkennens. Wenn es einem Mann möglich ist, zwölf Leute gleichzeitig anzusehen und jedem das Gefühl zu geben, er sei der einzige Mensch auf der Welt, der wichtig ist, dann tat Harry Swyteck das in diesem Augenblick. Auf jede von Mannys einführenden Fragen antwortete er mit Blick auf die Geschworenen, als wären sie diejenigen, die ihm Informationen entlocken wollten, und nicht der Anwalt.

»Herr Gouverneur«, sagte Manny als Überleitung von den einführenden Fragen zum eigentlichen Thema, »ich möchte mich auf die Ereignisse konzentrieren, die unmittelbar auf den Prozeß gegen Eddy Goss folgten. Ist Ihnen irgend etwas Außergewöhnliches passiert?«

Der Gouverneur atmete tief durch, warf Jack einen kurzen Blick zu und sah dann wieder die Geschworenen an. »Ja«, antwortete er feierlich, »ich wurde überfallen.«

»Sie wurden *was?*« fragte die Richterin. Jeder im Gerichtssaal zeigte eine ähnlich verblüffte Reaktion.

Jack beobachtete besorgt, wie sein Vater nicht nur den Überfall schilderte, sondern auch den Grund dafür nannte. Harry gestand, daß sein Angreifer ihn erpreßt und er ihm Tausende von Dollars bezahlt hatte.

Und dann sagte er, warum.

»Der Mann hat gedroht, bekannt zu machen, daß ich einen unschuldigen Mann hingerichtet habe«, sagte er mit leiser, gedämpfter Stimme. Seine Augen füllten sich mit Reue. »Einen Mann namens Raul Fernandez.«

Geflüster erhob sich im Gerichtssaal. Reporter schrieben sich den neuen Namen auf ihre Blöcke, und einige erinnerten sich daran, daß er in dem Tumult bei der Pressekonferenz des

Gouverneurs gefallen war. Jedes Wort war ein Nagel für den politischen Sarg des Gouverneurs.

»Ruhe«, sagte die Richterin und schwang ihr Hämmerchen.

Jack lief es eiskalt über den Rücken. Schon vor langer Zeit war er zu dem Schluß gekommen, daß er und sein Vater nie wieder über Fernandez reden würden, nicht einmal privat. Sein öffentliches Geständnis war überwältigend – und eigentlich auch ein wenig verwirrend, bis Mannys nächste Frage sie ins rechte Licht rückte.

»Herr Gouverneur, haben Sie irgendwelche Schlüsse bezüglich der Identität dieses Mannes, der Sie bedrohte, gezogen?«

»Ja«, sagte er bestimmt. »Ich war der festen Ansicht, daß es sich um Eddy Goss handelte.«

Das Geflüster im Gerichtssaal wurde zu einem aufgeregten Murmeln. Die Geschworenen wechselten Blicke. Niemand schien sich so recht sicher zu sein, ob er Mitleid oder Mißtrauen empfinden sollte.

»Ruhe«, rief die Richterin, lauter diesmal und mit kräftigeren Schlägen ihres Hämmerchens.

Manny wartete, bis der Gerichtssaal sich beruhigt hatte, und fuhr dann, noch immer am Pult stehend, fort. »Herr Gouverneur«, fragte er höflich, aber dezidiert, »warum waren Sie der Ansicht, daß es sich bei dem Erpresser um Eddy Goss handelte?«

Harry atmete durch. »Der Gedanke kam mir zum erstenmal, als eine seiner Mitteilungen von einem Strauß Chrysanthemen begleitet wurde. Ich bin mir sicher, Sie alle wissen noch, daß Goss als der Chrysanthemen-Mörder bekannt war. Und wirklich überzeugt davon war ich, als ich erfuhr, daß die Adresse, bei der ich nach Anweisung des Erpressers die zehntausend Dollar abliefern sollte – East Adams Street 409 – Goss' Wohnung war.«

»Und sind Sie tatsächlich zu Goss' Wohnung gegangen?«

»Ja – am zweiten August um vier Uhr morgens.«

Wieder brandete Gemurmel auf, sofort gefolgt von schnellen Schlägen von Richterin Tates Hammer. »Ruhe!«

»Euer Ehren«, krächzte der Staatsanwalt. »Ich stelle den Antrag, diese gesamte Zeugenaussage zu streichen. Sie ist – sie ist –«, stammelte er, verzweifelt auf der Suche nach einem Weg, diesen Angriff auf seinen wasserdichten Fall zu stoppen. »Sie ist parteiisch!«

Die Richterin runzelte die Stirn. »Ich bezweifle nicht, daß sie parteiisch ist, Mr. McCue. Ich kann mir kaum vorstellen, daß Mr. Cardenal einen Zeugen aufruft, um Ihnen zu helfen. Abgelehnt.«

McCue verzog das Gesicht, als er sich auf seinen Stuhl sinken ließ.

Manny lächelte kurz und fuhr dann fort. »Nur noch ein paar Fragen«, sagte er zu seinem Zeugen. »Herr Gouverneur, können Sie beweisen, daß Sie in der Nacht, in der Eddy Goss ermordet wurde, tatsächlich bei seiner Wohnung waren?«

»Ja«, erwiderte er nickend, »weil ich in dieser Nacht die gleiche Art Schuhe trug, wie ich sie jetzt trage. Die Schuhe der Marke, die ich seit fünfundzwanzig Jahren trage. Ich trug –«

»Halt!« rief McCue, der aufgesprungen war und klang, als wäre er außer Atem. »Einen Augenblick, Euer Ehren.«

»Ist das ein Einspruch?« fuhr die Richterin ihn an.

»Ähm, ja«, stammelte McCue. »Ich sehe nicht ein, welche Bedeutung das alles haben soll. Nicht Gouverneur Swyteck steht vor Gericht, sondern sein Sohn.«

»Euer Ehren«, entgegnete Manny, »diese Aussage ist von höchster Bedeutung, und zwar aus einem sehr einfachen Grund. Wir haben jetzt nicht nur einen, nicht nur zwei – sondern drei Personen mit Möglichkeit und Motiv für den Mord an Eddy Goss. Wir haben Detective Stafford. Wir haben Gouverneur Swyteck. Und wir haben den Angeklagten. Ironischerweise wurde der Mann mit dem schwächsten Motiv dieses Verbrechens angeklagt. Euer Ehren, wir geben zu bedenken, daß es angesichts der Beweislage in diesem Fall jedem vernünftig denkenden Geschworenen unmöglich ist, zu entscheiden, welcher dieser drei Männer, wenn überhaupt einer, seinem Motiv entsprechend gehandelt und Eddy Goss ermordet hat. Wenn es jeder der drei gewesen sein kann, ist es möglich, daß mein Mandant es nicht war. Wenn es möglich ist, daß mein Mandant es nicht war, dann bestehen berechtigte Zweifel. Und wenn es berechtigte Zweifel gibt«, sagte Manny, an die Geschworenen gerichtet, »dann muß mein Mandant für unschuldig befunden werden.«

Die Richterin lehnte sich in ihrem Sessel zurück und spitzte die Lippen. »Ein schönes Schlußplädoyer«, bemerkte sie sarkastisch, obwohl Mannys Rede sie in Wahrheit mehr beeindruckt als verärgert hatte. »Der Einspruch ist abgelehnt.«

Der Staatsanwalt wurde rot vor Zorn. Er fühlte sich manipuliert und fürchtete, daß dieser gerissene Anwalt der Gegenseite ihm den Fall entreißen könnte. »Aber Euer Ehren!«

»Abgelehnt«, ermahnte sie ihn. »Mr. Cardenal, bitte wiederholen Sie Ihre Frage.«

Manny nickte und wandte sich an den Gouverneur. »Meine Frage lautete, ob sie beweisen können, daß Sie in der Nacht von Eddy Goss' Ermordung bei seiner Wohnung waren.«

»Ja, weil ich meine Wiggins wing tips trug.«

Manny trat auf den Richtertisch zu und schwenkte ein Beweisstück. »Ich möchte nun, Euer Ehren, als Beweisstück Nummer zwei der Verteidigung die Kopie eines Sohlenabdrucks vorlegen, der in der Nacht von Eddy Goss' Ermordung vor der Tür seiner Wohnung hinterlassen wurde. Dieses Dokument wurde von der Polizei angefertigt. Es ist der Sohlenabdruck eines Wiggins wing tip.«

Die Richterin untersuchte das Beweisstück, hob dann den Kopf und fragte: »Irgendwelche Einsprüche, Mr. McCue?«

»Ähm, nein. Ich meine – ja. Ich erhebe Einspruch gegen diese gesamte Aufführung. Ich –«

»Das reicht«, stöhnte die Richterin. »Abgelehnt. Haben Sie noch weitere Fragen, Mr. Cardenal?«

Manny überlegte. Er war sich ziemlich sicher, daß die Aussage des Gouverneurs den Samen des Zweifels gesät hatte, aber da Jacks Leben auf der Waagschale lag, war er es seinem Mandanten schuldig, jeden Aspekt auszuleuchten – auch wenn das den Gouverneur noch mehr in Verdacht brachte. Er wandte sich wieder Harry zu.

»Sagen Sie mir, Herr Gouverneur, womit hat Ihr öffentliches Leben begonnen – waren Sie immer schon Politiker?«

McCue verdrehte die Augen. Worauf wollte Cardenal denn jetzt hinaus?

Harry lächelte. »Na ja, meine Mutter würde sagen, ich war Politiker von Geburt an.« Einige Zuschauer kicherten. »Aber nein, meine ersten Jahre im öffentlichen Dienst verbrachte ich als Polizist. Ich war zehn Jahre bei der Truppe«, sagte er stolz.

»Und die Uniform, die Sie damals als Streifenpolizist trugen, haben Sie immer noch?«

»Ja, die habe ich immer noch«, gab der Gouverneur zu.

Über lautes Murmeln hinweg rief Manny der Richterin zu: »Ich habe keine weiteren Fragen, Euer Ehren.«

Jack spürte einen Kloß im Hals. Er war überwältigt von der Selbstlosigkeit seines Vaters. Der Gouverneur war im Zeugenstand ein Zerstörer. Er zerstörte alle Chancen des Staatsanwalts, diesen Prozeß zu gewinnen – und seine eigenen Chancen auf eine Wiederwahl.

»Mr. McCue«, fragte die Richterin, »wollen Sie ein Kreuzverhör durchführen?«

McCue sprang auf. »Aber selbstverständlich«, sagte er. Er marschierte bis knapp vor den Zeugenstand, in Haltung und Gesichtsausdruck aggressiv, wenn nicht feindselig. »Herr Gouverneur Swyteck«, keifte er. »Jack Swyteck ist Ihr einziger Sohn. Ihr einziges Kind, nicht wahr?«

»Das stimmt«, erwiderte der Gouverneur.

»Und Sie lieben Ihren Sohn?«

Es gab eine Pause – nicht, weil der Gouverneur die Antwort nicht wußte, sondern weil er es schon sehr lange nicht mehr gesagt hatte. »Ja«, sagte er und sah Jack an. »Ich liebe ihn.«

»Sie lieben ihn«, fuhr McCue fort, »und wenn Sie lügen müßten, um ihn vor dem elektrischen Stuhl zu bewahren, würden Sie es tun, nicht?«

Ein lastendes Schweigen legte sich über den Gerichtssaal. Der Gouverneur beugte sich vor, und seine Augen verengten sich, als er sagte, was ihm am Herzen lag. »Mr. McCue«, sagte er mit leiser, fester Stimme, die den Staatsanwalt beinahe ins Wanken brachte, »wenn es etwas gibt, was ich meinem Sohn immer versucht habe beizubringen, dann das, daß jeder für seine Handlungen selbst verantwortlich ist. Jack hat sogar mich einmal daran erinnert«, ergänzte er mit einem kurzen Blick zum Tisch der Verteidigung. »Mein Sohn hat Eddy Goss nicht ermordet«, fuhr er fort und sah jedem Geschworenen direkt in die Augen. »Jack Swyteck ist unschuldig. Das ist die Wahrheit. Und das ist der Grund, warum ich hier bin.«

»Na gut«, sagte McCue wütend. »Wenn Sie hier sind, um die Wahrheit zu sagen, dann lassen Sie sie uns hören: Wollen Sie damit sagen, daß *Sie* Eddy Goss umgebracht haben?«

Der Gouverneur sah die Geschworenen unverwandt an. »Ich bin nicht hier, um über mich zu reden. Ich bin hier, um Ihnen zu sagen, daß Jack Goss nicht umgebracht hat. Und ich sage Ihnen, ich *weiß*, daß er es nicht getan hat.«

»Vielleicht haben Sie meine Frage nicht verstanden.« McCues Stimme dröhnte. »Ich frage Sie, Sir – ja oder nein: Haben *Sie* Eddy Goss ermordet?«

»Es ist, wie Sie zuvor gesagt haben, Mr. McCue. Nicht ich stehe hier vor Gericht, sondern mein Sohn.«

McCue fuchtelte mit den Armen. »Euer Ehren! Ich verlange, daß Sie den Zeugen anweisen, die Frage zu beantworten.«

Die Richterin beugte sich zum Zeugenstand. »Bei allem Respekt, Herr Gouverneur«, sagte sie ernst. »Diese Frage verlangt ein Ja oder ein Nein als Antwort. Ich sehe mich jedoch gezwungen, Sie an Ihr Grundrecht auf Aussageverweigerung zur Verhinderung einer Selbstbelastung zu erinnern. Sie brauchen die Frage also nicht zu beantworten, wenn Sie sich damit selbst belasten würden. Andere Möglichkeiten haben Sie nicht. Entweder Sie berufen sich auf dieses Grundrecht, oder Sie beantworten die Frage. Haben Sie Eddy Goss getötet oder nicht?«

Die Zeit schien für einen Augenblick stillzustehen. Es war, als hätte jeder im Gerichtssaal plötzlich erkannt, daß alles auf diese einfache Frage hinauslief.

Harold Swyteck saß aufrecht im Zeugenstand, sehr ruhig und gefaßt für einen Mann, der eine Entscheidung über Leben oder Tod zu treffen hatte. Wenn er die Frage bejahte, würde er lügen, und er würde in Handschellen abgeführt werden. Wenn er sie verneinte, würde er die Wahrheit sagen, aber sich selbst als Verdächtigen ausschließen. Wenn er sich jedoch auf das Grundrecht der Aussageverweigerung berief, würde das alle möglichen Konsequenzen haben. Seine politische Karriere wäre vermutlich vorbei, und es könnte gut sein, daß er wegen des

Mordes an Eddy Goss vor Gericht gestellt würde. Aber die wichtigste Konsequenz war die, daß Jack dann höchstwahrscheinlich freigesprochen würde. Für den Gouverneur stand die Entscheidung fest.

»Ich verweigere die Antwort auf diese Frage«, verkündete er, »wegen des Risikos der Selbstbelastung.«

Diese Worte erschütterten den Gerichtssaal. »Ruhe!« schrie die Richterin und hämmerte den Tumult nieder.

Der Staatsanwalt starrte den Zeugen an, doch das Feuer in seinen Augen war erloschen. Er wußte, daß es vorbei war. Er wußte, daß es einen begründeten Zweifel gab. Dieser Zeuge hatte ihn geschaffen. »Unter diesen Umständen«, sagte er geringschätzig, »habe ich keine weiteren Fragen.«

»Der Zeuge ist entlassen«, verkündete die Richterin.

Gouverneur Swyteck stand langsam auf und sah zuerst die Geschworenen, dann seinen Sohn an. Er war nicht ganz sicher, was in den Augen der Geschworenen lag. Aber er wußte, was er in Jacks Augen sah. Es war etwas, was er sein ganzes Leben lang hatte sehen wollen. Und nur, weil er es nun endlich gesehen hatte, brachte er die Kraft auf, mit hoch erhobenem Kopf den Mittelgang entlang zum Ausgang zu gehen – die längsten sechzig Meter seines Lebens.

»Hat die Verteidigung noch etwas vorzubringen?« fragte die Richterin.

Manny stand langsam auf, und er spürte den vertrauten Stich, den alle Strafverteidiger spüren, wenn sie vor der Entscheidung stehen, entweder den Mandanten in den Zeugenstand zu rufen oder keine weiteren Beweisanträge mehr zu stellen. Aber der Geist von Gina Terisi ließ ihnen beiden eigentlich keine Wahl, und – viel wichtiger noch – der Gouverneur hatte Jack alles gegeben, was zu seiner Verteidigung nötig war. »Euer Ehren«, verkündete Manny. »Keine weiteren Beweisanträge von seiten der Verteidigung.«

Die Richterin sah den Staatsanwalt an. »Eine Replik, Mr. McCue?«

Mit einem Seufzen sah McCue auf die Uhr. »Euer Ehren, es ist beinahe ein Uhr, und der Gouverneur hat jeden schockiert – mich eingeschlossen. Ich bin ganz einfach nicht vorbereitet, auf etwas so Unvorhersehbares zu replizieren. Ich möchte um eine Vertagung bis morgen früh bitten.«

Die Richterin grinste, aber hier handelte es sich wirklich um eine sehr außergewöhnliche Entwicklung. »Nun gut«, entgegnete sie widerwillig. »Beide Seiten sollten jedoch darauf vorbereitet sein, morgen ihre Schlußplädoyers zu halten. Weitere Verzögerungen wird es nicht mehr geben. Die Sitzung ist bis morgen früh neun Uhr vertagt«, verkündete sie und bekräftigte es mit einem Schlag ihres Hämmerchens.

»Erheben Sie sich!« rief der Gerichtsdiener. Seine Worte hatten dieselbe Wirkung wie der Satz: »Feuer im Gerichtsgebäude!« Zuschauer strömten durch Gänge und Türen und unterhielten sich über das, was sie eben gesehen und gehört hatten. Journalisten rannten in alle Richtungen, einige, um zu berichten, was passiert war, andere, um den Anwalt auszuquetschen, was das alles zu bedeuten habe, und wieder andere, um den Gouverneur zu interviewen. Ein paar Freunde – darunter Mike Mannon und Neal Goderich – schüttelten Jack die Hand, als wäre alles schon vorbei.

Aber Jack wußte, daß es noch nicht vorbei war. Auch Manny wußte es. Und ein Mann im Gerichtssaal wußte es besser als jeder andere. Den glänzenden Kahlkopf und den Diamantohrring unter einer schwarzen Perücke und einem breitkrempigen Hut verborgen, lungerte er im Hintergrund herum.

Mit einem entzündeten Auge starrte er böse zu Jack hinüber.

»Es hätte Raul sein sollen«, murmelte er vor sich hin. »Nicht du, Swyteck.« Er gönnte sich noch einen letzten Blick und stellte sich dabei vor, wie Jack die gute Nachricht seiner hübschen Freundin erzählte. Dann stürmte er aus dem Gerichtssaal. Er war entschlossen, den Swytecks etwas zu verpassen, was sie nicht vergessen würden.

45. *Kapitel*

Der Parkplatz des Jiggles war voll besetzt mit den Autos der donnerstäglichen Stripteaseliebhaber, Rebecca mußte sich deshalb eine Parklücke an der Straße suchen. Sie trug schlabberige Jeans und ein Sweatshirt, ihre gewohnte Kluft auf dem Weg zur und von der Arbeit. In dem Laden gab es für alle Tänzerinnen nur einen engen Umkleideraum, was eine Zumutung war, aber es war immer noch besser, sich dort drinnen umzuziehen, als in einem knappen Kostümchen, das zu Belästigungen oder noch Schlimmerem einlud, über den Parkplatz zu gehen. Rebecca sah auf die Uhr. Zehn nach zehn. »Verdammt«, sagte sie, denn sie kam zu spät zur Abendschicht. Sie sperrte ihr Auto ab und ging über den Parkplatz. In der einen Hand hatte sie eine Sporttasche mit ihrem Tanzkostüm und dem Make-up. In der anderen hielt sie ihr Tränengas, für alle Fälle.

»He, Rebecca«, kam von irgendwo links eine leise, heisere Stimme.

Sie erstarrte. Ihr wirklicher Name war nicht Rebecca, und das bedeutete, daß es ein Kunde sein mußte, der sie da rief. Sie beschleunigte ihre Schritte und hielt ihr Tränengas bereit. Als ein Mann zwischen zwei Autos hervorsprang, blieb sie erschrocken stehen.

»Zurück«, rief sie und richtete die Sprühdose auf ihn.

»Ich bin's, Buzz«, sagte er.

Sie sah genauer hin und erkannte ihn dann unter seinem Hut und der dunklen Sonnenbrille mit den seitlich nach hinten verlängerten Gläsern, die er auch in der Dunkelheit trug, um sein entzündetes Auge zu verbergen. »Laß mich vorbei«, sagte sie streng.

»Wart mal«, sagte er in beiläufigem Tonfall. »Ich möchte dir ein Angebot machen.«

»Nicht jetzt«, erwiderte sie und kaute nervös auf einem Kaugummi. »Ich muß um zehn an der Stechuhr sein, sonst verliere ich meinen Job. Komm mit rein.«

»Nicht so ein Angebot«, sagte Buzz. »Es ist etwas anderes. Ich brauche deine Hilfe.«

»Warum sollte ich für dich etwas tun?«

»Dafür gibt es keinen Grund. Aber du sollst es ja gar nicht für mich tun. Ich will, daß du es für Raul tust.«

Rebecca wandte den Blick ab. Der Name bedeutete ihr offensichtlich etwas. »Von was redest du?«

»Ich rede von Rache. Ich will mir die Arschlöcher vornehmen, die Raul auf den Stuhl geschickt haben.«

Ihre Schultern hoben sich, als sie tief aufseufzte, doch dann schüttelte sie einfach den Kopf. »Das ist Geschichte, Mann. Raul war ein Wichser. Er hat mich wie Dreck behandelt, obwohl ich's ihm umsonst besorgt habe. Und Wichsern passiert eben Scheiße.«

Buzz unterdrückte seine Wut. Er hätte ihr gern den Kopf zurechtgesetzt und ihr gesagt, daß sie für Raul nichts anderes war als eine Schlampe, die ihm umsonst einen blies, aber das hätte ihm kaum weitergeholfen. »Na gut«, sagte er achselzuckend. »Tu ruhig weiter so, als wärst du nicht verrückt nach ihm gewesen. Mach's nicht für ihn. Mach's für das Geld.«

Plötzlich wirkte sie sehr interessiert. »Wieviel?«

»Zehn Prozent von meiner Beute.«

Rebecca verdrehte die Augen. »Das hab' ich schon mal gehört. Zehn Prozent von nichts ist immer noch nichts.«

»Ja. Aber zehn Prozent von einer Viertelmillion ist mehr, als du dir mit Blasen je verdienen kannst.«

Sie warf ihm einen eisigen Blick zu, aber sein Vorschlag interessierte sie mehr als die Tatsache, daß er sie beleidigt hatte.

»Nimm mich doch nicht auf den Arm. Wo willst du denn soviel Geld herkriegen?«

»Ich nehm' dich nicht auf den Arm. Wir reden hier von hohen Einsätzen. Und du mußt nicht mehr tun als einmal zu telefonieren. Das ist alles. Ein Kinderspiel.«

Sie zögerte. »Ich glaub's einfach nicht.«

»Solltest du aber. Sechzig Riesen hab' ich ihm schon abgenommen. Ich zeig dir die Kohle. Kannst nachzählen, wenn du willst. Ich hab's in meinem Transporter. Und das ist nur die Spitze des Eisbergs. Also, was sagst du? Bist du dabei?«

Rebecca drückte die Zunge in die Wange und überlegte. »Okay«, sagte sie und blies ihren Kaugummi auf. »Aber zehn

Prozent von den sechzigtausend will ich sofort. Damit ich weiß, daß du es ernst meinst.«

Buzz zeigte ein dünnes Lächeln. »Ich meine es ernst. Du bekommst deine sechstausend. Aber du mußt jetzt mit mir kommen.«

Sie verzog das Gesicht und verfluchte sich, weil sie nicht gleich die ganzen sechzigtausend verlangt hatte. »Ich kann jetzt nicht mitkommen. Ich muß zur Arbeit.«

»Sechstausend Dollar«, sagte er. »Da kannst du mitkommen. Scheiß auf die Arbeit.«

Sie blies ihren Kaugummi auf und seufzte dann. »Okay. Ich komme mit. Aber ich will mein Geld.«

Er lächelte und nickte in Richtung Transporter. »Steig einfach ein.«

»Und ich will genauer wissen, auf was ich mich da einlasse«, sagte sie, während sie sich ihre schwere Sporttasche über die Schulter hängte und sich auf den Weg machte. »Ich will alles wissen.«

Er starrte ihren schwingenden Hintern an, während sie auf den Transporter zuging, und ein Grinsen huschte über sein Gesicht. Wirklich alles willst du doch überhaupt nicht wissen, dachte er.

46. *Kapitel*

Als Cindy am Freitagmorgen ins Studio kam, wartete ein Blumenstrauß auf sie. Er war von Jack.

»Bitte komm heute«, stand auf dem Kärtchen. »Ich brauche dich.«

Sie wollte so tun, als hätte diese Nachricht keine Wirkung auf sie, aber es gelang ihr nicht. Daß sie Jack verlassen hatte, konnte ihre Liebe zu ihm nicht auslöschen. Genaugenommen war das Verlassen das einfachste gewesen. Die wirkliche Hürde war das Wegbleiben. Schon am Dienstagmorgen hatte sie gespürt, wie ihre Entschlossenheit bröckelte, obwohl sie versucht hatte, ihm gegenüber kühl und distanziert aufzutreten. Ginas Tod hatte sie daran erinnert, wie wenig Zeit der Mensch hat, irgend etwas in seinem Leben zu tun, und wie sinnlos Groll und Verärgerung sind. Gina war vermutlich in dem Glauben gestorben, Cindy hasse sie. Und Cindy wollte nicht, daß mit Jack – Gott bewahre! – dasselbe passierte.

Als sie um zehn Uhr morgens seinen Anruf erhielt, hatte sie bereits beschlossen, in den Gerichtssaal zu gehen.

»Miss Paige«, sagte eine Frau. »Ich bin Manuel Cardenals Anwaltsgehilfin. Es tut mir leid, Sie zu stören, aber er hat mich gebeten, Sie unverzüglich anzurufen.«

»Ja«, sagte sie beklommen, denn sie befürchtete, daß das Urteil bereits gefällt war.

»Mr. Cardenal und Mr. Swyteck sind beide im Gerichtssaal, sie konnten Sie deshalb nicht persönlich anrufen. Aber sie brauchen Sie vor Gericht. Sie müssen für Mr. Swyteck aussagen. Es ist sehr, sehr wichtig.«

Cindy war verwirrt. Wie konnte denn irgend etwas, was sie zu sagen hatte, Jack helfen?

»Ich war schon fast auf dem Weg dorthin.« Sie sah auf die Uhr. »Ich kann bis zwanzig nach zehn dort sein – wird das reichen?«

»Ja, ich glaube schon«, erwiderte die Frau. »Aber bitte beeilen Sie sich.«

Kaum hatte Cindy das Klicken am anderen Ende der Leitung gehört, sprang sie auf, packte ihre Tasche und lief vom Büro zum Parkplatz. Die Reifen ihres Pontiac Sunbird quietschten beim Losfahren. Permanent die Spur wechselnd, raste sie zur Frontage Road – dem schnellsten Weg zum Gericht.

Normalerweise war Cindy keine Raserin, aber jetzt war es Zeit, einmal auszuprobieren, was der Sunbird leisten konnte. Sie trat das Gas durch, hielt das Lenkrad fest in beiden Händen und sah immer wieder auf den Tacho, während der Wagen unerforschtes Gebiet jenseits der 130-Stundenkilometer-Grenze durcheilte. Die Straße war beinahe leer, und sie kam in Rekordzeit vorwärts, bis nach einer flachen Kurve der Motor plötzlich zu stottern anfing. Sie verlor sehr schnell an Geschwindigkeit.

»Also komm«, stöhnte sie und drückte aufs Gaspedal. Das Auto machte einen kleinen Satz, aber der Motor japste nur einmal und starb ab. Sie fuhr an den Rand und ließ das Auto auf dem Bankett ausrollen. Sie drückte das Gas bis zum Boden durch und drehte den Zündschlüssel. Die Zündung jaulte auf, aber der Motor sprang nicht an. Sie probierte es noch einmal. Mit demselben Ergebnis.

»Nicht jetzt«, stöhnte sie, als könnte sie mit dem Auto streiten. Auf der Straße war kein Verkehr, und sie wünschte sich, sie hätte ein Autotelefon. Sie sah in den Außenspiegel und erschrak, als sie plötzlich das Gesicht eines Fremden bemerkte.

»Kann ich Ihnen helfen, Miss?« fragte er so laut, daß sie es durch das geschlossene Fenster verstehen konnte.

Sie zögerte. Die Stimme des Mannes klang zwar freundlich, aber daß er so unvermittelt aus dem Nichts aufgetaucht war, erschien ihr irgendwie merkwürdig. Sie sah in den Rückspiegel und entdeckte einen alten grauen Transporter, der ein Stück entfernt am Straßenrand parkte. Dann sah sie den Mann an, konnte aber den Ausdruck seines Gesichts nicht erkennen, da es vom Schirm einer Baseballkappe und von einer großen dunklen Sonnenbrille verdeckt war. Doch dann fiel es ihr wieder ein: *Jack braucht mich.* Sie kurbelte das Fenster einige Zentimeter herunter. »Mein Auto –«

»Hat Zucker im Vergaser«, ergänzte er für sie.

Cindy schluckte. »Ich muß unbedingt –«

»Zum Gericht.« Wieder beendete er den Satz für sie.

Sie riß erschrocken die Augen auf, aber bevor sie etwas tun konnte, explodierte das Fenster und Glasstücke rieselten auf sie herab. Sie schrie und drückte auf die Hupe, aber aus ihren Hilfeschreien wurde sehr schnell ein verzweifeltes Luftschnappen, denn die Hand eines sehr starken Mannes schoß plötzlich durchs Fenster und packte sie am Hals.

»Ja-ack!« krächzte sie mit erstickter Stimme.

»Dein Jack ist nicht da«, fauchte er sie höhnisch an. Dann griff er nach seinem Messer und zeigte ihr die scharfe Stahlklinge, die sehr kalt geworden war, seit er sie bei Gina Terisi benutzt hatte.

47. Kapitel

Jack wollte seinen Vater sehen, bevor er am Freitagmorgen in den Gerichtssaal zurückkehrte, aber Manny bestand darauf, daß es bis nach dem Ende des Prozesses zu keinem Kontakt zwischen Vater und Sohn kommen dürfe. Da McCue sich das Recht vorbehalten hatte, Widerlegungszeugen aufzurufen, bestand auch die Möglichkeit, daß er den Gouverneur noch einmal aufrief, und alles, was Jack und sein Vater miteinander besprachen, wäre für den Staatsanwalt im Kreuzverhör ein gefundenes Fressen.

Wie es sich herausstellte, rief McCue keine weiteren Zeugen mehr auf, und um ein Uhr waren die Schlußplädoyers beendet. Manny war brillant. Er baute sein Plädoyer auf die kurze Ansprache auf, die er während der Zeugenaussage des Gouverneurs gehalten hatte. Er erinnerte die Geschworenen daran, daß das Gesetz nicht von Jack verlange, er müsse seine Unschuld beweisen, sondern daß es die schwere Pflicht des Staatsanwalts sei, seine Schuld »über jeden berechtigten Zweifel hinaus« nachzuweisen.

McCue gab sein Bestes und zog sich dann in sein Büro zurück. Jack und Manny warteten im Anwaltszimmer schräg gegenüber des Gerichtssaals. Um Viertel nach fünf streckte ein Gerichtsdiener den Kopf durch die Tür und meldete ihnen: »Die Geschworenen sind zu einem Urteil gekommen.«

In Sekundenbruchteilen waren sie zur Tür hinaus und gingen nebeneinander beinahe im Laufschritt den Gang entlang bis zum Gerichtssaal. Die Nachricht hatte sich schnell verbreitet, und eine erwartungsvolle Menge drängte hinter ihnen in den Saal. McCue saß bereits an seinem Tisch. Manny und Jack nahmen ihre Plätze am Tisch der Verteidigung ein. Jack drehte sich um und überflog das Publikum, das dabei war, sich auf den Plätzen niederzulassen. Neil Goderich, der in der zehnten Reihe saß, zwinkerte ihm aufmunternd zu. Mike Mannon auf der anderen Seite des Mittelgangs machte zwar ein besorgtes Gesicht, zeigte ihm aber den hochgereckten Daumen. Cindy, das erkannte Jack mit einem Stich in der

Brust, war nicht im Gerichtssaal. Nicht einmal die Blumen hatten geholfen.

»Erheben Sie sich!« rief der Gerichtsdiener.

Richterin Tate schritt auf ihren Tisch zu, doch Jack schenkte ihr nur einen flüchtigen Blick. Er war ganz auf die zwölf Geschworenen konzentriert, die eben zum letztenmal ihre Plätze einnahmen. Er versuchte sich an jene Indikatoren zu erinnern, die Psychologen benutzten, um Geschworenenentscheidungen vorherzusagen. Wen hatten sie zum Obmann gewählt? Sahen sie den Angeklagten an oder den Staatsanwalt? In diesem Augenblick jedoch konnte er nicht klar genug denken, um irgend etwas herauszubekommen. Er wurde verzehrt von dem Gefühl, vor Gericht zu stehen, von dem Gefühl, daß zwölf Fremde sein Leben in ihren Händen hielten.

»Sind die Geschworenen zu einem Urteil gekommen?« fragte Richterin Tate.

»Ja, das sind wir«, erwiderte der Obmann.

»Bitte geben Sie es dem Gerichtsdiener.«

Das schriftliche Urteil wurde dem Protokollführer übergeben, der es an die Richterin weiterleitete. Die Richterin las es und gab es dann wieder dem Protokollführer zur öffentlichen Bekanntgabe. Das Ritual schien die Zuschauer so zu ergreifen, daß alle an die Stuhlkante rückten. Und doch war es totenstill im Gerichtssaal, so daß Jack die Neonröhren zehn Meter über seinem Kopf sirren hörte.

Jetzt ist es soweit, dachte er. Leben oder Tod. Er versuchte, die Beherrschung zu bewahren. Vor wenigen Augenblicken, als er mit Manny seine Chancen beurteilt hatte, war er noch so zuversichtlich gewesen. Aber gute Aussichten konnten trügerisch sein. Wie vor einem Jahr, als bei Cindys Mutter Brustkrebs festgestellt wurde. Sie alle hatten sich getröstet mit der Versicherung des Arztes, daß die Chancen auf ein Überleben achtzig Prozent betrügen. Die Aussichten schienen also ziemlich günstig zu sein, bis Jack angefangen hatte, an die letzten hundert Menschen zu denken, die ihm begegnet waren, und sich dann zwanzig von ihnen tot vorgestellt hatte.

»Der Angeklagte möge sich erheben«, verkündete die Richterin.

Jack sah Manny an, als sie beide gleichzeitig aufstanden. Vor gespannter Erwartung ballte er die Fäuste.

»In der Sache *Der Staat gegen Swyteck* befinden wir, die Geschworenen, den des heimtückischen Mordes Angeklagten für *nicht* schuldig.«

Ein Aufschrei ging durch den Gerichtssaal. Ohne zu überlegen, drehte Jack sich um und umarmte Manny. Er hatte noch keinen Mann so fest gedrückt – nicht einmal seinen Vater. Doch wäre der Gouverneur hier gewesen, hätte Jack ihm wahrscheinlich die Rippen zerquetscht.

»Ruhe!« rief die Richterin und verschob damit die Freudenfeier. Der Lärm im Gerichtssaal legte sich. Mit einem entschuldigenden Lächeln auf dem Gesicht setzten Manny und Jack sich wieder.

»Meine Damen und Herren Geschworenen«, begann die Richterin. »Vielen Dank für Ihre Dienste. Sie sind hiermit entlassen. Der Freispruch wird zu den Akten gegeben. Mr. Swyteck«, sagte sie und spähte über ihren Tisch zu ihm hinunter, »Sie sind frei. Die Sitzung ist geschlossen«, erklärte sie und bekräftigte es mit einem letzten Schlag ihres Hämmerchens.

Glückwünsche flogen durch den Gerichtssaal. Neil und Mike und andere Freunde, die nie die Hoffnung aufgegeben hatten, eilten nach vorne und beugten sich über das Geländer, das Akteure und Zuschauer trennte, klopften Jack auf den Rücken und schüttelten einem unschuldigen Mann die Hand. Jack war erleichtert, aber auch verwirrt. Er suchte die wogende Menge ab, immer noch in der Hoffnung, irgendwo Cindy zu entdecken. Und dann dachte er an die zweite Person, die fehlte.

»Wo ist mein Vater?« fragte er Manny. Im Tosen des überfüllten Gerichtssaals war seine Stimme kaum zu verstehen.

Manny lächelte. »Wir haben eine kleine Feier vorbereitet«, erwiderte er mit einem Zwinkern. »In meiner Kanzlei.«

Nun überwältigte Jack die Euphorie. Er fühlte sich wie ein Gefangener, den man aus der Todeszelle ins helle Tageslicht entlassen hatte. Als er mit Manny auf die Pendeltür zuging, wurden sie abrupt von Wilson McCue gestoppt.

»Ich würde mir dieses Lächeln verkneifen, wenn ich Sie wäre«, sagte der Staatsanwalt verbittert. Er sprach mit leiser, drohender Stimme, die von der lärmenden Menge auf der anderen Seite des Geländers nicht verstanden werden konnte. »Das war nur Runde eins, Jungs, und Runde zwei steht kurz bevor. Es geht nur darum, wie schnell ich eine Anklagejury zusammenstellen und die Klageschrift verfassen kann, das ist alles. Ich habe Sie gewarnt, Swyteck. Ich habe gesagt, ich werde Sie mir wegen des Mordes an Gina Terisi vorknöpfen, und das war ernst gemeint. Die Frage ist nur, ob ich es tue, bevor ich Ihren Vater wegen des Mordes an Eddy Goss angeklagt habe, oder danach.«

Jacks Augen blitzten verächtlich. »Sie nehmen Ihre Scheuklappen wohl nie ab, was, McCue?«

»Jack«, warf Manny dazwischen. »Sag nichts.«

»Genau«, entgegnete McCue. »Sagen Sie nichts. Berufen Sie sich auf Ihr Grundrecht. Das liegt in der Familie.« Er schüttelte angewidert den Kopf, drehte sich dann um und trat durch die Pendeltür, mitten hinein ins Gewühl der Reporter, die am Geländer lärmten.

Jack wollte unbedingt hinter McCue her und ihm den Kopf zurechtsetzen, aber Manny hielt ihn zurück. »Immer mit der Ruhe, Jack«, sagte er und zog ihn zum Richtertisch, weg vom Medienrummel. »McCue kann es sich leisten, seine Wut herauszulassen, aber du nicht. Überlaß mir die Presse. Im Augenblick ist es am besten, du sagst gar nichts und fährst in meine Kanzlei. Wir müssen uns zusammensetzen und mit deinem Vater reden.«

»Mein Vater ...«, sagte Jack langsam, als würde er eine Kraftquelle anzapfen. Dann nickte er. »Also gut, ich warte dort auf dich.« Dann öffnete er die Pendeltür und drängte sich durch das Gewimmel der Presse. Er hielt den Kopf gesenkt und ignorierte alle Fragen, bis er den Aufzug erreicht hatte. Weniger als drei Minuten später saß er bereits hinter dem Steuer seines Mustang und ließ den Motor an.

Er hatte eben den Gang eingelegt, als das Autotelefon klingelte. *Cindy*, hoffte er. Aber warum rief sie diese Nummer an? Hatte sie von dem Urteil etwa schon erfahren? Es schien ihm unmöglich.

Er schaltete wieder in den Leerlauf und hob den Hörer ab.

»Jack«, hörte er ihre Stimme. »Ich bin's, Cindy.«

Er wollte etwas sagen, fand aber keine Worte. »Cindy«, sagte er schließlich, nur um ihren Namen auszusprechen. »Wo bist du?«

»Die Balkonszene ist zu Ende, Romeo«, sagte plötzlich eine häßliche Stimme. Das war nicht mehr Cindy. Das war die Stimme, die er gehört hatte, als er neben dem Bus auf dem Bauch lag. »Sie ist bei mir.«

Mit zitternder Hand drückte er sich den Hörer ans Ohr. Der kleine Teil seines Gehirns, der nicht absolut entsetzt war, befahl seiner anderen Hand, den Motor abzustellen. Er rutschte ein Stückchen auf seinem Sitz nach vorne. »Was haben Sie mit ihr gemacht?«

»Nichts«, sagte der Anrufer kühl. »Noch nichts.«

»Sie wollen doch mich, Sie Mistkerl! Lassen Sie sie aus dem Spiel.«

»Schnauze, Swyteck. Ich habe keine Lust mehr herumzualbern. Euer Rechtssystem hat mal wieder alles vermasselt. Diesmal spielen wir nach meinen Regeln. Und diesmal will ich richtige Knete. Eine Viertelmillion. In unmarkierten Fünfzigern.«

In Jacks Kopf drehte sich alles. Er versuchte, sich zu konzentrieren. »Hören Sie, ich tue alles, was Sie wollen. Aber das ist viel Geld. Ich brauche Zeit, um –«

»Deine Freundin hat keine Zeit. Red mit deinem Vater, du Arschloch. Er ist ja so erpicht darauf, dir zu helfen.«

»Okay. Aber bitte tun Sie ihr nichts. Sagen Sie mir, wie ich Ihnen das Geld übergeben soll.«

»Fahrt damit nach Key West. Nur ihr beide.«

»Wir *beide*?«

»Du und dein Vater.«

»Ich kann es doch alleine –«

»Ihr macht es genau so, wie ich es sage!« fuhr der Anrufer ihn an. »Ich muß wissen, wo jeder, der Bescheid weiß, ist. Ich lasse mich nicht in einen Hinterhalt locken. Keine Polizei, kein FBI, keine Nationalgarde – nicht mal 'ne Politesse. Der kleinste Hinweis auf die Hüter des Gesetzes, und deine Freundin ist tot. Wenn ich auf der U.S. 1 eine Straßensperre sehe oder einen Hubschrauber in der Luft, oder wenn ich eine Meldung im Fernsehen mitkriege, irgendwas, was auch nur so aussieht, als hättest du die Kavallerie gerufen, dann ist sie tot, und zwar sofort. Es heißt, ich gegen die Swytecks, und damit hat sich's. Kapiert?«

»Kapiert«, sagte Jack, obwohl er kaum sprechen konnte. »Wann sollen wir dort sein?«

»Samstag abend, neunundzwanzigster Oktober.«

»Aber das ist ja morgen«, protestierte Jack.

»Genau. An diesem Wochenende ist das Key-West-Fantasy-Fest. Eine hübsche, große Halloween-Straßenparty. Wie der Mardi Gras in New Orleans. Alle sind verkleidet. Und ich ebenfalls. In diesem Gewühl findet mich kein Mensch, Swyteck. Also versucht es erst gar nicht.«

»Wie sollen wir mit Ihnen in Verbindung treten?«

»Ich melde mich bei euch. Checkt einfach in eins der großen Touristenhotels ein. Unter eurem richtigen Namen. Ich finde euch. Noch Fragen?«

Jack atmete tief durch. »Nein«, erwiderte er.

»Gut. Sehr gut. Ach – noch eins, Swyteck.«

»Was?«

»Fröhliches Halloween«, sagte er höhnisch und legte auf.

Es hätte eigentlich ein festlicher Abend werden sollen, zuerst eine Flasche Dom Perignon mit seinem Vater, und dann die Glückseligkeit der Versöhnung mit Cindy. Statt dessen ging der Alptraum weiter.

Wie vereinbart, fuhr Jack zu Mannys Kanzlei, wo er sich mit seinem Vater traf. Die beiden saßen alleine in Mannys Konferenzzimmer und überlegten, was für Möglichkeiten sie hatten.

»Agnes und ich können das Geld selbstverständlich aufbringen«, versicherte der Gouverneur seinem Sohn. »Das ist kein Problem. Und natürlich kann ich in meiner Position für die bestmögliche polizeiliche Betreuung sorgen. Dazu reicht ein Anruf. Ich kann es sofort tun.«

Jack schüttelte den Kopf. »Das geht nicht«, sagte er mit Nachdruck. »Er würde Cindy töten, das weiß ich. Er würde es sofort merken, wenn wir etwas in der Richtung unternehmen.«

Der Gouverneur seufzte. »Du hast wahrscheinlich recht. Er ist vielleicht verrückt, aber er ist ein genialer Verrückter. Ich bin mir sicher, daß er sogar jetzt, während wir uns unterhalten, den Polizeifunk abhört. Und wenn ich in den zehn Jahren bei der Truppe eins gelernt habe, dann das, daß alle Polizeireviere Siebe sind.«

Vater und Sohn saßen da und starrten sich an. »Also gut«, sagte der Gouverneur schließlich, »dann lassen wir die Polizei aus dem Spiel. Aber ich habe viele Freunde im privaten Bereich – pensionierte FBI-Agenten, pensionierte Geheimdienstler. Die können uns helfen. Oder uns wenigstens beraten.«

Jack ließ es sich durch den Kopf gehen. »Klingt einleuchtend. Aber diese Berater dürfen nichts anderes sein – nur Berater. Letztendlich kommt es allein auf mich an.«

»Nein«, korrigierte ihn der Gouverneur. »Auf dich und mich.«

Jack sah seinen Vater über den Tisch hinweg an. Der Gouverneur lächelte ihm aufmunternd zu, er wollte ihm zu verstehen geben, daß er sich auf seinen Vater verlassen konnte.

»Dann packen wir's an«, sagte Jack. »Wir schnappen uns diesen Bastard. Gemeinsam.«

5
Samstag, 29. Oktober

48. Kapitel

Etwa gegen Mittag des folgenden Tages hatten Jack und Harry Swyteck das Ende der U.S. 1 und die Stadtgrenze von Key West erreicht. In Harrys gemietetem Ford Taurus fuhren sie die Palmenallee am Strand entlang bis zur Duval Street, der Hauptdurchgangsstraße, die das Touristen- und Einkaufsviertel durchschnitt. Beide Seiten der Duval Street und deren Seitenstraßen waren gesäumt mit Kunstgalerien und Antiquitätenläden in renovierten weißen Holzhäusern, mit Schaukästen, die für Schnorcheltouren warben, T-Shirt-Shops, Fahrradverleihen und Open-air-Bars, aus denen eine Mischung aus Folk, Rock und Calypso plärrte.

Am Nordende der Duval Street befand sich der Mallory Square, ein beliebter Treffpunkt am Kai, wo Zauberer, Jongleure und Porträtmaler die Flaneure unterhielten und jeden Sonnenuntergang in ein Fest verwandelten. Während des Fantasy-Fests war der Platz in die zehntägige Party einbezogen, die sich von einem Ende der Duval Street zum anderen erstreckte.

Das Fantasy-Fest dauerte bereits neun Tage, als die Swytecks ankamen, und die Straßenparty lief noch immer nonstop. Einige Touristen kauften sich Federn, Perlen und Lärminstrumente für die jährliche, kaum noch traditionell zu nennende Halloween-Parade am Samstagabend, andere schlenderten nur herum und begafften das Treiben. Viele waren bereits verkleidet. Männer trugen Frauenkleider. Frauen spielten Marsmenschen. Einige Wagemutige waren nackt, die bloßen Hintern und Busen nur mit Schminkfarbe bemalt.

»Schau dir mal den da an«, sagte Jack. Er saß auf dem Beifahrersitz und zeigte auf einen Mann in einem lavendelfarbenen Lendenschurz, mit einem rosa Häubchen auf dem Kopf.

»Wahrscheinlich der Bürgermeister«, erwiderte der Gouverneur ungerührt.

Harry stellte das Auto in der überdachten Garage in der Nähe des Hotels ab. Sie holten ihre Reisetaschen und eine Aktenmappe aus dem Kofferraum und gingen den alten, gepflasterten Bürgersteig entlang, dankbar für den Schatten hundertjähriger Eichen und die kühle Brise vom Meer. Hotelzimmer waren während des Fantasy-Fests nur schwer zu bekommen – vor allem in letzter Minute –, aber der Gouverneur hatte gewisse Beziehungen. Sie meldeten sich an der Rezeption an und trugen ihr Gepäck selber zu ihrer Suite im sechsten Stock.

Vom Zimmer mit den Glasschiebetüren aus hatte man einen überwältigenden, achthundert Dollar pro Nacht teuren Blick auf den Golf von Mexiko. Jack trat auf den Balkon und sah hinüber zum Pier Point, einem jener Freiluftrestaurants am Strand, wo das Essen nie so gut war wie die Atmosphäre. Das alles wirkt so unwirklich, dachte er. Einige Augenblicke lang gab er sich der Vorstellung hin, daß Cindy gleich zu ihnen kommen würde und sie sich dann gemeinsam in den Festtrubel stürzen, am Strand spazierengehen oder zu Slopp Joe's schlendern und sich an Ernest Hemingways Lieblingstisch setzen würden. Aber vor ihnen lag Arbeit – sie mußten sich mit jemandem treffen. Und um ein Uhr mittags klopfte der Mann, mit dem sie sich treffen wollten, an ihre Tür.

»Peter Kimmell«, sagte der Gouverneur, »das ist mein Sohn Jack.«

Jack schloß die Balkontür und zog die Vorhänge vor. »Angenehm«, sagte er und gab dem Mann die Hand.

Kimmell war etwa einen Meter neunzig groß und hatte einen schlanken Körper, der sich mit katzenhafter Geschmeidigkeit bewegte. Sein Gesicht zeigte so gut wie keine Regungen, und seine Augen schienen permanent zu beobachten und Informationen zu verarbeiten. Sie vermittelten Jack das unbehagliche Gefühl, daß er abgeschätzt und an irgendwelchen ihm fremden Standards gemessen werde.

Alte Gewohnheiten sind nur schwer abzulegen. Kimmell war zwanzig Jahre lang beim Geheimdienst gewesen, hatte aber vor zwei Jahren gespürt, daß er ausgebrannt war, und sich auf seinem Fischkutter auf die Florida Keys zurückgezogen. Aber das Fischen war ihm schnell langweilig geworden, und so hatte er erst mit Radfahren, dann mit Schwimmen und schließlich mit Laufen begonnen, und bevor er es so recht merkte, hatte ihn dieselbe Energie, die ihn zu einem Spitzenagenten gemacht hatte, zu einem Favoriten in der Gruppe der über Fünfundfünfzigjährigen im Ironman-Triathlonwettbewerb werden lassen. Wenn er gerade nicht trainierte, arbeitete er noch immer gelegentlich als Privatdetektiv, und Harry Swyteck hatte ihn bei speziellen Ereignissen, die Sicherheitsprobleme aufwarfen, als Berater engagiert. Der Gouverneur hielt Kimmell für den Besten in seinem Fach. Und, wichtiger noch, er war der einzige Mann, bei dem Harry sich nicht nur auf professionellen Beistand, sondern auch auf absolute Verschwiegenheit Polizei und Presse gegenüber verlassen konnte.

»Sie sind also Jack«, sagte Kimmell lächelnd. »Ihr Vater hat mir viel von Ihnen erzählt – nur Gutes.« Dann sah er vom Sohn zum Vater. »Sind Sie bereit, gleich zur Sache zu kommen, meine Herren?«

»Bereit«, antworteten sie gleichzeitig.

»Gut. Ich will Ihnen ein paar Spielsachen zeigen, die ich für Sie mitgebracht habe«, sagte er mit einem Zwinkern. Er wuchtete einen mächtigen grauen Metallkoffer aufs Bett. »Voilà«, sagte er, als er ihn aufklappte.

Schweigend starrten die beiden Swytecks den Kofferinhalt an. »Was haben Sie denn angestellt?« fragte der Gouverneur. »Ihren Koffer mit dem von James Bond vertauscht?«

»Sie werden nicht die Hälfte von dem Zeug brauchen«, sagte Kimmell. »Aber was Sie auch brauchen, es ist hier. Ich habe alles von stimmaktivierbaren Drähten bis zu Infrarotfeldstechern.«

»Ich glaube, wir sollten die Sache so einfach wie möglich halten«, sagte Jack.

»Da stimme ich Ihnen zu«, erwiderte er. »Nun zuerst einmal zu den Waffen. Haben Sie je eine Waffe abgefeuert, Jack?«

Jack lächelte angesichts der Ironie dieser Frage. Wie hätte wohl Wilson McCue für ihn diese Frage beantwortet? »Mhm«, sagte er nickend. »Damals im College. Ich hatte eine Freundin, die sich ohne Waffe nachts in der Wohnung nicht sicher fühlte, und ich habe deshalb Schießen gelernt.«

»Gut. Also Ihnen, Jack«, sagte er und zog eine glatte schwarze Pistole aus einem Halfter, »empfehle ich dieses Baby da – die Glock Seventeen Safe Action, eine 9-mm-Pistole, ein österreichisches Fabrikat. Im CAM-Verfahren komplett aus synthetischen Polymerwerkstoffen hergestellt. Widerstandsfähiger als Stahl, wiegt aber sogar mit vollem Magazin weit weniger als ein Kilo; es ist deshalb kein Problem, sie beim Zielen ruhig zu halten. Außerdem ist sie tödlich präzise, Sie müssen also nicht direkt vor dem Verrückten stehen, um ihm das Licht auszublasen. Und sie hat einen ziemlich schwachen Rückstoß, im Vergleich zur Feuerkraft: siebzehn Schuß Polizeistandard-Hohlspitzpatronen, die sogar einen heranstürmenden Elch mit Wut im Bauch umnieten können.« Er gab Jack die Waffe. »Wie fühlt sie sich an, Partner?«

Jack wog sie in der Hand und zuckte die Achseln. »Wie eine Waffe.«

»Wie ein Teil Ihrer Hand, Jack. *So* fühlt sie sich an.« Er nahm die Pistole wieder und griff in den Koffer. »Aber jetzt wollen wir über wirklichen Schutz reden: Körperpanzerung. Es wird zwar höllisch heiß werden, aber Sie müssen eine Weste tragen. Das steht ganz oben auf meiner Liste. Die da besteht aus Kevlar 129 und Spectra-Fasern. Bietet Ihnen Vollschutz, von vorn, von hinten und von der Seite, und die Hemdschöße verhindern, daß sie Ihnen hochrutscht. Stoppt ein vierundvierziger Magnum-Geschoß bei vierhundertdreißig Metern pro Sekunde – das entspricht Kernschußdistanz. Schützt auch hervorragend gegen Schnellfeuersalven –« er zwinkerte –, »aber ich glaube, wenn der Kerl eine Uzi zieht, würde ich trotzdem auf Tauchstation gehen. Doch das beste ist, sie wiegt nur gute drei Pfund und gibt ihnen volle Bewegungsfreiheit. Wenn sie Ihr weites schwarzes Sweatshirt drüberziehen, merkt der Entführer gar nicht, daß sie eine anhaben. Herr Gouverneur, für Sie habe ich ebenfalls eine Glock und eine schußsichere Weste. Ich weiß, daß Sie diese Westen nicht mögen, aber –«

»Ich ziehe sie an«, sagte Harry ohne Zögern.

»Gut«, erwiderte Kimmell. »Doch jetzt zu unserem Plan. Wenn ich Sie darauf vorbereiten soll, diesem Typen gegenüberzutreten, brauche ich eine Vorstellung, wer er ist. Ich muß alles über ihn wissen, was Sie über ihn wissen. Also fangen wir ganz am Anfang an. Erzählen Sie mir von diesem Mord, den er gestanden hat. Wer war die Frau, die er getötet zu haben behauptet?«

»Eigentlich noch ein Teenager«, antwortete Jack. »Sie hatte sich mit einem gefälschten Ausweis in einen Nachtclub eingeschlichen und wurde dann auf dem Weg zu ihrem Auto entführt. Am nächsten Morgen fand man sie am Strand. Mit durchgeschnittener Kehle.«

»Was gibt's sonst noch –«, fragte Kimmell, wurde aber vom Läuten des Telefons unterbrochen. »Erwarten Sie einen Anruf?«

»Nein«, antwortete der Gouverneur.

Das Telefon läutete zum drittenmal. »Gehen Sie ran, Jack«, befahl Kimmell.

»Hallo«, sagte Jack und hörte dann aufmerksam zu. »Nein, vielen Dank«, erwiderte er schließlich und legte auf. Sein Vater und Kimmell sahen ihn erwartungsvoll an. »An der Rezeption liegt ein Päckchen für uns.«

»Von wem?« fragte Kimmell.

»Kein Absender. Aber es kann nur von ihm sein. Als er mich gestern anrief, hat er gesagt, wir sollten nur in eins der großen Hotels einchecken, und er werde sich dann bei uns melden. Viele Möglichkeiten gibt's ja hier nicht. Sieht aus, als hätte er uns gefunden.«

Kimmell nickte. »Sagen Sie unten Bescheid, daß Sie es hochschicken sollen.«

Jack rief den Manager an und bat ihn, das Päckchen persönlich auf ihr Zimmer zu bringen. Der Manager war erfreut, ihnen behilflich sein zu können. Binnen zwei Minuten stand er vor ihrer Tür. Kimmell öffnete, nahm das schuhkartongroße Päckchen in Empfang und legte es aufs Bett. Dann holte er einen Metalldetektor aus seinem Koffer und strich damit über das Päckchen.

»Da ist Metall drin«, sagte er.

»Glauben Sie, daß er uns eine Bombe geschickt hat?« fragte der Gouverneur.

»Kaum«, antwortete Kimmell. »Wenn er Sie hätte in die Luft jagen wollen, hätte er das schon vor zwei Jahren tun können. Öffnen Sie es.«

Jack knotete behutsam die Schnur auf und durchtrennte mit der Sorgfalt eines Chirurgen das Klebeband. Er nahm den Deckel ab. In der Schachtel lag, auf Blasenfolie gebettet, ein Funktelefon. Und obenauf lag ein Umschlag mit einer handgeschriebenen Nachricht auf der Vorderseite. »Schaltet das Telefon um Mitternacht an«, stand darauf.

»Wenigstens wissen wir, daß Ihr Kidnapper noch nicht die Nerven verloren hat«, sagte Kimmell. »Er spielt sein Spiel weiter. Und das heißt, daß noch Hoffnung besteht.«

»Was ist in dem Umschlag?« fragte der Gouverneur.

Kimmell öffnete ihn und zog ein Blatt heraus. »Es ist ein Totenschein«, sagte er.

»Aber nicht Cindys?« fragte der Gouverneur mit plötzlicher Angst.

»Raul Francisco Fernandez«, las Kimmell laut. »Er stammt aus dem County Health Department. Ein exaktes Duplikat, bis auf Spalte dreißig – die Todesursache. Der ursprüngliche, mit Maschine geschriebene Eintrag ist noch zu entziffern. ›Herzstillstand‹«, las er vor, »›infolge Stromschlags bei Hinrichtung‹. Aber jemand hat den Eintrag des Leichenbeschauers durchgestrichen und mit Bleistift eine andere Todesursache hingeschrieben.« Er gab das Blatt dem Gouverneur.

»Jack Swyteck«, las Harry laut, aber mit brechender Stimme.

Bedrücktes Schweigen erfüllte das Zimmer. Dann nahm Kimmell das Formular und sah es sich genauer an. »Aber warum hat er das getan?« fragte er.

»Das ist die ganze Zeit schon seine Botschaft«, sagte Jack. »Er hat von Anfang an mir die Schuld gegeben.«

»Ich rede von etwas anderem«, sagte Kimmell. »Hier ist noch eine andere Botschaft – eine, die weniger offensichtlich ist. Vielleicht sogar unbeabsichtigt. Spalte sieben«, sagte er und deutete auf die Stelle, »fragt nach dem ›Informanten‹. Das ist derjenige, der die personenbezogenen Daten für die Ausfüllung des Formulars liefert. Der Name, der hier steht, lautet Alfonso Perez.«

»Wer ist das?« fragte Jack.

»Es gibt natürlich viele Männer mit dem Namen Alfonso Perez. Aber aus meiner Zeit bei der Verbrechensbekämpfung weiß ich noch, daß das einer der Decknamen war, die ein gewisser Esteban benutzt hat. Jeder FBI-Agent, der in den Achtzigern in Miami stationiert war, kennt diesen Typen. Ein brillanter Kerl. Spricht Englisch so gut wie Spanisch. Und wechselt immer wieder seinen Namen und seine Identität. Das FBI kann nicht mit ihm Schritt halten. Soweit ich weiß, hätten sie ihn vor zwei Jahren beinahe geschnappt, aber er ist irgendwohin in die Karibik geflüchtet. Auf jeden Fall ist er allein in unserem Land Verdächtiger in mindestens fünf Entführungs- und Mordfällen.«

»Wird er auch in anderen Ländern gesucht?« fragte Jack.

»Ursprünglich kam er aus Kuba. Er war ein Schlächter in Castros Armee. Wurde von den Russen während des Krieges in Angola ausgebildet und hat sich dann als Folterer politischer Gefangener einen Namen gemacht – ein gnadenloser Hund. Wurde dann befördert ins *Batallón Especial de Seguridad*, Castros militärischer Elitetruppe. Aber als er dort nicht mehr jeden Tag Nägel in Backenzähne treiben und Köpfe mit dem Bajonett bearbeiten durfte, ist er ausgerastet. Hat sich nach der Grausamkeit gesehnt. Und ist irgendwann auf Mordtour gegangen. Er hat in Havanna ungefähr ein Dutzend Frauen vergewaltigt und ermordet – alles Prostituierte. Die Kubaner haben ihn für ein paar Jahre in die Klapsmühle gesteckt. Doch 1980 hat Castro ihn nach Miami geschickt, als er seine Gefängnisse und Irrenanstalten öffnete und aus der Mariel-Seebrücke ein Trojanisches Pferd machte. Esteban ist einfach in der Masse der hundertfünfzigtausend Marielito-Flüchtlinge untergetaucht. Seit dieser Zeit suchen FBI und Einwanderungsbehörde nach ihm.«

»Raul Fernandez ist auch während der Mariel-Seebrücke nach Miami gekommen«, sagte Jack.

»Das ist vermutlich kein Zufall«, entgegnete Kimmell. »Was allerdings nicht heißen muß, daß Fernandez ebenfalls ein Verbrecher war. Nur einige wenige Marielitos waren kriminell.«

Jack und sein Vater saßen schweigend da. »Glauben Sie, daß er es ist?« fragte Jack schließlich.

Kimmell seufzte schwer. »Ganz sicher kann ich das natürlich nicht sagen. Aber«, fügte er hinzu, »ich hoffe für Sie, daß er es nicht ist.«

Jack stand auf, ging zum Fenster und öffnete den Vorhang gerade so weit, daß er auf den riesigen Ozean hinaussehen konnte. »Ich mache mir nicht wegen *mir* Sorgen«, sagte er mit mehr als einem Anflug von Angst in der Stimme.

49. *Kapitel*

Auf der anderen Seite von Key West, in der Nähe der Touristenattraktion mit dem Namen »Der südlichste Punkt des nordamerikanischen Festlands«, lag Cindy Paige unter den verfaulenden Bodenbrettern eines verlassenen weißen Holzhauses und öffnete blinzelnd die Augen. Sie wußte nicht recht, ob sie wirklich wach war. Obwohl sie die Augen geöffnet hatte, bestand ihre Welt nur aus Schwärze. Sie versuchte, ihre Augen zu berühren, um sich zu versichern, daß sie nicht blind war, aber sie konnte die Hände nicht bewegen. Sie waren gefesselt. Sie versuchte zu zappeln und zu strampeln, aber ihre Füße waren ebenfalls gefesselt. Sie schrie, aber es klang nicht wie sie. Es klang irgendwie erstickt, als würde ihr jemand den Mund zuhalten. War jemand da? War jemand bei ihr? Dann kam es ihr wieder zu Bewußtsein – die letzten beiden Dinge, an die sie sich erinnern konnte: ein Sack, der ihr über den Kopf gestülpt wurde, und der Stich in den Arm.

Über sich hörte sie ein Poltern. Ihr Herz raste. Weiteres Poltern, und dann stach ihr blendendes Licht in die Augen. Ein Hauch frischer Luft strich ihr über das Gesicht und machte ihr schmerzhaft bewußt, wie erstickend heiß es in ihrer Hölle war. Ihre Sicht wurde klar, und sie riß die Augen auf vor Entsetzen. Das Schreckensbild war zurückgekehrt – der Mann mit der Kappe und der großen Sonnenbrille, der sie im Auto angegriffen hatte.

»Still, mein Engel«, sagte Esteban sanft. Er saß auf dem Boden und sprach in das Loch hinunter. »Niemand wird dir etwas tun.«

In ihrem ganzen Leben war sie noch nicht so verängstigt gewesen. Sie grub die Zähne in den Knebel in ihrem Mund. Ihr Brustkorb bebte unter schnellen, panischen Atemzügen. *Bitte*, flehte sie mit den Augen, *tu mir nichts*.

»Wenn du versprichst, nicht zu schreien«, sagte er, »nehme ich dir den Knebel ab. Wenn du versprichst, nicht davonzulaufen, hole ich dich aus deinem Loch. Versprichst du es?«

Sie nickte heftig.

Estebans Mund verzog sich zu einem hinterhältigen Grinsen. »Ich glaub' dir nicht.«

Cindy wimmerte erbärmlich.

»Gib nicht mir die Schuld«, sagte er. »Dein Freund ist schuld. Swyteck hat mich *gezwungen*, das zu tun. Ich wollte nicht, daß es soweit kommt. Ich hätte dir schon so oft was tun können, wenn ich gewollt hätte. Aber ich wollte es nie. Und ich werde dir auch jetzt nichts tun... solange Jack Swyteck tut, was ich ihm sage. Du glaubst mir doch, oder?«

Cindys Augen waren noch immer vor Entsetzen geweitet. Aber sie nickte.

»Gut«, sagte er. »Nur, ich kann dich aus deinem kleinen Versteck nicht rauslassen. Aber wir könnten eine Abmachung treffen.« Er zeigte ihr eine Spritze. »Das ist Secobarbital-Natrium. Damit habe ich dich in diesen tiefen Schlaf versetzt. Anscheinend habe ich richtig dosiert. Aber jetzt habe ich ein Problem. Ich weiß nämlich nicht, wieviel du von dem Zeug noch im Körper hast. Und das heißt, daß ich nicht weiß, wieviel ich dir geben soll. Wenn ich dir zuviel gebe, wachst du nicht mehr auf. Also, wenn du mir versprichst, ganz still dazuliegen, können wir auf die Injektion verzichten. Abgemacht?«

Cindy nickte einmal.

»Kluges Mädchen.« Er stand auf und legte eine der losen Bodendielen wieder an ihren Platz zurück. Bei dem Geräusch von Cindys ersticktem Schluchzen hielt er inne und drohte ihr mit dem Zeigefinger. »Keinen Pieps mehr«, ermahnte er sie wie ein liebevoller Vater, der seiner vierjährigen Tochter sagt, daß sie heute nacht nicht bei Mommy und Daddy schlafen kann.

Cindy schluckte. Irgendwie schaffte sie es, nicht mehr zu weinen.

»Braves Mädchen. Und zerbrich dir nicht unnötig den Kopf, ich habe schon eine bessere Unterkunft für uns gefunden. Lange mußt du nicht mehr da unten bleiben.«

Zitternd lag sie in dem Loch und hoffte auf ein Wunder, als er nach der zweiten Diele griff. Ihre Welt wurde wieder dunkel, als er sie wieder an ihren Platz zurücklegte.

»Gute Nacht, mein Engel«, hörte sie ihn durch die hölzerne Barriere hindurch sagen.

Esteban stand auf und nahm Kappe und Sonnenbrille ab. Die schwüle Hitze in dem vernagelten Haus war über dem Boden fast so erdrückend wie darunter. Er befand sich in einem Wohnzimmer mit nacktem Boden und wasserfleckigen Wänden. Ein paar Obdachlose, die hier eingedrungen waren, hatten Aluminiumdosen, Pappkartons und Zigarettenkippen hinterlassen. Esteban hatte nur das absolut Nötigste mitgebracht: Zwei Klubsessel, eine gefüllte Kühltasche, sein Funkgerät und drei batteriebetriebene Ventilatoren, die die abgestandene Luft verwirbelten. Aus Angst, entdeckt zu werden, traute er sich nicht, die vernagelten Fenster zu öffnen. Aber das Risiko war gering. Das alte Haus war so sehr von tropischer Flora überwuchert, daß er eine Machete gebraucht hatte, um bis zur Tür vorzudringen. Soweit er wußte – er hatte den Polizeifunk abgehört –, wurde nicht nach ihm gesucht.

»Was soll denn diese *Engel*-Scheiße?« nörgelte Rebecca vom

anderen Ende des Zimmern her, und er schrak hoch. Sie hatte in der Tür gestanden und zugehört.

Er musterte sie flüchtig. Sie trug sehr kurz abgeschnittene Jeans, ein loses Spaghettiträger-Top, keine Schuhe, keinen BH und kein Make-up. Sie hatte die Sonnenbräune einer Frau, die nachts arbeitet, dennoch sah ihre Haut nicht sehr gesund aus.

»Eine Hure wie du versteht davon nichts«, knurrte er.

»Na schön«, entgegnete sie verstimmt, durchquerte das Zimmer und nahm sich eine Cola aus der Kühltasche. »Wenn sie so ein Engel ist, warum versteckst du sie dann unter den Bodenbrettern?«

Seine Miene versteinerte. »Sie ist am Leben, oder? Und weißt du, warum sie am Leben ist?«

»Weil sie dir tot nichts nützt.«

»Nein«, keifte er. »Weil ich sie seit Monaten beobachte. Weil ich weiß, daß sie keine Schlampe ist wie ihre Freundin – oder wie du und all die anderen schwanzleckenden Nutten, die auf Tischen tanzen.«

Rebecca lehnte sich an die Wand und trat nervös von einem Fuß auf den anderen. Sie hatte Angst, versuchte aber, es sich nicht anmerken zu lassen. »Hör zu, ich weiß nicht, was für ein Problem du hast. Wenn hier jemand was zu klagen hat, dann wohl ich. Ich habe gesagt, ich erledige den Anruf, und ich hab's auch getan. Ich habe die Tussi angerufen. Du hast mir die sechstausend Dollar gegeben, und das ist okay. Aber du hast mir nicht gesagt, daß ich mit dir bis nach Key West fahren muß, um die verdammten fünfundzwanzig Riesen zu bekommen. Du hast mir nicht gesagt, daß wir mit Dornröschen im Transporter durch die Gegend kutschieren werden. Und du hast mir verdammt noch mal nicht gesagt, daß wir uns in diesem Loch verstecken müssen oder in diesem anderen Kabuff, in das du uns bringst. Ich denke, ich habe ein bißchen mehr Offenheit verdient. Sonst verschwinde ich von hier.«

Er starrte sie böse an. »Du tust doch *alles* für Geld. Oder vielleicht nicht, Rebecca?«

»Ach«, sagte sie, »und du tust das hier nicht für Geld?«

»Ich tue es für Raul. Weil er verdammt noch mal unschuldig war!«

Unter den Bodendielen zitterte Cindy vor Angst. Sie bekam alles mit, und bei dem Tonfall des Mannes wünschte sie sich, sie wäre noch bewußtlos.

Innerlich zitterte auch Rebecca bei diesem Tonfall. »Reg dich doch nicht gleich so auf«, sagte sie mit einem Kloß in der Kehle. »Ich will doch nur, was mir zusteht, okay?«

Esteban ging langsam auf sie zu und sah sie an, als würde er überlegen. Er griff in die Hosentasche. »Du bekommst, was dir zusteht«, sagte er. »Aber du mußt es dir verdienen«, ergänzte er, während er einen Zwanziger zerknüllte und ihn ihr zuwarf. Er blieb einen halben Meter vor ihr stehen und starrte ihr in die Augen. »Da sind zwanzig Mäuse, du Schlampe. Mach's.«

Rebecca zuckte verängstigt zurück. »Mach's dir selber.«

Er schlug ihr ins Gesicht. »Mach's mir.«

Sie versuchte, ihm auszuweichen, doch er packte sie am Handgelenk und drückte fest zu. »Mach's.«

Sie wollte schon schreien, doch der Blick in seinen Augen brachte sie zum Verstummen. Sie hatte schon früher brenzlige Situationen erlebt. Mit Männern, die sie mit dem Messer bedrohten. Männern, die auf sie pinkelten. Sie war erfahren genug, um zu spüren, ob ein Schrei ihn stoppen oder ausrasten lassen würde. Und diesmal wagte sie nicht zu schreien.

Rebecca ging auf die Knie und zog mit zitternden Fingern den Reißverschluß seiner Hose auf. Er legte den Kopf in den Nacken und stöhnte vor Lust. Sie arbeitete flink und hektisch, um die Sache so schnell wie möglich hinter sich zu bringen. »Quickies« waren ihr Spezialgebiet, sie hatte schon Hunderte oder vielleicht sogar Tausende hinter sich. Aber keiner ihrer Kunden konnte sie zum Schlucken bringen, denn sie hatte Angst vor dem tödlichen Virus. Sie hörte Esteban stöhnen und merkte, daß er kurz davor war. Sie wollte den Kopf schon zurückziehen, doch diesmal lief es anders, als sie es sich vorgestellt hatte. Sie spürte, wie er sie am Genick packte, ihren Kopf näher an sich drückte und sie zwang, mehr in den Mund zu nehmen, als sie konnte. Sein Stöhnen wurde lauter. Sie würgte. Er steckte so tief in ihr, daß sie keine Luft mehr bekam. Sie versuchte, zurückzuweichen, doch er drückte noch fester zu. Sie mußte freikommen. Also biß sie ihn.

Esteban versetzte ihr einen Schlag auf den Kopf, der sie zu Boden warf. »Paß auf deine verdammten Zähne auf!«

Rebecca keuchte und sah ängstlich zu ihm hoch. »Ich habe keine Luft mehr bekommen!«

Er packte sie an den Haaren und riß ihr den Kopf zurück. »Das ist das *kleinste* deiner Probleme«, sagte er. Seine Augen waren zwei unergründliche Tümpel.

Unter dem Boden begann Cindy unkontrolliert zu zittern. Sie kniff die Augen fest zusammen, um die Tränen zurückzuhalten, aber so sehr sie es auch versuchte, ihre Ohren konnte sie nicht verschließen.

»Ich habe Pläne mit dir, Rebecca«, hörte Cindy ihn sagen – und das Lachen, das folgte, ließ ihr das Blut zu Eis erstarren.

50. Kapitel

Kimmell, Jack und Harry nutzten den Rest dieses Samstags, um noch einmal alles genau durchzugehen – ihre Hauptstrategie, die Ersatzstrategien und die Strategien, falls etwas Unvorhergesehenes passierte. Jede dieser Strategien fußte auf demselben grundlegenden Dreieck. Jack und sein Vater würden draußen sein und den Anweisungen des Entführers folgen. Kimmell würde im Hotelzimmer bleiben, quasi als Leiter der Kommandozentrale, und er würde über Telefon oder im Notfall über Piepser erreichbar sein.

Um 22.00 Uhr hatten sie die Konzentrationsgrenze erreicht. Sie bestellten beim Zimmerservice Abendessen und verzehrten es in totalem Schweigen, das nur gelegentlich unterbrochen wurde von einem Freudenschrei oder dem Knall einer Feuerwerksrakete von der Halloween-Party auf der nahen Duval Street. Der allmählich anschwellende Geräuschpegel erinnerte sie immer wieder daran, daß es nur noch zwei Stunden bis zu dem mitternächtlichen Anruf waren.

Als Kimmell zu Ende gegessen hatte, warf er die Serviette

auf den Teller und stand auf. Normalerweise rauchte er nur zwei, vielleicht drei Zigaretten in einem ganzen Jahr. Doch an diesem Abend hatte er seine Jahresration bereits aufgebraucht. Er nahm sich einen Aschenbecher, ging ins angrenzende Zimmer und sah sich noch einmal alle Fotos und Nachrichten durch, die der Entführer geschickt hatte, so als könnte er, indem er alle verfügbare Information aufsaugte, in dessen Hirn schauen.

Jack und Harry saßen einander gegenüber am Eßtisch. Der Gouverneur sah zu, wie Jack in seinem Essen herumstocherte.

»Es tut mir leid, Jack«, sagte er ernst.

Jack wußte nicht so recht, was er meinte. »Mir auch. Ich hoffe nur inständig, daß wir Cindy zurückbekommen. Dann gibt es nichts mehr, das irgend jemandem leid zu tun braucht.«

»Auch ich hoffe, daß wir sie zurückbekommen. Keine Frage – das ist das Allerwichtigste. Aber da ist noch etwas anderes, was mir leid tut«, sagte er mit gequälter Miene. »Es hat damit zu tun, daß man einen Jungen zu sehr antreibt, obwohl er doch bereits sein Bestes gibt – und ihn dann zurückstößt, wenn sein Bestes nicht gut genug war. Ich meine, verdammt, Jack, manchmal denke ich daran zurück und glaube, wenn du Michelangelo gewesen wärst, wäre ich wahrscheinlich in die Sixtinische Kapelle geschlendert und hätte irgendwas gesagt wie: ›Schön und gut, mein Sohn, aber was ist mit den Wänden?‹« Er lächelte kurz und wurde dann wieder ernst. »Ich vermute, nach dem Tod deiner Mutter wollte ich einfach, daß du perfekt wirst. Aber das ist keine Entschuldigung. Ich habe dir Schmerzen zugefügt, und es tut mir aufrichtig leid. Schon lange tut mir das leid. Und jetzt war es Zeit, daß ich es dir gesagt habe.«

Jack suchte nach den richtigen Worten. »Weißt du«, sagte er und seine Stimme zitterte vor Rührung, »in den letzten zwei Tagen habe ich außer an die Entführung an nichts anderes denken können als daran, wie ich dir für das danken kann, was du vor Gericht für mich getan hast.«

»Du kannst mir danken, indem du meine Entschuldigung annimmst«, sagte Harry mit einem herzlichen Lächeln.

Jack ging das Herz über. Natürlich nahm er die Entschuldigung an. Er fühlte sich, als wäre er derjenige, der sich entschuldigen müßte. Er drückte es auf andere Art aus. »Du wirst Cindy ins Herz schließen, wenn du sie erst kennst.«

Die Augen des Gouverneurs wurden plötzlich feucht. »Da bin ich mir ganz sicher.«

»Männer«, sagte Kimmell, als er wieder ins Zimmer trat, »Zeit zum Anziehen.«

Jack und sein Vater sahen einander aufmunternd an. Ihre Einheit gab ihnen Stärke. »Packen wir's an«, sagte Jack. Der Gouverneur stimmte mit einem knappen Nicken zu, und sie gingen ins angrenzende Zimmer, wo Kimmell ihnen beim Anlegen der Ausrüstung half. Beide trugen dunkle Kleidung, für den Fall, daß sie sich verstecken mußten. Und Turnschuhe, falls sie laufen mußten. Und beide legten die Kevlar-Westen an, die Kimmell mitgebracht hatte, für den Fall, daß sie sich nicht verstecken oder nicht schnell genug laufen konnten.

»Was ist das?« fragte Jack als Kimmell ihm eine Batterie an der Weste befestigte.

»Das ist ein Bewegungsmelder«, antwortete er. »Der Sender schickt ein Ein-Watt-Signal aus. Und zwar ein intermittierendes Signal, das ich sehr leicht erkennen kann. Die Batterie hat genügend Reserven, nur für den Fall, daß die Sache länger dauert, als wir glauben. Wenn ich Ihren Standort feststellen muß, kann ich das mit meinem audiovisuellen Anzeigegerät hier im Zimmer in Sekundenschnelle tun.«

Kimmell befestigte eben die Antenne an der Weste und steckte die Pistole in Jacks Halfter, als das Telefon klingelte.

Es war genau Mitternacht.

Jack atmete durch und griff dann nach dem Apparat. Kimmell hielt ihn auf.

»Seien Sie kooperativ«, ermahnte ihn Kimmell. »Aber bestehen Sie darauf, Cindys Stimme zu hören.«

Jack nickte und schaltete den Empfänger an. »Hallo«, sagte er.

»Bereit für die Halloween-Tour, Swyteck?«

Sei *kooperativ*, schärfte Jack sich ein. »Wir haben das Geld. Sagen Sie uns, wie Sie sich den Austausch vorstellen.«

»Ach ja, den *Austausch*«, sagte Esteban nachdenklich. »Wissen Sie, kein Entführer der Weltgeschichte hat je das Problem des Austausches wirklich gelöst. Das ist der eine Moment, an dem so vieles schiefgehen kann. Und wenn nur eine winzig kleine Sache schiefgeht, dann geht alles schief. Hast du mich verstanden, Swyteck?«

»Ja.«

»Gut. Hier also mein Plan. Ich trenne euch beide. Dein Vater wird mir das Geld an einem öffentlichen Ort übergeben. Und du holst das Mädchen von einem Privatgrundstück ab. Brillant, nicht?«

»Was sollen wir tun?«

»Sag deinem Vater, er soll mit dem Geld zum Lagerhaus E hinter dem Mallory Square gehen und bei der Telefonzelle vor dem Schuppen warten. Wenn ich bereit bin für das Geld, komme ich in einem Kostüm. Glaub mir, er wird mich erkennen.«

»Was ist mit Cindy? Wie komme ich zu ihr?«

»Wenn ich auflege, nimmst du das Funktelefon und gehst auf der Simonton Street in südlicher Richtung vom Hotel weg. Geh einfach weiter, bis ich dich anrufe. Ich werde dich direkt zu ihr dirigieren. Und wenn dein Vater das Geld rausrückt, dirigiere ich dich sogar rechtzeitig zu ihr.«

»Was soll das heißen, *rechtzeitig*?«

»Was glaubst du wohl, was das heißt?«

»Ich muß mit Cindy sprechen«, sagte er bestimmt. »Ich muß wissen, daß sie in Ordnung ist.«

Es wurde still in der Leitung. Zehn lange Sekunden vergingen. Dann zwanzig. Jack glaubte schon, der Kerl habe aufgelegt. Aber das hatte er nicht.

»Ja-ack«, kam Cindys brüchige Stimme.

»Cindy!«

»Bitte, Jack. Tut einfach, was er verlangt.«

»Das reicht«, sagte Esteban. »Wenn du mehr hören willst, mußt du dich an meine Regeln halten. Keine Spielchen, keine Bullen, und niemandem passiert etwas. Fang an zu marschieren, Swyteck.« Die Verbindung wurde unterbrochen.

Jack seufzte schwer. »Keine Angst«, sagte er, nur zu sich selbst.

51. Kapitel

Nach ein paar letzten Ratschlägen von Kimmell schärften Jack und sein Vater einander ein, vorsichtig zu sein. Dann verließen sie das Hotel und gingen in verschiedenen Richtungen davon. Der Gouverneur ging nach Westen zum Mallory Square, einer Ansammlung großer breiter Piers, auf denen in früheren Zeiten Schiffsladungen voll Wein, Seide und anderen Frachtgütern, die Bergungsschiffe an Land gebracht hatten, versteigert wurden. Während des Fantasy-Festes bildete der Platz eine Barriere zwischen dem tollen Treiben auf der Duval Street und dem friedlichen Golf von Mexiko. Jack ging in südlicher Richtung die Simonton Street entlang, eine Wohnstraße, die parallel zur Duval Street verlief. Das Viertel gehörte zum wohlhabenden alten Key West, mit weißen Staketenzäunen und einem mehrstöckigen viktorianischen Haus nach dem anderen, viele davon im neunzehnten Jahrhundert für Seefahrer, Schwammhändler und Schatzsucher erbaut, und nicht wenige davon jetzt Bed&Breakfast-Unterkünfte.

Die ersten zwei Blocks ging er sehr schnell, wurde dann aber langsamer, weil er erkannte, daß er kein wirkliches Ziel hatte. Die Familie Feuerstein tanzte auf dem Weg zum Festival an ihm vorbei und sang ihre Erkennungsmelodie. Andere Kostümierte kamen ihm zu Fuß oder auf Motorrollern entgegen, da Autos während des Fantasy-Festes nutzlos waren.

Jacks Funktelefon klingelte und riß ihn aus seinen Gedanken. »Ja«, antwortete er.

»Bei der Caroline Street links«, sagte Esteban, »und bleib am Telefon. Sag mir bei jeder Kreuzung, die du erreichst, Bescheid.«

Jack überquerte die Simonton Street und ging die Caroline Street in Richtung Osten. Der Lärm von der Duval Street wurde allmählich schwächer, und er sah weniger Fußgänger auf dem Weg zum Fest. Es war auch dunkler, da es hier weniger Straßenlaternen gab und das dichte, üppige Blätterdach der Bäume den Mond verdeckte. Der Bürgersteig war rissig und aufgeworfen von wuchernden Baumwurzeln. Palmen und mächtige Eichen raschelten in der kühlen, beständigen Brise. Majestätische alte Häuser mit zweistöckigen Veranden und üppigen Holzverzierungen schienen im Wind zu ächzen. Jack ging immer weiter.

»Hier geht's nicht um deine Freundin«, sagte die Stimme aus dem Telefon.

Jack atmete auf. Das Telefon diente offensichtlich nicht nur zur Wegebeschreibung. »Ich bin an der Elizabeth Street.«

»Geh weiter«, sagte Esteban und nahm dann sofort den Faden wieder auf. »Hier geht's nur um Raul Fernandez. Das weißt du doch, oder?«

Jack ging weiter. Er wollte ihn nicht aufregen, aber nachdem er selbst zwei Jahre nichts herausbekommen hatte, mußte er ihn dazu bringen, daß er weiterredete.

»Erzählen Sie mir von Raul.«

»Das Wichtigste weißt du doch bereits.« Die Stimme klang barsch, aber nicht streitlustig. »Es war nicht Rauls Idee, das Mädchen zu töten.«

»Erzählen Sie mir trotzdem von ihm.«

Ein Schweigen entstand in der Leitung, eine dieser langen, entscheidenden Schweigeperioden, die so oft in seinen Gesprächen mit Mandanten vorgekommen waren und nach denen der Informationsstrom entweder ganz versiegte oder nie mehr aufhörte. Der Mann räusperte sich. »Raul war in Kuba neun Jahre lang im Gefängnis, bevor er mit dem Boot herüberkam. Und nach neun Jahren im Gefängnis, was glaubst du, nach was er sich am meisten gesehnt hat, als er in Miami ankam?«

Jack zögerte. Die Geschichte mit dem Boot paßte zu Kimmells Theorie, daß der Entführer Esteban war. Aber er war sich nicht sicher, ob dieses Gespräch ein Monolog oder ein Dialog sein sollte. »Sagen Sie es mir.«

»Eine Nutte, du Schwachkopf. Und er war sogar bereit, dafür zu zahlen. Aber es gibt so viele Nutten da draußen, die nicht zugeben wollen, daß sie eine sind. Nimm dir einfach eine, habe ich ihm gesagt. Das tat er auch, aber er brauchte noch mehr Ermunterung. Also bin ich mit ihm gegangen, um ihm zu zeigen, wie einfach es ist.«

»Sie und Fernandez haben es *gemeinsam* getan?«

»Raul hat niemanden *getötet*. Das Messer hatte er nur, um ihr angst zu machen. Aber die blöde Kuh ist ausgerastet und hat ihm die Maske vom Gesicht gerissen. Aber auch dann wollte Raul sie nicht töten. Ich habe ihm den Arsch gerettet, indem ich es tat. Und was glaubst du, wie ich mich gefühlt habe, als *er* wegen des Mordes verhaftet wurde? Ich habe alles getan, was ich konnte, um ihn vor dem elektrischen Stuhl zu retten. Ich habe sogar gestanden! Aber du hast nicht mitgespielt, Swyteck. Der Gouverneur, der Mann, der es hätte verhindern können, war dein Vater, und du hast nichts unternommen.«

Jack widerstand der Versuchung, den Entführer eines Besseren zu belehren, aber er empfand auch etwas wie Entlastung von Schuld – nicht der eigenen, sondern der seines Vaters. Da der Mord als Vergewaltigung oder versuchte Vergewaltigung durch Raul Fernandez begonnen hatte, war Fernandez so schuldig wie der Mann, der dem Mädchen die Kehle durchgeschnitten hatte. Dem Gesetz nach war jeder, der ein Verbrechen beging, das eine ursprünglich nicht beabsichtigte Tötung zur Folge hatte, des Mordes schuldig, auch wenn der Mord von einem Komplizen begangen wurde. Man nannte das »Verbrechen in Tateinheit mit Mord«. Es war ein Kapitalverbrechen. Und das wichtigste war – es bedeutete, daß sein Vater doch keinen Unschuldigen hatte hinrichten lassen.

»Dann waren also Sie und Raul Gefängniskumpel? Geht's darum?«

»Gefängniskumpel«, wiederholte der Mann geringschätzig. »Was glaubst du denn – daß wir ein Schwulenpärchen waren, oder was? Raul war mein Bruder, du Hurensohn. Du hast verdammt noch mal meinen kleinen Bruder auf dem Gewissen.«

Jack atmete tief durch. Es schien zwar unmöglich, aber der Einsatz war plötzlich noch höher geworden. »Ich komme jetzt zur William Street.«

»Bleib stehen. Dreh dich nach Süden. Siehst du es?«

»Was?«

»Das Eckhaus.«

Durch den schmiedeeisernen Zaun erspähte Jack ein stattliches viktorianisches Herrenhaus im Stil der Queen-Anne-Zeit, das von dichtem tropischem Blätterwerk und Flamboyantbäumen fast überwuchert war. Es war ein dreigeschossiges weißes Holzhaus mit einem Ausguck auf dem Dach und einer breiten Veranda, das einen frischen Anstrich nötig hatte, aber ansonsten noch gut in Schuß war. Blaue Läden rahmten die Fenster ein, doch sie waren nur Dekoration. Die Fenster selbst und auch die Türen waren verschlossen mit Sturmschutzblechen aus gewelltem Aluminium, Bleche, wie Leute, die nur im Winter hier wohnten, sie benutzten, um ihr Anwesen während der Hurrikansaison von Juni bis November gegen Schäden zu schützen.

»Ich sehe es«, sagte Jack. »Es ist sturmgeschützt.«

»Ja«, erwiderte die Stimme am anderen Ende der Leitung. »Aber deine Freundin ist drin. Und sie kommt nicht raus. Du mußt hinein und sie holen. Und denk nicht mal dran, die Bullen zu rufen, damit die hineingehen und sie für dich rausholen. Es ist ein großes altes Haus, und sie ist sehr gut versteckt. Vielleicht ist sie auf dem Dachboden. Vielleicht ist sie unter den Bodenbrettern. Du hast nur eine Möglichkeit, sie zu finden: Du mußt am Telefon bleiben und tun, was ich dir sage. Ich werde dich direkt zu ihr führen. Aber du mußt jetzt schnell handeln, Swyteck. Vor genau fünf Minuten habe ich ihr Arsen gegeben.«

»Mistkerl. Sie haben gesagt, Sie tun ihr nichts.«

»Ich habe ihr nichts getan«, sagte er scharf. »Der einzige, der ihr jetzt noch was tun kann, bist du. Du bringst sie um, wenn du nicht tust, was ich sage. Ohne Gegenmittel hat sie noch zwanzig Minuten. Je schneller du sie findest, desto schneller kannst du den Krankenwagen rufen. Die Hintertür ist offen. Ich habe den Sturmschutz abgenommen. Also hol sie dir, Jacky-Boy. Und bleib am Apparat.«

Jack empfand Wut, Angst und eine Springflut anderer Gefühle, aber er erkannte, daß er keine Zeit hatte, lange zu überlegen. Er riß das quietschende Eisentor auf, rannte die gepflasterte Auffahrt hoch und sprang über eine einen Meter hohe Hecke, um zur Hintertür zu gelangen – dem einzigen Zugang zu diesem verlassenen Herrenhaus in Key West.

52. Kapitel

Harold Swyteck ging nervös vor dem Lagerhaus auf und ab, wo er das Lösegeld abliefern sollte. Er war allein, aber bei dem Lärm des nahen Festes kam er sich vor, als würde er am Neujahrsabend im Orange-Bowl-Stadion sitzen. Er war nur ein paar Meter von dem verrückten Treiben auf der Duval Street entfernt und gleichzeitig relativ abgeschieden. Gelegentlich kamen Kostümierte vorbei, Leute, die auf den schwach beleuchteten Parkplatz hinter dem alten Warenhaus gingen, um es miteinander zu treiben, zu pinkeln oder einen Joint zu rauchen.

Der Gouverneur sah auf die Uhr. Es war schon beinahe ein Uhr, und bis jetzt hatte er weder von Jack noch von dem Entführer etwas gehört. Komisch, dachte er. Er stand alleine in der Dunkelheit mit einem Koffer voller Geld, doch er war kein bißchen besorgt wegen sich oder des Geldes. Sorgen machte er sich nur um Jack. Er blieb stehen und hob den Hörer des Münztelefons ab, um sich zu vergewissern, daß es auch funktionierte. Als er das Freizeichen hörte, legte er wieder auf.

Er seufzte schwer. Zwar gab er sich Mühe, wachsam und aufmerksam zu bleiben, doch den Lärm des Festivals konnte er nicht verdrängen. Gelächter, Geschrei, alle möglichen Arten von Musik, hervorgebracht von allen möglichen Instrumenten zwischen Kazoos und Geigen, zerrten an seinen Nerven. Im nahen Pier-House-Hotel plärrte eine Rockband. Er konnte den markerschütternden Baß und das dröhnende Schlagzeug hören. Anfangs war es nur lästig, wie ein tropfender Wasserhahn in der Nacht, doch mit der Zeit wurde der Rhythmus zu Donnerschlägen in seinem Hirn. Er wünschte sich, es würde aufhören, aber das Hämmern ging weiter. Er schüttelte den Kopf – und erstarrte dann, als er erkannte, daß Baß und Schlagzeug aus einer Richtung kamen, das Hämmern aber aus einer anderen. Er wirbelte herum und horchte. Das Hämmern kam aus nächster Nähe, von irgendwo hinter der Telefonzelle.

»Wer da?« rief er. Niemand antwortete. Das Hämmern wurde mit jeder Sekunde lauter und verzweifelter, wie die Schläge seines Herzens. Er machte zwei Schritte vorwärts, blieb dann stehen. Gleich hinter der Telefonzelle stand ein alter, verrosteter Transporter. Die Hintertüren erzitterten unter jedem dröhnenden Schlag. Das Hämmern kam aus dem Transporter. Es war ein Geräusch, als würde jemand gegen die Türen treten. Jemand versuchte herauszukommen! Die Metalltüren sprangen auf. Der Gouverneur zog seine Waffe.

»Keine Bewegung!« rief er. »Wer da?«

Die hektischen Bewegungen hörten auf, aber es kam keine Antwort. Der Gouverneur trat näher an den Transporter heran. Er wußte, daß es ihm nichts bringen würde, noch einmal zu fragen. Wenn er eine Antwort wollte, mußte er in den Transporter steigen.

53. Kapitel

Jack stieß die Hintertür des alten Herrenhauses auf und betrat die pechschwarze Küche. Er tastete sich an der Wand entlang, bis er einen Lichtschalter gefunden hatte. Er knipste ihn an, doch die Küche blieb dunkel – vollkommen dunkel, da jedes Fenster des Hauses mit Sturmschutzblenden verschlossen war.

»Es gibt keinen Strom!« rief Jack ins Telefon.

»Der ist abgeschaltet«, sagte Esteban. »Nimm die Taschenlampe vom Küchentisch.«

Jack stieß gegen einen Stuhl und fand den Tisch, schnappte sich die Taschenlampe und schaltete sie an. Adrenalinstöße trieben ihn vorwärts, aber plötzlich merkte er auch, daß er entsetzliche Angst hatte. Der weiße Lichtstrahl wirkte wie ein Laserstrahl im dunklen Raum, und er kam sich vor wie ein Eindringling, nicht nur in dieses Haus, sondern in eine andere Welt. Das alte Holzhaus, Überbleibsel einer früheren Epoche, schien zum Leben zu erwachen, es knarzte und ächzte bei jedem seiner Atemzüge, und es verströmte einen staubigen, muffigen Geruch. Alles in ihm war antik – die Möbel, die Tapete, sogar die alte Handpumpe am Spülbecken. Es war, als hätte seit hundert Jahren hier kein Mensch mehr gewohnt. Nein. Es war, als würden die Leute, die vor hundert Jahren hier gewohnt hatten, noch immer hier leben.

»Wo ist Cindy?« brüllte er ins Telefon.

»Geh durch die Tür rechts von dir. Ins Eßzimmer.«

Jack richtete den Strahl auf die rechte Wand und ging hastig auf die Tür zu. Die Dielen knarzten bei jedem Schritt. Er drehte den gläsernen Türknauf und betrat das Speisezimmer. Der Lichtkegel der Taschenlampe huschte über den langen Mahagonitisch, über die Stuhlreihen. Cindy war nirgends zu sehen. Er richtete die Lampe nach oben, aber der Kristallüster zerstreute das Licht. Er suchte die Wände ab und blieb an einem hundert Jahre alten Porträt eines verknöcherten alten Schiffskapitäns hängen, der vermutlich hier gelebt hatte und hier gestorben war. Es war fast so, als würde er Jack drohend anblicken.

»Wo ist sie?« rief er barsch.

»Immer mit der Ruhe«, antwortete Esteban. »Du hast Zeit. Du hast so viel Zeit, wie du mir gegeben hast, um dich zu überzeugen, daß Raul am Leben bleiben muß. Und jetzt«, sagte er, »bist du es, der mich überzeugen muß.«

Jack packte das Grauen. Es dämmerte ihm, daß er schon lange den Boden unter den Füßen verloren hatte, daß er diesem Mann auf Gedeih und Verderb ausgeliefert war. Schweiß tropfte ihm von der Stirn, als er das Funktelefon ans Ohr preßte. »Hören Sie, bitte –«

»Ich sagte, *überzeug mich*! Überzeuge mich, daß sie nicht sterben darf!«

»Ich gebe Ihnen alles, was Sie wollen. Sagen Sie es nur – alles, was Sie wollen.«

»Ich will, daß du dich fühlst, wie ich mich gefühlt habe. Ich will, daß du dich so hilflos fühlst wie ich damals. Fangen wir mit Schleimen an. Flehe mich an, Swyteck. Flehe mich an, sie nicht hinzurichten.«

Einen Augenblick lang stand Jack sprachlos da, voller Angst, wertvolle Zeit zu vergeuden. Er leuchtete mit der Taschenlampe ins Wohnzimmer und dann den langen Gang entlang. Am liebsten wäre er losgerannt, um Cindy zu suchen. Aber das

Haus war riesig. Er würde sie nie rechtzeitig finden. »Bitte«, sagte er mit zitternder Stimme. »Lassen Sie sie frei.«

»Ich sagte *flehen*!«

»*Bitte.* Cindy hat das nicht verdient. Sie hat nie jemandem was getan.«

»Probier mal die Anrichte. Den unteren Teil.«

Jack rannte durchs Speisezimmer und stolperte dabei über den Perserteppich. Er riß die Türen der Anrichte auf und leuchtete hinein. »Sie ist nicht –«

»Natürlich ist sie nicht. Bitten und Flehen führt zu nichts – das weißt du doch. Versuch etwas anderes.«

Jack stand auf und drückte sich, kurz und hektisch atmend, den Hörer ans Ohr. »Du elender Hurensohn. Sag mir jetzt endlich, wo sie ist.«

»Aha, Wut«, spottete er. »Mal sehen, wie weit uns das bringt. Versuch's im Wohnzimmer – in dem Wandschrank am Treppenabsatz.«

Jack richtete den Strahl quer durchs Zimmer und beleuchtete einen Treppenaufgang, der einer Scarlet O'Hara würdig gewesen wäre. Majestätisch schwang sich die Treppe hoch zum ersten Stock und wand sich dann in engen, schmaleren Stufen bis in den zweiten.

»Der Wandschrank«, befahl Esteban, als würde er irgendwie spüren, daß Jack sich noch nicht gerührt hatte.

Jack spürte, wie die Sekunden vertickten. Er war eine Marionette, aber im Befolgen der Befehle lag seine einzige Hoffnung. Er lief auf die Treppe zu, suchte sich mit der Taschenlampe einen Weg zwischen all den Antiquitäten hindurch. Er fand den Wandschrank und riß die Tür auf. Nichts. »Saukerl!« schrie er, und seine Stimme hallte durch den dunklen, hohen Treppenschacht.

»Die Zeit drängt«, sagte die Stimme aus dem Telefon. »Was hast du jetzt vor?«

»Lassen Sie dieses Spiel doch endlich. Ich bin derjenige, den Sie wollen. Dann nehmen Sie mich. *Mich*, nicht sie.«

»Jaaa«, sagte Esteban und dehnte befriedigt das Wort. »Ein Geständnis. Das ist deine letzte Chance. Das ist genau der Schluß, zu dem ich gekommen bin, Swyteck. Mal sehen, ob es wenigstens diesmal funktioniert. Gestehe mir.«

»Ich gestehe alles. Ich bin derjenige, den Sie wollen.«

»Warum?« Noch hatte er sein Spiel nicht ausgespielt. »Was hast du *getan?*«

»Was immer Sie sagen, ich habe es getan. Was immer Sie sagen. Ich habe es –«

»Nein«, fuhr Esteban barsch dazwischen. »Du mußt es ernst meinen. Gestehe mir, und meine es ernst!«

»Ich habe es getan!«

»Du hast Raul getötet! Sag's mir!«

»Wo ist sie?«

»Gestehe!«

»Ja! Ja!« rief er ins Telefon. »Ich habe Raul Fernandez getötet, okay? Ich habe es getan. Aber jetzt, wo ist Cindy?«

»Direkt hinter dir.«

Jack wirbelte herum, blickte den Treppenschacht hoch und sah einen Körper wie eine Bombe durch die abgestandene Luft fallen. »Cindy!« schrie er. Aber das nächste Geräusch war das Brechen eines Genicks in der Schlaufe eines Seils. Ihre Füße baumelten in der Luft. Jack schrie auf. Er erkannte ihre Kleidung. Eine schwarze Kapuze verhüllte ihren Kopf – wie bei einer Hinrichtung. »O Gott, nein...«, schluchzte er, während das Entsetzen ihm den Schädel zu sprengen drohte. Er ließ das Funktelefon fallen, rannte die Treppe halb hoch und versuchte, sie herunterzuziehen. Aber er konnte sie nicht erreichen. Er stieg noch ein paar Stufen höher und lehnte sich, so weit er konnte, über das Geländer, aber er kam noch immer nicht an sie heran. Schließlich rannte er ins Wohnzimmer zurück, schnappte sich einen Stuhl und eilte damit zur Treppe.

»Das bringt doch nichts mehr«, kam von irgendwo aus dem stockdunklen Treppenhaus eine tiefe, dröhnende Stimme. »Sie ist tot.«

Jack erstarrte. Er war nicht allein.

Er ließ den Stuhl fallen und zog seine Waffe. Mit der Taschenlampe leuchtete er erst hinter sich, dann nach vorne und nach oben. Er sah niemanden. »Ich bring dich um!« rief er in die Dunkelheit.

»Rache!« donnerte es plötzlich durchs Treppenhaus. »Jetzt wollen wir sie beide. Komm und hol mich, Swyteck!«

Jack dachte nur an die baumelnde Cindy, und einen verrückten Augenblick lang war er bereit, sein Leben aufs Spiel zu setzen, um Rache dafür zu nehmen. Ohne an seine Sicherheit zu denken, rannte er die Treppe hoch, die Taschenlampe in der einen Hand, die Waffe in der anderen. In vollem Lauf erreichte er den Treppenabsatz. Doch als er um die Ecke bog und den Gang entlangsprintete, schickte ein ohrenbetäubender Knall ihn zu Boden. *Schmerz... keinen Boden mehr unter den Füßen... nach hinten fallen... keine Kontrolle mehr.*

Pistole und Taschenlampe flogen ihm aus den Händen, als er gegen das Geländer krachte. Es kam ihm vor, als würde er in Zeitlupe fallen. Er hörte sich aufschreien, als er auf einem Tisch aufschlug und auf den Boden des Wohnzimmers kullerte. *Keine Luft mehr... O Gott, der Schmerz.*

Sekunden vergingen. Das Zimmer war vollkommen dunkel. Doch dann stach ihm ein heller Lichtstrahl in die Augen.

Esteban starrte vom Treppenabsatz auf ihn herab. Ein Lächeln kroch über sein Gesicht, als er den sich auf dem Boden windenden Körper sah. Es freute ihn, daß Jack noch lebte. Er richtete seine Taschenlampe in den Treppenschacht, wie um seine Arbeit zu bewundern. Der schlaffe, leblose Körper hing über seinem Kopf, drehte sich langsam am Seil. Er streckte die Waffe in den Gürtel und zog sein Schnappmesser heraus. »Das Spiel ist eröffnet«, sagte er trocken. Dann richtete er die Taschenlampe wieder auf Jack – und sein zufriedenes Lächeln verschwand. In den paar Sekunden, die er sich gegönnt hatte, um den Augenblick zu genießen, war sein Opfer still und heimlich verschwunden.

Esteban suchte mit der Taschenlampe das Wohnzimmer ab. Verwirrung malte sich in seinem Gesicht. Er sah kein Blut. Überhaupt kein Blut, nirgendwo. Wütend knirschte er mit den Zähnen, als ihm dämmerte, daß sein Opfer offensichtlich eine Schutzweste trug. Blitzschnell richtete er die Taschenlampe wieder auf den Treppenabsatz. Jacks Waffe und die Taschenlampe lagen noch auf dem Boden.

Estebans Lächeln kehrte zurück. Jack war unbewaffnet, und weit konnte er nicht gekommen sein. Das Haus war vollkommen dunkel, und trotzdem hatte er sich geräuschlos weggeschlichen. Das hatte er nur tun können, weil er innerhalb des

Lichtkegels der Taschenlampe geblieben war. Esteban legte die Lampe vor sich auf den Treppenabsatz, um sich darüber klarzuwerden, wie weit Jack gekommen sein konnte. Der düstere, gespenstische Schein reichte bis ans andere Ende des Wohnzimmers, in den Empfangsraum auf der einen Seite und in den Gang, der zur Bibliothek führte, auf der anderen. Der Fluchtbereich war so groß, daß die Jagd Spaß machen würde. Diesmal würde Jack Swyteck nicht entkommen.

54. Kapitel

Vor dem Lagerhaus vier Blocks weit entfernt ging Gouverneur Harold Swyteck vorsichtig auf die weit geöffneten Türen des alten Chevy-Transporters zu. Sein Herz raste, seine Waffe hatte er in der Hand. Drei Meter vor dem Transporter blieb er abrupt stehen, als er sah, daß ein Sack etwa von der Größe eines Leichensacks auf dem Boden des Transporters lag und zuckte.

»Keine Bewegung!« rief er.

Das Zucken hörte auf, aber ein Wimmern folgte. Es war ein erstickter, verzweifelter Ton. Der Gouverneur ging näher heran und besah sich das Nummernschild. Es war ein Schild von Dade County – aus Miami.

»Hier ist Harold Swyteck«, rief er, als er vor dem Heck des Transporters stand.

Das Wimmern wurde lauter, eindringlicher.

»Liegenbleiben«, befahl er. »Ich habe eine Waffe.« Er stieg in den dunklen Transporter und kniete sich neben den Sack. Mit der einen Hand richtete er die Waffe darauf, mit der anderen knotete er schnell die Schnur auf.

»Cindy!« rief er, als er sie anhand von Jacks Beschreibung erkannte.

Sie starrte ihn mit weit aufgerissenen, entsetzten Augen an.

»Alles in Ordnung«, flüsterte er besänftigend. »Ich bin Jacks Vater.« Er begann, den Sack weiter zu öffnen, hörte aber auf, als er sah, daß sie nackt war. Das Monster hatte ihr die Kleider abgenommen. Er nahm ihr den Knebel aus dem Mund.

Sie atmete tief durch und versuchte, ihren taub gewordenen Kiefer zu bewegen. »Gott sei Dank«, schluchzte sie mit zitternder Stimme.

»Alles in Ordnung?«

»Ja, ja!« antwortete sie. »Aber Sie müssen die Polizei rufen. Er wird Jack umbringen. Er hat es mir gesagt, kurz bevor er mich mit einer Injektion betäubt hat. Er ist in ein anderes Haus gegangen und hat gesagt, daß Sie mich im Transporter finden würden. Ich habe Ihnen seine Botschaft zu überbringen.« Ohne Atem zu holen, redete sie hastig weiter. »Er hat gesagt, er wird Jack töten, und er will, daß Sie die Leiche finden. Vielleicht ist es schon zu spät, um ihn noch zu retten. Er hat gesagt, wenn ich aufwache, ist Jack schon tot.«

»Wo sind sie?«

»Das hat er mir nicht gesagt. Er ist nicht auf einen Showdown mit Ihnen aus. Er will, daß Sie Ihren Sohn suchen, weil Sie noch Hoffnung haben, ihn zu retten. Er will, daß Sie zu spät kommen. Er will, daß Sie Jacks Leiche finden.«

Der Gouverneur riß sich das Funktelefon von der Weste und drückte die Schnellwahltaste. »Roter Alarm, Kimmell! Ich habe Cindy. Sie ist in Ordnung. Jack ist in Schwierigkeiten. Ich brauche seinen Aufenthaltsort.«

»Roger«, erwiderte Kimmell und drückte einen Knopf auf seinem Anzeigegerät. Innerhalb von Sekunden würde es das Signal von Jacks Sender empfangen. Zumindest hätte es das tun sollen. Er drückte noch einmal auf den Knopf. Immer noch nichts. Noch einmal. Wieder nichts.

»Verdammt, ich bekomme keine Anzeige«, sagte er.

»Was?«

»Das Signal kommt nicht durch.«

»Wie ist das möglich?«

Kimmell schüttelte den Kopf und überlegte. »Ich weiß nicht – vielleicht hat er den Sender verloren. Es tut mir leid, Herr Gouverneur. Ich kann ihn nicht finden.«

Die Worte trafen Harold Swyteck bis ins Mark. »Gott steh ihm bei«, murmelte er. »Gott im Himmel, bitte hilf ihm.«

55. Kapitel

Esteban stieg leise, aber voll wilder Entschlossenheit unter Rebeccas baumelnder Leiche die Treppe hinunter. Die Taschenlampe hatte er so auf die oberste Stufe gelegt, daß sie den Treppenschacht beleuchtete. Er brauchte Licht, wollte seinen Standort dem Gegner aber nicht verraten. In dem gespenstischen gelben Schein warf seine große, schlanke Gestalt einen langen Schatten ins Wohnzimmer. Seine Bewegungen waren lautlos wie die einer Schlange. Die Waffe in seiner Hand fühlte sich warm an. Sein Herzschlag war normal – für einen erfahrenen Killer war das ein ganz gewöhnlicher Arbeitstag. Er konnte entweder darauf warten, daß Jack aus seinem Versteck kam, oder ihn suchen. Die Entscheidung war einfach. Esteban liebte es, seine Beute aufzustöbern.

In dem winzigen Badezimmer am anderen Ende des langen Ganges war es so heiß, daß Jack kaum noch Luft bekam. Schweiß lief ihm über den Körper. Die schußsichere Weste heizte ihn auf wie ein Wintermantel, aber er traute sich nicht, sie auszuziehen. Einmal hatte sie ihm bereits das Leben gerettet – obwohl ein beständiger, stechender Schmerz ihm sagte, daß er wahrscheinlich eine Rippe gebrochen hatte. Er atmete flach, um den Schmerz so gering wie möglich zu halten. Aber der Schmerz war das kleinste seiner Probleme. Er hatte keine Pistole, keine Taschenlampe, keinen Kontakt zur Außenwelt. Bei seinem Sturz von der Treppe hatte er alles verloren, und der Schuß hatte Kimmells Sender zerstört. Er setzte einzig auf den Überraschungsmoment. Völlig bewegungslos stand er mit dem Rücken zur Wand hinter der Tür. Er lauschte aufmerksam, ob von seinem Verfolger etwas zu hören war, und akzeptierte die brutale Tatsache, daß nur einer von ihnen beiden dieses Haus lebend verlassen würde.

Mit der Waffe in der Hand schlich Esteban den Gang hinter der Treppe entlang, einen langsamen, geräuschlosen Schritt nach dem anderen machend. Das schummrige Licht vom Treppenschacht wurde mit jedem Schritt schwächer, aber er bewegte sich auf vertrautem Gelände. Vor Jacks Eintreffen war er mehrere Male durch das ganze Haus gegangen. Er wußte, daß sich wenige Meter vor ihm, knapp außerhalb des Lichtkreises, rechts ein Schlafzimmer und geradeaus ein Bad befand. Er rückte näher an die Wand und blieb eineinhalb Meter vor der offenen Badtür stehen.

Jack war von absoluter Dunkelheit umgeben, aber seine Pupillen gewöhnten sich allmählich daran. Mit einem Auge spähte er durch den vertikalen Schlitz zwischen Tür und Stock. Im Wohnzimmer am anderen Ende des Ganges war Licht, aber der Gang selbst war kaum beleuchtet. Mit jeder Sekunde konnte Jack besser sehen. Schließlich entdeckte er Esteban – eine schwarze Silhouette mit einer Waffe in der Hand.

Er spürte, wie seine Hände zu zittern begannen und sein Herz noch heftiger schlug. Er schmeckte Blut – beim Sturz war die Lippe aufgeplatzt. Langsam rückte der Schatten näher. Jack konnte weder die Augen noch die Gesichtszüge erkennen. Aber er sah genug, um zu wissen, daß der Feind direkt vor ihm stand. Er starrte ihm ins Gesicht, aber der Feind war ein Schatten. Er fragte sich, ob Esteban – oder wer es auch sein mochte – ihn ebenfalls sehen konnte, ob er wußte, daß er unbewaffnet und wehrlos war. In wenigen Sekunden würde er es wissen. Esteban hatte zwei Türen, zwischen denen er sich entscheiden mußte, die zum Schlafzimmer und die zum Bad. Jack hielt den Atem an und wartete.

Geh ins Schlafzimmer, flehte er.

Die Zeit stand still. Dann bewegte sich Esteban ein paar Zentimeter. Er kam näher. Er hatte sich für das Bad entschieden.

Jack konnte Estebans Atem hören. Seine eigenen Lungen barsten fast, aber er wagte nicht zu atmen. Wie festgenagelt stand er an der Wand, die offene Tür vor dem Gesicht. Esteban stand auf der Schwelle. Mit einer Hand hatte er sie bereits überquert. Noch ein Schritt, und er wäre im Bad.

Da stemmte sich Jack plötzlich mit aller Kraft gegen die Tür und stieß sie zu. Esteban schrie auf. Sein Handgelenk war in der Tür eingeklemmt, die Hand mit der Waffe ragte ins Bad hinein. Ein Schuß dröhnte durch den stockdunklen Raum, der Spiegel zersplitterte. Ein zweiter zertrümmerte das Waschbecken. Esteban feuerte wild um sich. Mit seinem ganzen Gewicht warf Jack sich noch einmal gegen die Tür, dann hörte er, wie Metall auf Fliesen klapperte. Die Waffe lag am Boden. Und Esteban war eingeklemmt.

Die Schulter weiter gegen die Tür gestemmt, tastete Jack mit dem Fuß nach der Waffe. Er fand sie, hatte sie direkt unter der Sohle. Er hörte ein splitterndes Geräusch, als würde ein Nagel in Holz geschlagen. Ein zweites solches Geräusch, und Jack schrie vor Schmerz auf, als Estebans Messer durch das Türblatt drang und ihn in den Unterarm stach. Jack duckte sich und packte die Waffe, in der Erwartung, daß Esteban jeden Augenblick durch die Tür stürmte. Er zielte und schoß zweimal in die Dunkelheit. Aber niemand fiel. Für Angst blieb ihm keine Zeit. Er hörte Schritte im Gang. Esteban lief davon. Jack öffnete die Tür und schoß sofort, aber der Gegner war bereits um die Ecke verschwunden.

Jetzt stürzte er aus dem Bad und folgte Estebans Schritten. Aus der Küche kam ein Krachen. Der Killer floh. Als Jack die Küche erreichte, wurde eben die Hintertür zugeschlagen. Er lief auf die Veranda, sah nach links, dann nach rechts. Er entdeckte einen schwarzgekleideten Mann, der auf dem Bürgersteig in Richtung Duval Street lief. Jack wußte, wenn Esteban es bis zum Fantasy-Fest schaffte, würde er für immer verschwunden sein. Seine Rippen schmerzten von dem Treffer, am Unterarm hatte er eine Stichwunde, und er blutete heftig an der Stirn, aber die Beine waren bei seinem Sturz heil geblieben. Also steckte er die Waffe in den Gürtel und rannte los.

Trotz der schweren Weste lief er schneller als er je gelaufen war, und er holte auf. Als sie sich der Duval Street näherten, begegneten ihnen Pfaue, Zinngießer und Betrunkene, die von dem tobenden Straßenfest wegtaumelten. Explodierende Knallfrösche provozierten spitze Schreie und lautes Gelächter.

»He, aufpassen!« rief eine als Kleopatra verkleidete Frau, aber Esteban stürmte weiter, als wäre sie gar nicht da, und tauchte dann in einer dicht gedrängten Kostümparade auf der Duval Street unter. Jack folgte ihm und versuchte verzweifelt, ihn nicht aus den Augen zu verlieren, während er sich durch die wogende Masse drängte. Er bekam kaum noch Luft. Plötzlich wurde er von einem Meer aus Perlen, Federn und bemalten Gesichtern verschluckt, und als er wieder auftauchte, war Esteban verschwunden.

»Du Arschloch«, hörte er jemanden rufen. Er drehte den Kopf und sah Esteban mitten durch einen langen, gewundenen chinesischen Drachen laufen, den er dadurch in zwei Teile riß. Esteban hatte nicht einfach nur vor, im Gewühl zu verschwinden, das erkannte Jack jetzt. Er hatte ein ganz bestimmtes Ziel. Er lief in Richtung Norden, auf den Bootshafen beim Mallory Square zu. Plötzlich durchzuckte es Jack. *Ein Boot!* Esteban wollte mit einem Boot flüchten. Jack zögerte nur eine Sekunde – gerade lange genug, um an Cindy zu denken. Dann stürmte er in die gleiche Richtung, stieß die Beatles und Napoleon beiseite, ließ Gumby und Marilyn Monroe hinter sich.

Esteban löste eben das Halteseil eines schnittigen Rennboots, als Jack den langen hölzernen Bootssteg am Ende der Duval Street erreichte. Mit ohrenbetäubendem Lärm sprangen die drei Außenbordmotoren an. Jack blieb stehen, zog seine Waffe und zielte. Ein Clown schrie auf, die Menge stob auseinander, da Jacks Waffe, Fantasy-Fest hin oder her, einfach zu echt aussah. Ein Höhlenmensch wurde plötzlich zum Helden und schlug Jack mit seinem Knüppel die Pistole aus der Hand.

»Nein!« schrie Jack, als die Waffe über die Planken schlitterte und ins Wasser fiel.

Estebans Boot bewegte sich vom Pier weg, anfangs nur langsam, solange es sich durch die Menge der anderen Boote einen Weg bahnen mußte. Jack reagierte instinktiv, sprintete los und sprang in dem Augenblick vom Pier auf den geschlossenen Bug des Boots, als Esteban den Gashebel durchdrückte. Die mächtigen Motoren brüllten auf, und der Bug hob sich aus dem Wasser, was Jack aus dem Gleichgewicht brachte. Während das Boot durch die Dunkelheit raste, kam er wieder auf die Beine.

Als Esteban merkte, daß Jack an Bord war, nahm er das Steuer in eine Hand, griff mit der anderen nach einem langen Bootshaken und stieß damit nach seinem unwillkommenen Passagier. Der Motorenlärm wurde unerträglich, während das schmale Boot von sechzig auf neunzig und dann auf über hundert Stundenkilometer beschleunigte. Jack fiel auf die Knie, als sie über einen großen Brecher donnerten. Esteban riß das Steuer herum, das Boot drehte sich nach rechts, und Jack taumelte über den Bug. Sekundenbruchteile später flog er kopfüber von Bord und schlitterte wie ein Hüpfstein mit hundert Stundenkilometern über das Wasser.

Benommen und Salzwasser spuckend, tauchte Jack wieder auf. Er versuchte zu schwimmen und spürte gleich darauf Boden unter den Füßen. In weniger als neunzig Sekunden hatte das Boot fast eine Meile zurückgelegt, und jetzt stand er auf einem Korallenriff vor der Küste. Er konnte gerade den Kopf über Wasser halten, ohne sich auf die Zehenspitzen stellen zu müssen. Fluchend stand er in dem weißen Schaumreißverschluß von Estebans Kielwasser, während er zusehen mußte, wie das Boot in der Entfernung immer kleiner wurde. Doch dann erstarrte er, als er sah, daß Esteban wendete. Er kam zurück – mit voller Geschwindigkeit raste er direkt auf Jack zu.

Der Kerl will mich plattmachen.

Jack tauchte unter und drückte sich an das Riff. An den scharfen Korallen, die wie riesige Finger und Fächer vom Boden aufragten, schnitt er sich Finger und Knie auf, aber diese Aktion rettete ihm das Leben. Er hielt sich fest, während das Boot über ihn hinwegbrauste. Die wirbelnde Schraube verfehlte ihn nur um einen knappen halben Meter. Er tauchte zum Luftholen auf, sah, daß das Boot noch einmal wendete, und tauchte wieder unter. Doch diesmal näherte sich das Boot langsamer. Esteban wollte das Ergebnis seiner Arbeit begutachten. Nach zwei Jahren des Wartens mußte er jetzt einfach Blut sehen.

»Bist du schon Fischfutter, Swyteck?« rief er in die Dunkelheit. Er war sich ziemlich sicher, daß er den elenden Anwalt halbiert hatte. Er hatte einen Aufprall gespürt. Aber das Wasser hier war so flach, daß es durchaus Boden- und nicht Feindberührung gewesen sein konnte. Er sah nach links, dann nach rechts und suchte intensiv die ganze Umgebung ab, während das Boot sich langsam der Stelle näherte, wo er sein Opfer zum letztenmal gesehen hatte.

Jack klammerte sich am Riff fest und versuchte verzweifelt, unter Wasser zu bleiben. Aber er brauchte ebenso verzweifelt

Luft. Das Boot war direkt über ihm und tuckerte auf der Stelle. Ein paar Sekunden vergingen, dann hielt er es nicht länger aus. Er tauchte auf und klammerte sich an der Sprungplattform am Heck des Bootes fest. Esteban hatte ihn weder gehört noch gesehen. Auch bei langsamer Fahrt machten die drei Motoren noch viel Lärm. Vorsichtig zog Jack sich auf die Plattform und spähte über das Heck ins Boot. Esteban sah nach vorne, suchte die Wellen nach treibenden Fleischstücken ab.

Leise kroch Jack über die Sprungplattform auf die Motoren zu. Er hatte es auf die Benzinleitungen abgesehen. Ohne Treibstoffzufuhr würde Esteban es vielleicht noch eine Meile ins offene Meer hinaus schaffen, dann aber antriebslos liegenbleiben. Jack griff nach den Leitungen und versuchte, seinen Schrei zu unterdrücken, als er sich an einem heißen Motorenblock die Hand verbrannte – aber Esteban hatte das leise Stöhnen gehört.

»Stirb!« schrie er und schlug Jack mit dem Bootshaken wie mit einer Axt quer über den Rücken.

Jack schrie auf vor Schmerz, packte aber den Haken und zog daran, während er ins Wasser kippte, so daß Esteban mit über Bord ging. Sie stürzten in das nur ein Meter achtzig tiefe Wasser und kamen gleichzeitig auf dem schartigen Meeresboden auf. Esteban tauchte als erster wieder auf, und um sich schlagend wie ein Schwertfisch am Haken versuchte er, Jack unter Wasser zu halten. Jack stolperte über die Korallen, suchte einen Halt, um den Kopf aus dem Wasser heben zu können. Aber Estebans kräftige Finger fanden Jacks Kehle, bevor er die Füße auf festen Boden stellen konnte. Jack trat um sich und schwang die Fäuste, aber der Wasserwiderstand machte seine Schläge wirkungslos. Das Salzwasser brannte ihm in der Nase. Er schnappte nach Luft, bekam aber nur Meer in die Lungen.

Verzweifelt suchte er den Boden nach einem Stein ab, den er als Waffe benutzen konnte. Es gab keine. Aber es gab die Korallen, die vom Boden aufragten wie ein versteinerter Wald. Sie waren hart und scharf wie Messer. Er tastete und fand schließlich eine, die sich anfühlte wie die Geweihstange eines jungen Bocks. Er umklammerte den Korallenstab, brach ihn ab und stieß damit nach Estebans Kopf. Er traf etwas. In dem aufgewühlten Schaum konnte er nichts sehen, er hatte aber gespürt, daß er in etwas Weiches eingedrungen war. Er stieß noch einmal zu, und der tödliche Griff um seinen Hals lockerte sich. Er riß sich los und schoß hustend an die Oberfläche.

Als er das letzte Salzwasser ausgespuckt hatte, sah er, daß Esteban, weniger als fünf Meter entfernt, erneut den Bootshaken hob, den das Wasser wieder in seine Hände getrieben hatte. Er schwang ihn über dem Kopf, und Jack sah, daß ihm Blut aus der Kehle quoll.

»Du Saukerl!« schrie Esteban. »Du elendes Schwein!« Er ließ den Haken niedersausen, aber Jack wich nach links aus und packte den hölzernen Schaft des Hakens. Estebans Blick war bereits glasig, sein Griff nur noch schwach. Der Blutverlust zeigte Wirkung, aber Esteban griff noch immer an.

»Jetzt reicht's!« rief Jack wütend.

Er stieß zu, zerschmetterte dem Kubaner mit dem Haken die Zähne und rammte ihn in seine Kehle. Der Schwung dieses Stoßes warf Estebans Körper nach hinten, Jack setzte sofort nach und drückte mit der Stange den Kopf so lange unter Wasser, bis keine Bläschen mehr an die Oberfläche stiegen. Es dauerte eine volle Minute, bis Jack die Stange losließ und auf das Boot zuschwamm.

An Bord ließ er den Blick über die Wasseroberfläche schweifen, unfähig zu glauben, daß der Kampf nun vorbei war. Zehn Minuten saß er so da und starrte die Stelle an, wo Esteban untergegangen war. Beinahe erwartete er, daß er noch einmal auftauchte wie die mechanische Bestie in *Der weiße Hai*. Aber das hier war das wirkliche Leben, wo der Mensch für jede seiner Handlungen zu bezahlen hatte. Der Vollmond hing wie ein großes helles Loch in der Dunkelheit. Eine Sternschnuppe schoß über den Himmel, und das sanfte Plätschern der Wellen am Bug erinnerte Jack daran, daß nicht einmal dieses Drama den Rhythmus der Natur hatte stören können.

Hinter sich hörte er Knattern und drehte sich um. Ein Hubschrauber der Küstenwache kam vom Ufer auf ihn zugeflogen. Jack saß bewegungslos da, während die warme, sanfte Strömung das Riff überspülte und die dunkelrote Wolke von Estebans Blut auflöste. Was für eine Ironie, dachte er. Hunderte, ja Tausende unterdrückter Menschen waren auf kleinen Flößen oder Gummireifen von Kuba geflohen, nur um dann vom Golfstrom mitgerissen zu werden und irgendwo im Atlantik unterzugehen. Jetzt endlich war einer der Unterdrücker unterwegs zum Meeresboden. Und so Gott wollte, würde das Meer ihn nie wieder hergeben.

Jack hob den Kopf, als der Wasserhubschrauber direkt über ihm schwebte und dann neben ihm aufsetzte. Die Glaskuppel über dem Cockpit funkelte im Mondlicht, und in der Kanzel konnte er seinen Vater erkennen. Jack winkte ihm, um ihn wissen zu lassen, daß er in Ordnung war, und der Gouverneur öffnete die Glastür und winkte zurück.

»Sie ist okay«, rief er durch den Lärm der Rotorblätter. »Cindy ist okay.«

Jack hörte die Worte, konnte aber nichts damit anfangen. *Sie kann unmöglich am Leben sein.* Er hatte sie mit eigenen Augen gesehen. Hatte sie dort hängen sehen. Der Teil seiner Seele, den sie bewohnt hatte, war aus ihm herausgerissen worden. Trotzdem, er wollte einfach glauben. Ach, wie sehr er es wollte, daß sie noch lebte... Er sah seinen Vater eindringlich an und gestattete sich ein Fünkchen Hoffnung.

»Es geht ihr wirklich gut«, sagte Harry, als er die Verwirrung auf dem Gesicht seines Sohnes bemerkte. »Ich habe sie eben noch gesehen. Ich habe sie eben noch in meinen Armen gehalten.«

Der Gouverneur warf ihm ein Seil zu, aber Jack war zu verblüfft, um auch nur einen Finger zu rühren. Ganz langsam sank das Gehörte in ihn ein. Cindy war am Leben. Sein Vater war bei ihm. Und die Gefahr war vorüber. Er griff nach der Rettungsleine und schwamm auf den Hubschrauber zu. Der Luftzug der Rotorblätter wirbelte das Wasser auf und spritzte ihm Gischt ins Gesicht, aber das machte ihm nichts. Alle die Schnitte und Kratzer, die Quetschungen, ja sogar seine gebrochene Rippe erinnerten ihn aufs wunderbarste daran, daß er noch am Leben war, daß er lebendig war und etwas hatte, für das es sich zu leben lohnte.

Denn das war deutlich zu sehen in dem Gesicht, das ihn begrüßte. Als Jack den Kopf hob, sah er Tränen der Freude und des Stolzes in den Augen seines Vaters.

Epilog: Januar 1995

Schon bevor die Strömung Estebans Leiche ins offene Meer getragen hatte, wurde seine Geschichte mit der Gewalt einer Flutwelle ans Ufer gespült. Die Medienschlacht begann noch an diesem Sonntagvormittag und hielt Wochen an, das Wesentliche wurde jedoch innerhalb von vierundzwanzig Stunden bekannt. Die Geschichte schaffte es auf die Titelseite jeder größeren Zeitung in Florida. Sie wurde zum Aufmacher der lokalen und nationalen Fernsehnachrichten, und CNN berichtete sogar in einer mehrstündigen Dauersendung darüber.

Bis zum Montagmorgen hatten die Swytecks den Medien alles enthüllt, und so wurde die Wahrheit über Estebans zweijährigen Rachefeldzug für seinen Bruder allgemein bekannt. Die Öffentlichkeit erfuhr, daß weder Jack noch sein Vater Eddy Goss ermordet hatte. Esteban hatte es getan, als Teil seines Plans, Jack diesen Mord anzuhängen und ihn für ein Verbrechen, das er nie begangen hatte, hinrichten zu lassen. Die Öffentlichkeit erfuhr, daß Esteban, nicht Jack, Gina Terisi ermordet hatte, daß es Estebans verzweifelter Versuch gewesen war, Jacks Verurteilung durchzusetzen. Und die Öffentlichkeit erfuhr, daß Gouverneur Swyteck keinen Unschuldigen hatte hinrichten lassen. Nach Estebans Schilderung war Raul Fernandez dabeigewesen, das junge Mädchen zu vergewaltigen, als Esteban sie tötete; sowohl Esteban wie Fernandez hatten bekommen, was sie verdienten.

Schon am Montagabend wurden die Swytecks zu Helden gekürt. Sie hatten nicht nur einen psychopathischen Killer beseitigt, sondern auch einen von Castros ehemaligen Schergen. Der Gouverneur erhielt Glückwunschtelegramme von verschiedenen Staatsoberhäuptern. In Little Havanna wurde eine Petition zur Schaffung eines »Swyteck Boulevard« aufgelegt. Inmitten all des Trubels gab das Büro des Staatsanwalts still und heimlich eine feige formulierte Verlautbarung heraus, in der es hieß, daß Wilson McCue die Anklagejury, die er zusammengerufen hatte, um über die Mordanklagen gegen die Swytecks zu befinden, unverzüglich entlassen werde.

Und am folgenden Dienstag – dem zweiten Dienstag im November – gingen die Wähler zu den Urnen. Eine größere Wahlbeteiligung hatte es in Florida noch nie gegeben. Und niemand hatte je einen dramatischeren Umschwung der öffentlichen Meinung innerhalb nur einer Woche erlebt.

»Das zweitemal ist es noch schöner!« verkündete Harry Swyteck von der Tribüne des Ballsaals aus, in dem zwei Monate später der Beginn seiner zweiten Amtsperiode gefeiert wurde.

Laute Hochrufe füllten den Saal, als dreihundert Freunde und Gäste ihre Champagnergläser erhoben und dem wiedergewählten Gouverneur zuprosteten. Die Band fing an zu spielen. Der Gouverneur nahm Agnes bei der Hand und führte sie auf die Tanzfläche. Als wäre es ihre Silberhochzeit, schwebten die beiden anmutig zu ihrem Lieblingslied über das Parkett, der Gouverneur im Smoking und seine Braut in einem glänzenden weißen Taftkleid.

Von ihren Plätzen am Ehrentisch aus sahen Jack und Cindy zu, wie die Paare auf die Tanzfläche strömten. Seit langer Zeit waren sie nicht mehr so glücklich gewesen. Natürlich hatten beide Wunden davongetragen. Cindy hatte Alpträume und fürchtete sich vor dem Alleinsein. Wie Jack dachte auch sie dauernd an Gina und was sie hatte durchmachen müssen. Langsam jedoch näherten sie sich wieder dem normalen Leben, und ihre Liebe wurde die Quelle ihrer Kraft. Cindy nahm die

Arbeit im Fotostudio wieder auf. Jack hatte seine eigene Kanzlei eröffnet und genoß den plötzlichen Luxus, sich seine Mandanten aussuchen zu können. Bis Weihnachten hatte sich ihr Leben deutlich verbessert – in psychologischer, emotionaler und vor allem in romantischer Hinsicht.

Jack konnte seine Bewunderung und sein Staunen nicht verbergen, sooft er über den Tisch hinweg zu Cindy hinübersah. Sie sah spektakulär aus in ihrem purpurroten Kleid mit der eleganten Bordüre und dem tief ausgeschnittenen Dekolleté; ihr strahlendes Gesicht wurde eingerahmt von zwei baumelnden Diamantohrringen, die Agnes ihr geliehen hatte.

»Komm mit«, sagte Jack und nahm sie bei der Hand. »Ich will dir etwas zeigen.« Arm in Arm verließen sie den überfüllten Ballsaal und gingen in einen der stillen Innenhöfe, die dieses Hotel im klassisch-mediterranen Stil seit seiner Eröffnung in den zwanziger Jahren zu etwas ganz Besonderem machten.

Sanfte Musik strömte durch die offenen Flügeltüren und machte diesen kühlen, frischen Januarabend unter Mond und Sternen noch romantischer. Arm in Arm schlenderten sie vorbei an üppig belaubten Spalieren, einem plätschernden Brunnen und Topfpalmen auf eine Veranda von der Größe eines Tennisplatzes. Jack stellte sein Champagnerglas auf die Steinbrüstung. Wenn man sich vorlehnte, konnte man auf einen Swimmingpool zehn Meter weiter unten hinabsehen. Er nahm Cindy in die Arme.

»Wofür ist das?« fragte sie neckisch und kuschelte sich an ihn.

»Für immer«, erwiderte er. Dann zog er verstohlen, damit sie es nicht bemerkte, einen Diamantring aus der Tasche und ließ ihn in ihr Glas plumpsen.

»Na, da seid ihr ja«, sagte der Gouverneur lächelnd, als er um die Ecke kam. »Den ganzen Abend versuche ich schon, ein paar Worte mit euch allein zu wechseln.«

Jack wußte nicht so recht, wie er mit dieser unpassenden Unterbrechung umgehen sollte.

Cindy erwiderte das Lächeln. »Und wir warten auch schon auf ein paar Minuten mit Ihnen, Herr Gouverneur. Damit wir ganz privat auf die nächsten vier Jahre anstoßen können.«

»Großartige Idee«, erwiderte er, »nur daß ich keinen Champagner mehr habe.«

»Na, dann nehmen Sie doch einen Schluck von meinem«, meinte Cindy.

»Moment –«, sagte Jack.

Cindy griff nach dem Glas, stieß es aber von der Brüstung.

»O Gott«, rief Jack und sah entsetzt zu, wie das Glas über die Kante rutschte und zehn Meter tiefer auf dem Beton vor dem Pool zerschellte.

»Ach, ich bin ja so ungeschickt«, sagte sie, sichtlich verlegen.

Jack starrte weiter ungläubig auf die Stelle, wo das Glas aufgeschlagen war. Dann drehte er sich ohne ein Wort um, rannte die steinerne Treppe zum Schwimmbecken hinunter und begann eine verzweifelte Suche. Mit gebeugtem Rücken suchte er im grellen Schein der Poolbeleuchtung die Umgebung ab, sorgfältig wie ein Achtzigjähriger, der mit seinem Metalldetektor über den Strand wandert. Aber er fand nur Glassplitter. Er kniete sich hin und suchte noch eifriger, aber der Ring blieb verschwunden.

»Suchst du vielleicht das da?« fragte Cindy beiläufig. Sie stand über ihm und streckte ihm die Hand entgegen, an deren Ringfinger der Diamant funkelte.

Jack verdrehte die Augen, als wäre er eben von einem Team der »Versteckten Kamera« ertappt worden. »Hast du gesehen, daß ich ihn in dein Glas getan habe?« fragte er, doch es war eher eine Feststellung als eine Frage.

Sie nickte.

»Du hattest den Ring die ganze Zeit... er ist gar nicht mit heruntergefallen?«

»Ich habe ihn herausgefischt, als du dich zu deinem Vater umgedreht hast«, sagte sie lächelnd.

Kopfschüttelnd lachte er über die eigene Dummheit. Dann sah er zu ihr hoch und hob mit ausgebreiteten Armen die Schultern. »Und?«

»Na ja«, erwiderte sie, »solange du da kniest...«

Jack schluckte. »Willst du?«

»Will ich *was*?«

»Willst du meine Frau werden?«

»Hmmmmm.« Cindy schien zu zögern, doch dann lächelte sie. »Du weißt, daß ich will.« Sie zog ihn hoch und schlang die Arme um ihn.

Einen nicht enden wollenden glücklichen Augenblick lang waren sie nur füreinander da, die Außenwelt existierte nicht. Aber plötzlich aufbrandender Applaus erinnerte sie daran, daß sie sich in der Öffentlichkeit befanden. Oben auf der Veranda standen fröhlich auf sie herablächelnd der Gouverneur und Agnes und etwa zehn andere Paare, die Harry zusammengetrommelt hatte, nachdem Cindy ihm den Ring gezeigt hatte.

Jack winkte ihnen zu und verbeugte sich dann kurz.

»Dein Vater ist stolz auf dich«, sagte Cindy und sah Jack in die Augen. »Und wenn wir erst einmal einen kleinen Jack oder eine kleine Jackie haben, dann kannst du auch stolz sein.«

»Jackie klingt gut«, erwiderte er achselzuckend, »wenn es ein Mädchen ist. Aber wenn es ein Junge ist, möchte ich ihn gern Harry nennen«, ergänzte er nachdenklich. »Nach seinem Großvater.«

Sie zog ihn an sich. »Ich bin glücklich, daß er einen Großvater haben wird«, sagte sie.

»Ich auch«, entgegnete Jack.

Nun endlich hatte er Vergebung gefunden. Sein Vater hatte ihm verziehen. Und Jack hatte dem Gouverneur verziehen.

Danksagung

Ich stehe in der Schuld sehr vieler Menschen, die geholfen haben, daß dieser Traum Wirklichkeit geworden ist.

Einen herzlichen Dank an meine ersten Leser – Carlos Sires, James C. Cunningham, Jr., Terri Pepper, Denise Gordon und Jerry Houlihan –, die mir freundschaftlich genug gesonnen waren, um auch mancherlei Verworrenheit der anfänglichen Textgestalt dieses Romans geduldig zu ertragen. Jerry war eine besondere Hilfe. Seine Ratschläge und seine Erfahrungen im Gerichtssaal erwiesen sich als ebenso wertvoll für mich als Autor wie als jungen Anwalt. Dank ebenfalls an James. W. Hall, Deputy Sheriff in Yakima County, Washington, für das, was er mir über die Einzelheiten der Strafverfolgung mitteilte.

Von Anfang an hatte ich das große Glück, es nur mit den Besten des Buchgeschäfts zu tun zu haben. Besonders danken möchte ich meinen Agenten, Artie und Richard Pine, für ihre Geduld und dafür, daß sie sich immer mit aller Kraft für mich einsetzten. Dankbar bin ich auch Joan Sanger, die mir bei der Verwandlung des Exposés in ein druckreifes Manuskript mit professionellem Rat zur Seite stand. Und Rick Horgan, mein Lektor, war ein bewundernswürdiger Lehrer. Nicht nur das Buch, auch der Autor selbst hat von der Zusammenarbeit mit ihm viel profitiert.

Dank auch an die Anwälte und Hilfskräfte der Kanzlei Steel,

Hector & Davis für ihre begeisterte Unterstützung. Ich freue mich sagen zu können, daß ich in den letzten zehn Jahren mit Freunden und Kollegen zusammengearbeitet habe, die mit Recht stolz sind auf das, was sie tun.

Die tiefste Dankbarkeit gebührt meiner Frau, Tiffany, und meiner Familie. Ohne ihre Liebe, ihre Gebete, ihre Ermutigung würde ich noch heute nur darüber reden, ein Buch zu schreiben.

Die attraktive Sarah Jensen, der Shooting-Star der Londoner Finanzwelt, nimmt einen gefährlichen Undercoverauftrag des Geheimdienstes an: Als Devisenhändlerin wird sie in eine Bank eingeschleust, die im Verdacht steht, in illegale Machenschaften verwickelt zu sein. Tatsächlich stößt sie bald auf Unstimmigkeiten, die auf Mafia-Kontakte schließen lassen. Und dann ist da auch noch ihr neuer Vorgesetzter, der undurchsichtige Dante Scarpirato, dessen Interesse an Sarah nicht nur mit ihren Erfolgen im Börsengeschäft zusammenhängt ...

Der berühmteste Thriller der Bestseller-Autorin

Linda Davies

Das Schlangennest

Roman

Econ | Ullstein | List

B147

Eigentlich hatte Inspector Alan Banks sich aus London in das idyllische Eastvale in Yorkshire versetzen lassen, um nicht mehr ständig mit Mord und Totschlag konfrontiert zu sein. Aber als eine zunächst friedliche Demonstration außer Kontrolle gerät, liegt am Ende ein junger Constable erstochen am Asphalt. Alle hundert Demonstranten sind verdächtig und dann schickt London Banks auch noch seinen Intimfeind, um den Fall aufzuklären ...

»Hintergründig, lebensnah und herausfordernd.«
The New York Times Book Review

Peter Robinson

Ein unvermeidlicher Mord

Roman

Deutsche Erstausgabe

Econ | ULLSTEIN | List

Was ist, wenn ein Fremder Sie auf Schritt und Tritt beobachtet? Wenn er Ihre Post liest, Ihre Telefonate hört, jedes Wort von Ihnen kennt, selbst wenn Sie es nur Ihrem engsten Freund anvertraut haben? Was ist, wenn er bestens über Ihre Gewohnheiten informiert ist? Ihre Schwächen? Schlimmer noch, wenn er weiß, was Sie lieben und woran Sie hängen – und es Ihnen nimmt. Und sich dann zurücklehnt, um zuzusehen, wie Sie allmählich vor die Hunde gehen ...

Dennis Lehane lebt in Boston. Für seinen ersten Thriller Streng vertraulich! *erhielt er den Shamus Award. Alle seine Romane standen mehrere Wochen auf der Krimi-Bestsellerliste und wurden von der US-Presse begeistert aufgenommen. Hierzulande bekam Dennis Lehane im Jahr 2000 gemeinsam mit Henning Mankell den Deutschen Krimipreis verliehen.*

Dennis Lehane

Regenzauber

Roman

Von Dennis Lehane sind in unserem Hause ebenso erschienen:

Streng vertraulich!
Absender unbekannt
In tiefer Trauer
Kein Kinderspiel

Econ | Ullstein | List